桥梁工程与大跨度桥梁理论

杨　纪　宋银平　凡明杰　编著

吉林科学技术出版社

图书在版编目（CIP）数据

桥梁工程与大跨度桥梁理论 / 杨纪，宋银平，凡明杰编著. -- 长春 : 吉林科学技术出版社，2019.5

ISBN 978-7-5578-5478-2

Ⅰ. ①桥… Ⅱ. ①杨… ②宋… ③凡… Ⅲ. ①长跨桥一桥梁工程 Ⅳ. ① U448.43

中国版本图书馆 CIP 数据核字（2019）第 106131 号

桥梁工程与大跨度桥梁理论

编　　著　杨　纪　宋银平　凡明杰
出 版 人　李　梁
责任编辑　杨超然
封面设计　刘　华
制　　版　王　朋
开　　本　185mm×260mm
字　　数　410 千字
印　　张　18.5
版　　次　2019 年 5 月第 1 版
印　　次　2019 年 5 月第 1 次印刷

出　　版　吉林科学技术出版社
发　　行　吉林科学技术出版社
地　　址　长春市福祉大路 5788 号出版集团 A 座
邮　　编　130118
发行部电话 / 传真　0431—81629529　81629530　81629531
　　81629532　81629533　81629534
储运部电话　0431—86059116
编辑部电话　0431—81629517
网　　址　www.jlstp.net
印　　刷　北京宝莲鸿图科技有限公司

书　　号　ISBN 978-7-5578-5478-2
定　　价　75.00 元

编委会

主　编

杨　纪　黄河勘测规划设计研究院有限公司

宋银平　黄河勘测规划设计研究院有限公司

凡明杰　黄河勘测规划设计研究院有限公司

副主编

鲁玉忠　黄河勘测规划设计研究院有限公司

张　奇　黄河勘测规划设计研究院有限公司

黄　毅　黄河勘测规划设计研究院有限公司

前　言

桥梁工程学的发展主要取决于交通运输对它的需要。古代桥梁以通行人、畜为主，载重不大，桥面纵坡可以较陡，甚至可以铺设台阶。在有重载马车之后，载重量逐步加大，桥面纵坡也必须使之平缓。这时的桥梁材料仍以木、石为主，铸铁和锻铁很少使用，在桥梁勘察设计方面，随着交通事业的迅速发展，大跨度或复杂的桥型将不断涌现。高速公路的发展，对桥梁设计亦将提出新的要求。在桥式方案设计中，将有可能利用结构优化设计理论，借助电子计算机选出最佳方案。

本书主要从桥梁的发展与规划设计、桥梁施工、大跨度桥梁的稳定理论、大跨度桥梁的抗震设计、大跨度桥梁的桥型研究等展开论述。

目 录

第一章　绪　论

第一节　桥梁的组成与分类

一、桥梁的基本组成部分

桥梁一般由上部结构、下部结构、支座和附属部分等 4 部分组成。

通常人们习惯的称桥跨结构为桥梁的上部结构，称桥墩和桥台（包基础）为下部结构。如图 1-1 所示。

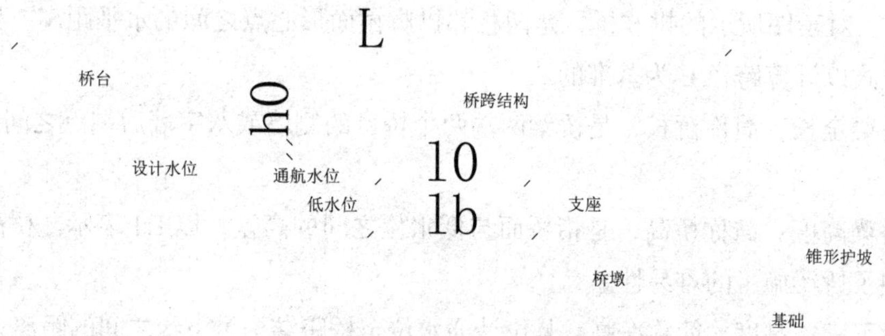

图 1-1

上部结构指桥梁位于支座以上的部分，通常称桥跨结构，桥跨结构是在线路中断时跨越障碍物的主要承重结构。它的主要作用是承受其上桥面荷载和交通荷载。

下部结构通常包括桥墩、桥台和基础。

桥墩和桥台是支撑桥跨结构并将恒载和车辆等荷载传至基础的结构物。通常设置在桥两端的称为桥台，它除支撑桥跨结构作用外，还起到衔接桥梁和路堤的作用，并抵御路堤土压力，防止路堤填土的滑坡和塌落。

桥墩和桥台中使全部荷载传至地基的底部奠基部分，通常成为基础。桥墩和桥台传来的全部荷载包括竖向荷载以及地震力、船舶撞击力等引起的水平荷载。基础是桥梁结构的根基，是确保桥梁能安全使用的关键。由于基础往往埋深与土层之中，并且需在水下施工，故也是桥梁建筑中施工比较困难的一部分。

支座是桥梁中在桥跨结构与桥墩或桥台的支承处所设置的传力装置，它不仅要传递很大的荷载，并且要保证桥跨结构能产生一定的变位。

附属工程是在桥梁建筑工程中，除上述基本结构外，根据需要还常常修筑护岸、导流结构物和导航装置。桥梁的附属设施有桥面铺装、排水防水系统、栏杆、伸缩缝、以及灯光照明等。

河流中的水位是变动的，在枯水季节的水位称为低水位，洪峰季节河流中的最高水位称为高水位。桥梁结构中按规定的设计洪水频率计算所得的高水位称为设计洪水位。在通航河流，满足正常通航净空要求的最高水位称为设计通航水位。

与桥梁布置和结构有关的主要尺寸和术语名称：

标准跨径，对于梁式桥或板式桥是指两相邻桥墩中线之间的距离，或桥墩中心线至桥台台背前缘之间的距离；对于拱桥，则是指净跨径。

净跨径，对于梁式桥是指设计洪水位上相邻两个桥墩（桥台）之间的净距，用L0表示。对于拱式桥是每孔拱跨两个拱脚截面最低点之间的水平距离。

总跨径，在单孔桥中即为桥梁的净跨径，在多孔桥中是指多孔桥梁中各孔净跨径的总和，以∑L0表示。它反映了桥下宣泄洪水的能力。

计算跨径，对于有支座的桥梁，是指桥跨结构相邻两个支座中心之间的水平距离，以L表示。对于图所示的拱式桥，是两相邻拱脚截面形心点之间的水平距离。桥跨结构的力学计算式以计算跨径L为基准的。

桥梁全长，简称桥长，是桥梁两端两个桥台的侧墙或八字墙后端点之间的距离，以L表示。

桥梁高度：简称桥高，是指桥面与低水位之间的高差，以H1表示。桥高在某种程度上反映了桥梁施工的难易性。

桥下净空高度，简称净高，是设计通水位至桥跨结构最下缘之间的距离，以H表示。它应能保证安全排洪，并不得小于对该河流通航水位所规定的净空高度。

建筑高度：是桥上行车路面高标至桥跨结构最下缘之间的距离，以h0表示。它不仅与桥跨结构的体系和跨径大小有关，而且还随行车部分在桥上布置的高度位置而异。公路定线中所确定的桥面标高与通航净空顶部标高之差，称容许建筑高度。显然，桥梁的建筑高度不得大于其容许建筑高度，否则就不能保证桥下的通航要求。

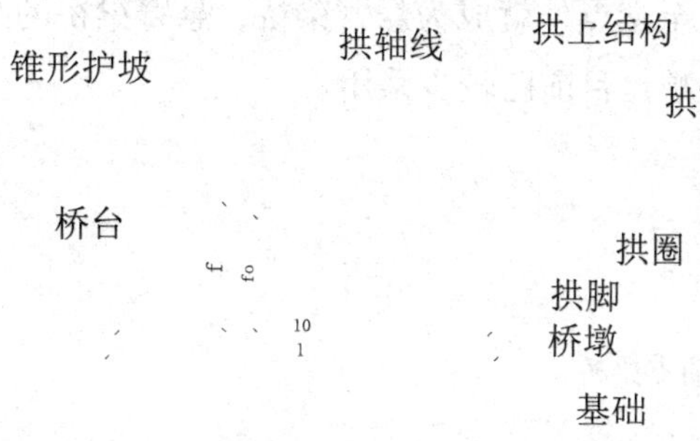

图 1-2 拱式桥的基本组成

净矢高：对于拱式桥，是从拱顶截面下缘至相邻梁拱脚截面下缘最低点连线的垂直距离，以 fo 表示，如图 1-2。

计算矢高：是从拱顶截面形心至相邻两拱脚截面形心连线的垂直距离，以 f 表示，如图 1-2。

矢跨比：是拱桥中拱圈的计算矢高 f 与计算跨径 l 之比，以 f/l 表示，如图 1-2，也称拱矢度，它是反映拱桥受力特性的一个重要指标。

二、桥梁的主要类型

目前所见到的桥梁，种类繁多。它们都是在长期的生产活动中，通过反复实践和不断总结发展起来的。

为了对桥梁的基本体系各种类型的桥梁有个概略的认识，下面加以简要说明。

（一）桥梁的基本体系。

结构工程上的受力构件，有拉、压和弯三种主要的受力方式。由基本杆件所组成的各种类型的结构物，桥梁按结构的受力体系可分为梁式、拱式和悬吊式三种基本体系以及它们之间的各种组合。其中梁式以受弯为主，拱桥以受压为主，悬索以受弯为主。现代的桥梁结构也一样，不过其内容更加丰富，形式更加多样，材料更加坚固，技术更进步。下面从受力特性、建桥材料、适用跨度等方面来阐述桥梁各种体系的特点。

1. 梁式桥

梁式桥在竖向荷载作用下，支座只产生竖向反力，如图 1-3a，梁中内力主要是弯矩和剪力，以受弯为主。梁式桥可分为简支梁桥、连续梁桥、和悬臂梁桥。如图 1-3 所示为各种体系的基本图式。目前简支梁桥和连续梁桥应用最为普遍。公路上应用最广的是预制装配式钢筋混凝土和预应力混凝土简支梁桥，这种梁桥是一种静定结构，受力简单，施工方便，在小跨度桥梁中得到广泛的使用，一般钢筋混凝土简支梁常用在跨径在 25m 以下，预应力混泥土简支梁常用跨径不超过 50m。当跨径较大时，根据通航、地质等条件等修建悬臂梁桥和连续梁桥。连续梁桥受力比较合理，行车平顺，是大跨度桥梁常采用的桥式。

将简支梁桥梁体加长至支点外就成为悬臂梁桥，悬臂梁桥的跨中弯矩比简支梁桥小，但构造复杂，行车不够平顺，目前已较少采用。

(a) 简支梁桥　　(b) 悬臂梁桥

(c) 连续梁桥

图 1-3 梁式桥

2. 拱式桥

拱式桥的主要承重结构是拱圈或拱肋，如图 1-4，这种结构在竖向荷载作用下桥墩或桥台将承受水平推力，同时这种水平推力将显著抵消荷载所引起的在拱圈内的弯矩作用。因此，与同跨径的梁相比，拱的弯矩和表型变形要小得多。鉴于拱圈的承重结构以受压为主常用抗压能力强的圬工材料（如砖、石、混凝土）和钢筋混凝土来建造。图所示为拱式桥的基本图式和力学图式。

由于拱桥跨越能力大，造型美观，在地基较好的情况下，一般在跨径 500m 以内均可作为比选方案。

由于拱式桥时推力结构，其墩台基础必须承受强大的拱脚内力拱式桥对地基要求高，施工叫复杂，适建与地基和地质条件较好的桥址。在地基条件不适合修建具有很大推力的拱桥情况，可修建水平推力由受拉系杆来承受的系杆拱桥。图示拱式桥图为一座系杆拱桥，系杆一般可由钢、钢筋混凝土、预应力混凝土或钢绞线索做成。

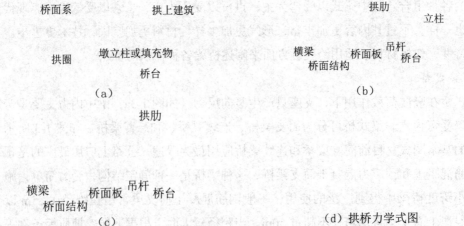

桥面系　拱上建筑
拱圈　墩立柱或填充物
桥台

(a)

拱肋　立柱
横梁　桥面板　吊杆　桥台
桥面结构

(b)

拱肋
横梁　桥面板　吊杆　桥台
桥面结构

(c)　　(d) 拱桥力学式图

图 1-4. 刚架桥

刚架桥是一种梁与墩台刚性连接成整体的结构图 1-5a，由于梁柱结点是刚性连接的，在竖向荷载作用下，柱脚处具有水平反力和支座弯矩图 1-5b。梁部主要受弯，但弯矩较同跨径的简支梁小，跨中建筑高度可做的较小一般适用于需要较大桥下净空和建筑高度受到限制的情况，如立体交叉桥和跨线桥。普通钢筋混凝土刚架桥的梁柱节点处一般较容易长生裂缝。

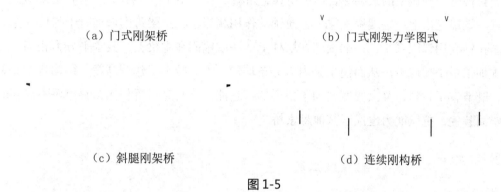

（a）门式刚架桥　　（b）门式刚架力学图式

（c）斜腿刚架桥　　（d）连续刚构桥

图 1-5

图 a 为门式刚架，在温度变化时容易产生较大的内力，图 b 为门式刚架的力学图式；图 c 为斜腿刚架桥，其跨越能力比门式刚架大很多，但斜腿刚架的施工难度比直腿大，可用于跨越陡峭河岸，深谷和道路等障碍物。图 d 为连续刚架桥，为了使温度变化下结构不产生较大的内力，一般将连续刚架桥桥墩做得很柔，在竖直荷载下墩顶基本为竖直反力，因此人们也将它归结于梁桥的范畴。连续刚架桥比较适合用在大跨高墩桥中。

4. 悬索桥

悬索桥又称吊桥，主要由缆索、桥塔、锚锭、吊杆和加劲梁组成，如图 1-6 所示。悬索桥是以悬挂在两端边塔架上的强大缆索作为主要承重构件的，通过吊杆使缆索承受很大的拉力，缆索跨过塔顶锚固在锚碇上，必须在两岸桥台后方修筑巨大的锚碇结构。悬索桥具有成卷钢缆易于运输，结构组成构件自重较轻，跨越能力比其他桥型大，常用于跨越大江大河和跨海的特大桥。然而悬索桥相对于其他体系而言，悬索桥的自重轻，结构刚度大差，在车辆荷载和风荷载所用下，具有较大的变形和振动。

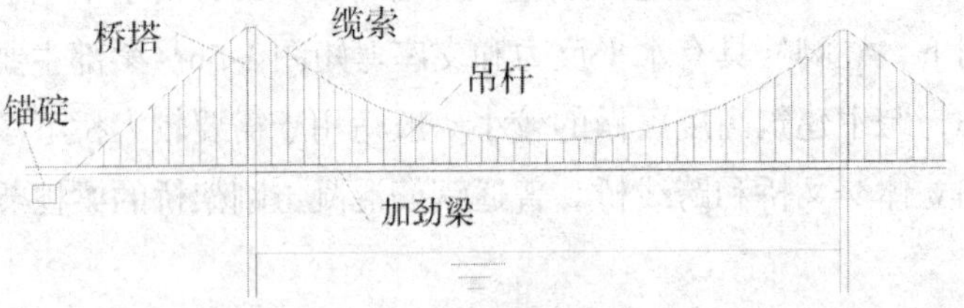

悬索桥

图 1-6

5. **斜拉桥**

斜拉桥是一种典型的索梁组合体系桥梁，如图 1-7，斜拉桥由斜拉锁、塔和主梁组成。斜拉锁一端锚在塔上，一端锚在梁上，拉锁的作用相当于在主梁跨内增加若干弹性支撑。同时斜拉锁利用锚固系统，一端锚固在塔柱上，一端锚固在主梁上，其水平分力相当于对主梁施加了一个预应力。从而使主梁内力分布均匀，大大减小了建筑高度，结构自重显著减轻，既节省了材料，又大幅度增加了桥梁的跨越能力。与悬索桥相比，斜拉桥不需要笨重的锚固装置，抗风能力也优于其他悬索桥。

斜拉索　　塔柱

主梁

图 1-7 斜拉桥

6. **组合体系桥**

组合体系桥是由不同体系组合而成的桥梁。组合体系的种类很多，如图 1-4c 所示的系杆拱桥即为梁拱组合体系，梁和拱共同承受拉力，其跨越能力比一般简支梁桥大。图 1-4a 为拱设置于梁的下方，通过立柱对梁起辅助支撑作用的组合体系桥。

（二）桥梁的其他分类概述

除了上述按受力特点分成不同的结构体系外，人们还习惯按桥梁的用途、大小规模和建桥的材料等其他方面来进行分类。

按用途划分，有公路桥、铁路桥，公路铁路桥、农桥，人行桥、运水桥和其他专用桥梁（如通过管路和电缆等）。

按工程规模划分类。桥梁总长和单孔跨径都是桥梁建设规模的标志，按桥梁跨径和全长的不同，分为特大、大桥、中桥、小桥和涵洞。《公路桥涵设计通用规范》（JTGD60-2004）

规定的划分标准如表 1-1 所示。

表 1-1　桥梁、涵洞跨径分类

桥涵分类	多空跨径总长	单孔跨径 Lk（m）
特大桥	L》100	Lk》》150
大桥	100《L《1000	40《Lk《150
中桥	30《L《100	20《L《40
小桥	8《L《30	5《Lk《20
涵洞	—	Lk《5

按主要承重结构所用的材料划分，有钢桥、混凝土桥、钢筋混凝土结合梁桥、石桥木桥等。混凝土桥又分为钢筋混凝土桥、预应力混凝土桥、部分预应力混泥土桥。工程上把混凝土桥和砖石桥称为圬工桥。木材易腐，而且资源有限，因此，除了少数临时性的桥梁外，一般不采用。

按结构体系划分，最基本的有梁桥、拱桥和索桥等。这三种桥型是大自然赋予人类的，经人们在自然中不断发掘、改造和完善，形成了千姿百态的梁、拱、索及其与墩、塔、柱等构件合成的各种组合体系桥梁。例如，仅梁桥就有简支梁、连续梁、用杆件拼成的桁梁，以及梁与墩柱刚性连接而形成的刚架桥、梁与索组合构成的斜拉桥等；梁的截面又可称作矩形、T 形、箱形等。

桥梁按平面布置分类，有正桥、斜桥、弯桥、破桥和匝道桥等。正桥是指桥梁所在的线路与所跨河流或线路正交的情况，绝大多数桥梁都做成正桥。当桥梁与所跨河流或线路斜交时，桥梁在平面上设计称平行四边形，称为斜桥；曲线线路上通常把桥梁设计成与线路一致的曲桥。斜桥和弯桥的设计与施工都比较麻烦，其好处是给线路设计带来较多的方便和自由。城市立交桥常设坡度很大的破桥和匝道桥，使高处的主车道与地处的另一线路在占地不多的情况下迅速相连。所谓匝道桥就是呈螺旋状下降的空间曲线桥。

按上部结构的行车道位置，分为上乘式桥、下乘式桥和中承式桥。桥面布置在主要承重结构之上者称为上承式桥，桥面布置在承重结构之下的成为下承式桥，桥面布置在桥跨结构高度中间的称为中承式桥。

此外，还有很多其他分类方式，如按梁的截面形式分为 T 梁桥、箱型桥等；按跨越对象分为跨河桥、跨谷桥、跨线桥、旱桥等。有时也按桥梁施工和假设方法分类；桥梁还有固定式桥，开启桥和活动桥之分。

第二节　古代桥梁简述

一、古代雏形

1. 蹬步

蹬步早在公元前23世纪的尧舜时代就已出现，这类桥式虽可达到跨河越谷的目的，但它并不具备桥梁的本质，桥梁应以架空飞越为标志。然而这种早期的梁，是道路向桥梁转化的一种过渡形式，是古代桥梁的雏形。

现存的湖南省永丰蹬步就是这种原始桥型之一。永丰蹬步的始建年代已不可考，位于湖南省娄底市双峰县永丰镇，一条小河穿镇而过，河心有一口水井，为便于汲水，在水井和西岸之间，设有近20米长的蹬步，每块石蹬约一尺见方，间距为20 ~ 30厘米，并设高矮两组，以便在不同水位时使用，蹬步表面凿有石槽，防止行人滑落水中。这种蹬步桥已考虑到了泄洪问题，比之截水而就的堤梁进了一大步。

图1-8 河南永丰蹬步蹬步

二、梁桥

梁桥外形平直，古时称为平桥。把木头或石梁架设在沟谷的两岸，就成了梁桥。梁桥的构造最简单，出现也最早。早在原始社会时，我国就有了独木桥和数根圆木排拼而成的木梁桥。战国时期，单跨和多跨的木、石梁桥已普遍在黄河流域及其他地区建造。1972年对春秋战国时齐国的国都山东临淄的挖探中，首次发现了梁桥的遗址和桥台遗迹，两处桥梁的跨径均在8米左右。北魏郦道元《水经注》记录了在山西汾水上有座有三十柱，柱径5尺的木柱木梁桥，桥始建于春秋晋平公，是见于古书记载的最早的一座梁桥。

闻名中外的渭水三桥——中渭、东渭和西渭桥，坐落在咸阳故城附近的渭河上，是三座多跨木梁木柱桥。据北魏郦道元《水经注》记载，中渭桥全长约合525米，宽约138米，接近南京长江大桥汽车道宽度；它由 750 根木柱桩组成了 67 个桥墩，68 个桥孔，平均每孔跨径 772 米，中间桥孔跨径达 9 米；在木柱桩群上加盖顶横梁组成排架墩，再在排架上搁置大木梁，然后铺上木桥面，桥两侧设雕花木栏杆。中间桥孔高而大，两边桥孔低而小，呈八字形，既能使高大楼船顺利通过，又可以迅速排除桥面雨水，防止腐朽。两端桥堍（tù）上竖立着华表、镇水妖石件、石灯柱等，作示标、照明之用。这座桥始建于战国时的秦昭王，秦始皇时又作了改建和加固。到了汉朝，又重修了中渭桥，增建了东渭桥和西渭桥。东汉末年董卓入关时焚毁了中渭桥，魏文帝曹丕修复了它。咸阳地区文管会在 20 世纪 70 年代初发掘了唐朝东渭桥的遗址。该桥坐落在今天渭河耿镇公社周家大桥，桥宽约 20 米，桥梁基础由青石砌成。青石一般长 1 米，宽 0.5 米，厚 0.2 米。青石之间有用铁水浇铸的铁栓板相连，石缝中灌以铁水，石头之间打有松木桩，规模之大，施工之精细，在古桥梁史上是罕见的。

《唐六典》说：天下石柱桥有四座，河南洛阳的天津桥、永济桥和中桥，西安的灞桥。灞桥位于西安东北二十里的灞水上，是一座石柱墩木梁桥。自汉朝建桥后，两千年间一直是长安与潼关以东的交通咽喉，千百年来屡毁屡建，直到清朝道光十三年（1833 年）花了九个月才建成了今天的多跨梁桥。桥长近 400 米，67 孔，每孔净跨 6 米左右，桥宽约 7 米。桥墩由六根石柱组成；每根石柱用四层石磙叠砌，底部用石盘承托，石盘下打了十一根柏木梅花形桩；六根石柱顶端盖上一根石梁，把六根石柱合成一体，形成了今天所说的石排架墩，是桥梁史上最早的一种轻型墩。又在桥墩之间和桥墩上下游各 4 米宽的河床内筑有厚约 1 米的白灰三合土护底铺砌，以防止冲刷桥基。1957 年将它改建为公路桥时，曾对桥墩、桥基进行了科学鉴定，发现桩木未朽，石墩牢固，河床护底完整无损，可以承受 60 吨坦克或载重卡车的荷载，高超的造桥技艺令人惊叹。因此当时仅将老桥的木梁石板桥面改换成钢筋混凝土板梁，古桥就成了现代的公路桥。旧灞桥古为今用，独具一格。

万安桥又名洛阳桥，是我国第一座濒临海湾的大石桥。它始建于宋皇祐五年（1053 年），实际上花了六年。桥长 360 丈，宽 15 丈，有 47 个桥孔的长石梁桥，共花费了一千四百万文。造桥时，首先在江底沿着桥梁中线满抛大石块，形成一条横跨江底的矮石堤，作为桥墩的基址。估计这条石堤长 500 余米，宽 25 米左右，高 3 米以上。这种桥基的开创，是建桥史上的重大突破，现代称它为“筏形基础”。然后再在矮石堤上，用一排横、一排直的条石砌筑桥墩。为了使桥基或桥墩的石块连成一体，不能沿用以前用腰铁或铸铁水来联结的办法，因为铸铁件很快会被海水腐蚀。而在石堤附近的海面上散置贝壳类软体动物——牡蛎，利用它附生在岩礁或别的牡蛎壳上的特点，把松动、散置的石块、条石胶聚成一体。实践证明，这是一种别开生面、行之有效的办法。为此，不准在万安桥附近捕捉牡蛎就成了历代沿用的一条法律。最后，又利用潮水的涨落，把重达 7 ~ 8 吨的石梁一根接一根地架设到桥墩上，把桥建成。因此，万安桥也开创了浮运架梁的记录，直到今天，浮运架梁仍是建造现代桥梁的好方法，不同的是机械设备现代化了，浮运重量提高了上百倍。“闽中桥梁甲天下”。这是对南宋时闽中地区大量建造石梁石墩桥的真实写照。由于对外贸易的进一步发展，南宋政治中心又南迁临安（今杭州），万安桥的建成为大量建造滨海长大石梁桥提供了技术与桥工等，所以南宋时，闽中地区大量建造石梁石墩桥。仅《泉州府志》中就记载了一百十座，其中五里以上的长桥有四、五座。特别是在绍兴年间（1131 ~ 1162年），每年都要造一华里以上的石梁桥，为建桥史上所罕见。这个时期所建的石梁石墩桥无论在长度、跨度、重量、建造速度、施工技术、桥型和桥梁基础等方面部达到了崭新的水平，在中外建桥史上占有重要地位。仅以安平桥和虎渡桥为例：安平桥俗称五里西桥，座落在晋江县安海公社。始建于宋绍兴八年（1138 年），化了十四年才建成，总长 811 丈，五华里多，362 孔，为世界上少见的古长桥，誉为“天下无桥长此桥”。据《安平志》记载，因桥太长，建桥时就在桥上造了五座亭子，以便行人少憩（qì）。而且一桥分属两县，桥中“水心亭”作为晋江县和南安县的分界。在郑州黄河大铁桥于 1905 年建成以前的七、八百年中，安平桥一直是我国最长的桥梁。新中国成立后，被列为全国重点文物保护单位，1980 年开始又拨巨款作全面修缮。1240 年建成的虎渡桥，又名江东桥，位于漳州市东四十里的柳营江（九龙江）上，现桥长 285 米，25 孔，桥高约 15 米，1933 年起已利用旧桥墩桥基改建为公路桥。它采用了悬挑四层的石墩以增大桥下净孔，最大的石梁长 237 米，宽 17 米，高 19 米，重达 207 吨，是世界上最大的石梁桥。即使在今天的技术条件下，要开采、运输、架设如此巨大的石梁，也是十分困难的。至于七百多年前人们是如何建成虎渡桥的，至今还是个谜。

江南水乡的石梁石墩桥，为了便利于舟船通航，常常做成中孔高大、边孔低小的八字式或台阶式，两边桥头还砌有几级台阶踏步以便行人上桥。在绍兴至杭州的运河边还有一种纤道桥，桥不是跨河而是与河流平行，是为了纤夫顶着刺骨的西北风拉纤运粮。

当河谷宽度超过 10 米，中间又不便砌筑桥墩时，石木简支梁桥就难以胜任了，为增大木梁桥的跨度，古人创建了伸臂木梁桥。它采用圆木或方木纵横相隔叠起，由岸边或桥墩上层层向河谷中心挑出，犹如古建筑中的层层斗拱。伸臂木梁桥起源于公元四世纪以前，记载中的第一座桥建在甘肃与新疆交界地区被称作段国的地方，当地人称它为“河厉”。从古至今，它遍布于西北、西南各省和广西、湖南、福建、浙江等省木材比较丰富的地区，一孔的最大跨度达 33 米。广西三江程阳桥是一座四跨石墩伸臂木梁桥，坐落在侗族自治县林溪河上，为侗族地区特有的风雨桥，建于 1916 年，全长 644 米，宽 34 米，高 16 米。整座桥均由三江盛产的杉木制成，最大杉木头径达 53 厘米；构件间的连接没有一颗钉和铁件，全部用榫结合或竹木梢。桥墩上木梁支座处运用杠杆原理将桥跨中负载分三次逐层传递到桥墩上，桥亭为桥梁增添了彩色，不仅是行人憩息躲雨纳凉的雅所，起着防止木梁、木桥面受雨腐蚀的作用，而且能镇压住木梁支座，达到重力平衡。

伸臂木梁桥的挑出层次总是有限的，一般不超过四、五层次。同时施工费工费料，刚度差，变形较大，难以跨越 20 米以上的河谷和承受较大的荷重。湖南醴陵的渌江桥，始建于宋宝祐年间（1253 ~ 1258 年），它用五层挑梁，在第四层挑梁处加了斜木撑，跨度近 20 米，是伸臂木梁与撑架相结合的桥型。由此，再发展到木撑架桥以及木拱桥。浙江泰顺县的仙居桥，就是撑架与拱式相结合的木桥，建于清嘉庆十一年（1806 年）九月。全长 414 米，净跨 35 米，宽 53 米，高 127 米。这种被当地人称为“蜈蚣桥”的木桥，在泰顺县有几十座，最大的“三滩桥”，净跨达 42 米，最古的“叶树阳桥”建于明景泰五年（1454 年），1965 年拆除，改建成石拱桥，存在了五百一十一年。

图 1-9 石墩石梁桥 仙都石梁桥

图 1-10　伸臂木梁桥——三江程阳桥

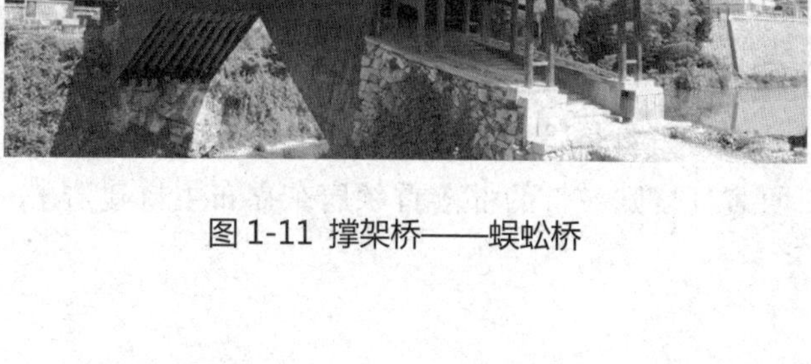

图 1-11 撑架桥——蜈蚣桥

栈道是一种特殊形式的木梁桥，在秦蜀之间的高山峡谷之间，栈道是交通的唯一途径。至少在公元前1000年，秦蜀之间已有栈道。栈道原指沿悬崖峭壁修建的一种道路。中国古代高楼间架空的通道也称栈道。

图1-12 木栈道

三、吊桥

又称悬索桥，由悬索，桥塔，吊杆，锚锭，加劲梁及桥面系所组成。是由承受拉力的悬索作为主要承重构件的桥梁。因为悬索受拉，无弯曲和疲劳引起的应力折减，可以采用高强钢丝制成，故吊桥跨越能力是各桥梁体系中最大的。按加劲梁的刚度，吊桥可分为柔性与刚性两种。

指全部或一部分桥面可以吊起、放下的桥。多用在护城河及军事据点上。现代在通航的河道上，为了便利船只通过，也有架吊桥的。在河上、山谷等处架起两根钢索，然后用很多铁条把桥面吊在钢索上，用这种方式造成的桥梁亦称吊桥。

图1-13 藤索桥、竹索桥——安澜桥

在1800年前，西藏日喀则一带的部落首领唐东嘉布主持建造了一座牛皮索桥——彭错岭桥，长达230米，利用地形在江心设墩，飞渡雅鲁藏布江，吊索以牛皮拧搓而成，涂以酥油，历久不腐，直到20世纪70年代才更换成铁链，值得一提的是其江心石墩，以乱石干砌，底部以巨木为桩，插于江心，迎千年激流而不溃，在世界桥梁史上堪称一绝。

四、拱桥

中国的拱桥始建于东汉中后期，已有一千八百余年的历史。它是由伸臂木石梁桥、撑架桥等逐步发展而成的。因为拱桥的主要承重构件的外形都是曲的，所以古时常称为曲桥。在古文献中，还用“囷”“穹”“窦”“瓮”等字来表示拱。

我国建造拱桥的历史要比以造拱桥著称的古罗马晚好几百年，但我国的拱桥却独具一格。形式之多，造型之美，世界少有。有驼峰突起的陡拱，有宛如皎月的坦拱。拱形有半圆、多边形、圆弧、椭圆、抛物线、蛋形、马蹄形和尖拱形，可说应有尽有。

如果当某孔主拱受荷时，能通过桥墩的变形或拱上结构的作用将荷载由近及远的传递到其他孔主拱上去，这样的拱桥称为连续拱桥，简称连拱；有的桥孔多达数十孔，甚至超过百孔，如1979年发现的徐州景国桥，就有104孔，估计它是明清桥梁。多跨拱桥又有连续拱和固端拱，固端拱采用厚大桥墩，在华北、西南、华中、华东等地都可见到，连续拱只见于江南水乡。按建拱的材料分有石拱、木拱、砖拱、竹拱和砖石混合拱。据不完全统计，我国的公路桥中7%为拱桥。由于我国是一个多山的国家，石料资源丰富，因此拱桥以石料为主。

图1-14 苏州宝带桥——石拱桥

图1-15 木拱桥

五、浮桥

用船或浮箱代替桥墩，浮在水面的桥梁。浮桥的历史记载以中国为早。浮桥古时称为舟梁，属于临时性桥梁。由于浮桥架设简便，成桥迅速，在军事上常被应用，因此又称“战桥”。

浮桥的结构形式非常简单，在船或浮箱上架梁，梁上铺桥面。浮桥的架设因具有简便、快速的特点，常被用于军事，亦称战桥。974 年宋太祖时，在长江中下游架浮桥设的第 2 座浮桥（相传在安徽当涂县采石矶），就是为宋兵讨灭南唐，统一全国，向江南进军开辟的水上通道。

第三节　桥梁建筑的现状及发展趋势

一、桥梁建筑的现状

1. 跨径不断增大

自 18 世纪 80 年代以来的 200 多年间，随着大工业的兴起和交通运输的需要而发展起来的世界桥梁，桥跨由英国熟铁链杆桥曼内海峡桥主跨 177 米的最初桥跨的世界之最，到 1931 年美国建成乔治·华盛顿桥，主跨首先突破 1000 米大关，达到 1067 米，百米到千米桥跨的发展历经了一个半世纪。20 世纪的后 70 年里，美国的主跨 1280 米的金门大桥、主跨 1289 米的维拉扎纳大桥，两次刷新了当时的世界桥跨记录，到 20 世纪八九十年代英国的恒比尔河大桥、日本的明石海峡大桥先后再次刷新世界桥跨记录，桥跨才开始接近 2000 米大关。

21 世纪世界桥梁跨度有多长？随着意大利主跨 3300 米的墨西拿海峡大桥设计的完成，人类社会的建桥技术、新型材料运用使桥梁跨度已步入登峰造极阶段。据有关桥梁专家预测，筹建中的西班牙与摩洛哥之间的直布罗陀海峡大桥、美俄之间的白令海峡大桥的桥梁跨度将突破墨西拿海峡大桥主跨的长度，成为 21 世纪新的世界桥梁跨度之最。这些主跨接近 4000 米达到登峰造极水平的特大型桥梁建成之后，除大洋洲孤悬于大洋之中外，亚非欧美四大洲将联为一体。

2. 桥型不断丰富

20 世纪五六十年代，桥梁技术经历了一次飞跃：混凝土梁桥悬臂平衡施工法、顶推法和拱桥无支架方法的出现，极大地提高了混凝土桥梁的竞争能力；斜拉桥的涌现和崛起，展示了丰富多彩的内容和强大的生命力；悬索桥采用钢箱加劲梁，技术上出现新的突破。所有这一切，使桥梁的种类得到空前的发展。

3. 结构不断轻型化

悬索桥采用钢箱加劲梁，斜拉桥在密索体系的基础上采用开口截面甚至是板，使梁的高跨比大大减少，非常轻盈；拱桥采用少箱甚至拱肋或桁架体系；梁桥采用长悬臂、板件减薄等，这些都使桥梁上部结构越来越轻型化。

4. 施工技术不断发展

桥梁上部结构的施工方法，20 世纪 70 年代以后随着预应力混凝土的广泛应用，已经得到了迅速发展，并发生了重大的变革。在钢筋混凝土桥梁的时代，可以说主要是现场浇注的施工方法。由于桥梁类型增加与跨径增大，构件生产的预制化，结构设计方法的进步、机械设备的发展，由此而引起施工方法的进步和发展，形成了多种多样的施工方法。主要有：就地浇注法；预制安装法；悬臂施工法；转体施工法；顶推法施工；移动模架逐孔施工法；横移法施工；提升与浮运施工

上部结构的迅猛发展，必然给下部结构提出更高的要求。自钢筋混凝土推广使用以来，桥梁墩台的结构形式趋于多样化。除了传统的重力墩台外，发展了空心墩、桩柱式墩台、构架式墩台、框架式墩台、双柱式墩、拼装墩台及预应力钢筋薄壁墩等新型墩台，并日趋轻型、柔性化。高墩技术也有较大发展。与此同时，桥梁基础也在发展。20 世纪 50 年代以后，越江、跨海湾、海峡大桥的兴建以中国、日本为首大力发展了深水基础技术。如 50 年代在武汉长江大桥中首创了管柱基础；60 年代在南京长江大桥中发展了重型沉井、深水钢筋混凝土沉井和钢沉井；70 年代在九江长江大桥中创造了双壁钢围堰钻孔桩基础；80 年代后进一步发展了复合基础。在日本，由于本四联络线工程的建设，近 20 年来，其深水基础技术发展很快，以地下连续墙、设置沉井和无人沉箱技术最为突出。

二、现代桥梁建筑的材料与设计方法

1. 桥梁主材料

21 世纪的桥梁主材将采用高强度、高韧性钢材和抑振合金材料。日本明石海峡大桥的加劲梁采用 780 兆帕焊接时低预热型新型高强度钢板，使其桥梁主跨设计刷新了 20 世纪的最大跨记录，达到 1990 米。21 世纪钢桁连续梁将大量采用高强度低预热型焊接用钢板，大线能量焊接用钢板、高韧性钢板、抗层状撕裂型钢板、异形钢板、耐候钢及镀锌钢板、抑振厚板、玻璃钢、抑振合金材料，不仅可有效地增大钢桁梁桥的桥跨，而且能有效地降低梁体自重，实现大跨、轻质目标。高强度混凝土是桥梁建设必不可少的主材料之一，21 世纪的混凝土材料将加入来亚纳米、水溶性聚合物、有机纤维以不断提高强度与耐久性。桥梁建设将广泛运用环保型混凝土，桥梁的韧性、耐久性及强度将得以有效地提高。

2. 设计理念

桥灵路畅与环保相得益彰 20 世纪 90 年代以来，桥梁界设计与建造桥梁时将实用功能与艺术构思融为一体，充分考虑周边环境保护，使一座座桥梁成为城市中新的旅游风景线。

如连接京九铁路、贯通湖北黄梅和江西九江的九江长江大桥，是我国目前规模最大的柔性拱刚性梁连续栓焊钢桁梁特大桥，远看像一条游龙腾跃飞九霄，与周边庐山峻岭秀峰、甘棠白水碧湖、鄱阳湖潮浔阳楼阁等名山锦绣相得益彰。目前，欧美、日本等发达国家的桥梁设计不仅追求造型美与环境协调，实用功能更是不断提高，许多国家的大型海峡桥、海湾桥、湖泊桥中间都设置了车站、商店；桥墩、桥塔上设置装饰独特的咖啡馆，或供人休闲游览的观景台，桥栏桥头布置雕塑、壁画之风方兴未艾。

三、桥梁建筑的发展趋势

1. 电子计算机的发展促进桥梁建设的发展

计算机技术的发展能为桥梁结构的优化设计创造条件，使桥梁设计人员可以对即将兴建的桥梁进行仿真分析，使不同材料的性能发挥到极致；结构动力学理论的发展与完善使设计者采用非常轻质的梁型时，不致出现被风吹塌的危险；依靠科技进步可使设计人员打破常规，采取特殊的结构措施，用最少的钱造出轻质、美观而实用的桥梁来。

2. 建筑材料的发展带动桥梁建设的发展

在世界范围，高性能混凝土的研究在深入，应用在扩展。北欧国家如挪威、瑞典，桥梁基本都采用 HPC（高性能混凝土）建造，目前对桥梁混凝土除高耐久与高强要求外，又增加了轻质的要求，因为桥梁上部结构使用轻质 HPC（容重约 19t/m3），桥梁自重减轻了，可以降低桥梁下部结构的成本，轻质高强（56 ~ 74MPa）HPC 已经成功地在挪威一些工程中应用。美国、加拿大在 SHRP 计划的研究与应用基础上，正在大力宣传和推广应用 HPC 建设桥梁。有理由相信，高性能混凝土将获得越来越广泛的应用，并且会成为 21 世纪桥梁建设的优选工程材料。

随着世界经济的快速发展以及各国的联系越来越紧密，桥梁的建设显得越来越重要，它的发展既够帮助人们很好的解决河流对当地经济建设产生重大的阻碍，也能促进交通的发展，提高运输效率。虽然由于诸多的原因，桥梁建筑的发展受到了一定的阻碍，但是，我们有理由相信，随着工程技术的深入研究与发展，桥梁建设事业一定会取得非常辉煌的成果。

第二章　桥梁的规划与设计

第一节　桥梁设计的程序和一般原则

一、桥梁设计的程序

桥梁设计程序是否科学、严密，直接影响桥梁建设立项、桥梁设计的科学化与合理性。它一般与一个国家或地区的管理体制有关，桥梁的建设规模不同，其设计程序也有所不同。中、小桥梁的设计程序要简单一些，一般采用两阶段设计或一阶段（扩大的初步设计）设计的程序。独立大桥则要复杂许多，但大桥设计程序中的一些原则和精神同样适用于中、小桥梁。下面以独立大桥为例，介绍我国桥梁的设计程序。

根据国家基本建设程序的要求，大桥设计程序分为前期工作及设计阶段。前期工作包括编制预可行性研究报告和可行性研究报告，设计阶段按“三阶段设计”进行，即初步设计、技术设计与施工设计。各阶段设计文件完成后的上报和审批都由国家指定的行政部门办理。批准后的文件就是各建设程序进行的依据，也是下一阶段设计文件编制的依据。采用设计招标的方式时，设计阶段的划分及建设程序的要求不变，设计招标应该在初步设计阶段进行，也可在技术设计文件审批后进行，而前期工作不宜招标。各设计阶段与建设程序的关系。

1. 前期工作—预可行性研究与可行性研究

预可行性研究与可行性研究均属建设的前期工作。两者应包括的内容及目的基本一致，但其研究的深度不同。预可行性研究是在工程可行的基础上，着重研究建设上的必要性和经济上的合理性；可行性研究则是在预可行性研究报告审批后，在必要性和合理性得到确认的基础上，着重研究工程上和投资上的可行性。这两个阶段的研究都是为项目的科学决策提供依据，避免盲目决策。前期工作的重点在于论证建桥的必要性、可行性，并确定建桥的地点、规模、标准、投资控制等一些宏观问题和重大问题。显然，前期工作十分重要。这两个阶段的文件应包括以下主要内容。

（1）工程必要性论证

必要性论证是评估桥梁建设在国民经济中的作用。桥梁是交通工程中的一部分，交通工程有铁路、公路、城市交通之分，评估方法也有所不同。

铁路桥梁一般从属于路网规划，铁路路网规划是以沿线工农业生产的需要在近期、远期可能的运量为研究对象，铁路桥梁本身一般不做单独的研究。

公路桥梁有的从属于国家规划干线，该不该修建，则是时机问题，有的是属于区域内的桥梁，两者都是以车辆流量为研究对象。为此要对距准备建桥地点最近及附近渡口的车流量，包括通过的车数、车型、流向进行调查：在此基础上，从发展的观点以及桥梁修通以后可能引入的车流，进行科学的分析，得出每日车流量，作为立论的依据。超过一定的日流量修建桥梁才是必要的。根据车辆流向研究，桥梁应该修在有利于解决流向最大的地区。

城市桥梁则从属于城市规划，也必须确定通过桥梁的可能日流量。

无论是铁路运量指标或是公路的车辆流量指标，都是确定桥梁建设标准的重要指标。

（2）工程可行性论证

工程可行性论证阶段的工作重点首先是选择桥位，其次是确定桥梁的建设规模，同时还要解决好桥梁与河道、航运、城市规划以及已有设施（通称“外部条件）的关系。现就一些主要问题说明如下：

1）制定桥梁标准问题。根据调查的运量或流量首先要确定路线等级，并确定车道数、桥面宽及荷载标准。其次要确定允许车速、桥梁坡度和曲线半径。还要委托地震研究机构，进行本地区的地震危险性分析，从而确定桥梁抗震标准。此外，还要确定航运标准、航运水位、航道净空、铅舶吨位以及要求的航道数量及位置等。

2）自然条件及周围环境问题。地质工作以收集资料为主，辅以钻孔验证，以探明崔益层的性质、岩面高低、岩性及构造、有无大的构造或断层，从地质角度对各桥位做出初步评价。对各桥位周围环境进行调查，包括桥头引线附近有无要交叉的公路、铁路、高压线、电话线，附近有无厂房、民房要拆迁，有无不能拆迁的建筑物，有无文物、古迹；桥梁高度是否在机场航空净空范围以内；附近有无码头、过江电缆、航运锚地等。水文工作一般要求提供设计流量，历史最高、最低水位，百年一遇洪水位，常水位情况及流速资料。要通过资料或试验，论证河道是否稳定，还要对船舶在桥梁中轴线上、下游的行走轨迹进行测定。此外，还要对一些特殊水文条件进行研究，如涌潮、潮汐问题等。

3）桥式方案问题。目的在于评估方案的可行性，特别是基础工程的可行性。为此应该采取比较成熟的方案以提高评估的可信性。在编制桥式方案时，根据水文、地质及航运条件，研究正桥、引桥的长度及跨度，并以各种结构形式及不同材料的上部结构进行同等深度的比较，研究它们的可行性，并要求提供各个方案的工程量。以工程量中等偏高、技术先进并且可行的方案作为一个桥位的桥式参选方案。在可行性研究，甚至在预可行性研究阶段就提出推荐桥式方案，并不科学也无必要，因为这并非本阶段的工作重点，况且在本阶段内对桥式方案也不可能进行深入比选。

4）桥位问题。至少应该选择两个以上的桥位进行比选，在某些特殊情况下，还需要在大范围内提出多个桥位进行比选桥位比较的内容可以包括下面一些因素：①桥位对路网布置是否有利。随着建桥技术的发展进步，要树立什么地方都能修桥的观念，把桥位置于路网内一起考虑，尽童满足选线的需要。②比较造价时，要把各桥位桥梁本身的造价与联络线的造价加在一起进行比较。③桥梁建在城市范围内时，要重视桥梁建设满足城市规划的要求。④要比较各桥位的航运条件。⑤在进行自然条件的比较时，要考虑到地质条件对基础工程的设计、施工难度以及工程规模有无直接的影响。⑥对环境保护的评估是必不可少的。经过综合比较，根据每个桥位的不同着眼点，选定一个桥位作为推荐桥位。

（3）经济可行性论证

1）造价及回报问题。公路桥梁一般通过收取车辆过桥费取得回报，实际上回报率一般偏低，尤其是特大桥，由于投资大，取得全部回报的时间往往拖得很长。考虑回报一般也不能就桥论桥，要看到桥梁建设对全社会的经济发展作用（即社会效益）。

2）资金来源及偿还问题。对于资金来源，预可行性研究报告阶段要有所设想，可行性研究报告阶段则必须予以落实。通过国外贷款、发行债券、民间集资等渠道筹措资金，则必须得到有关部门的批准。

2. 初步设计

由计划部门下达的设计任务书是进行初步设计的依据。设计任务书要就桥位、建桥标准、建桥规模等控制性要求做出规定。在进行进一步勘侧工作时如发现选定的桥位确系地质不良，并将造成设计、施工困难时，可以在选定桥位的上、下游附近不影响桥梁总体布置的范围内,通过地质条件的比较,推荐一个新的桥位。初步设计阶段的主要工作内容如下:

（1）进一步开展水文、勘测工作

在初步设计阶段还要通过进一步的水文工作提供基础设计和施工所带要的水文资料，包括施工期间各月可能的高、低水位和相应的流速，以及河床可能的最大冲刷和施工时可能的冲刷等。

本阶段的勘测工作称为“初勘”。在初勘中要求建立以桥位中心线为轴线的控制二角网提供桥址范围内两千分之一地形图。勘探工作一般在桥轴线上的陆地及水上布置必要的钻孔，必要时还要在桥轴线的上、下游适当布置一些钻孔，以便能探明岩层构造情况及其变化。根据钻探取得的资料确定岩性、强度及基岩风化程度，覆盖层的物理、力学指标，以及地下水位情况等。

（2）桥式方案比选

桥式方案比选是初步设计阶段的工作重点，一般均要进行多个方案比较，各方案均要求提供桥式布置图，图上必须标明桥跨布置、高程布置以及上、下部结构形式及工程数量。对推荐方案，还要提供上、下部结构的结构布置图，以及一些主要的及特殊部位的细节处理图。各类结构都需经过验算并提出可行的施工方案。

推荐方案必须是经过比选后得出的，要经得起反复推敲。采用什么桥式和跨度必须建立在科学的基础上，切忌先入为主或在某种主观意志的支配下而预先设定某种桥式或跨度目标。

（3）科研项目

在初步设计阶段要提出设计、施工中需要进一步寻求解决方案的技术难题，列出科研项目及其经费计划，待主管部门审批初步设计文件时一起审批，经批准后方可实施。

（4）施工组织设计

对推荐桥式方案要编制施工组织设计，包括主要结构的施工方案、施工设备清单、砂石料源、施工安排及工期等。

（5）概算

根据工程量、施工组织设计以及标准定额编制概算，各个桥式方案都要编制相应的概算，以便进行工程费用比较。根据具体情况对概算进行适当调整后，可以作为招标时的标底。根据审批意见，如主管部门要求修改推荐方案时，则需另外编制“修改初步设计”送审。

3. 技术设计

技术设计阶段要进行补充勘探（简称“技勘”）。在进行补充勘探时，水中基础必须每墩布置必要的钻孔；岸上基础的钻孔也要有一定的密度，基础下到岩层的钻孔应加密，还要通过勘探充分判断土层的变化。

技术设计阶段的主要内容是对选定的桥式方案中的各个结构总体的、细部的技术问题做进一步研究解决。在初步设计中批准的科研项目也要在这一阶段中予以实施，得出结果。

技术设计阶段要对结构各部分的设计提出详尽的设计图纸，包括结构断面、配筋、细节处理、材料清单及工程量等。

技术设计的最后工作是调整概算（修正概算）。

4. 施工设计

在施工设计阶段还要进一步根据施工需要进行补充钻探（称“施工钻探”），特别是对于重要的基础。支承在岩层内的基础要探明岩面高程的变化（一般不再布置深钻孔）。

根据批准的技术设计文件，绘制施工详图。绘制施工详图过程中对断面不宜做大的变动，但对于细节处理及配筋，特别是钢筋布置则允许适当改进。

施工设计可以由原编制技术设计的单位继续进行，也可由中标的施工单位进行口施工单位在编制施工设计时，如对技术设计有所变更，则要对变更部分负责，并要得到监理的认可。不管是由设计单位还是由施工单位编制的施工设计文件，均必须符合施工实际（施工条件及施工环境），必须能够按图施工。

二、桥梁设计的一般原则

以上介绍的是独立大桥的设计程序。对于未单独立项的一般桥梁（含大中小桥），在桥梁设计中应遵循的一般原则如下所述，但其中有些内容对独立大桥同样适用。

1. 桥梁设计的基本原则

当前，我国的桥梁设计的基本原则是“安全、适用、经济、美观”。

1）安全。保证工程质量、保证结构的安全可靠口这是结构设计最根本的要求。

2）适用。桥梁应具有足够的承载能力，能保证行车的畅通、舒适；既能满足当前的需要又能适应未来的发展，既满足交通运输本身的孺要，也要考虑到支援农业、满足农田排灌的需要；通航河流上的桥梁，应满足航运的要求。靠近城市、村镇、铁路及水利设施的桥梁，应结合有关方面的要求，考虑综合利用。桥梁还应考虑国防、战备的要求，特定地区的桥梁还应满足特定条件下的特殊要求（如地震等）。

3）经济。总造价比较低，是经济的。

4）美观优美的桥型、与环境的和谐、适当的装饰。

从某种意义上说，桥梁设计就是解决安全、适用、经济、美观这四个方面之同的矛盾，尤其是经济与安全、适用、美观之间的矛盾。一个地区的社会经济发展水平不同，对“经济”与“美观”的关注程度将有所不同。积极学习和采用包括新结构、新设备、新材料、新工艺在内的先进技术、最新科技成就，将有利于更好地贯彻安全、适用、经济和美观的原则。

2. 野外勘测与调查研究工作

合理的设计建议和计划任务书的提出，必须建立在充分调查研究的基础上。因此，桥梁的规划设计必须进行系列的野外勘测和资料收集工作。对于跨越河流的桥梁，一般包括下列几个方面的内容：

（1）调查研究桥梁的具体任务

桥上的交通种类和要求，如车辆的荷载等级、实际交通量和增长率，需要的车道数目或行车道的宽度以及人行道的要求等。

（2）选择桥位

一般地说，大、中桥的桥位原则上应服从路线的总方向，桥、路综合考虑。一方面，从整个路线或路网的观点来看，既要力求降低桥梁的建设和养护费用，也要避免或减少因车辆绕行而增加运输成本；另一方面，从桥梁本身的经济性和稳定性出发，应尽量选择在河道顺直、水流稳定、河面较窄、地质良好、冲刷较小的河段上，以降低造价和养护费用，并防止过大的冲刷危及桥梁安全。此外，一般应尽量避免桥梁与河流斜交，以免增加桥长、提高造价。

大、中桥一般选择 2 ~ 5 个桥位，进行各方面的综合比较，然后选择出最合理的桥位。

小桥涵的位置则应服从路线走向。当遇到不利的地形、地质和水文条件时，应采取适当的技术措施处理，不应因此而改变路线。

（3）地形测量

测量桥位附近的地形，并绘制地形图，供设计和施工时使用。

（4）地质钻探

通过钻探调查桥位的地质情况，并将钻探资料制成地质剖面图，作为基础设计的重要依据。为使地质资料更接近实际，可以根据初步拟定的桥梁分孔方案，将钻孔布置在墩台附近。

（5）水文情况

为确定桥梁的桥面标高、跨径和基础埋置深度，应调查和测量河流的水文情况。其内容包括：①河道性质。了解河道是静水河还是流水河，有无潮水，河床及两岸的冲刷和淤积，以及河道的自然变迁和人工规划的情况。北方地区还要了解季节河的具体性质。②测量桥位处河床断面。③调查了解洪水位的多年历史资料，通过分析推算设计洪水位。④测量河床比降，调查河槽各部分的形态标高和粗糙率等，计算流速、流量等有关资料，通过计算确定设计水位下的平均流速和流量，结合河道性质可以确定桥梁所需要的最小总跨径，选择通航孔的位置和墩台基础形式及埋置深度。⑤向航运部门了解和协商确定设计通航水位和通航净空，根据通航要求与设计洪水位，确定桥梁的分孔跨径与桥跨底缘设计标高。

（6）风力与地震资料

对于大桥工程，应调查桥址附近的风向、风速，以及桥址附近的有关地震资料。

（7）其他有关情况

还需调查了解的情况有当地建筑材料（砂、石料等）的来源，水泥、钢材的供应情况；附近旧桥的使用情况，有关部门和当地群众对新桥有无特殊要求（如是否有管线需要过桥等）。施工场地的情况，是否需要占用农田，桥头有无需拆迁的建筑物。当时及附近的运输条件；桥梁施工机械、动力设备与电力供应情况。

上述各项野外勘测与调查研究工作，有的可同时进行，有的则是互相渗透、交错进行。根据调查、勘测所得的资料，可拟出几个不同的桥梁比较方案。方案比较可以包括不同的桥位、不同的材料、不同的结构体系和构造、不同的跨径和分孔、不同的墩台和基础形式等，从中比选出最合理的方案。

3. 桥梁纵、横断面设计和平面布置

（1）桥梁纵断面设计

桥梁纵断面设计包括确定桥梁总跨径、桥梁分孔、桥面标高、桥下净空、桥上及桥头纵坡布置等。

桥梁的总跨径一般根据水文计算确定。由于墩台和桥头路堤压缩了河床，使过水断面减小、流速加大，将引起河床冲刷。因此，桥梁总跨径必须保证桥下有足够的排洪面积，河床不产生过大的冲刷。平面宽滩河流（流速较小）虽然可允许适当压缩，但必须注意塞水对河路堤以及附近农田和建筑物可能产生的危害。

总跨径确定后，还需进一步进行分孔布置。对于一座较大的桥梁，应当分成几孔，各孔的跨径多大，有几个河中桥墩，哪些是通航孔，哪些不是，这些问题要根据通航要求、地形和地质情况、水文情况以及技术经济和美观的条件来加以确定。

桥梁的分孔关系到桥梁的造价。跨径和孔数不同时，上部结构和墩台的总造价是不同的。跨径越大，孔数越少，上部结构的造价就越大，而墩台的造价就越小。最经济的跨径就是要使上部结构和墩台的总造价最低。因此，当桥墩较高或地质不良，基础工程较复杂而造价较高时，桥梁跨径就选得大一些。反之，跨径就可选得小一些。在实际工作中，可

对不同的跨径布置进行粗略的方案比较，来选择最经济的跨径和孔数。对通航河流，当通航净宽大于按经济造价所确定的路径时，一般将通航桥孔的跨径按通航净宽来确定，其余的桥孔跨径则选用经济跨径，对变迁性河流，则应考虑航道可能发生变化，多设几个通航孔。桥梁分孔是个非常复杂的问题，各种各样的条件和要求往往相互发生矛盾。例如，跨径在 100m 以下的公路桥梁，为了尽可能符合标准跨径，有时不得不放弃采用按经济要求确定的孔径，从备战要求出发，需要将全桥各孔的跨径做成一样，且跨径不能太大，以便抢修、互换；有时因工期很紧，为减少水下工程，需要减少桥墩而加大跨径。

在有些体系中，为了结构受力合理和用材经济，分跨布置时要考虑合理的跨径比例，如边跨与中跨的比例等。

在有些情况下，为了避免在河中搭脚手架和建临时墩，可以加大跨径，采用悬臂施工法；在山区建桥时，往往采用大跨径桥梁跨越深谷，以免建造中间桥墩。

跨径选择还与施工能力有关，有时选用较大的跨径虽然在技术上和经济上是合理的，但由于缺乏足够的施工技术能力和机械设备，也不得不改用较小跨径。

总之，对于大、中型桥梁来说，分孔问题是设计中最基本、最复杂的问题，必须进行深入、全面的分析，才能定出比较完美的方案。

桥面的标高或在路线纵断面设计中规定，或根据设计洪水位及桥下通航需要的净空来确定。

在通航及通行木筏的河流上，桥跨结构之下的空间（自设计通航水位算起），应能满足通航净空的要求。梁式桥需满足净高、净宽的要求，拱桥或下缘带斜撑的桥梁，还应满足上底宽及侧高的要求，使结构不致侵入通航净空范围内。具体的要求参见有关河道通航标准的规定。

当桥梁受到两岸地形限制时，允许修建坡桥，但大、中桥桥面纵坡不宜大于 4%，位于市镇混合交通繁忙处的桥梁，桥面纵坡不宜大于 3%。

4. 方案比较

桥式方案的确定依赖子对桥梁技术、经济、建桥条件等深入细致的综合分析比较。要贯彻“安全、适用、经济、美观”的原则。

首先根据地形、地质、通航等要求确定分孔。然后拟定尽可能多的桥梁结构形式，并在综合分析、判断的基础上剔除明显不合理的桥式，余下几个（通常 2 ~ 4 个）较好的桥式做进一步比较。接着拟定桥梁结构的主要构件尺寸并计算主要工程数量，然后编制各选定桥式的技术经济指标，包括主要材料用量、劳动力数量、总投资、施工工期、运营条件、养护费用、施工工艺和技术要求（有无困难工程等）、是否使用特殊机具和材料、是否美观等。

在桥式布置中，首先要慎重确定桥梁跨度，特别是主跨的跨度。采用大跨度对通航有利，也可减少费力费时的基础工程量。但在桥长相同时，采用大跨度相对于小跨度而言造价较高，工期较长（较小的跨度可以采取多点施工、平行作业等措施），故要加以综合比较。

桥跨布置必须在掌握充分资料的基础上进行，要研究在高、中、低水位时的航道轨迹。通航桥跨要与航道相适应，要能极盖各种水位时航道可能出现的变化。一般情况下，桥梁跨度比航道要求的标准宽度稍大，留有一定余地即可，过大则没有必要。

桥梁跨度的大小也受到自然条件及施工条件的限制。如果基础的设计、施工困难，施工时航运繁忙，则要减少桥墩而加大跨度。

技术经济比较和最优方案选定，必须综合考虑各种技术、经济指标，本着安全、适用、经济、美观的原则确定最优方案，或根据其他客观情况及特殊要求提出推荐方案。

一般地说，造价低、材料省、劳动力消耗少的方案是优秀的、经济的方案。但是，当技术因素或使用上的特殊要求等其他因素成为设计的主要矛盾时，有时却不得不放弃经济的方案。

5. **桥梁的造型与美学**

随着技术的进步和社会经济发展水平的提高，桥梁不再只是一个工程结构物，它还必须满足人们越来越高的观赏要求。宏伟、壮观、优美的大桥，不但能够展示先进的技术和生产工艺水平，更能反映出一个国家或地区的时代精神和创造力。因此，桥梁设计应该从“单纯的结构设计”中走出，应该在美学方面有所追求。

桥梁的美学构思在设计中占用的时间并不多，但其结果却是决定性的。同时，桥梁的美并不意味着奢华装饰，不应也不必增加很多的投资。

桥梁美学属十美学范畴，在此不于详述。德国的 FLeonhardt 教授在《桥—美学与设计》中提出的美学思想，可供借鉴。

1）在满足功能要求的前提下，要选用最佳的结构形式——纯正、清爽、稳定。质量统一于美，美从属质量。

2）美，主要表现在结构选型和谐与良好的比例，并具有秩序感和韵律感；过多的重复会导致单调。

3）重视与环境的协调。材料的选择，表面的质感，特别色彩的运用起着重要作用。模型检试有助于实感判断和审视阴影效果。

4）美丽的桥梁应以其个性对人们产生积极的影响。美和伦理本是相通的，美的环境将直接陶冶人们的情操，大自然的美、人为环境的美，对人们身心健康是必需的。

第二节　桥梁设计流程

我国桥梁设计程序，分为前期工作及设计阶段。前期工作包括编制预可行性研究报告和可行性研究报告。设计阶段按“三阶段设计”进行，即初步设计、技术设计与施工设计。

一、前期工作：预可行性研究报告和工程可行性研究报告的编制

预可行性研究报告与可行性研究报告均属建设的前期工作。预可行性研究报告是在工程可行的基础上，着重研究建设上的必要性和经济上的合理性；

可行性研究报告则是在预可行性研究报告审批后，在必要性和合理性得到确认的基础上，着重研究工程上的和投资上的可行性。

这两个阶段的研究都是为科学地进行项目决策提供依据，避免盲目性及带来的严重后果。

这两个阶段的文件应包括以下主要内容：

（1）工程必要性论证，评估桥梁建设在国民经济中的作用。

（2）工程可行性论证，首先是选择好桥位，其次是确定桥梁的建设规模，同时还要解决好桥梁与河道、航运、城市规划以及已有设施（通称“外部条件”）的关系。

（3）经济可行性论证，主要包括造价及回报问题和资金来源及偿还问题。

二、设计阶段：初步设计、技术设计和施工设计（三阶段设计）

1. 初步设计

按照基本建设程序为使工程取得预期的经济效益或目的而编制的第一阶段设计工作文件。该设计文件应阐明拟建工程技术上的可行性和经济上的合理性，要对建设中的一切基本问题做出初步确定。内容一般应包括：设计依据、设计指导思想、建设规模、技术标准、设计方案、主要工程数量和材料设备供应、征地拆迁面积、主要技术经济指标、建设程序和期限、总概算等方面的图纸和文字说明。该设计根据批准的计划任务书编制。

2. 技术设计

技术设计是基本建设工程设计分为三阶段设计时的中间阶段的设计文件。它是在已批准的初步设计的基础上，通过详细的调查、测量和计算而进行的。其内容主要为协调编制拟建工程中有关工程项目的图纸、说明书和概算等。经过审批的技术设计文件，是进行施工图设计及订购各种主要材料、设备的依据，且为基本建设拨款（或贷款）和对拨款的使用情况进行监督的基本文件。

3. 施工设计

又称为施工图设计，是设计部门根据鉴定批准的三阶段设计的技术设计，或两阶段设计的扩大初步设计或一阶段设计的设计任务书，所编制的设计文件。此文件应提供为施工所必需的图纸、材料数量表及有关说明。与前一设计阶段比较，设计图的设计和绘制应有更加详细的、具体的细部构造和尺寸、用料和设备等图纸的设计和计算工作，其主要内容有平面图、立面图、剖面图及结构、构造的详图，工程设计计算书，工程数量表等。施工图设计一般应全面贯彻技术设计或扩大初步设计的各项技术要求。除上级指定需要审查者外，一般均不需再审批，可直接交付施工部门据以施工，设计部门必须保

证设计文件质量。同时施工图文件也是安排材料和设备、加工制造非标准设备、编制施工图预算和决算的依据。

三、三阶段设计、两阶段设计和一阶段设计

1. **三阶段设计**

一般用于大型、复杂的工程。铁路建设项目的设计工作，一般常采用三阶段设计。

2. **两阶段设计**

分为初步设计和施工设计两个阶段。其中初步设计又称为扩大初步设计。

公路、工业与民用房屋、独立桥涵和隧道等建设项目的设计工作，通常采用这种设计步骤。

3. **一阶段设计**

仅包括施工图设计一个阶段，一般实用于技术简单的中、小桥。

四、主要技术条件

（一）设计荷载

（1）恒载

梁体自重及桥面铺装；栏杆；过桥管线等。

（2）荷载

汽车；挂车；人群

（3）温度

整体升温；整体降温；局部温度

（4）基础不均匀沉降。

（5）风荷载

（6）地震荷载

（7）收缩，徐变

（8）冲击与偏载在荷载输入中考虑

（二）设计规范

《公路桥涵设计通用规范》（JTJ021-89）

《公路钢筋混凝土及预应力混凝土桥涵设计规范》（JTJ023-85）

《公路桥涵施工技术规范》（JTJ041-89）

《公路工程技术标准》（JTJ001-97）

《城市桥梁设计准则》（CJJ11-93）

《公路工程抗震设计规范》（JTJ027-96）

（三）尺寸的拟定

（1）桥面宽 B= 外栏 + 人行道 + 非机动车道 + 车行道 + 分隔带 + 车行道 + 非机动车道 + 人行道 + 外栏

（2）支点梁高

①变高度梁 H 支 =L 跨 /18（左右）

②等高度梁 H 支 =L 跨 /20（左右）

（3）跨中梁高：变高度梁 H 支 =L 跨 /40（左右）

（4）翼板悬挑长度：Lb=B/4（左右）[最大值不超过 55 米]

（5）支点底板宽：B 底 =B/2（略小取值）[斜腹板可取更小值]

（6）支点底板厚：hd=H 支 /8 ～ H 支 /12

（7）支点截面腹板厚：Hw=BL/KH 支（K=400 ～ 500）

（8）跨中腹板厚仅与腹板预应力有关：Hw=025 ～ 040 米

（9）跨中截面底板厚：hd=020 ～ 035 之间，与底板纵向预应力有关

（10）顶板板厚：hT=020 ～ 040 米

（11）关于横隔板的设置，仅在支点截面设横隔板，横隔板厚与所选定的支座上摆纵桥向尺寸相近。

（四）材料的选用

梁体混凝土一般选用 C40 ～ C60

预应力：

①顶板束一般采用 12、19、27 三种类型

②底板束一般与顶板束相同

③腹板束比顶板束小

Ryb=1860Mpa 锚下控制张拉应力为 1395MPa。

④顶板横向预应力，现在比较多采用扁锚体系，最好使用钢筋混凝土结构。

⑤竖向预应力，较多采用 32 高强精轧螺纹粗钢筋 Ryb=1000Mpa，锚下控制张拉力为 5428KN。

（五）梁部纵向计算的内容和方法：

箱梁纵桥向静力计算分两部分：①承载能力极限状态；②正常使用极限状态

根据边界条件和施工方法确定计算模式，运用院编 PRBP 程序进行上机计算

1. 计算的荷载组合

①一期恒载 + 二期恒载 + 基础变位 + 汽车 + 人群

②一期恒载 + 二期恒载 + 基础变位 + 挂车

③—① + 顶升（5oC）

④—① + 顶升（10oC）

⑤—① + 线性升温

⑥—① + 线性降温

⑦—① + 摩阻力（1）

⑧—① + 摩阻力（2）

（1）与（2）为相互反向的支座摩阻力

⑨一期恒载 + 二期恒载 + 基础变位 + 满布人群

2. **数据准备**

比较重要的数据

①单元及节点坐标

②截面信息

③材料与支乘信息

④预应力束信息

⑤施工阶段

⑥运营阶段

3. **主要计算内容**

①各截面正应力（有输出结果）

②控制截面主拉应力（支点、L/4、L/8、腹板变化点）

③施工预拱度及支座设偏（根据 PRBP 位移结果计算）

④控制截面强度计算

⑤预应力束张拉延伸量计算

⑥梁体总体变形（f/L 是否满足规范要求）

⑦必要时要分析梁的扭转及剪力滞的影响

（六）横向计算

取控制截面（支点、跨中、L/4、L/8）1 米宽度框架，按钢性框架计算。

汽车及挂车荷载要考虑纵桥向有效分布宽度，计冲击系数。

（七）图纸组成

（1）图纸目录及说明书

（2）梁部总图

（3）纵向预应力束总图

（4）竖向预应力总图（横向）

（5）梁部横断面图

（6）各块件普通钢筋图

（7）锚下支乘垫板、支座垫板、支撑钢管及锚具图

（8）桥面铺装、栏杆、泄水管设计图

（9）桥面照明及灯柱设计图

（10）施工步骤图（提供不平衡弯矩）

（11）预拱度及设偏量表

（12）过桥管线图

（13）其他

第三节　桥梁的设计荷载及荷载组合

一、桥梁的设计荷载

选定荷载和进行荷载分析是比结构分析更为重要的问题。因为它关系到桥梁结构在它的设计使用期限内的安全和桥梁建设费用的合理投资。近年来，由于交通量的不断增加，大型超重车辆的不断出现，风载、地震荷载的重要性愈显突出等，导致实际与可能作用在桥梁结构上的荷载越来越复杂，这就为桥梁荷载的选定和分析造成了困难，常因初始设计荷载选定的滞后，而造成桥梁早期破坏或加固。我国现行的公路桥涵设计通用规范（JTJ021-85）中，将作用在桥梁上的荷载分为三大类：

1．永久荷载（恒载）

在设计使用期内，其值不随时间变化，或其变化与平均值相比可以忽略不计的荷载。它包括结构重力、预加应力、土的重力及侧压力、混凝土收缩及徐变影响力，基础变位影响力和水的浮力。

2．可变荷载（荷载）

在设计使用期内，其值随时间变化，且其变化与平均值相比不可忽略的荷载。按其对桥涵结构的影响程度，又分为基本可变荷载和其他可变荷载。基本可变荷载包括汽车荷载及其引起的冲击力，平板挂车（或履带车）荷载，人群荷载，离心力，以及所有车辆所引起的土侧压力。其他可变荷载包括汽车制动力，风力，流水压力，冰压力，温度影响力和支座摩阻力。

3．偶然荷载

在设计使用期内，不一定出现，但一旦出现其值很大且持续时间较短的荷载，它包括船只或漂浮物撞击力，地震作用。

三、永久荷载

结构物的重力及桥面铺装、附属设备等外加重力均属结构重力，可按照结构的实际体积或设计时所假定的体积与材料密度计算。

作用在墩台上的土重力，土侧压力可参照《公路桥涵通用规范》（JTJ021-85）附录一、二和《公路桥涵地基与基础设计规范》（JTJ024-85）附录二中规定计算。

对于预应力混凝土结构，预加应力在结构使用阶段设计时，应作为永久荷载计算其效应，计算时应考虑相应阶段的预应力损失；在结构承载能力极限状态设计时，预应力不作为荷载，而将预应力筋作为普通钢筋计入结构抗力。

混凝土收缩、徐变和基础变位将使超静定结构产生内力，这些力的计算可根据《公路桥涵通用规范》（JTJ021-85）中有关规定计算。

水的浮力对桥梁墩台的影响，当墩台位于透水性地基上时，验算墩台的稳定性，应采用设计水位浮力，而验算地基应力时，仅考虑低水位时的浮力或不考虑水的浮力；当基础嵌入不透水性地基上时，可不考虑水的浮力；当不能肯定地基是否是透水时，应以透水和不透水两种情况分别计算与其他荷载组合，取其最不利者。

二、可变荷载

1．基本可变荷载

1）公路桥梁汽车荷载

（1）《公路桥涵通用规范》（JTJ021-85）的规定：

该规范把大量、经常出现的汽车荷载，作为设计荷载；把偶然，个别出现的平板挂车或履带车作为验算荷载。

汽车荷载以汽车车队表示，分为汽车 -10 级、汽车 -15 级、汽车 -20 级、汽

车 - 超 20 级四个等级。车队的纵向排列和横向布置，如图 2-1、图 2-2 所示。荷载级别的数字表示一辆主车的重量，以吨计。每级车队中有一辆是重车，其前后都是主车，主车的数量在计算跨长内不限。

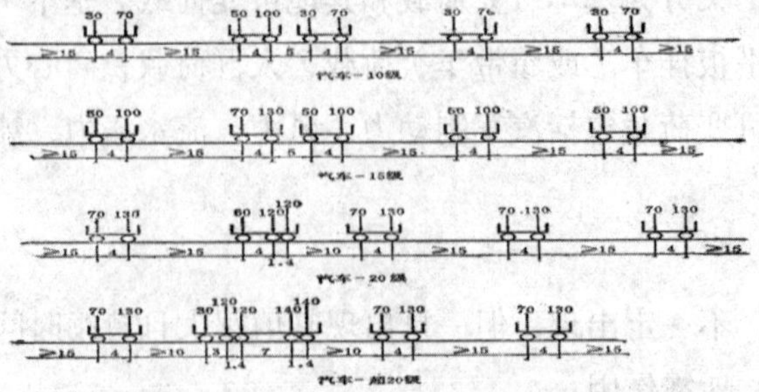

图 2-1 各级汽车的纵向排列（重力单位：KN；尺寸单位：m）

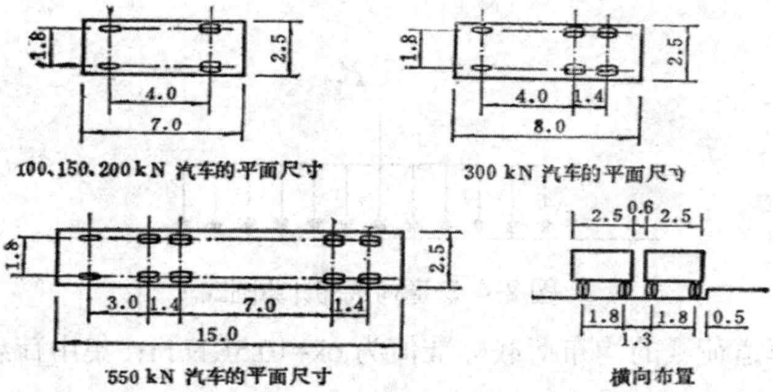

图 2-2 各级汽车的平面尺寸和横向布置（尺寸单位：m）

验算荷载分为 800KN、1000KN、和 1200KN 平板挂车（简称挂车—80、挂车—100 和挂车—120）以及履带 500KN（简称履带—50）四种。其纵向排列和横向布置，如图 2-3。

（2）《公路工程技术标准》（JTGB01-2003）的规定

2003 年新颁布的《公路工程技术标准》中对于车辆荷载进行了新的规定：取消挂车或履带车荷载，同时将汽车荷载分为公路—Ⅰ级和公路—Ⅱ级两个等级，其等级按照表 2-1 确定。

汽车荷载由车道荷载和车辆荷载组成。车道荷载由均布荷载和集中荷载组成。桥梁结构的整体计算采用车道荷载；桥梁结构的局部加载、涵洞、桥台和挡土墙土压力等的计算采用车辆荷载。车道荷载与车辆荷载的作用不得叠加。

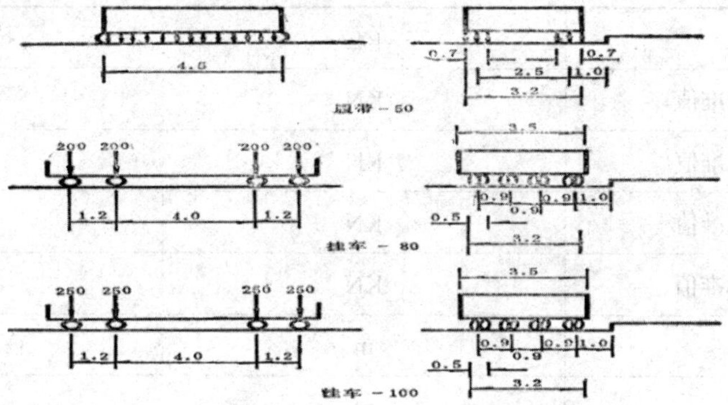

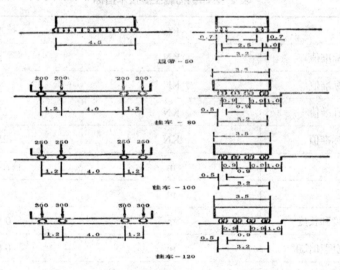

图 2-3 平板车和履带车荷载的纵向排列和横向布置

表 2–1 汽车荷载等级

公路等级	高速公路	一级公路	二级公路	三级公路	四级公路
汽车荷载等级	公路-Ⅰ级	公路-Ⅰ级	公路-Ⅱ级	公路-Ⅱ级	公路-Ⅱ级

车道荷载的计算图式，如图 2-4 所示。

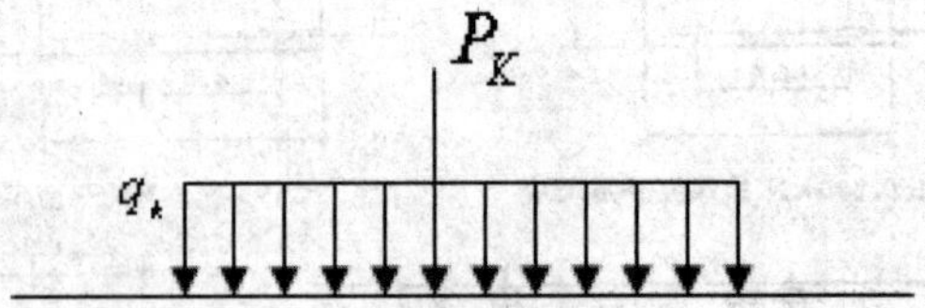

图 2-4 车道荷载的计算图式

公路—Ⅰ级车道荷载的均布荷载标准值为 qk=10.5KN/m；集中荷载标准值 Pk 按以下规定选取：

桥涵计算跨径小于或等于 5m 时，Pk=180KN；

桥涵计算跨径大于或等于 50m 时，Pk=360KN；

桥涵计算跨径大于 5m，小于 50m 时，Pk 采用直线内插求得。

计算剪力效应时，上述荷载标准值应乘以 12 的系数。

公路—Ⅱ级车道荷载的均布荷载标准值 qk 和集中荷载标准值 Pk，为公路—Ⅰ级车道荷载的 075 倍。

车辆荷载：

公路—Ⅰ级和公路—Ⅱ级汽车荷载采用相同的车辆荷载标准值。车辆荷载布置，如图 2-5 所示。其主要技术指标见表 2-2。

表 2–2 车辆荷载主要技术指标

项目	单位	技术指标
车辆重力标准值	KN	550
前轴重力标准值	KN	30
中轴重力标准值	KN	2*120
后轴重力标准值	KN	2*140
轴距	m	3+1.4+7+1.4
轮距	m	1.8
前轮着地宽度和长度	m	0.3*0.2
中后轮着地宽度和长度	m	0.6*0.2
车辆外形尺寸（长*宽）	m	15*2.5

车道荷载横向分布稀疏，应按设计车道数如图 2-5 布置车辆荷载进行计算。汽车外侧车轮的中线，离人行道或安全带边缘的距离不得小于 0.5m。

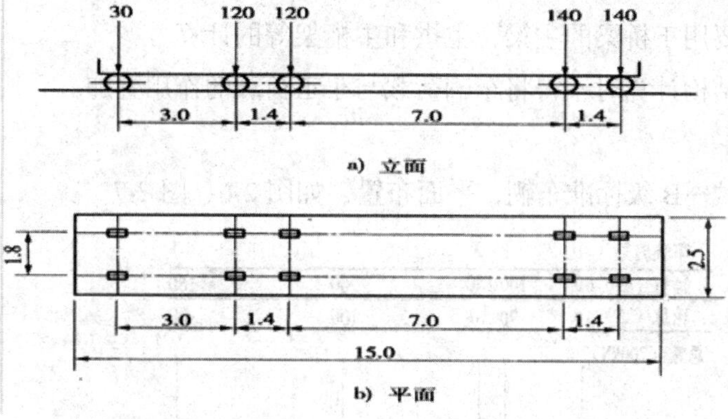

图 2-5 车辆荷载横向布置（尺寸单位：m）

当桥梁横向布置车队数等于或大于 2 时，由于单向并行通过的概率较小，应考虑计算荷载效应的横向折减，但折减后的效应不得小于用两条设计车道的荷载效应。一个整体结构上的计算荷载横向折减系数见表 2-3。

当桥梁计算跨径大于 150m 时，应按表 2-4 考虑车道荷载的纵向折减。桥梁为多跨连续结构时，整个结构应按最大计算跨径的纵向折减系数进行折减。

表 2-3 横向折减系数

横向布置车队数（条）	2	3	4	5	6	7	8
横向折减系数	100	078	067	060	055	052	050

表 2-4 纵向折减系数

计算跨径	150 < L0 < 400	40150 ≤ L0 < 600	600 ≤ L0 < 800	800 ≤ L0 < 1000	L0 ≥ 1000
纵向折减系数	097	096	095	094	093

（3）两种规范的比较

由上述两种规范对车辆荷载的规定，可以看出 1985 年的规定比较符合车辆实际行驶排列情况，而 2003 年的规范对于车辆荷载从形式上不考虑挂车和履带车荷载，同时汽车荷载计算模式单一化，使得桥梁结构计算更为简便。

说明：在具体桥梁结构计算时，车辆及人群荷载等荷载布置以最新颁布的设计规范为计算依据。

（4）城市桥梁汽车荷载

我国建设部 1998 年制定了《城市桥梁设计荷载标准》（CJJ77-98），该标准适用于城市内新建、改建的永久性桥梁与涵洞，高架道路及承受机动车的结构物荷载设计。荷载采用两级荷载标准，即城—A 级、城—B 级。城—A 级总轴重 700KN，适用于快速路及主干路。城—B 级荷载总轴重 300KN，适用于次干路及支路。

标准中规定：在城市桥梁设计中，汽车荷载可分为车辆荷载和车道荷载。

车辆荷载主要用于桥梁的横隔梁，行车道板，桥台或挡土墙后土压力的计算。

车道荷载主要用于桥梁的主梁，主拱和主桁架等的计算。

当进行桥梁结构计算时不得将车辆荷载与车道荷载的作用叠加。

1）车辆荷载

城—A 级和城—B 级标准车辆，平面布置，如图 2-6、图 2-7。

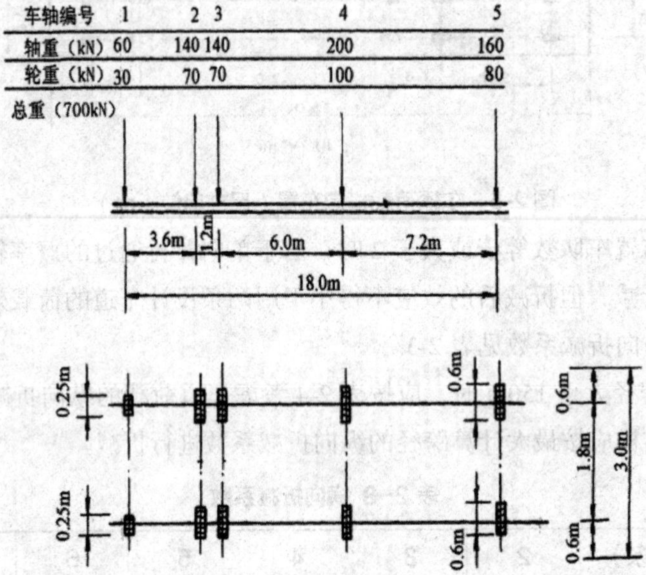

图 2-6 城 -A 级标准车辆纵、平面布置

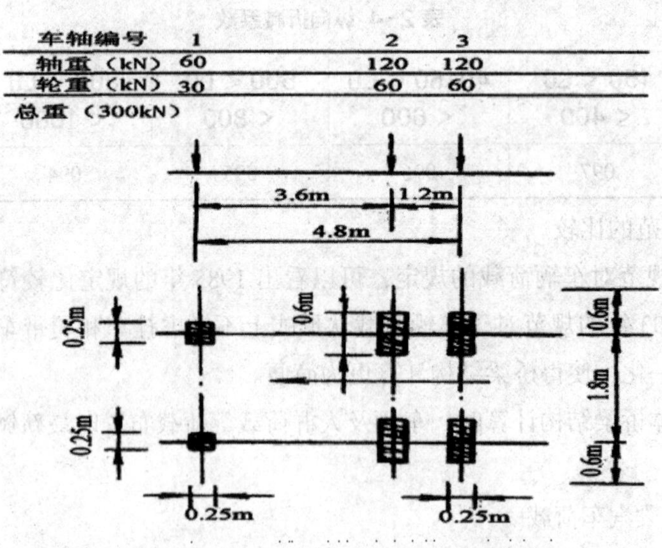

图 2-7 城 -B 级标准车辆纵、平面布置

2）车道荷载

城—A 级和城—B 级车道荷载应按均布荷载加一个集中荷载 P 计算，其纵横向布置如图 2-8a，b。图中 q_M，表示弯矩效应计算时采用的均布荷载标准值，表示剪力效应计算时

采用的均布荷载标准值，均布荷载和集中荷载的标准值可按表 2-5 取值。

车道荷载的单向布载宽度应为 30m，为简化桥梁横向影响线的计算，车道荷载应按照 q_Q 如图 2-8c 所示的等效荷载车轮集中力形式布置。

当设计车道数目大于 2 时，应计入车道的横向折减系数。加载车道位置应选在结构能产生最不利的荷载效应之处。

注：在计算剪力时，当跨径大于 20m 小于 150m，且车道数等于或大于 4 条，城—A 级，城—B 级车道荷载应分别乘以 125，130 增长系数。

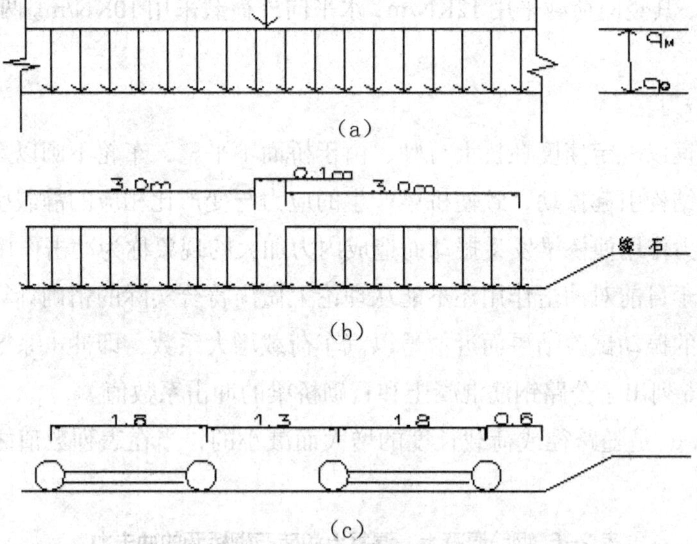

图 2-8 车道荷载纵、横布置图

表 2-5　车道荷载的均布荷载和集中荷载标准

荷载等级	城 -A 级			城 -B 级		
跨径	车道荷载			车道荷载		
	qm（KN/m）	qq（KN/m）	P（KN）	qm（KN/m）	qq（KN/m）	P（KN）
2≤l≤20	22.5	37.5	140	19.0	25.0	130
2＜l≤20	10.0	15.0	300	9.5	11.0	160

3）人群荷载

根据《公路工程技术标准》（JTGB01-2003），设有人行道的公路桥梁，当用汽车荷载计算时，应同时计入人行道上的人群荷载。

当桥梁跨径小于或等于 50m 时，人群荷载标准值为 30KN/m^2；当桥梁跨径等于或大于 150m 时，人群荷载标准值为 25KN/m^2；桥涵计算跨径大于 50m，小于 150m 时，可采用直线内插求得。对于跨径不等的连续结构，采用最大计算跨径的人群荷载标准值。城镇郊区行人密集地区的公路桥梁，人群荷载标准值为上述标准值的 115 倍。专用人行桥梁，人群荷载标准值为 35KN/m^2。

城市桥梁在计算人行道板、局部构件的人群荷载时，应按 5KN/m^2 的均布荷载或 15KN 的竖向集中力分别计算，取其不利者。当计算梁、桁架、拱及其他大跨结构的人群荷载，需根据加载长度及人行道宽度来确定，参见《城市桥梁设计荷载标准》（CJJ77-98），且在任何情况下不得小于 24KN/m^2。

在设计栏杆时，对于公路桥梁作用在栏杆立柱顶上的水平推力一般采用 075KN/m；作用在栏杆扶手上的竖向力一般采用 1KN/m；对于城市桥梁由于人流量较大，作用在栏杆扶手上的荷载，其竖向荷载采用 12KN/m，水平向外荷载采用 10KN/m。两者应分别考虑，不得同时作用。

4）汽车冲击力

冲击作用车辆以一定速度在桥上行驶，由于桥面不平整，车轮不圆以及发动机抖动等原因，会使桥梁结构引起振动，致使桥梁产生的应力与变形比相应的静载引起的要大，这种由于荷载的动力作用使桥梁发生振动而造成内力加大的现象称为冲击作用。

冲击系数鉴于目前对冲击作用还不能从理论上做出符合实际的精确计算，一般根据在现代桥梁上所做的振动试验结果而近似地以汽车荷载增大系数，即冲击系数来计算荷载的冲击影响。表 2-6 列出了公路钢筋混凝土和石砌桥梁的冲击系数值。

冲击系数 1+μ 是随跨径或荷载长度的增大而减小的，当在表列数值之间时，可用直线内插法求得。

表 2-6 钢筋混凝土、混凝土和砖石砌桥涵的冲击力

结构种类	跨径或荷载长度 l	μ	结构种类	跨径或荷载长度 l	μ
梁、钢架、拱上结构，桩式或柱式墩台，涵洞盖板	l≥15	0.3	桥梁的主拱圈或拱肋	l≤20	0.2
	l≥15	0		l≤20	0

城市桥梁 μ 值可按下列公式计算：

对于车道荷载

$$\mu = 20/(80+l)$$

式中：l——跨径（m），当 l =20m 时，μ=0.2；当 l =150m 时，μ=0.1

对于车辆荷载

$$\mu = 06686 - 03032 log l$$

但 μ 的最大值不得超过 0.4。

鉴于结构物上填料能起缓冲和扩散的作用，故对于拱桥，涵洞及重力式墩台，当填料厚度（包括路的厚度）等于或大于 0.5m 时，可不计冲击力。

5）离心力

《桥规》中规定：当弯道桥的半径等于或小于 250m 时，应计算离心力。离心力为车辆荷载（不计冲击力）乘以离心力系数 C，离心力系数由下式计算：

$$C=V^2/127R \quad (2\text{-}3\text{-}14)$$

式中：V——计算行车速度，应按桥梁所在路线等级的规定采用（Km/h）；

R——曲线半径（m）。

在计算多车道的离心力时，应按表 2-5 横向折减系数折减。

离心力的着力点在桥面以上 12m（为计算简便也可移至桥面上，不计由此引起的力矩）。

6）车辆荷载引起的土侧压力

汽车引起的土压力，即是这些车辆荷载在桥台或挡土墙后填土的破坏棱体上引起的土侧压力，可按换算的等代均布土层厚度来计算，具体办法见《公路桥涵设计通用规范》。

5. 其他可变荷载

（1）风力（即风荷载）

对于大跨径桥梁，特别是斜拉桥和悬索桥，风荷载是极为重要的设计荷载，有时甚至起着决定性的作用，即对结构的强度、刚度和稳定性起控制作用。

当风以一定的速度向前运动而遇到结构物阻碍时，结构即承受了风压。一般地说，风对结构作用的计算有三个不同的方面：①对于顺风的平均风压，采用静力计算方法（也就是《公路桥梁设计规范》规定的方法）；②对于顺风向的脉动风或横风向的脉动风，则应按随机振动理论计算；③对于横风向的周期性风力，产生了横风向振动，偏心时还产生扭转振动，通常作为确定荷载对结构进行动力计算。后两种计算理论是属于研究结构风压和风振理论的一门新学科。

《公路桥梁设计规范》规定的风压计算只是静止风压，适用于中、小跨径桥梁，对于大跨径桥梁，应该专门进行抗风设计。

（2）汽车制动力

桥上汽车制动力，是车辆在刹车时路面与车辆之间发生的滑动摩阻力。车辆与路面间的摩阻系数可以达 0.5 以上，但是刹车通常只限于车队的一部分车辆，所以制动力并不等于摩阻系数乘以全部车辆荷载《规范》规定，当桥涵为一或两车道时，制动力按布置在荷载长度内的一行汽车车队总重力的 10% 计算，但不得小于一辆重车的 30%。四车道的制动力按上述规定数值的 2 倍计算。

制动力的着力点在桥面以 12m 处。在计算墩台时，可移至支座中心（铰或滚轴中心）或滑动支座、橡胶支座、摆动支座的底座面上，计算刚构桥、拱桥时，可移至桥面上，但不计因此而产生的竖向力和力矩。

刚性墩台不同支座传递制动力的计算在《规范》中有具体规定，可参照执行。

（3）温度影响力

对于超静定结构，必须考虑温度变化影响产生的变形和由此引起的影响力，它的大小应根据当地具体情况、结构物使用的材料和施工条件等因素计算确定。

温度变化范围，应根据桥梁所在地区的气温条件面定。气温变化值，应自结构物合拢时的温度算起。具体规定参见《公路桥涵设计通用规范》。

四、偶然荷载

偶然荷载是指结构在设计使用期内不一定出现，但一旦出现，其值很大、持续时间很短的荷载。偶然荷载主要是指地震荷载和船只或漂流物的撞击力。

《公路桥梁设计规范》中规定的公路桥梁抗震设防起点，一般为设计地震烈度 8 度，但连续梁、T 形刚构等桥型，宜采用设计烈度 7 度，地震力的计算和结构抗展设计应符合《公路工程抗震设计规范》的规定。

在通行较大载重量的船只或有漂流物的河流中，桥梁的河中桥墩必须考虑船只或漂流物的撞击力。这个撞击力有时是十分巨大的，在可能的条件下应采用实测资料进行计算。如无实测资料，可参照《规范》计算。

五、荷载组合

进行桥涵设计时，应根据结构物特性、建桥地区的情况，按所列荷载可能出现的概率，进行下列组合：

组合 I，基本可变荷载（平板挂车和履带车除外）的一种或几种与永久荷载的一种或几种相组合（俗称设计组合）。

组合 Ⅱ，基本可变荷载（平板挂车或履带车除外）的一种或几种与永久荷载的

一种或几种与其他可变荷载的一种或几种相组合；设计弯桥时，当离心力与制动力组合时，制动力仅按 7d 写计算（俗称附加组合）。

组合 Ⅲ，平板挂车或履带车与结构重力、预应力、土的重力及土侧压力的一种或几种相组合（俗称验算组合）。

组合 Ⅳ，基本可变荷载（平板挂车或履带除外）的一种或几种与永久荷载的一种或几种与偶然荷载中的船只或漂浮物的撞击力相组合（俗称抗撞组合）。

组合 V，根据施工时可能出现的施工荷载进行组合。构件在吊装时，构件重力应乘以动力系数 12 或 085，并可视构件具体情况进行适当增减（俗称施工组合）。

组合 Ⅵ，结构重力、预应力、土的重力及土侧压力的一种或几种与地震力相组合（俗称抗震组合）。

在进行荷载组合时，还应注意有一些不可能同时参与组合，如汽车制动力不与流水压力组合、冰压力不和支座摩阻力组合、流水压力不与冰压力组合等。

第三章　梁墩台类型和构造

第一节　桥墩类型

一、按力学特点分类

1. 重力式墩台

（1）梁桥重力式墩：矩形墩、圆端形墩、圆形墩、尖端形桥墩。

（2）拱桥重力式墩：普通墩、单向推力墩。

图 3-1

2. 轻型型墩台

空心墩、桩柱式桥墩及双柱式桥墩、各式柔性墩。

图 3-2

3．薄壁墩

主要分为钢筋混凝土薄壁墩和双壁墩以及V形墩三类。其共同特点是在横桥向的长度基本和其他形式的墩相同，但是在纵桥向的长度很小。其优点是，可以节省材料，减轻桥墩的自重，同时双壁墩可以增加桥墩的刚度，减小主梁支点负弯矩，增加桥梁美观；V形墩可以间接的减小主梁的跨度，使跨中弯矩减小，同时又具有拱桥的一些特点，更适合大跨度桥的建造。

4．柔性墩

是在多跨桥的两端设置刚性较大的桥台，中墩均为柔性墩。即墩体的整体刚度很小，在墩顶水平推力的作用下发生较大的水平位移。优点是由于桥墩的水平推力是按各墩的刚度分配的，故分配到每个柔性墩上的水平推力很小。

5．柱式墩

一般由基础上的承台、柱式墩身和盖梁组成。优点是能减轻墩身自重，节约圬工材料，比较美观，刚度和强度都较大，在有漂流物和流冰的河流中可以使用。

6．桩式墩

桩式墩是将钻孔桩基础向上延伸作为桥墩的墩身，在桩顶浇筑盖梁。在墩位上的横向可以是一根或多根桩，设置一排桩时叫排桩墩。优点是材料用量经济，施工简便，适合平原地区建桥使用；缺点是跨度不宜做得太大，一般小于13m，且在有漂流物和流速过大的河流中不宜采用。

7．空心式桥墩：

可采用钢筋混凝土或混凝土。优点是节省材料，减轻桥墩的自重，施工速度快，质量好，节省模板支架；缺点是，抵抗流水冲击和水中夹带的泥沙或冰块冲击力的能力差，所以不宜在有上述情况的河流中采用。

8．重力式桥墩

是实体的圬工墩，主要靠自身的重量来平衡外力，从而保证桥墩的强度和稳定。主要用C15或C15以上的片石混凝土浇筑，或用浆砌块石和料石，也可以用混凝土预制块砌筑。优点是整体刚度大，抗倾覆性能以及承重性能都很好；缺点是自重大，不宜做的过大而使桥梁自重加大。

二、桥台类型

1．重力式桥台

按形状——矩形桥台、U形桥台、T形桥台、耳墙式桥台、矩形埋式及十字埋式等。

2．轻型桥台

（梁式）桩柱式、锚定板式桥台。

（拱式）八字形、U形桥台、Ⅱ形、E形、靠背式框架桥台、组合式、空腹式、齿槛式、一种形式叫拼装式墩台。

3. 带翼墙的桥台

以采用八字形翼墙较为普遍。这种翼墙的作用在于：挡住桥台两侧的路基填土，保证桥头路基稳定，并引导水流顺畅地进入桥孔。如对翼墙无导流要求时，也可采用和台身齐平的一字形翼墙桥台。它构造简单、施工放线较方便。为减少桥台工程量，并有效地抵挡台后填土压力，桥台可利用埋入台后路基中的拉杆锚固，做成锚杆式桥台或设锚定板做成锚定板桥台；也可利用填土压重，做成倒T形桥台；小桥桥台可利用桥跨结构及地面下的支撑相互支持，做成支撑式桥台等。这些桥台均具有轻巧的特点，统称为轻型桥台。如使用得当，都能收到技术上或经济上的较好效果。

4. 不带翼墙的桥台

在桥台两侧设置锥体填方，其坡面须作必要的防护(如砌石)，其作用和八字翼墙相同。铁路桥梁因列车行驶轨道位置固定，需要的台身宽度较窄，台身又往往较高，取消翼墙，代以锥体填方，技术、经济效果较好，故使用较多。不带翼墙的桥台构造形式，常用的有U形、T形、埋置式、耳墙式等多种。①U形桥台。台身由支承上部结构的前墙和两边侧墙（垂直于前墙）组成U形伸入路堤，侧墙外设置锥体填方。因其结构简单，整体性强，施工简易，故在城市、公路桥梁上用得较多。铁路上只用于桥跨较小的低矮桥台；因台身较窄，当桥台较高时，两边侧墙内侧坡面在下部交遇而变成实体，圬工数量将急剧增加而不经济。②T形桥台。为铁路桥所常用，公路桥和城市桥，则因此种桥台狭窄而不用。台身由前墙和与其垂直的后墙组成T形。前墙支承上部结构；后墙平行线路，墙顶设道砟槽，承托桥跨和路堤间的线路上部建筑；两者用途不同而又形成整体，具有结构合理、适应性较强、圬工量也较省的优点。③埋置式桥台。因台身埋置于锥体填方内而得名，适用于桥头路堤较高、跨度较大的桥梁，具有台身短、圬工量省的特点。在台顶两侧有带耳墙和不带耳墙的两种形式。耳墙须用钢筋混凝土筑成。为减少并有效地抵抗台后土压，台身一般做成后仰的形式，也称后仰式埋置桥台。在公路桥梁中尚有桩柱式埋置桥台，耳墙做在台帽上，也是一种轻型桥台。埋置式桥台的锥体填方大部伸出桥台前缘，有侵占桥下过水面积、易受水流冲毁的缺点。故埋置式桥台多用于旱桥及桥下水流缓慢的桥梁。在桥跨和台高的搭配上，宜选择较长跨度，避免锥体填土前缘对邻近的桥墩产生单侧斜坡土压。④耳墙式桥台。由两片耳墙及前墙组成，仅有少量台身埋在椎体坡面以下，也具有减少圬工的特点，但钢筋混凝土耳墙构造较复杂，施工也较困难。

三、桥台和桥墩的区别

桥梁的支承结构为桥台与桥墩。桥台是桥梁两端桥头的支承结构，是道路与桥梁的连接点。桥墩是多跨桥的中间支承结构，桥台和桥墩都是由台（墩）帽、台（墩）身和基础组成。

（一）桥墩

桥墩一般系指多跨桥梁中的中间支承结构物。它除承受上部结构产生竖向力、水平力和弯矩外，还承受风力、流水压力及可能发生的地震力、冰压力、船只和漂流物的撞击力。桥台设置在桥梁两端，除了支承桥跨结构外，它又是衔接两岸接线路堤的构筑物；既要能挡土护岸，又能承受台背填土及填土上车辆荷载所产生的附加土侧压力。因此，桥梁墩台不仅自身应有足够的强度、刚度和稳定性，而且对地基的承载能力、沉降量、地基与基础之间的摩阻力等也都提出一定的要求，避免在上述荷载作用下产生危害桥梁整体结构的水平、竖向位移和转角位移。

（二）桥台

1. 重力式桥台

（1）重力式桥台的类型：重力式桥台依据桥梁跨径、桥台高度及地形条件的不同，有多种形式。常用的类型有U形桥台，埋置式桥台，八字式和一字式桥台等。重力式桥台在铁路桥上还有T形桥台，十字形桥台等其他形式。

（2）U形桥台：U形桥台由台身（前墙）台帽、基础与两侧的翼墙组成，在平面上呈U字形。U形桥台构造简单，基础底承压面大，应力较小，但圬工体积大，桥台内的填土容易积水，结冰后冻胀，使桥台结构产生裂缝。

2. 埋置式桥台

台身埋置于台前溜坡内，不需另设翼墙，仅由台帽两端的耳墙与路堤衔接。它使台身重心向后，用以平衡台后填土的倾覆力矩，但倾斜度应适当。埋置式桥台，台身为圬工实体，台帽及耳墙采用钢筋混凝土，当台前溜坡有适当保护不被冲毁时，可考虑溜坡填土的主动土压力。因此，埋置式桥台圬工数量较省，但由于溜坡伸入桥孔，压缩了河道，有时需要增加桥长。它适用于桥头为浅滩，溜坡受冲刷较小，填土高度在10m以下的中等跨径的多跨桥中使用。当地质情况较好时，可将台身挖空成拱形，以节省圬工，减轻自重。

3. 轻型桥台

（1）薄壁轻型桥台薄壁轻型桥台常用的形式有悬臂式、扶壁式、撑墙式及箱式等，如图所示。在一般情况下，悬臂式桥台的混凝土数量和用钢量较高、撑墙式与箱式的模板用量较高。薄壁桥台的优点与薄壁墩类同，可依据桥台高度，地基强度和土质等因素选定。

（2）支撑梁轻型桥台单跨或少跨的小跨径桥，在条件许可的情况下，可在轻型桥台之间或台与墩间，设置3 ~ 5根支撑梁。支撑梁设在冲刷线或河床铺砌线以下。梁与桥台设置锚固栓钉，使上部结构与支撑梁共同支撑桥台承受台后土压力。此时桥台与支撑梁及上部结构形成四铰框架来受力。轻型桥台可采用八字式和一字式翼墙挡土，如地形许可，也可做成耳墙，形成埋置式轻型桥台并设置溜坡。

（3）框架式桥台一般为双柱式桥台，当桥较宽时，为减少台帽跨度，可采用多柱式，或直接在桩上面建造台帽。框架式桥台均采用埋置式，台前设置溜坡。为满足桥台与路堤的连接，在台帽上部设置耳墙，必要时在台帽前方两侧设置挡板。

（4）组合桥台

1）锚定板式桥台：锚定板式桥台有分离式和结合式两种形式。分离式是台身与锚定板、挡土结构分开，台身主要承受上部结构传来的竖向力和水平力，锚定板设施承受土压力。结合式的锚定板结构与台身结合在一起，台身兼做立柱和挡土板。

2）过梁式，框架式组合桥台：桥台与挡土墙用梁结合在一起的桥台为过梁式的组合桥台，使桥台与桥墩的受力相同。

第二节　桥梁墩台的构造

一、墩台概述

桥梁墩台是桥梁结构的重要组成部分，它主要由墩（台）帽、身和基础三部分组成。

桥梁墩台承担着桥梁上部结构所产生的荷载，并将荷载有效地传递给地基基础，起着“承上启下”的作用。

桥墩一般系指多跨桥梁中的中间支承结构物。它除承受上部结构产生竖向力、水平力和弯矩外，还承受风力、流水压力及可能发生的地震力、冰压力、船只和漂流物的撞击力。桥台设置在桥梁两端，除了支承桥跨结构外，它又是衔接两岸接线路堤的构筑物；既要能挡土护岸，又能承受台背填土及填土上车辆荷载所产生的附加侧压力。因此，桥梁墩台不仅自身应有足够的强度、刚度和稳定性，而且对地基的承载能力、沉降量、地基与基础之间的摩阻力等也都提出一定的要求，避免在上述荷载作用下产生危害桥梁整体结构的水平、竖向位移和转角位移。

确定桥梁下部结构应遵循安全耐久，满足交通要求，造价低，维修养护少，预制施工方便，工期短，与周围环境协调，造型美观等原则。桥梁的墩台设计与结构受力有关；与土质构造和地质条件有关；与水文、流速及河床性质有关。因此，桥梁墩台要置于稳定可靠的地基上，要通过设计和计算确定基础形式和埋置深度。从桥梁破坏的实例分析，桥梁下部结构要经受洪水、地震、桥梁荷载等的动力作用，要确保安全、耐久，必须充分考虑上述各种因素的组合。

墩台的施工方法与结构有关，桥梁墩台的施工主要有在桥位处就地施工与预制装配两种。就桥墩来说，目前较多的采用滑动模板连续浇筑施工，它对于高桥墩、薄壁直墩和无横隔板的空心墩有较高的经济效益。而装配式墩常在带有横隔板的空心墩，V 型墩、Y 型墩等形式中采用。在墩台施工中，今后应从实际情况出发，因地制宜地提高机械化程度，大力采用工业化、自动化和施加预应力的施工工艺，提高工程质量，加快施工速度。

二、桥墩与构造

（一）实体重力式桥墩实体桥墩

实体重力式桥墩是一实体圬工墩，主要靠自身的重量（包括桥跨结构重力）平衡外力，从而保证桥墩的强度和稳定。此种桥墩自身刚度大，具有较强的防撞能力，但同时存在阻水面积大的缺陷，比较适合于修建在地基承载力较高、覆盖层较薄、基岩埋深较浅的地基上。重力式桥墩墩帽采用 20 号以上的混凝土，加配构造钢筋。重力式桥墩的墩身用 15 号或大于 15 号片石混凝土浇筑，或用浆砌块石和料石，也可以用混凝土预制块砌筑。

桥墩基础一般采用 15 号混凝土，起平面尺寸较墩身底面尺寸略大（四周各放大 20cm）。基础多做成单层的，其高度一般为 50cm 上下。

（二）空心桥墩

1. 部分镂空实体桥墩

保持实体桥墩的基本特点，如较大的轮廓体形，较大的圬工结构，少量的钢筋等。在截面强度和刚度足以承担和平衡外力的前提条件下，减少圬工数量，使结构更经济。

2. 薄壁空心桥墩：

基本结构形式与部分镂空实体桥墩相似，但一般采用强度高、墩身壁较薄的钢筋混凝土构件，混凝土标号一般为 20 ～ 30 号混凝土。

（三）柱式桥墩

柱式桥墩是目前公路桥梁中广泛采用的桥墩形式。它具有线条简捷、明快、美观，既节省材料数量又施工方便的特点，特别适用于桥梁宽度较大的城市桥梁和立交桥。

柱式桥墩，如图所示一般可分为独柱、双柱和多柱等形式，它可以根据桥宽的需要以及地物地貌条件任意组合。柱式桥墩由承台、柱式墩身和盖梁组成，对于上部结构为大悬臂箱形截面，墩身可以直接与梁相接。柱式墩一般用混凝土标号为 20 ～ 30 号的钢筋混凝土构件组成。

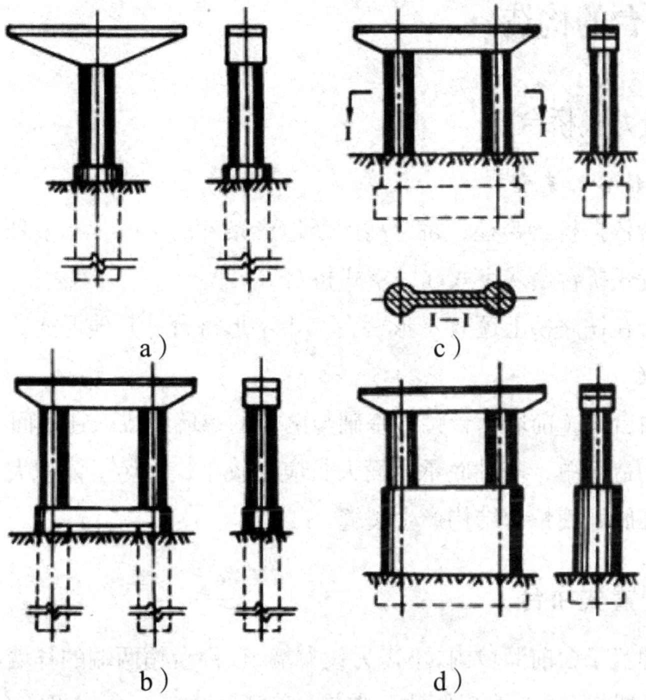

图 3-3 a）— 单柱式；b）— 双柱式；c）— 哑铃式；d）— 混合双柱式

（四）四柔性墩

1．主要特点

减少单个柔性墩所受到的水平力，减小桩墩截面。

2．柔性墩的布置

柔性墩一般布设在两端具有刚性较大桥台的多跨桥中，同时，在全桥除一个中墩上设置活动支座外，其余墩台均采用固定支座。

3．多跨柔性墩

多跨长桥采用柔性墩时宜分成若干联。

4．连续一刚构桥

薄壁柔性桥墩和上部结构预应力混凝土连续梁在支点处固结组成连续一刚构桥，它既能支承上部结构重量，保持桥墩稳定，避免连续梁桥施工中的体系转化；又有一定柔性，适应上部结构位移的需要。

5．柔性墩

构造形式：

一般构造，V 形墩、X 形墩及 Y 形墩。

V 形墩、X 形墩及 Y 形墩的特点：

美观，但结构构造比较复杂、施工比较麻烦。

三、桥台的构造

（一）重力式桥台

1. 重力式桥台的类型

重力式桥台依据桥梁跨径、桥台高度及地形条件的不同，有多种形式。常用的类型有U形桥台，埋置式桥台，八字式和一字式桥台等。

重力式桥台在铁路桥上还有T形桥台，十字形桥台等其他形式。

2. U形桥台

U形桥台由台身（前墙）台帽、基础与两侧的翼墙组成，在平面上呈U字形。

U形桥台构造简单，基础底承压面大，应力较小，但圬工体积大，桥台内的填土容易积水，结冰后冻胀，使桥台结构产生裂缝。

（二）埋置式桥台

桥台台身埋置于台前溜坡内，不需另设翼墙，仅由台帽两端的耳墙与路堤衔接。如图3-4中a为直立式埋置桥台；b为后倾式，它使台身重心向后，用以平衡台后填土的倾覆力矩，但倾斜度应适当。

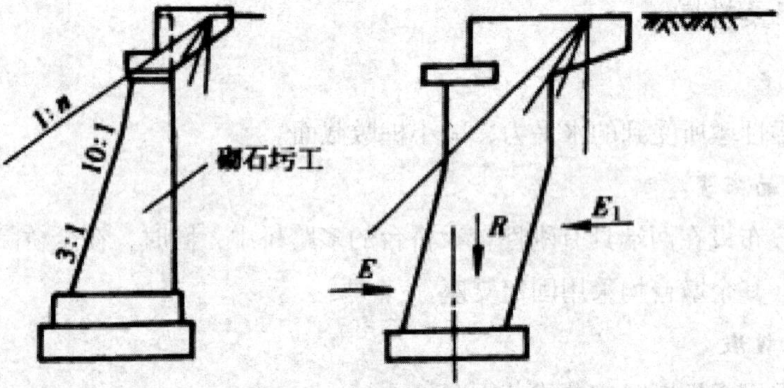

图3-4 埋置式桥台的构造

埋置式桥台，台身为圬工实体，台帽及耳墙采用钢筋混凝土，当台前溜坡有适当保护不被冲毁时，可考虑溜坡填土的主动土压力。因此，埋置式桥台圬工数量较省，但由于溜坡伸入桥孔，压缩了河道，有时需要增加桥长。它适用于桥头为浅滩，溜坡受冲刷较小，填土高度在10m以下的中等跨径的多跨桥中使用。当地质情况较好时，可将台身挖空成拱形，以节省圬工，减轻自重。

（三）轻型桥台

1. 薄壁轻型桥台

薄壁轻型桥台常用的形式有悬臂式、扶壁式、撑墙式及箱式等，如图所示。在一般情况下，悬臂式桥台的混凝土数量和用钢量较高、撑墙式与箱式的模板用量较高。薄壁桥台的优点与薄壁墩类同，可依据桥台高度，地基强度和土质等因素选定。

2. 支撑梁轻型桥台

单跨或少跨的小跨径桥，在条件许可的情况下，可在轻型桥台之间或台与墩间，设置 3 ~ 5 根支撑梁。支撑梁设在冲刷线或河床铺砌线以下。梁与桥台设置锚固栓钉，使上部结构与支撑梁共同支撑桥台承受台后土压力。此时桥台与支撑梁及上部结构形成四铰框架来受力。

轻型桥台可采用八字式和一字式翼墙挡土，如地形许可，也可做成耳墙，形成埋置式轻型桥台并设置溜坡。

3. 框架式桥台

1）柱式桥台

一般为双柱式桥台，当桥较宽时，为减少台帽跨度，可采用多柱式，或直接在桩上面建造台帽。

2）墙式桥台

当填土高度大于 5m 时，可采用墙式桥台。

3）排架式桥台

当水平力较大时，桥台可采用双排架式或板凳式。

4）半重力式桥台

半重力式构造与墙式相同，墙较厚，不设钢筋。

框架式桥台均采用埋置式，台前设置溜坡。为满足桥台与路堤的连接，在台帽上部设置耳墙，必要时在台帽前方两侧设置挡板。

4. 组合桥台

1）锚定板式桥台

锚定板式桥台有分离式和结合式两种形式。分离式是台身与锚定板、挡土结构分开，台身主要承受上部结构传来的竖向力和水平力，锚定板设施承受土压力。结合式的锚定板结构与台身结合在一起，台身兼做立柱和挡土板。

2）过梁式，框架式组合桥台

桥台与挡土墙用梁结合在一起的桥台为过梁式的组合桥台，使桥台与桥墩的受力相同。

3）桥台与挡土墙组合桥台

由轻型桥台支承上部结构，台后设挡土墙承受土压力的组合式桥台。

第三节　桥墩计算

一、重力式桥墩设计与计算

（一）荷载及其组合

1．桥墩计算中考虑的永久荷载

（1）上部构造的恒重对墩帽或拱座产生的支示反力，包括上部构造混凝土收缩，徐变影响；

（2）桥墩自重，包括在基础襟边上的土重；

（3）预应力，例如对装配式预应力空心桥墩所施加的预应力；

（4）基础变位影响力，对于奠基于非岩石地基上的超静定结构，应当考虑由于地基压密等引起的支座K期变位的影响，并根据最终位移量按弹性理论计算构件截面的附加内力；

（5）水的浮力，位于透水性地基上的桥梁墩台，当验算稳定时，应计算设计水位时水的浮力；当验算地基应力时，仅考虑低水位时的浮力；基础嵌入不透水性地基的墩台，可以不计水的浮力；当不能肯定是否透水时，则分别按透水或不透水两种情况进行最不利的荷载组合。

（二）桥墩计算中考虑的可变荷载

1．基本可变荷载

（1）作用在上部构造上的汽车佝载，对于钢筋混凝土柱式墩台应计入冲击力，对于重力式墩台则不计冲击力；

（2）作用于上部构造上的平板挂车或履带中荷载；

（3）人群荷载。

2．其他可变荷载

（1）作用在上部构造和墩身上的纵、横向风力；

（2）汽车荷载引起的制动力；

（3）作用在墩身上的流水压力；

（4）作用在墩身上的冰压力；

（5）上部构造因温度变化对桥墩产生的水平力；

（6）支座摩阻力。

（三）作用于桥墩上的偶然荷载为

（1）地震力；

（2）船只或漂浮物的撞击力。

（四）荷载组合

1．梁桥重力式桥墩

1）第一种组合按在桥墩各截面上可能产生的最大竖向力的情况进行组合。

它是用来验算墩身强度和基底最大应力。因此，除了有关的永久而载外，应在相邻两跨满布基本可变荷载的一种或几种，即《桥规》中的组合Ⅰ或组合Ⅲ。

2）第二种组合按桥墩各截面在顺桥方向上可能产生的最大偏心和最大弯矩的情况进行组合。它是用来验算墩身强度、基底应力、偏心以及桥墩的稳定性。属于这一组合的除了有关的荷载外，应在相邻两孔的一孔上（当为不等跨桥梁时则在跨径较大的一孔上）布置基本可变载的一种或几种，以及可能产生的其他可变荷载，例如纵向风力、汽车制动力和支座摩阻力等，即《桥现》中的组合Ⅱ。

3）第三种组合按桥墩各截面在横桥方向上可能产生最大偏心和最大弯矩的情况进行组合。它是用来验算在横桥方向上墩身强度，基底应力、偏心以及桥墩的稳定性。属于这一组合的除了有关的永久荷载以外，要注意将基本可变荷载的一种或几种偏于桥面的一侧布置，此外还应考虑其他可变荷载（例如横向风力，流水压力或冰压力等）或者偶然荷载中的船只或漂浮物的撞击力等，这相当于《桥规》中的组合Ⅱ或组合Ⅳ。

2．桥重力式桥墩

1）顺桥方向的荷载及其组合

对于通桥墩应为相邻两孔的永久荷载在一孔或跨径较大的一孔满布基本可变荷载的一种或几种，其基可变荷载中的汽个制动力、纵向风力、温度影响力等，并由此对桥墩产生不平衡水平推力、竖向力和弯矩。

对于单向推力墩则只考虑相邻两孔中跨径较大一孔的永久荷载作用力。

符号意义如下：

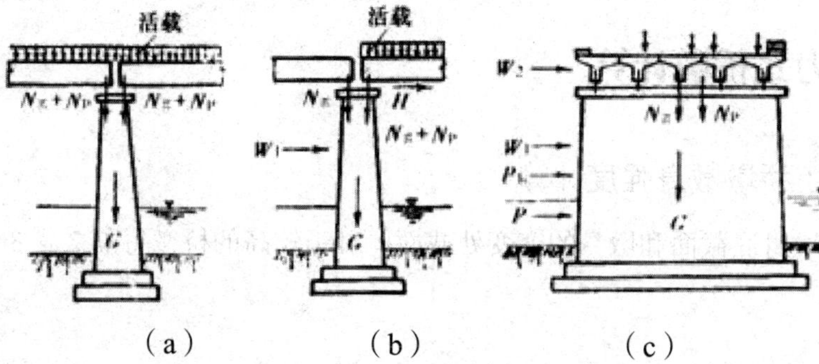

图 3-5　符号意义

图中符号意义如下：

G——桥墩自重；

Q——水的浮力（仅在验算稳定时考虑）；

Vg、*Vg*'——相邻两孔拱脚处因结构自重产生的竖向反力；

Vp——与车辆荷载产生的 H。最大值相对应的拱脚竖向反力，可按支点反力影响线求得；

VT——由桥面处制动力 H 制引起的拱脚竖向反力，即 $v_r = \frac{H_{制}h}{l}$，其中 h 为桥面至拱脚的高度，l 为拱的计算跨径；

Hg、*Hg*'——不计弹性压缩时在拱脚处由结构自重引起的水平推力；

ΔHg、Δ*Hg*'——由结构自重产生弹性压缩所引起的拱脚水平推力；

HP——在相邻两孔中较大的一孔上由车辆荷载所引起的拱脚最大水平推力；

HT——制动力引起在拱脚处的水平推力，按两个拱脚平均分配计算，

Ht、Ht`——温度变化引起在拱脚处的水平推力（图示方向为温度上升，降温时则方向相反）；

Hr，Hr`——拱圈材料收缩引起的拱脚水平拉力；

Mg、Mg`——结构自重引起的拱脚弯矩，

Mp——由车辆荷载引起的拱脚弯矩，由于它是按 H，达到最大值时的荷载布置计算，$H_T = \frac{H_{制}}{2}$ 故产生的拱脚弯矩很小，可以忽略不计；

Mt、M`t——温度变化引起的拱脚弯矩；

Mr、M`r——拱圈材料收缩引起的拱脚弯矩；

W——墩身纵向风力。

2）横桥向的荷载布置及其组合

在横桥方向作用于桥墩上的外力有风力、流水压力、冰压力、船只或漂浮物撞击力，或重力等。但是对于公路桥梁，横桥方向的受力验算一般不控制设计。

二、重力式桥墩计算

（一）圬工桥墩墩身强度计算

计算截面：墩身底截面和墩身的突变处截面。对于较高的桥墩每隔 2 ~ 3m 验算一个截面。

1. 内力计算

按顺桥向和横桥向计算求得相应的纵向力 ΣN、水平力 ΣH、和弯矩弯矩 ΣM。

2. 抗压强度验算

按轴心或偏心受压构件计算。

3. 偏心距 e_0 的计算

$$e_0=\frac{\sum M}{\sum N}\leq[e_0]$$

4. 抗剪强度的验算

（二）墩顶水平位移的验算

$$\Delta\leq 0.5\sqrt{l}\ \text{（cm）}$$

式中：l——相邻桥墩间最小跨径长度，以 m 计，跨径小于 25m 时仍已 25m 计。

（三）基础底面土的承载力和偏心矩的验算

1. 基底土的承载力验算

顺桥方向：

$$\sigma_{m\partial x}=\frac{2N}{ac_x}\leq[\sigma]$$

$$c_x=3(\frac{b}{2}-e_x)$$

横桥方向：

$$\sigma_{m\partial x}=\frac{2N}{bc_y}\leq[\sigma]$$

$$c_y=3(\frac{b}{2}-e_y)$$

2. 基底偏心矩验算

$$e_0\leq[e_0]$$

（四）桥墩的整体稳定性验算

1. 倾覆稳定性验算

$$K_0=\frac{M_{制}}{M_{面}}\geq\frac{x\sum p_i}{\sum(p_ie_i)+\sum(T_ih_i)}=\frac{x}{e_0}\geq[K_0]$$

2. 抗滑动稳定性验算

$$K_0=\frac{f\sum p_i}{\sum T_i}\geq[K_0]$$

三、桩柱式桥墩计算要点

（一）盖梁计算

力学图示：双柱式墩：当盖梁的刚度与桩柱的刚度比大与 5 时，可忽略桩柱对盖梁的约束，近似按双悬臂梁计算。对多柱式或多桩式桥墩，可按多跨连续梁计算。计算内容：

1. 恒载及其内力计算；
2. 荷载及其内力计算；
3. 施工吊装荷载及其内力计算；
4. 荷载组合及内力包络图；
5. 配筋计算。

四、重力式桥台计算

重力式桥台的计算特点如下：

重力式桥台的强度、偏心距、稳定性和地基应力的验算也与重力式桥墩基本相同，只做顺桥方向的验算。在受力上，桥台与桥墩不同的是桥台要承受台后填土的侧压力，而且这种侧压力对桥台的尺寸影响很大，当验算基础顶面的台身砌体强度时，如桥台截面的各部分尺寸满足《桥规》有关规定，则应把桥台的侧墙和前墙作为整体来考虑受力。否则，台身（桥台前墙）应按独立的挡土墙计算。

第四节　墩台相关规定

一、一般规定

（1）模板及支架、钢筋和混凝土的施工应符合铁道部现行《铁路混凝土工程施工质量验收补充标准》（铁建设〔2005〕160 号）的有关规定和设计要求。砌体的施工应符合铁道部现行《铁路混凝土与砌体工程施工质量验收标准》（TB10424-2003）的有关规定和设计要求。

（2）墩台施工中应经常检查中线、高程，发现问题及时处理。墩台施工完毕，应对全桥中线、高程、跨度贯通测量，并用墨线标出各墩台中心线、支座十字线、梁端线及锚栓孔位置。

（3）墩台施工完毕应及时对河道进行疏通清理，做好环境保护。

（4）墩台施工时应按设计要求设置永久性高程观测点，并在施工完成、架梁前和竣工验交前进行观测。

5. 台后填土按过渡段设计时，其施工质量验收应按《客运专线铁路路基工程施工质量验收暂行标准》的相关规定办理。

二、墩台

（一）模板及支架

1. 主控项目

（1）模板及支架安装和拆除的检验必须符合铁道部现行《铁路混凝土工程施工质量验收补充标准》（铁建设〔2005〕160号）的规定。

（2）拆模时混凝土表面温度与环境温度之差不得大于15℃。

检验数量：施工、监理单位全部检查。

检验方法：施工单位用温度计测量，监理单位检查拆模时的温度记录。

2. 一般项目

（1）模板及支架拆除的检验应符合铁道部现行《铁路混凝土工程施工质量验收补充标准》（铁建设〔2005〕160号）的规定。

（2）模板及支架的允许偏差和检验方法应符合表3-1的规定。

检验数量：施工单位每安装段全部检查。

表3-1 墩台模板允许偏差和检验方法

序号	项目	允许偏差（mm）	检验方法
1	前后、左右距中心线尺寸	± 10	测量检查每边不少于2处
2	表面平整度	3	1m靠尺检查不少于5处
3	相邻模板错台	1	尺量检查不少于5处
4	空心墩壁厚	± 3	尺量检查不少于5处
5	同一梁端两垫石高差	2	测量检查
6	墩台支承垫石顶面高程	0，−5	经纬仪测量
7	预埋件和预留孔位置	5	纵横两向尺量检查

三、钢筋

1. 主控项目

（1）钢筋原材料、加工、连接和安装的检验必须符合铁道部现行《铁路混凝土工程施工质量验收补充标准》的规定。

2．一般项目

（1）钢筋原材料、加工和连接的检验应符合铁道部现行《铁路混凝土工程施工质量验收补充标准》的规定。

四、混凝土

1．主控项目

（1）混凝土原材料、配合比设计和施工的检验必须符合铁道部现行《铁路混凝土工程施工质量验收补充标准》（铁建设〔2005〕160号）的规定。

（2）墩台混凝土宜连续浇筑。当分段浇筑时，混凝土与混凝土之间接缝，周边应预埋直径不小于16mm的钢筋或其他铁件，埋入与露出长度不应小于钢筋直径的30倍，间距不应大于直径的20倍。

检验数量：施工单位、监理单位全部检查。

检验方法：观察和尺量。

（3）桥台顶道砟槽面排水坡应符合设计要求。

检验数量：施工单位、监理单位全部检查。

检验方法：观察和测量。

（4）混凝土表面裂缝宽度不得大于0.2mm。

检验数量：施工单位、监理单位全部检查。

检验方法：观察和用刻度放大镜检查。

2．一般项目

（1）混凝土施工的检验应符合铁道部现行《铁路混凝土工程施工质量验收补充标准》的规定。

（2）混凝土墩台允许偏差和检验方法应符合表3-2的规定。

表3-2 混凝土墩台允许偏差和检验方法

序号	项目	允许偏差（mm）	检验方法
1	墩台前后、左右边缘距设计中心线尺寸	±20	测量检查不少于5处
2	空心墩壁厚	±5	
3	桥墩平面扭角	20	
4	表面平整度	5	1m靠尺检查不少于5处

续 表

序号	项目	允许偏差（mm）		检验方法
5	简支混凝土梁	每片混凝土梁一端两支承垫石顶面高差	3	测量检查
		每孔混凝土梁一端两支承垫石顶面高差	4	
6	简支钢梁	支承垫石顶面高差	5	
7	支承垫石顶面高程	0，−10		
8	预埋件和预留孔位置	5		

检验数量：施工单位每个墩台全部检查。

五、防水层

1. 主控项目

（1）防水层的检验必须符合相关的规定。

2. 一般项目

（1）防水层的检验应符合相关的规定。

（2）桥台泄水管与防水层应衔接良好。

检验数量：施工单位全部检查。

检验方法：观察。

六、台后填土、锥体及其他

（一）桥台填土

1. 主控项目

（1）台后及锥体填料种类和规格必须符合设计要求和《客运专线铁路路基工程施工质量验收暂行标准》的有关规定。

检验数量：施工单位、监理单位全部检查。

检验方法：观察。

（2）台后及锥体填筑范围必须符合设计要求。

检验数量：施工单位、监理单位全部检查。

检验方法：测量和观察。

（3）台后及锥体填筑密实度必须符合设计要求和《客运专线铁路路基工程施工质量验收暂行标准》的有关规定。

检验数量：施工单位、监理单位全部检查。

检验方法：施工单位进行仪器检查，监理单位检查检测报告。

2. 一般项目

（4）锥体填筑后应刷坡，坡面平整圆顺。

检验数量：施工单位全部检查。

检验方法：观察。

（二）砌体

1. 主控项目

（1）砌体原材料和砌筑的检验必须符合铁道部现行《铁路混凝土与砌体工程施工质量验收标准》（TB10424-2003）的规定。

（2）砌体的结构形式、位置必须符合设计要求。

检验数量：施工单位、监理单位全部检查。

检验方法：观察和尺量。

（3）砌体反滤层厚度、所用材料质量和规格必须符合设计要求。

检验数量：施工单位、监理单位全部检查。

检验方法：观察并形成记录。

2. 一般项目

（1）砌体的表面质量应符合铁道部现行《铁路混凝土与砌体工程施工质量验收标准》（TB10424-2003）的规定。

（2）砌体允许偏差和检验方法应符合表 3-3 的规定。

表 3-3 砌体允许偏差和检验方法

序号	项目	允许偏差（mm）	检验方法
1	顶面高程	± 50	水准仪检查
2	表面平整度	30	2m靠尺检查
3	坡度	不陡于设计要求	测量检查
4	厚度	不小于设计要求	尺量检查
5	底面高程	± 50	测量检查
6	反滤层厚度	不小于设计要求	尺量检查

检验数量：施工单位每个砌筑段检查 5 处。

第四章　桥面布置与桥面构造

第一节　桥面组成与布置

桥面构造既能为车辆、行人提供一个平整、舒适的行走界面，也能对桥梁的主要结构起保护作用。与桥梁的主体结构对比，桥面构造工程量小，但所包含的项目却很繁杂，其选择、布置得是否合理，不但直接影响桥梁的使用功能，还对桥梁的布局和美观有重大影响。

桥面构造包括行车道铺装、排水防水系统、人行道（或安全带）、缘石、栏杆、护栏、照明灯具和伸缩缝等。

桥面布里应根据道路的等级、桥梁的宽度、行车要求等条件确定，在桥梁的总体设计中考虑。混凝土梁式桥的桥面布置有双向车道布置、分车道布里和双层桥面布置等。

1. 双向车道布置

双向车道布里把行车道的上、下行交通布置在同一桥面上，上、下行交通没有明显的界线，仅在桥面上画线分隔。桥上也可允许机动车与非机动车同时通过，同样采用画线分隔。由于上、下行车辆、机动车与非机动车同时存在，因此，在车辆的行驶速度不高、交通量较大时，易形成滞流状态。

2. 分车道布置

分车道布置是把上、下行交通按分隔设置式进行布置，因面上、下行交通互不干扰，可提高行车速度，便于交通管理。分车道布置要增加一些附属设施，桥面宽度也相应较宽。

3. 双层桥边布置

双层桥面布置可以使不同的交通严格分道行驶，提高了车辆和行人的通行能力，并便于交通管理。同时，由于双层桥面布置的桥梁结构在空间上提供了不在同一平面的两个桥面构造，可以充分利用桥梁净空，减小桥梁宽度，缩短引桥长度，获得较好的经济效益。

第二节　桥面铺装及排水、防水系统

一、桥面铺装

桥面铺装是车轮直接作用的部分，又称行车道铺装或桥面保护层。

桥面铺装有如下作用：防止车轮或履带直接磨耗行车道板，保护主梁免受雨水侵蚀，分散车辆轮重的集中荷载。

对桥面铺装性能的要求有抗车辙、行车舒适、抗滑、不透水和桥面板一起作用时刚度好等。

桥面铺装的形式多样，可采用水泥混凝土、沥青混凝土、沥青表面处治和泥结碎石等材料。水泥混凝土和沥青混凝土桥面铺能满足各项要求，较为常用。水泥混凝土铺装的耐磨性能好，适合重载交通，但养生期长，修补较麻烦。沥青混凝土桥面铺装维修养护方便，但易老化和变形。沥青表面处治和泥结碎石则因其耐久性较差，仅在低等级公路桥梁上使用。

对于简支梁（板）桥，桥面应尽量做成连续桥面。桥面铺装一般不进行受力计算。如能确保铺装层与行车道板紧密结合成整体，则铺装层的混凝土（扣除 0.01 ~ 0.02m 的磨耗部分）可以计算在行车道的厚度内，和行车道板共同受力。为使铺装层具有足够的强度和良好的整体性（联系各主梁），宜在混凝土中设置直径为 4 ~ 6mm 的钢筋网。

二、桥面纵横坡

设置桥面纵横坡，可迅速排除雨水，防止或减少雨水渗透，从而避免行车道板受雨水浸蚀，延长桥梁使用寿命。

桥面纵坡的设置要有利于排水。同时，平原地区的桥梁可在满足桥下通航净空要求的前提下，降低墩台标高，以缩短引桥、减少引道土方量。桥面的纵坡，一般都做成双向纵坡，纵坡不宜超过 4%，在市镇混合交通处则不宜超过 3%，桥面横坡一般采用 15% ~ 3%。通常有以下三种设置方式：

1. 墩台顶部设里横坡

板桥（矩形板或空心板）或就地浇筑的肋板式梁桥，为节省铺装材料并减小恒载重力，可将横坡直接设在墩台顶部，从而使桥梁上部构造形成双向倾斜。此时的铺装层在整个桥宽方向是等厚的。

2. 设里三角垫层

在装配式肋板式梁桥中，为使主梁构造简单，便于架设与拼装，通常横坡不再设在墩台顶部，面直接设在行车道板上。做法是先铺设一层厚度变化的混凝土三角形垫层，形成双向倾斜，然后再铺设等厚的混凝土铺装层。

3．行车道板做成倾料面

在比较宽的桥梁（或城市桥梁）中，设置三角垫层将使混凝土用量或恒载重力增加太多。为此，可将行车道板禅成倾斜面而形成横坡，其缺点是主梁构造复杂，制作麻烦。

三、防水层

桥面构造中通常都设有防水层。钢筋混凝土桥面板与铺装层之间是否要设防水层，应视当地的气温、雨量、桥梁结构和桥面铺装的形式等具体情况确定。防水性混凝土和沥青混凝土铺装层下可不设防水层，但桥面在主梁受负弯矩作用处应设置防水层。

桥面防水层设置在行车道铺装层之下，将透过铺装层渗下的雨水汇集到排水设施（泄水管）后排出。

防水层在桥面伸缩缝处应连续铺设，不可切断；桥面纵向应铺过桥台背，横向两侧则应伸过缘石底面从人行道与缘石砌缝里向上折起 010m。

防水层有三种类型：

1）洒布薄层沥青或改性沥青，其上撒布一层砂，经碾压形成沥青涂胶下封层。

2）涂刷聚氨酯胶泥、环氧树脂、阳离子乳化沥青、氯丁胶乳等高分子聚合物涂料。

3）铺装沥青或改性沥青防水卷材，以及浸渍沥青的无纺土工布等

高分子聚合物沥青防水涂料是以石油沥青为主要原料，以各种表面活性剂及多种化学助剂为辅助原料，再掺加大剂量的高分子聚合物进行改性而成的复合防水涂料。该涂料既具有优异的弹塑性、耐热性和私结性，又具有与石油沥青制品良好的亲和性，适应沥青混凝土在高温条件下的施工。因其操作方便、安全，无环境污染，已成为各类大型桥梁及高架桥桥面防水施工专用涂料。

沥青防水卷材造价较高，施工麻烦、费时。由于它把行车道与铺装层分开，如施工时处理不当在车轮荷载作用下，铺装层容易起壳开裂。

无防水层时，水泥混凝土铺装应采用防水混凝土，而对于沥青混凝土铺装则应加强排水和养护。

四、桥面排水系统

一个完整的排水系统，由桥面纵坡、横坡与一定数量的泄水管构成。排水系统应能保证迅速排除桥面雨水，防止积滞。

是否设置泄水管以及泄水管的设置密度取决于桥长和桥面纵坡。通常，桥越长、纵坡越缓，需要的泄水管越多。

当桥面纵坡大于 2% 而桥长小于 50m 时，雨水一般能较快地从桥头引道排出，不至于积滞，可不设泄水管。此时，可在引道两侧设置流水槽，以免雨水冲刷引道路基。

当桥面纵坡大于 2%，但桥长大于 50m 时，桥面就需要设置泄水管以防止雨水积滞，一般每隔 12 ~ 15m 一个。

当桥面纵坡小于 2% 时，泄水管则需更密一些，一般每隔 6 ~ 8m，设置一个。

泄水管的过水面积通常为每平方米桥面上不小于 2 ~ 3cm^2。泄水管可沿行车道两侧左右对称排列，也可交错排列。泄水管离缘石的距离为 0.2 ~ 0.5m。

泄水管也可布置在人行道下面，雨水从侧面的进水孔流入泄水孔，在泄水孔的三个周边设置相应的聚水槽，起到聚水、导流和拦截作用。为防止杂物堵塞泄水道，进水口处应设置栅门。

混凝土梁式桥上的泄水管，有下列几种常见形式：

1. 金属泄水管

金属泄水管是一种构造比较完备的铸铁与钢筋混凝土泄水管，适用于具有防水层的铺装结构。泄水管的内径一般为。0.10 ~ 0.15m，管子下端应伸出行车道板底面以下至少 0.15 ~ 0.20m，以防渗湿主梁肋表面。施工时应特别注意处理好泄水管与防水层的接合处，防水层的边缘要紧夹在管子顶缘与泄水漏斗之间，以使防水层的渗水能流入管内。这种铸铁泄水管使用效果好，但结构较复杂，可根据具体情况做简化改进，如采用钢管和钢板的焊接构造等。

2. 钢筋混凝土泄水管

钢筋混凝土泄水管构造，它适用于不设防水层而采用防水混凝土的铺装构造上，在制作时，可将金属栅板直接作为钢筋混凝土管的端模板，并在栅板上焊上短钢筋锚固于混凝土中。

3. 横向排水孔道

有时为了简化构造和节省材料，对于一些跨径不大、不设人行道的小桥，可以直接在行车道两侧的安全带或缘石上预留横向孔道，用铁管或竹管等将水排出桥外。管口要伸出构件。0.02 ~ 0.03m，以便滴水。此法简便但易淤塞。

4. 封闭式排水系统

对于城市桥、立交桥及高速公路上的桥梁，泄水管不宜直接挂在板下，以免影响桥的外观和妨碍公共卫生。完整的排水系统应将排水管道直接引向地面，

为防冻裂混凝土，排水管道不应直接现浇在混凝土内（可使用套管）。根据不同的实际情况，采用排水管道系统时，还应注意以下问题：排水管是否需要设置伸缩缝、下落的出水口的能量消除，备用排水线路等。

五、桥面铺装的存在的问题及处理方法

（一）概述

桥面铺装的坑洞、网裂、唧浆等病害，在桥梁工程中十分普遍，其危害极大，因此如何对其进行有效防治和妥善处治就显得非常必要。下面以笔者在广深高速公路罩面工程施工中的经验谈谈这方面的体会。广深高速公路自 1994 年 9 月建成通车，到 2002 年日平均断面车次达 147 万车次，达到了设计使用年限 15 年的车次，在沿线桥面上出现了大量前述病害，严重影响行车。于 2003 年 4 月份对全线桥梁进行罩面工程。

（二）主要病害的种类和成因分析

1. 松散

全线出现较多，其形成原因有：

（1）施工时的沥青用量偏少，压实度不够，或沥青温度过高，沥青老化失去黏结力造成。

（2）石料和沥青的黏结力不够造成松散。

（3）有自由水进入无法排出，在雨天车辆荷载下变成动力水，动水压力使沥青和石料脱离造成松散。

2. 车辙

（1）沥青面层压实度不够，空隙率大，车辆行驶尤其是超重车的行驶造成车辙，在主车道发生较多。

（2）沥青砼的热稳定性差（软化点低），沥青混合料级配不佳，沥青用量过多，在夏季高温，容易形成车辙，车辙深度均不深，一般不大于 2cm。

（3）沥青砼车辙形成后，容易形成积水，积水后形成动水压水，使路面容易发生其他病态。

3. 唧浆

（1）沥青铺装层的空隙率偏大，渗水进入难以排出，行车反复碾压形成唧浆。

（2）原桥面水泥砼铺装层未清洗干净。在水泥砼铺装层和沥青砼铺装层间形成了一层隔层，使得粘层（防水层）起不到应有的作用。雨水进入后在行车的反复作用下即形成唧浆。

（3）施工的冷接缝和与路肩结合时未按要求涂洒粘层沥青，使得这些地方雨水有机会渗入，经行车碾压把水浆挤出即形成唧浆。

（4）沥青混合料不均匀，局部地方粗、细集料不均匀。在雨天，车辆荷载作用下，由于沥青脱落很快就会冒出白浆。

4. 网裂、龟裂（出现不多）

（1）沥青性能不好，油层老化，路面使用疲劳、衰减，反复多次的微裂，即会形成较大面积的网裂，严重时形成龟裂。

（2）水泥砼铺装层强度不够，引起严重的龟裂。

（3）施工时沥青混合料温度过高，沥青老化，失去黏性。

（4）碾压未达到规定的密实度，空隙率过大。

（5）防水黏结层起不了应有的作用。使得水泥砼铺装层和沥青铺装层有层隔层，在车辆荷载长期作用下即形成网裂、龟裂。

5. 坑洞

坑洞形成的原因较多，由网裂、龟裂、唧浆继续发展即形成坑洞，由前边病害的扩展而形成。

6. 大面积病害原因

（1）中、下面层的结构松散，由于沥青老化和水进入后未及时排出。

（2）原水泥砼铺装凹凸不平（有部分桥梁无水泥砼铺装层），加强了路面的水损坏。

（3）防水层的防水性能相差较大，有些防水层起不到应有的作用。

（4）桥面排水孔不能排出水泥砼铺装层和沥青砼铺装层之间的渗水。

（三）处置方法

1. 小面积病害

一般在行车不长的时间内就会发生，例行检查发现在路面上会出现泛白的白浆阴影，紧接着会出现网裂，导致松散，如果不及时修补，即形成坑洞。一旦这种现象发生即应及时修补。修补应严格按照《公路沥青路面养护技术规范》执行。并要做到早发现早调查早修补。具体方法为：将松散（坑洞）部位用白灰在路面上标出来，用风镐凿除松散部分，并应特别注意如下问题：

（1）修补用的集料最好和原路面一致，如果颜色相差较大的话，会出现明显的补丁，影响外观。

（2）在路面的新、旧面层边接合处一定要做到：

①修补范围画线要做到圆洞方补，斜坑正补，补的面积大于病害面积，修补范围的轮廓线与路面中心线要纵直、横垂。

②四周边缘线要求线直、边齐、角正、坑方，切忌狗牙边、曲线边。

③纵向接缝尽量避开车轮碾压部位，横向接缝各层间要错开 20cm。

④各接缝处一定要清洗干净、松动，开裂的部分要清理掉，接缝处要浇透粘层油。

2. 较大面积病害

一般应作罩面处理。广深路处理实例：旧沥青桥面铣刨 40cm 后，按 18kg/m2SBS 改性沥青黏结防水层加 40% ~ 50% 单一尺寸碎石（16cm ~ 19cm）+40cm 改性沥青 SMA—13 罩面处治。经调查此方法效果较好。

3. 桥面铺装层的防水处理

由以上分析可知，桥面沥青砼铺装层产生损坏的主要原因是水损坏。减少水损坏的措施主要为：

桥面沥青砼铺装上表面设计应采用密实级的级配，保证空隙率低于 6%，下面层采用多孔隙的沥青混合料，空隙率大于 15%。

①在水泥砼铺装层和沥青砼铺装层之间做一防水层，防止面层的水进入水泥砼铺装层，避免唧浆等水破坏。

②水泥砼铺装层应严格按施工规范施工，保证其平整度，防止积水现象产生。该问题在近几年桥梁施工中已得到了重视。

③水泥砼铺装层要重视养生，防止强度不够而影响面层的使用寿命。

④改变泄水孔的设计，保证泄水孔能排出桥梁路表水，也能排出滞留在面层中的渗水。

⑤认真控制好桥面沥青砼的压实度，一定要达到 98%。

⑥提高沥青和集料的粘裹性能。

（三）沥青混凝土桥面铺装常见病害成因分析

对桥面铺装的病害及其成因进行了初步分析，主要病害形式为推移、裂缝、松散、坑槽和过量的车辙等，在通过对病害情况的调查与分析的过程中，提醒了摘要文章对桥面铺装的病害及其成因进行了初步分析，主要病害形式为推移、裂缝、松散、坑槽和过量的车辙等，在通过对病害情况的调查与分析的过程中，提醒了我们今后在具体施工中应该注重的问题。关键词沥青混凝土；桥面铺装；损坏原因及分析青龙满族自治县随着公路建设的不断发展，本地区公路交通量和重型车辆的不断增加，尤其是矿石、砂石料车辆的增加，桥面铺装所反映出来的病害问题已经非常的普遍。从 2003 ~ 2007 年间，所辖公路 S252 平青乐线、S251 出海路桥面病害所表现出来的外在质量问题，它不仅妨碍了正常的交通运行，影响了桥面的美观，也同时更易带来交通事故的发生，这也给维修工作带来了很大困难。几年来，我们对于因桥面铺装问题造成的直接和间接的经济损失给予了足够的重视，并想方设法给以减少到最低程度。

1. 桥面铺装的作用及破坏形式

（1）桥面铺装的功能是保护桥面板不受车辆轮胎（或履带）的直接磨耗，防止主梁遭受雨水的侵蚀，并能对车辆的集中荷载起一定的分布作用。因此，要求桥面铺装具有抗车辙、行车舒适、抗滑、不透水的刚度好（与桥面板一起作用时）等特点。

（2）桥面铺装的主要破坏形式及成因。沥青混凝土桥面铺装与正常路面和水泥混凝土桥面铺装相比，损坏形式有所不同。主要有以下几种类型：

1）推移和拥包。铺装层内部产生较大的剪应力，引起不确定破坏面的剪切变形，或者由于铺装层与桥面板层间结合面黏结力差，抗水平剪切能力较弱，沥青路面在气温较高时抗剪强度下降，在水平方向上产生相对位移发生剪切破坏，产生推移、拥包等病害。

2）松散和坑槽。因温度变化并伴随桥面板或梁结构的大挠度而产生的裂隙，在车辆荷载及渗入的水的作用下产生面层松散和坑槽破坏。松散是路表面集料的松动、散离现象；

而坑槽是松散材料散失后形成的凹坑。当面层材料组合不当或施工质量差，结合料含量太小或黏结力不足，使面层混合料中的集料失去黏结而成片散开，形成松散。若松散材料被车轮后的真空吸力及风和雨水带离路面，于是龟裂及其他裂缝进一步发展，使松动碎块脱离面层，便形成大小不等的坑槽。

3）车辙。车辙是指沿道路纵向在车辆集中碾压通过的位置，路面产生的带状凹陷，车辙已成为沥青路面的一种主要病害，是导致沥青路面破坏的重要原因。根据深度不同，将车辙程序分成 3 个等级，车辙深度为 6 ~ 13mm 为轻级；13 ~ 25mm 为中级；大于 25mm 为重级。

4）平整度达不到要求。摊铺机械性能好坏，决定着铺装层的平整度。我单位近几年所施工的一些工程，就是一个很好的例子：出海路采用一台 5。5m 的小型沥青摊铺机半幅铺筑，桥面接缝多，在铺筑时，几乎是人工在摊铺，根本谈不上平整度，勉强能达到二级路的验收标准，而采用 12.0m 的大型沥青摊铺机，一次成型，路面的平整度有了大大的改善。摊铺机基准线的控制，也影响着平整度值。目前使用的摊铺机大都有自动找平装置，摊铺是按照预先设定的基准来控制，但施工单位往往不够重视或由于高程的操平误差，形成基准控制不好、基准线因张拉力不足或支承间距太大而产生挠度，使面层出现波浪。摊铺机操作不正确，最轻易造成桥面出现波浪、搓板。无论在施工中采用哪一种型号的摊铺机，若摊铺机操作手不熟练，导致摊铺机曲张前进、运料车在倒料时撞击摊铺机、摊铺机不连续行走或在行走过程中熨平板高低浮动等不规范作业，都会使路面形成波动或搓板；

5）开裂。开裂是路面出现裂缝的现象，在桥面铺装中也是属于较为常见的损坏现象。开裂的种类和原因有多种，上述各种变形伴有裂缝出现，而这时指的开裂是路面在正常使用情况下，路表无显著永久的变形而出现的裂缝—疲惫开裂。其特点是首先出现较短的纵向开裂，继而在纵裂的边缘逐渐发展为网状开裂，开裂面积不断扩大。桥面铺装一旦出现裂缝，水分将沿缝侵入，使之变软而导致承载能力降低，加速裂缝发展。更可能会引起其他的病害，比如坑槽、松散。

2. 其他成因

（1）施工工艺中引起不均匀的原因。沥青桥面铺装在病害发生在从集料的购买到最后沥青混合料摊铺压实完成的整个桥面铺装的建设过程中。这里面既有道路建筑机械本身存在的缺陷而带来的混合料不均匀，也有施工过程中人为因素不遵守施工规程而造成的混合料离析。在对多条公路的料场、拌和设备、摊铺设备和施工过程调查分析后，将发生离析的主要环节及原因总结以下几点：

1）原材料质量不稳定，先后供给的材料性能指标不同；另外材料运到料场后存储不当，常有混料现象发生，这都将导致混合料的级配偏离标准级配，形成路面离析。

2）沥青混合料拌和设备控制不严格，如运输带送料调整不及时，热料筛网不符合级配要求，拌和的混合料级配与设计级配产生偏离，先后拌和的混合料存在较大差异。

3）装层厚度偏小。由于桥梁上部结构在施工中支架沉降及预应力反拱无法十分准确地猜测，或由于施工工艺控制欠佳，施工中主梁顶面标高与设计值相符是比较困难的，一般在测量主梁顶面标高后对其进行调整以保证桥面的厚度。假如调整不好，就会造成铺装层厚度不均，使有的地方厚度偏小。这样一来，当受到外力重载碾压及不均匀荷载作用下时，尤其是在夏季气温高的时候，便会不同程度地出现拥包、推移等情况。

4）梁顶清理不利、清理不干净、有多余杂物，如细沙、干土杂物等现象，造成铺装层与主梁结合欠佳。

5）摊铺完成后压路机压实不均匀，造成铺装层材料的内部结构不一致。

（2）桥面防水层的影响。由于柔性防水层的强度与主板和铺装层的强度有差异，它的存在使上部结构按模量形成刚 — 柔 — 刚的板体受力体系，中间柔性夹层会增大桥面板中部的板底拉应力。处于防水层的铺装层一经开裂，在车轮的动力荷载作用下，彼此间的缝隙越来越大，直到松散脱落。

（3）超载车辆对桥面作用力。由于桥面铺装层部分采用柔性路面材质，在重车及超重车（规定 10 吨，实际 30 ~ 100 吨）荷载的作用之下，使得桥面板自身挠度增大，变形增加，当变形超过标准规定限值时，桥面铺装将变得不再稳定，趋于变外形态，当超重荷载反复作用之后，致使桥面铺装产生推移、开裂、坑槽，甚至松散等病害，且会急剧发展。

第三节　桥梁伸缩缝

一、桥梁伸缩缝的类型

在选择伸缩缝的类型时，主要取决于桥梁的伸缩量，大小由计算确定，并考虑留有一定的附加量。除此之外还应注意构造措施。

1. 接式

对接式伸缩缝就是根据其构造形式和受力特点的不同，可分为填塞对接型和嵌固对接型两种。填塞对接型伸缩缝一般用于伸缩量在 40mm 以下的常规桥梁工程上；嵌固对接型伸缩装置被广泛应用于伸缩量在 80mm 及其以下的桥梁工程上。

2. 钢制支承式

钢制形式伸缩缝是用钢材装配制成的，能直接承受车轮荷载的一种构造。以前这种伸缩装置多用于钢桥，现也用于混凝土梁。

3. 板式

板式橡胶伸缩缝是一种具有刚柔结合的伸缩装置。它承受荷载之后，有一定的竖向刚度，所以具有跨径间隙能力大（即伸缩量大），行车平稳的优点。

4. 模数支承式

模数支承式伸缩缝就是利用吸震缓冲性能好又容易做到密封的橡胶材料，与强度高刚性好的异型钢材组合的，在大位移量情况下能承受车辆荷载。

5. 无缝式

无缝式伸缩缝是一种接缝构造不伸出桥面的伸缩缝产品也称为 TST 桥梁伸缩缝，在桥梁端部的伸缩间隙中填入弹性材料并铺上防水材料，然后在桥面铺装层铺筑黏弹性复合材料，使伸缩接缝处的桥面铺装与其他铺装部分形成一连续体，以连接缝的沥青混凝土等材料的变形承受伸缩的一种构造。

二、伸缩缝的定义

为协调自然因素引起的桥梁端部的转动和纵向位移，如桥梁在温度变化时，桥面有膨胀或收缩的纵向变形，车辆荷载也将引起梁端的转动和纵向位移。为使车辆平稳通过桥面并满足桥面变形，需要在桥面伸缩缝处设置一定的伸缩装置。这种装置称为桥面伸缩缝装置或伸缩缝。

对桥面伸缩缝的设计与施工，应考虑下述要求：

1. 能够适应桥梁温度变化所引起的伸缩。
2. 桥面平坦，行驶性良好的构造。
3. 施工安装方便，且与桥梁结构联为整体。
4. 具有能够安全排水和防水的构造。
5. 承担各种车辆荷载的作用。
6. 养护、修理与更换方便。
7. 经济价廉。

三、桥梁伸缩缝的计算

（一）影响伸缩装置伸缩量的基本因素

1. 温度变化

温度变化是影响桥梁伸缩量的主要因素，它分为线性温度变化和非线性温度变化，其中线性温度变化对桥梁伸缩量影响占据主导地位。桥梁结构在外界特定温度环境，梁体内部温度分布不均匀，梁体端部在材料热性能的变化下产生角变位。对跨径小的桥梁（$L \le 8m$），线膨胀系数很小，可不予考虑；对大跨径桥梁，设计时必须引起足够重视。一般设计时线膨胀系数可按下表数据参考选用：

表 4-1 温度变化范围及线膨胀系数

桥梁种类	温度变化范围		线膨胀系数
	一般地区	寒冷地区	
钢筋混凝土桥	5℃ ~ +35℃	-15℃ ~ +35℃	10 × 10-6
钢桥	-10℃ ~ +40℃	-20℃ ~ +40℃	12 × 10-6
组合钢桥	-10℃ ~ +50℃	-20℃ ~ +40℃	12 × 10-6

2. 混凝土的收缩和徐变

混凝土的收缩、徐变是混凝土构件本身所固有的属性，也是一种随机现象。混凝土的配合比、水灰比、坍落度、水泥品种、温度、相对湿度、混凝土的加载龄期、持荷时间和强度等对混凝土收缩、徐变影响很大。钢筋混凝土桥和预应力混凝土桥均需考虑其收缩和徐变。徐变量按梁在预应力作用下弹性变形乘以徐变系数 φ=2 求得；收缩量以温度下降 20℃来换算。在安装伸缩逢时，收缩和徐变已经发展到一定程度，计算时应以安装时刻为基准，对混凝土收缩和徐变量加以折减。其折减系数 β 可参考下表选取：

表 4-2　收缩、徐变折减系数

龄期（月）	0.25	0.5.	1	3	6	12	24
收缩、徐变折减系数 β	0.8	0.7	0.6	0.4	0.3	0.2	0.1

3. 桥梁纵向坡度

纵坡桥梁中活动支座通常作成水平的，当支座位移时，伸缩缝不仅发生水平变位，而且发生垂直错位（Δd），其值等于水平位移值乘以纵坡 tg θ 。

4. 斜桥、弯桥的变位

斜桥、弯桥在发生支承位移方向的变位（ΔL）时，沿桥端线和垂直于桥端线方向也发生变位，即：

$$d = \Delta L \cdot sin\alpha \Delta S = \Delta L \cdot cos\alpha$$

式中，α—倾斜角，ΔL—伸缩量

5. 各种荷载引起的桥梁饶度

桥梁在荷载、恒载的作用下，端部发生角变位，使伸缩装置产生垂直、水平及角变位，如果梁体比较高，还会发生震动。

6. 地震

地震对伸缩装置变位的影响较为复杂，目前还难以把握，设计时一般不予考虑，但有可靠的资料，能计算出地震对桥梁墩台的下沉、回转、水平移动及倾斜量时，设计时应给予考虑。

（二）桥梁伸缩量的计算

1. 温度变化引起的伸缩量

计算公式：

$\Delta Lt = (Tmax - Tmin) \cdot \alpha \cdot L$

$\Delta Lt+ = (Tmax - Tset) \cdot \alpha \cdot L$

Δ $\Delta Lt- = (Tset - Tmin) \cdot \alpha \cdot L$

式中：ΔLt——温度变化的伸缩量；

ΔLt+——温度变化的伸长量；

ΔLt——温度变化的缩短量；

Tmax——设计最高温度；

Tmin——设计最低温度；

Tset——安装温度；

α——线膨胀系数；

L——伸缩梁长度。

2. 混凝土徐变及收缩引起的伸缩量

徐变引起的伸缩量公式：$\Delta Lc = (бp / Ec) \cdot \varphi \cdot \beta \cdot L$

收缩引起的伸缩量公式：$\Delta Ls = 20 \times 10 - 5 \cdot L \cdot \beta$

式中：ΔLc——混凝土徐变的伸缩量；

ΔLs——混凝土收缩引起的伸缩量；

σp——预应力混凝土的平均轴应力；

Ec——混凝土的弹性模量；

φ——混凝土的徐变系数；

β——混凝土收缩、徐变折减系数。

四、桥梁伸缩缝主要作用及安装方法

（二）桥梁伸缩缝的主要作用

桥梁伸缩缝位于桥梁上部结构活动端、桥面断缝处，主要由传力支承体系和位移控制体系组成，异型钢桥梁伸缩缝的主要作用一是将车辆垂直和水平荷载通过支承结构传递到桥梁梁体，二是适应桥梁纵、横位移的变化和梁端翘曲发生的转角变化，用以保证桥梁上部结构在温度变化、混凝土收缩和徐变，以及荷载作用下，在该处的变位能够实现，而不产生额外的附加内力，并能保证行车平顺，具有伸缩、承重、防水、平整等方面的功能，使得桥梁运行平稳、伸缩自如，其质量直接影响到桥梁的整体性能和寿命。根据桥梁位移量大小，可采用单缝、双缝或多缝的异型钢桥梁中使用。

（二）桥梁伸缩缝的安装方法

（1）桥梁的桥面切缝当桥面沥青砼铺装层完成并验收合格后，我们就可以根据伸缩缝施工图的要求确定开槽宽度，准确放样，打上线后用切割机锯缝、顺直，锯缝线以外的沥青砼路面，必须仔细用塑料布覆盖并用胶带纸封好，以防锯缝时产生的石粉污染路面。

（2）桥梁的开槽：施工单位在用风镐开槽，开槽深度不得小于 12cm，应将槽内的沥青砼、松动的水泥砼凿除干净，应凿毛至坚硬层，并用强力吹风机或高压水枪清除浮尘和杂物。

（3）桥梁上钢筋的定位：在我们安装伸缩缝安装之前，要根据现场气温计算伸缩量 $\Delta L=\Delta T*\alpha*L$，将板体定位，钢筋植入梁体顶面以下 5cm。螺栓连接，要用高质量的焊条，将定位钢筋与伸缩缝螺杆焊接牢固。

（4）关于模板安装。对于桥梁模板采用纤维板，模板应做的牢固、严密，能在砼振捣时而不出现移动，并能防止砂浆流入伸缩缝内，以免影响伸缩。应在两侧设置钢筋网，带肋钢筋网顶部应低于路面标高 3cm，设置 φ 10 带肋钢筋网（10 × 10）防裂钢筋网。

（5）砼浇筑及养护。1）浇注前应在缝两侧铺上塑料布，保证砼不污染路面。2）砼振捣时应两侧同时进行，为保证砼密实，用振捣棒振至不再有气泡为止。3）砼振捣密实后，用抹板搓出水泥浆，分 4 ~ 5 次按常规抹压平整为止。这道工序应特别注意平整度，砼面比沥青路面的顶面略低 28 ~ 29mm 为宜，过高或过低都会造成跳车现象。4）水泥砼浇筑完成后，然后覆盖麻袋或草苫子，严格洒水养生，养生期不少于 7 天。养生期间严禁车辆通行。

（6）在伸缩缝上安装装橡胶止水带：砼浇筑振实后，安装橡胶带、不锈钢板，伸缩缝板略高于路面 1 ~ 2mm，将板体压实，不出现空隙，待强度达到 80% 后，紧固螺栓。当伸缩缝安装完毕，继续养生，养生期不少于一个星期的时间。

第四节　人行道、安全带、栏杆、灯柱与护栏

一、人行道

人行道宽度由行人交通量决定，人行道一般布置在承重结构的顶面，且高出行车道 25 ~ 30cm。在双层桥面布置中，人行道与行车道则可布置在不同标高的两个平面内。按安装在主梁上的形式分有搁置式（非悬臂式）和悬臂式两种，按施工方法分，人行道分为就地浇筑式、预制装配式、装配 - 现浇混合式。

就地浇筑式的人行道一般仅用于跨径较小的桥梁中。预制装配式的人行道，是将人行道做成预制块件（有整体式和分块式两种）安装。在预制或现浇人行道板时，要注意预留

灯柱、栏杆的位置，埋设好预埋件。

人行道一般设 1% ~ 15% 的内倾横坡，以利排水。人行道顶面一般铺设 20mm 厚的水泥砂浆或沥青砂作为面层，并以此形成横坡。

桥面铺装中若设有贴式防水层，防水层要伸过缘石底面，从人行道与缘石间的砌缝中向上折起。

在桥面断缝处，人行道也必须做伸缩缝。现代桥梁的人行道伸缩缝与行车道伸缩缝通常是作为整体制作安装的。

二、安全带

行人稀少地区可不设人行道而设置安全带。安全带宽度不小于 0.25m 高为 0.25 ~ 0.35m。为保证高速行车的安全，目前许多安全带的高度已超过 0.4m。

安全带可预制安装成与桥面铺装层一起现浇。预制的安全带有矩形截面和肋板式截面两种，以矩形截面最为常用。现浇的安全带宜每隔 25 ~ 3m 设一断缝，以免参与主梁受力而破坏。

三、栏杆、灯柱

栏杆作为一种安全防护设施，要求坚固；栏杆又是桥梁的装饰件，除了满足受力要求外，还应注意美观。

栏杆的高度一般以。08 ~ 12m 为宜，标准设计为 10m，栏杆柱的间距一般为 16 ~ 27m，标准设计为 25m。

公路与城市道路的栏杆，常用混凝土，钥筋混凝土，钢、铸铁或钢与混凝土混合材料制作。从形式上可分为节间式与连续式。节间式由立柱、扶手及横挡（或栏杆板）组成，扶手支承于立柱上。连续式具有连续的扶手，一般由扶手、栏杆板（柱）及底座组成。

栏杆柱或栏杆底座要直接与混凝土中的预埋件焊牢，以增强抗冲击能力。栏杆要求经济实用、工序简单、更换方便。在美观方面，应根据桥梁的类别和具体环境做出适当的艺术处理；不应过分追求华丽的装饰。

在城市及城郊行人和车辆较多的桥梁上，要有照明设施，此时一般需要在桥上设立灯柱。灯柱可以利用栏杆柱，也可单独设在人行道内侧。灯柱的形式和布置，既要满足桥面净空要求，也要注意美观。

灯柱常用钢管或铸铁管架立，一般采用钢筋（或钢板）焊接（或螺栓锚固）在预埋件上，然后用水泥砂浆填缝固定。

四、护栏

护栏与栏杆的作用不同。栏杆虽然是桥梁安全设施，但其主要作用是遮拦行人、给行人以安全感。对于行车而言，栏杆的作用主要是诱导视线（无人行道时）。

用于高速公路、一级公路、城市快速道路、主干道路、立交工程等的护栏。主要作用是封闭沿线两侧，隔离人畜与非机动车；它同时具有吸收碰撞能量、使失控车辆改变方向并恢复到原有行驶方向，防止冲出路外或跌落桥下。

防撞护栏按其防撞性能可分为刚性护栏、半刚性护栏和柔性护栏。

刚性护栏基本不变形。混凝土护栏是刚性护栏的主要形式，它以一定形状的混凝土块相互连接而形成墙式结构，利用失控车辆碰撞后爬高并转向来吸收碰撞能量。

半刚性护栏是一种连续的梁柱式结构，具有一定的刚度和柔性。波形梁护栏是其主要代表形式，它以波纹状钢护栏板相互拼接并由立柱支承而组成连续结构，利用土基、立柱、波形梁的变形来吸收碰撞能量，并迫使失控车辆改变方向。

柔性护栏具有较大的缓冲能力和韧性。缆索护栏其主要代表形式，以数根施加初张力的缆索固定于立柱上，主要依靠缆索的拉应力来抵抗车辆的碰撞，吸收碰撞能量。

在桥面布置上，护栏也常被用作隔离设施，设在中间分隔带上或用以分陌行车道和人行道。

钢制护栏，用来分隔人行道并保护栏杆。其立柱用盘状锚筋和垫板、螺栓锚固在梁的翼缘板上，以防止上拔，立柱的下方具有预定的断裂部位，这样使翼缘板不会在意外事故中摄坏。

第五章 桥梁支座

第一节 支座的类型、作用及布置方式

一、支座的类型

（1）支座按其容许变形的可能性分类

1）固定支座。它能承担桥跨结构支承处顺桥向、横桥向的水平力和竖向反力，并约束相应的线变位。

2）单向活动支座。它在承担竖向反力的同时，能约束顺桥向、横桥向水平位移中的一个方向的线位移。

3）多向活动支座。它仅承担竖向反力，容许顺桥向、横桥向两个方向发生线位移。

（2）支座按所用材料分类

1）钢支座。支座通过钢的接触面传力，变位主要通过钢和钢的滚动实现。有平板支座、弧形支座、摇轴支座和辊轴支座等。

2）聚四氟乙烯支座。是滑动支座，以聚四氟乙烯板和不锈钢板作为支座的相对滑动面。

3）橡胶支座。有板式橡胶支座、盆式橡胶支座、四氟乙烯橡胶支座等。

4）混凝土支座（混凝土铰支座）。

5）铅支座。传力部分由硬铅构成。

就成品支座而言，常用的支座类型与过去相比，已有很大的不同，一些针对小跨径桥梁或加工不便的支座形式，如垫层支座、弧形钢板支座、钢筋混凝土摆柱式支座等，目前已较少使用；相反，也发展了一些新型支座。目前，我国的混凝土桥主要采用板式橡胶支座和盆式橡胶支座，而钢桥主要采用钢支座。

二、支座的作用以及对支座的要求

支座是桥跨结构的支承部分。

支座的作用是将桥跨结构的支承反力（包括由恒载和荷载引的竖向力和水平力）传递给墩台；并保证桥跨结构在荷载（包括温度、混凝土收缩徐变）等因素作用下能满足设计

所要求的变形，使上、下部结构的实际受力情况符合结构的静力图式。

为此，要求桥梁支座必须具有足够的承载能力，对设计要求的变形的约束应尽可能地小，同时要便于安装、养护、维修甚至进行更换。

三、支座的布置

支座布置的总体原则是：有利于结构的受力，能有效地释放附加内力；尤其要有利于墩台传递纵向、横向水平力。

（1）不同结构体系的支座布置

对于简支梁桥，一端设固定支座，另一端设活动支座。T 构桥的挂孔按简支梁处理。

对于多跨连续梁桥，一般每联只有一个固定支座。为避免活动端的伸缩变形过大，一般将固定支座设在每联的中间桥墩上。同时，应尽可能地避免拉力支座。

对于悬臂梁桥，锚固跨一侧设固定支座，另一侧设活动支座。

（2）固定支座的设置

对于桥跨结构而言，最好要使梁（支承处）的下缘在制动力的作用下受压，从而抵消一部分竖向荷载在下缘产生的拉力。

对于纵桥向设有两个支座的桥墩而言，最好能让制动力的方向指向桥墩中心，使制动力能抵消一部分竖向荷载的偏心力矩。

对桥台而言，最好能让制动力的方向指向堤岸，使墩台顶部烤工受压，并能平衡一部分台后土压力。

据此，固定支座的布置应该遵循以下原则：①在坡道上的桥梁，固定支座应设在较低的一侧，这是首要的原则；②当车流具有某种明显的方向性特征时，则固定支座应根据其特征设定，如设在重车行进或减速行进的方向一侧；③除非特殊设计，不得将相邻两跨的固定支座设在同一桥墩上。

四、支座的安装

（一）桥梁支座安装

1. 适用范围

适用于公路及城市桥梁工程中板式橡胶支座、盆式橡胶支座、球形支座的安装。

2. 施工准备

（1）技术准备

1）认真审核支座安装图纸，编制施工方案，经审批后，向有关人员进行交底。

2）进行补偿收缩砂浆及混凝土各种原材料的取样试验工作，设计砂浆及混凝土配合比。

3）进行环氧砂浆配合比设计。

4）支座进场后取样送有资质的检测单位进行检验。

（2）材料要求

1）支座：进场应有装箱清单、产品合格证及支座安装养护细则，规格、质量和有关技术性能指标符合现行公路桥梁支座标准的规定，并满足设计要求。

2）配制环氧砂浆材料：二丁酯、乙二胺、环氧树脂、二甲苯、细砂，除细砂外其他材料应有合格证及使用说明书，细砂品种、质量应符合有关标准规定。

3）配制混凝土及补偿收缩砂浆材料。

①水泥：宜采用硅酸盐水泥和普通硅酸盐水泥。进场应有产品合格证或出厂检验报告，进场后应对强度、安定性及其他必要的性能指标进行取样复试，其质量必须符合国家现行标准《硅酸盐水泥、普通硅酸盐水泥》（GB175）等的规定。

当对水泥质量有怀疑或水泥出厂超过 3 个月时，在使用前必须进行复试，并按复试结果使用。不同品种的水泥不得混合使用。

②砂：砂的品种、质量应符合国家现行标准《公路桥涵施工技术规范》（JTJ041）的要求，进场后按国家现行标准《公路工程集料试验规程》（JTJ058）的规定进行取样试验合格。

③石子：应采用坚硬的卵石或碎石，并按产地、类别、加工方法和规格等不同情况，按国家现行标准《公路工程集料试验规程》（JTJ058）的规定分批进行检验，其质量应符合国家现行标准《公路桥涵施工技术规范》（JTJ041）的规定。

④外加剂：外加剂应标明品种、生产厂家和牌号。外加剂应有产品说明书、出厂检验报告及合格证、性能检测报告，有害物含量检测报告应由有相应资质等级的检测部门出具。进场后应取样复试合格，并应检验外加剂的匀质性及与水泥的适应性。外加剂的质量和应用技术应符合国家现行标准《混凝土外加剂》（GB8076）和《混凝土外加剂应用技术规范》（GB50119）的有关规定。

⑤掺合料：掺合料应标明品种、生产厂家和牌号。掺合料应有出厂合格证或质量证明书和法定检测单位提供的质量检测报告，进场后应取样复试合格。掺合料质量应符合国家现行相关标准规定，其掺量应通过试验确定。

⑥水：宜采用饮用水。当采用其他水源时，其水质应符合国家现行标准《混凝土拌合用水标准》（JGJ63）的规定。

4）电焊条：进场应有合格证，选用的焊条型号应与母材金属强度相适应，品种、规格和质量应符合国家现行标准的规定并满足设计要求。

5）其他材料：丙酮或酒精、硅脂等。

（3）机具设备

1）主要机械：空压机、发电机、电焊机、汽车吊、水车、水泵等。

2）工具：扳手、水平尺、铁錾、小铁铲、铁锅、铁锹、铁抹子、木抹子、橡皮锤、钢丝刷、钢楔、细筛、扫帚、小线、线坠等。

（

4）作业条件

1）桥墩混凝土强度已达到设计要求，并完成预应力张拉。

2）墩台（含垫石）轴线、高程等复核完毕并符合设计要求。

3）墩台顶面已清扫干净，并设置护栏。

（二）施工工艺

1. 工艺流程

（1）板式橡胶支座安装

垫石顶凿毛清理→测量放线→找平修补→拌制环氧砂浆→支座安装

（2）盆式橡胶支座安装

1）螺栓锚固盆式橡胶支座安装

墩台顶及预留孔清理→测量放线→拌制环氧砂浆→安装锚固螺栓→环氧砂浆找平→支座安装。

2）钢板焊接盆式橡胶支座安装

预留槽凿毛清理→测量放线→钢板就位、混凝土浇筑→支座就位、焊接

（3）球形支座安装

1）螺栓连接球形支座安装

墩台顶凿毛清理→预留孔清理→拌制砂浆→安装锚固螺栓及支座→模板安装→砂浆浇筑

2）焊接连接球形支座安装

预留槽凿毛清理→测量放线→钢板预埋、混凝土浇筑→支座就位、焊接

（三）操作工艺

1. 板式橡胶支座安装

（1）垫石顶凿毛清理：人工用铁錾凿毛，凿毛程度满足“桥梁混凝土施工”关于施工缝处理的有关规定。

（2）测量放线：根据设计图上标明的支座中心位置，分别在支座及垫石上画出纵横轴线，在墩台上放出支座控制标高。

（3）找平修补：将墩台垫石处清理干净，用干硬性水泥砂浆将支承面缺陷修补找平，并使其顶面标高符合设计要求。

（4）拌制环氧砂浆

1）将细砂烘干后，依次将细砂、环氧树脂、二丁酯、二甲苯放入铁锅中加热并搅拌均匀。

2）环氧砂浆的配制严格按配合比进行，强度不低于设计规定，设计无规定时不低于40MPa。

3）在黏结支座前将乙二胺投入砂浆中并搅拌均匀，乙二胺为固化剂，不得放得太早或过多，以免砂浆过早固化而影响黏结质量。

（5）支座安装

1）安装前按设计要求及国家现行标准有关规定对产品进行确认。

2）安装前对桥台和墩柱盖梁轴线、高程及支座面平整度等进行再次复核。

3）支座安装在找平层砂浆硬化后进行；黏结时，宜先黏结桥台和墩柱盖梁两端的支座，经复核平整度和高程无误后，挂基准小线进行其他支座的安装。

4）当桥台和墩柱盖梁较长时，应加密基准支座防止高程误差超标。

5）黏结时先将砂浆摊平拍实，然后将支座按标高就位，支座上的纵横轴线与垫石纵横轴线要对应。

6）严格控制支座平整度，每块支座都必须用铁水平尺测其对角线，误差超标应及时予以调整。

7）支座与支承面接触应不空鼓，如支承面上放置钢垫板时，钢垫板应在桥台和墩柱盖梁施工时预埋，并在钢板上设排气孔，保证钢垫板底混凝土浇筑密实。

（6）其他板式橡胶支座安装

（7）滑板式支座安装

①滑板式支座的不锈钢板表面不得有损伤、拉毛等缺陷，不锈钢板与上垫板采用榫槽结合时，上垫板开槽方向应与滑动方向垂直。

②滑板式支座安装时，支座与不锈钢板安装位置应视气温而定，不锈钢板滑板应留有足够的长度，防止伸缩时支座滑出滑道。

2. 盆式橡胶支座安装

（1）螺栓锚固盆式橡胶支座安装方法

1）将墩台顶清理干净。

2）测量放线。在支座及墩台顶分别划出纵横轴线，在墩台上放出支座控制标高。

3）配制环氧砂浆。配制方法见 1 款（4）拌制环氧砂浆的有关要求。

4）安装锚固螺栓。安装前按纵横轴线检查螺栓预留孔位置及尺寸，无误后将螺栓放入预留孔内，调整好标高及垂直度后灌注环氧砂浆。

5）用环氧砂浆将顶面找平。

6）安装支座。在螺栓预埋砂浆固化后找平层环氧砂浆固化前进行支座安装；找平层要略高于设计高程，支座就位后，在自重及外力作用下将其调至设计高程；随即对高程及四角高差进行检验，误差超标及时予以调整，直至合格。

（2）钢板焊接盆式橡胶支座安装方法

1）预留槽凿毛清理。墩顶预埋钢板宜采用二次浇筑混凝土锚固，墩、台施工时应注意预留槽的预留，预留槽两侧应较预埋钢板宽 100mm，锚固前进行凿毛并用空压机及扫帚将预留槽彻底吹扫干净。

2）测量放线。用全站仪及水准仪放出支座的平面位置及高程控制线。

3）钢板就位，混凝土灌注。钢板位置、高程及平整度调好后，将混凝土接触面适当洒水湿润，进行混凝土灌注，灌注时从一端灌入另一端排气，直至灌满为止。支座与垫板间应密贴，四周不得有大于 10mm 的缝隙。灌注完毕及时对高程及四角高差进行检验，误差超标及时予以调整，直至合格。

4）支座就位、焊接。校核平面位置及高程，合格后将下垫板与预埋钢板焊接，焊接时应对称间断进行，以减小焊接变形影响，适当控制焊接速度，避免钢体过热，并应注意支座的保护。

（3）盆式橡胶支座安装要求

1）盆式支座安装前按设计要求及现行《公路桥梁盆式橡胶支座标准》（JT391）对成品进行检验，合格后安装。

2）安装前对墩、台轴线、高程等进行检查，合格后进行下步施工。

3）安装单向活动支座时，应使上下导向挡板保持平行。

4）安装活动支座前应对其进行解体清洗，用丙酮或酒精擦洗干净，并在四氟板顶面注满硅脂，重新组装应保持精度。

5）盆式支座安装时上、下各座板纵横向应对中，安装温度与设计要求不符时，活动支座上、下座板错开距离应经过计算确定。

3. 球形支座安装

（1）螺栓连接球形支座安装方法：

1）墩台顶凿毛清理。当采用补偿收缩砂浆固定支座时，应用铁錾对支座支承面进行凿毛，凿毛程度满足“桥梁混凝土施工”关于施工缝处理的有关规定，并将顶面清理干净；当采用环氧砂浆固定支座时，将顶面清理干净并保证支座支承面干燥。

2）清理预留孔。清理前检查校核墩台顶锚固螺栓孔的位置、大小及深度，合格后彻底清理。

3）配制砂浆。环氧砂浆配制方法见 1 款（4）拌制环氧砂浆有关要求，补偿收缩砂浆的配制按配合比进行，其强度不得低于 35MPa。

4）安装锚固螺栓及支座。吊装支座平稳就位，在支座四角用钢楔将支座底板与墩台面支垫找平，支座底板底面宜高出墩台顶 20mm ~ 50mm，然后校核安装中心线及高程。

5）安装模板。沿支座四周支侧模，模板沿桥墩横向轴线方向两侧尺寸应大于支座宽度各 100mm。

6）灌注砂浆。用环氧砂浆或补偿收缩砂浆把螺栓孔和支座底板与墩台面间隙灌满，灌注时从一端灌入从另一端流出并排气，保证无空鼓。

7）砂浆达到设计强度后撤除四角钢楔并用环氧砂浆填缝。

8）安装支座与上部结构的锚固螺栓。

（2）焊接连接球形支座安装方法：参照 2 款（2）施工。

（3）球形支座安装要求

1）按设计要求和订货合同规定标准对球形支座进行检查，合格后安装。

2）安装时保证墩台和梁体混凝土强度不低于30MPa，对墩、台轴线、高程等进行检查，合格后进行下步施工。

3）安装就位前不得松动支座锁定装置。

4）采用焊接连接时，应不使支座钢体过热，保持硅脂和四氟板完好。

5）支座安装就位后，主梁施工应做好防止水泥浆渗入支座的保护措施。

6）预应力张拉前应撤除支座锁定装置，解除支座约束。

（四）季节性施工

1. 雨期施工

（1）雨天不得进行混凝土及砂浆灌注。

（2）盆式支座及球形支座安装完毕后，在上部结构混凝土浇筑前应对其采取覆盖措施，以免雨水浸入。

2. 冬期施工

（1）灌注混凝土及砂浆应避开寒流。

（2）应采取有效保温措施，确保混凝土及砂浆在达到临界强度前不受冻。

（3）采用焊接连接时，温度低于-20℃时不得进行焊接作业。

（五）质量标准

1. 支座的材料、质量和规格必须满足设计和有关规范的要求，经验收合格后方可安装。

2. 支座底板调平砂浆性能应符合设计要求，灌注密实，不得留有空洞。

3. 支座上下各部件纵轴线必须对正。当安装时温度与设计要求不同时，应通过计算设置支座顺桥向预偏量。

4. 支座不得发生偏歪、不均匀受力和脱空现象。滑动面上的四氟滑板和不锈钢板不得有划痕、碰伤等，位置正确，安装前必须涂上硅脂油。

（六）外观鉴定

支座表面应保持清洁，支座附近的杂物及灰尘应清除。

1. 成品保护

（1）当上部结构预制梁板就位不准确或梁板与支座不密贴时，必须吊起梁板重新就位或垫钢板消除缝隙，不得用撬棍移动梁板。

（2）当支座钢体采用焊接时，要将橡胶块用阻燃材料予以适当覆盖遮挡，防止烧伤支座，并避免钢体受热。

（3）球形支座运营一年后应进行检查，清除支座附近的杂物及灰尘，并用棉纱仔细擦除不锈钢表面的灰尘。

2. 应注意的质量问题

（1）预制梁板就位后支座下沉。要求环氧砂浆配合比准确且有足够的固化时间。

（2）板式支座黏结不牢固。要求支座槽或垫石按要求充分凿毛且凿毛后彻底清理。

（3）支座受力不均匀。板式支座黏结应平整，且砂浆饱满。支座黏结完毕后，多余环氧砂浆应清理干净，支座周围不得有松散环氧砂浆。

（4）滑板支座活动不正常。应对滑板支座的储油槽进行彻底清洗并注满硅脂。夜间施工时要加强质量监督管理。

（5）支座四角高程误差超标。要求环氧砂浆搅拌均匀，以免受力后出现不均匀沉降，进而出现脱空现象。

3. 环境、职业健康安全管理措施

（1）环境管理措施

1）要防止人为敲打、叫嚷、野蛮装卸等产生的噪声，减少噪声扰民现象。

2）对产生强噪声机械作业的工序，宜安排在白天进行；若安排夜间施工时，应采取隔音措施。

3）支座处凿毛和清扫时，应采取降尘措施，防止粉尘污染周围环境。

4. 职业健康安全管理措施

1）高处作业时要系好安全带。需设工作平台时，防护栏杆高于作业面不应小于12m，且用密目安全网封闭。

2）安装大型盆式支座时，墩上两侧应搭设操作平台，墩顶作业人员应待支座吊至墩顶稳定后再扶正就位。

3）因乙二胺挥发性较强且属有毒物质，操作人员要按要求佩戴口罩、眼罩、手套，并选择通风良好的位置进行环氧砂浆拌制。

五、桥梁支座安装质量控制

板式橡胶支座及安装技术要求板式橡胶支座在安装时，要求梁体底面和墩台上的支承垫后顶面具有较高的平整度。一般要求支承垫石顶面相对水平误差不大于1mm，相邻两墩台上支承垫石顶面相对水平误差不大于3mm。

板式橡胶支座安装正确与否对支座的受力状况和使用寿命有直接的影响，如果支座安放不平整，造成支座局部承压，则支座在荷载作用下会产生转动、滑移，甚至脱落。此外，板式橡胶支座安装时要保持位置准确，橡胶支座的中心要对准梁体轴线，防止偏心过大而损坏支座。为防止支座产生过大的剪切变形，支座安装最好选择在气温相当于全年平均气温的季节里进行，以保证橡胶支座在低温或高温时偏离支座中心位置不会过大。

1. 安装板式橡胶支座时应注意事项预制梁支座安装的关键

应尽可能地保证梁底与垫石顶面平行、平整，使其与橡胶支座上下面全部密贴，避免偏心受压、脱空、不均匀受力的现象发生。

（1）橡胶支座在安装前，应全面检查产品合格证书中有关技术性能指标。

（2）支座在安装前应对橡胶支座各项技术性能指标进行复检（本桥橡胶支座已经浙江大学测试中心检验合格）。

（3）支座安装前应将墩、台支座支垫处和梁底面清理干净。

（4）安装前应计算并检查支座的中心位置。

（5）当墩、台两端标高不同，顺桥向有纵坡时，支座标高应按设计规定执行。

（6)梁板安放时，必须仔细，使梁板就位准确与支座密贴，就位不准时，必须吊起重放，不得用撬棍移动梁板。

2. 连续端板式橡胶支座安装技术要求

（1）先将支座支承垫石顶平面冲洗干净、风干。

（2）复测支座垫石平面标高，使梁端两个支座处在同一平面内。

（3）在支承垫石上按设计图标出支座位置中心线，同时也标出安装后梁板宽度的边线和中心线。

（4）在橡胶支座上也标出十字交叉中心线，将支座安放在支承垫石上，使支座中心线同垫石中心线相重合。

（5）最后在橡胶支座上面需加盖一块比支座平面每边大 5cm 的预埋钢板，厚度为 1cm。

（6）预埋钢板上面焊 Φ12mmU 型锚固钢筋与连续端 Φ28mm 防裂主筋焊接牢固，将支承钢板视作现浇段梁底模板一部分。

（7）为避免橡胶支座在安装梁板时发生位移，在支座下表面涂一层环氧树脂黏结于垫石表现上。

（8）矩形支座短边应与顺桥向平行放置。

（9）圆形支座可以不考虑方向问题，只需支座圆心与设计位置中心相重合即可。

（10）橡胶支座安装后，若发现问题需要调整时，可吊起梁端，在橡胶支座底面与支承垫石面之间抹一层用水灰比不大于 0.5 的 1 ∶ 3 水泥砂浆抹平。并使其顶面标高符合设计要求和施工质量标准（支座平面位置允许偏差 5mm，支座四周边缘高差 1mm）。

（11）预埋钢板除上平面不涂防锈漆外，其余部位全部刷防锈油漆。

四氟乙烯橡胶支座及安装技术要求四氟橡胶支座的构造：在普通板式橡胶支座的表面粘贴一层聚四氟乙烯板，就构成了聚四氟乙烯橡式板胶支座，简称四氟板橡胶支座，其抗压和转动性能与普通板式橡胶支座基本相同，当然在桥梁施工实际应用时，四氟橡胶支座的整体构造并非如此简单。

普通板式橡胶支座是通过支座的剪切变形来实现梁的水平位移，这种剪切变形是有一定的限值，普通板式橡胶支座不能满足位移量较大的要求。

与普通板式橡胶支座不同的是：聚四氟乙烯板式橡胶支座不是通过支座的剪切变形来实现梁的水平位移，它主要通过梁底不锈钢板与摩擦系数很小的四氟板来回滑动，实现梁的水平位移，四氟板式胶支座可以适应较大跨径及多孔连续梁桥的伸缩位移。

四氟板式橡胶支座的整体构造由梁底钢板、不锈钢板、四氟板式橡胶支座与支座垫石等组成。

梁底钢板：又称支座上钢板，位于梁端支点处，可通过预埋或粘贴形式就位，西小江大桥上钢板与梁底之间采用环氧树脂粘贴固定。钢板厚度为 18mm，下面有深 15mm 的宽槽用以嵌放不锈钢板。宽槽制成楔形，在梁伸缩过程中不至于不锈钢板随梁的移动而滑脱。

嵌放在梁底钢板上宽槽中的不锈钢板，厚度为 3mm，梁在伸缩移动时，因为不锈钢板有很好的光洁度，又在四氟板表面上，所以摩擦阻力很小，四氟板式橡胶支座表面粘贴的聚四氟乙烯板厚为 15mm 左右，在四氟表平面上有直径 8mm 左右，深度约 1mm 的球冠形的储油坑，在安装时涂以“295”硅脂，以便进一步减小摩擦。

3. 四氟橡胶支座安装技术要求

（1）支座应按设计支承中心准确就位，梁底上钢板与四氟橡胶支座上下面全部密贴，同一片梁端两个四氟橡胶支座应置于同一平面上，以避免出现四氟橡胶支座偏心受压，不均匀支承及个别脱空的现象。

（2）在四氟橡胶支座上加盖不锈钢板（厚度为 3mm）和上钢板（厚度为 18mm），上钢板的下平面采用机械加工成倒槽形。将不锈钢板卡进去，使其与上钢板联成一整体，落梁之前在上钢板的上平面涂一层较厚的环氧树脂与梁底间黏结。

（3）在支座四氟板的凹坑内，安装时应充满不会挥发的“295”硅脂作润滑剂，以降低摩擦系数。

（4）与四氟板面接触的不锈钢板不允许有损伤、拉毛现象，以免增大摩擦系数损坏四氟板。

（5）上钢板组合，除不锈钢板和上钢板上平面不涂锈漆外，其余部位全部刷防锈油漆。

（6）四氟橡胶支座与不锈钢板的相对位置视安装时的温度而定，本桥设计移动量为 4 ~ 6cm。

第二节　板式橡胶支座

一、板式橡胶支座的特点和构造

板式橡胶支座的构造非常简单，从外形上看就如一块置于上下部结构间的橡胶板。它是中、小跨径桥梁最常用的支座形式之一，主要用于混凝土梁桥。

板式橡胶支座的变位机理是：依靠橡胶在纵桥向上不均匀的压缩变形，实现转角变位。依靠橡胶的剪切变形实现水平变位。通常情况下，板式橡胶支座并不区分固定支座和活动支座，所有的水平力、纵向位移由各支座分担；也可以通过选择不同的平面尺寸和厚度，来适应不同的承载力和位移要求。

板式橡胶支座的平而形状有矩形和圆形两种，但变位机理和其他特征是相同的。以下仅介绍矩形的板式橡胶支座。

从内部构造区分，板式橡胶支座分为无加劲支座和有加劲支座两种。前者仅由一层单纯的橡胶板构成，其容许应力较小（约 3MPa），只适用于小跨径桥梁。

常用的是加劲支座，它由几层或若干层橡胶片和薄钢板橡胶片组成。橡胶片有 25mm5mm，8rnm，11mm，15mm 等多种厚度，加劲钢板有 2mm，3mm，5mm 等多种厚度。加劲层的作用是提高抗压弹性模量，减小支座的压缩变形；加劲层也可以由钢丝网或钢筋构成。

橡胶品种主要有人工合成橡胶和硫化天然橡胶，由于橡胶的波松比约为 0.5，故不论在何种外力作用下，其体积几乎是不可压缩的。

板式橡胶支座的弹性模量 E〔抗压弹性模量）和剪切模量 C（抗剪弹性模全）是决定支座承载能力和变形能力的关键参数，它们与如下因素有关：①橡胶的硬度越大，E，G 值越大；②温度越低，橡胶越硬，E，G 值越大；③抗压弹性模量 E 还与橡胶的厚度与侧向自由面积之比有关。

氛丁橡胶的硬度要求为邵氏 55° ~ 60°，它一般适用于温度不低于一 25℃的地区，而天然橡胶可用于 -30 ~ -40} 的地区

橡胶的厚度与侧向自由而积之比，通常用“形状系数 S”来描述：

$$S = ab/2(a+b)\ t$$

式中：S—支座的形状系数；

a—支座短边边长（通常为纵桥向但不尽然）；

b—支座长边边长；

t—支座中间层（单层）橡胶片厚度。

二、板式橡胶支座计算

（一）选定支座的平面尺寸

橡胶支座的平面尺寸由橡胶板的抗拉强度和梁端或墩台顶混凝土的局部承压强度来确定。对橡胶板应满足：

$$\sigma = \frac{\mathrm{n}}{\mathrm{ab}} \le \sigma_0$$

若选用支座平面尺寸为 a=25cm（顺桥）、b=18cm 的矩形，取

$l_{0a} = 25-1 = 24$ cm，l_{0b} =18-1=17cm，支座形状系数 S 为：

$$S=\frac{l_{0a}\cdot l_{0b}}{2t_{es}(l_{0a}+l_{0b})}=\frac{24\times17}{2\times0.5\times(24+17)}=9.95$$

式中：t_{es}——中间层橡胶片厚度，取t_{es} =0.5cm。

5 < S < 12，满足规范要求。

橡胶板的平均容许压应力为$\sigma_0=10.0$ MPa，橡胶支座的剪变弹性模量$G_e=10.0$ MPa（常温下），橡胶支座的抗压弹性模量E_e：

$$E_e=5.4G_eS^2=5.4\times1.0\times9.95=534.62\ \text{MPa}$$

计算时最大支座反力为$N_G=189.51kN$，$N_r=7.66kN$，$N_q=207.12kN$。

$$N=N_G=N_r+N_q$$

故，$\sigma=\dfrac{404.29\times10^3}{250\times180}=8.99MPa<10.0\text{MPa}$

满足要求。

（二）确定支座的厚度

主梁的计算温差取，温差变形由两端的支座均摊，则每一个支座承受的水平位移Δ_l为：

$$\Delta_l=\frac{1}{2}\alpha\Delta_T l'=\frac{1}{2}\times10^{-5}\times36\times(1950+25)=0.36\ \text{cm}$$

计算汽车荷载制动力引起的水平位移，首先须确定作用在每一个支座上的制动力。对20m桥梁可布置一行车队，汽车荷载制动力按《桥规》436条，为一车道上总重力的10%，一车道的荷载总重为：$7.875\times19.5+178.5=332.06kN$，$332.06\times10\%=33.2kN$，《桥规》规定公路—Ⅱ级汽车荷载的制动力标准值不得小于90kN。因此，五根梁共10个支座，每个支座承受的水平力F_{bk}为：

$$F_{bk}=\frac{90}{10}=9\text{kN}$$

按规定要求，橡胶层总厚度t_e应满足：

1. **不计汽车制动力时**：

$$t_e\le2\Delta_l=0.27cm；$$

2. **计汽车制动力时**：

$$t_e=\ge\frac{\Delta_l}{0.7-\dfrac{F_{bk}}{2G_eab}}=\frac{0.356}{\dfrac{9.0\times10^3}{2\times1.0\times10^6\times0.25\times0.18}}=0.59cm$$

由上述分析可知，按计入制动力和不计入制动力计算的橡胶厚度最大值为0.72cm，小于 2.5cm，因此橡胶层总厚度的最小值取 2.5cm。由于定型产品中，对于平面尺寸为 1.8cm × 2.5cm 的板式橡胶支座中，t_e 只有 2cm, 2.5cm, 3.0cm, 3.5cm 四种型号，t_e 暂取 2.5cm。

钢板厚度取 0.2cm，加劲板上、下保护层不应小于 0.25cm，取 0.25cm，中间橡胶层厚度有 0.5cm，0.8cm，1.1cm 三种，取 5mm。故可布置 5 层钢板，此时，橡胶厚度：$t_e = 4\times0.5+2\times0.25 = 2.5cm$，与取用值一致。加劲板总厚度 $\sum t_s = 5\times0.2 = 1.0cm$，故支座高度 $h = 2.5+1.0 = 3.5cm$。

（三）验算支座的偏转

支座的平均压缩变形 $\delta_{c,m}$ 为：

$$\delta_{c,m} = \frac{Ne_t}{E_e ab} = \frac{404.29\times0.025}{534620\times0.25\times0.18} = 4.20\times10^{-4}m = 4.20\times10^{-2}cm$$

按规范要求应满足 $\delta \le 0.07t_e$，即

$4.02\times10^{-2} \le 0.07\times2.5 = 17.5\times10^{-2}cm$（满足规范要求）

计算梁端转角 θ：

有关系式 $f = \dfrac{5gl^4}{384EI}$ 和 $\theta = \dfrac{gl^3}{24EI}$ 可得：

$$\theta = \frac{16f}{5l}$$

设恒载作用下，主梁处于水平状态，而已知公路—Ⅱ级荷载下的跨中挠度 f=1.49cm，代入上式得：

$$\theta = \frac{16\times1.49}{5\times1950} = 2.445\times10^{-3}rad$$

验算偏转情况应满足：

$$\delta_{c,m} = 4.20\times10^{-2} \ge \theta\cdot\frac{a}{2} = 2.445\times10^{-3}\times\frac{25}{2} = 3.06\times10^{-2}cm$$

符合规范要求。

（四）验算支座的抗滑稳定性

按相关规定，按下式验算支座抗滑稳定性：

计入汽车制动力时：$\mu R_{ck} \ge 1.4G_e A_g \dfrac{\Delta_l}{t_e} + F_{bk}$

不计入汽车制动时：$\mu R_{Gk} \ge 1.4G_e A_g \dfrac{\Delta_l}{t_e}$

式中：R_{Gk}——在结构重力作用下的支座反力标准值，即 $R_{Gk}=185.51kN$；

R_{ck}——结构自重标准值和 05 倍汽车荷载标准值（计入冲击系数）引起的支座反力；

G_e——橡胶支座的剪切模量，G_e=1.0MPa 取；

F_{bk}——由汽车荷载引起的制动力标准值，即 $F_{bk}=9kN$；

μ——橡胶支座与混凝土表面的摩阻系数，$\mu=0.3$ 取；

A_g——支座平面表面积，$A_g=25\times18=450cm^2$

1．计入冲击系数时

$$R_{ck}=189.51+\mu R_{ck}=1.4G_eA_g\frac{\Delta_l}{t_e}+F_{bk}$$

$$=1.4\times1.0\times10^3\times450\times10^{-4}\times\frac{0.36}{2.5}+9=18.07kN<\mu R_{ck}$$

2 不计入汽车制动力时

$$\mu R_{Gk}=0.3\times189.51=56.85kN$$

$$1.4G_eA_g\frac{\Delta_l}{t_e}=9.08kN\le\mu RGk=56.89kN$$

均满足规范要求，支座不会发生相对滑动。

第三节 盆式橡胶支座

一、盆式橡胶支座的构造特点及功能

盆式橡胶支座是利用被半封闭钢制盆腔内的弹性橡胶块，在三向受力状态下具有流体的性质特点，来实现桥梁上部的转动，同时依靠中间钢板上的上座板的不锈钢板之间的低摩擦系数来实现上部结构的水平位移，使支座所承受的剪切不再由橡胶完全承担，而间接作用于钢制底盆与不锈钢之间的滑移上。从试验的数据来看，橡胶处于三向约束状态时的抗压弹性模量为 50000kg/cm²，比无侧向约束的抗压弹性模量增大近 20 倍，因而支座承载能力大为提高，解决了板式橡胶支座承载能力的局限，能满足大的支承反力、大的水平位移及转角要求。

盆式橡胶支座分为：公路桥梁盆式橡胶支座、铁路桥梁盆式橡胶支座及盆式橡胶支座的衍生品公路桥梁盆式橡胶支座。

（一）GPZ 系列盆式橡胶支座

1．分类

（1）双向活动支座：具有竖向转动和纵向与横向滑移性能，代号为 SX；

（2）单向活动支座：具有竖向转动和单一方向滑移性能，代号为 DX；

（3）固定支座：仅具有竖向转动性能，代号为 GD。

2．适用温度范围 {HotTag}

（1）常温型支座：适用于 -25℃ ~ +60℃；

（2）耐寒型支座：适用于 -40℃ ~ +60℃代号为 F。

3．技术性能

（1）支座竖向转角 ≥40′

（2）竖向承载力 1000-50000KN 共分 28 级，非滑移表面的水平承载力为竖向的 10%

（3）摩擦系数

常温型 μ ≤004

耐寒型 μ ≤006 支座压缩变形值不得大于支座总高度的 2%，盆环的径向变形不得大于盆环外径的 05‰

（二）GPZ（Ⅱ）系列盆式橡胶支座

1．分类

双向活动支座代号为 SX；

单向活动支座代号为 DX；

固定支座代号为 GD

2．适用温度范围

常温型支座：适用于 -25℃ ~ +60℃；

耐寒型支座：适用于 -40℃ ~ +60℃代号为 F

3．技术性能

（1）支座转角 ≥002rad

（2）竖向承载力 08-60MN 共分 31 级，非滑移表面的水平承载力为竖向的 10%

（3）摩擦系数：

常温型 μ ≤003

耐寒型 μ ≤006

支座压缩变形值不得大于支座总高度的 2%，盆环的径向变形不得大于盆环外径的 0.5‰。

（三）QPZ 系列盆式橡胶支座

1. 分类

纵向活动支座代号为 ZX；

多向活动支座代号为 DX；固定支座代号为 GD

2. 适用温度范围

常温型支座：适用于 -25℃ ~ +60℃；

耐寒型支座：适用于 -40℃ ~ +40℃代号为 F

3. 技术性能

支座竖向转角 ≥40′

竖向承载力 1000-50000KN 共分 28 级，支座可承受的水平承载力为竖向的 10% 支座位移量可根据工程需要变更，订货时用户提出要求即可。

4.QPZ 系列盆式橡胶支座构造特点：

活动支座不锈钢板和聚四氟乙烯滑动面采用硅脂润滑，可降低摩擦阻力。

纵向活动支座采用中间导向措施，能适应梁体旁弯变形的需要。

纵向活动支座中间导向，与目前国内普遍采用的槽形上支座板形式相比，不但减少了重量，而且减少铸钢件数量。

支座设置防尘围板，减少灰尘侵入。

（四）QZ 系列球型支座

QZ 系列球形支座主要由上支座板、下支座板、球形板、聚四氟乙烯滑板（即平面四氟板、球面四氟板）及橡胶挡圈组成。

其特点：只是将盆式支座中的橡胶板改为球面四氟板；

中间钢板及底盆亦相应地改成球面，减小了摩擦系数。其位移由上支座板与平面四氟板之间的滑动来实现。在上支座板上设置导向槽或导向环来约束支座的单向或多向位移，可以制成球形单向活动支座和固定支座。通过球形板和球面四氟板之间的滑动来满足支座转角的需要。

1. 分类

球形支座通过球面传力、不出现力的缩颈现象，作用在混凝土上的反力比较均匀；

球形支座通过球面聚四氟乙烯板的滑动来实现支座的转动过程，转动力矩小，而且转动力矩只与支座球面半径及聚四氟乙烯板的摩擦系数有关，与支座转角大小无关。因此特别适用于大转角的要求，设计转角可达 005rad 以上。

支座各向转动性能一致，适用于宽桥、曲线桥等；

支座不用橡胶承压、不存在橡胶老化对支座转动性能的影响，特别适用于低温地区。

2. 性能

（1）纵向活动支座代号为 ZX；

（2）多向活动支座代号为 DX；

（3）固定支座代号为 GD

3. 适用温度范围

（1）常温型支座：适用于 -25℃ ~ +60℃；

（4）耐寒型支座：适用于 -40℃ ~ +40℃，代号为 F。

4. 技术性能

（1）支座设计转角分为 001、0015 和 002rad，根据需要可增大

（2）竖向承载力 1000-20000KN 共分 16 级，支座可承受的水平承载力为竖向的 10%

（3）摩擦系数：

常温型 μ≤003

耐寒型 μ≤005

（4）支座设计位移量：

顺桥向：±50、±100、±150mm

横桥向：±20mm 设计位移量根据工程需要可进行变更。

（五）SH-PZ 系列盆式橡胶支座

SH-PZ 分轼橡胶支座综合了 QPZ 和 TPZ 标系列的优点，为铁路桥梁专用支座。

1. 按使用性能分类：

（1）单向活动支座；

（2）固定支座。

2. 技术性能：

（1）支座允许转角为 40”。

（2）支座设计反力为三级，纵向位移 50mm，可承受设计反力 10% 的水平。

（3）摩擦系数：活动支座摩擦系数为 003μ ~ 005μ。

3. 支座采用的橡胶种类及性能：

当温度不低于— 25℃时，采用氯丁橡胶；

当环境温度为— 40℃ ~ +60℃时，采用三元乙丙橡胶。

（六）KPZ 系列盆式橡胶支座

KPZ 系列盆式橡胶支座具有建筑高度低，滑移面结构独特，转动性能灵活等特点。其中纵向活动支座设置导向结构，在梁端发生平面转动时，通过中间钢板的转动使之实现，特别适用于侧旁变形较大的曲线桥、宽桥。在支座外部装有橡胶围裙，具有良好的防尘性能。

1. 支座类型

（1）单向型支座，代号为 DX；

（2）双向型支座，代号为 SX；

（3）固定型支座，代号为 GD。

2. 适用温度范围

（1）常温型盆式支座；

（2）耐寒型盆式支座。

二、盆式橡胶支座的计算

（一）支座技术要求

1. 竖向承载力

该系列盆式橡胶支座竖向承载力（即支座反力，单位：kN）：

45MN（4500 吨）、30MN（3000 吨）、5MN（500 吨）

2. 水平承载力

GD 固定支座、DX 单向活动支座水平向承载力为竖向力的 15%；

3. 转角

支座转动角度不得小于 0.02rad。

4. 摩阻系数

将聚四氟乙烯板分块嵌装，在分块空隙及凹槽内涂满 5201-2 硅脂。

加 5201-2 硅脂润滑后，活动支座设计摩阻系数 $\mu \leq 002$

5. 位移量

SX 多向活动支座和 DX 单向活动支座顺桥向设计位移为 ±200mm；

（二）材料

（1）上支座板、下支座板、中间钢衬板采用铸钢 ZG270-500，其化学成分和铸件热处理后的机械性能及冲击韧性应符合 GB11352-89 的有关要求，其中屈服强度为 270MPa；

（2）承压橡胶板采用天然橡胶，橡胶的物理机械性能和外观应符合 TB/T2331-2004 的有关要求；

（3）聚四氟乙烯板应是纯的模压板材，而非车削板材，其表面应光滑，不允许有裂纹、气泡、分层；其物理机械性能和外观应符合 TB/T2331-2004 的要求。

（4）不锈钢板采用 1Cr18Ni9Ti 精轧镜面不锈钢板，其化学成分和力学性能应符合 GB/T3280 的要求；

（5）黄铜密封圈化学成分、机械性能等均应符合 GB2040 的有关规定，其表面应清洁，不得有分层、裂纹、起皮、杂质和绿锈；

（6）5201-2 硅脂应保证在使用温度范围内不干涸，对滑移面材料不得有害，并具有良好的抗臭氧、耐腐蚀及防水性能，其理化性能指标应符合 HG/T2502 的有关规定。

（三）支座各零件主要尺寸的确定

1. 承压橡胶板尺寸的确定

设承压橡胶板直径为 Du，承压橡胶板厚度为 Hu，支座竖向承载力为 P；允许转角为 θu，根据 JT391-1999《公路桥梁盆式橡胶支座》橡胶许用应力取值 [σ]=25MPa，及支座竖向转动角度 θu 不小于 0.02rad。

由公式 P/S≤[σ]

得：r≥（p/25π）1/2mm

Du≥2×（p/25π）1/2mm

又根据《桥梁支座》（第二版），承压橡胶板总厚度 Hu 为直径的 1/10 ~ 1/15，考虑转角 002rad 及边缘最大竖向变形量不得超过 0.15 总厚度，得：

Hu≥[（Du/2）×tan θu]/015，且 Du/10≥Hu≥Du/15。

得出各数据列表如下：

表 5-1

竖向承载力 P	Du(mm)		Hu(mm)	
(MN)	计算值	圆整值	转角计算最小值	取值
45	15413	1550	1033	115
30	12364	1240	827	95
5	50475	510	34	45

2. 黄铜密封圈尺寸的确定

黄铜密封圈作用为防止橡胶在高压下从钢盆和中间钢衬板之间的缝隙中挤出，根据《桥梁支座》（第二版），其尺寸及数量可参照下表确定：

表 5-2

橡胶直径 Du（mm）	黄铜环最小截面（mm）	黄铜环数
330＜D≤700	10×15	2
D＞700	10×15	3

3. 平面聚四氟乙烯板、平面不锈钢板尺寸的确定

（1）平面聚四氟乙烯板尺寸的确定

1）平面四氟板厚度 δ 的确定

根据 TB/T2331-2004《公桥梁盆式橡胶支座》，平面四氟板厚度 δ =7mm。

2）平面四氟板的确定

根据《机械设计手册》，P/S≤[σ]S=A×B（A 为边长，B 为顺桥向总长）

对于纯聚四氟乙烯板加 5201-2 硅脂，根据《公路桥梁盆式橡胶支座设计规范》，取 $[\sigma]$ =30MPa，

则：由公式 P/S≤[σ]

得：面积 S≥（p/30）

A×B≥（p/30）

表 5-3

竖向承载力 P(MN)	A	B
	取 A 值	计算 B 值后圆整
45	1400	1080
30	1130	900
5	480	360

（2）平面不锈钢板尺寸的确定

1）厚度的确定

根据 TB/T2331-2004《铁路桥梁盆式橡胶支座》标准中规定不锈钢板长度不大于 1500mm 时，板厚采用 2mm；大于 1500mm 时，板厚采用 3mm。

2）平面尺寸的确定

当达到最大位移量时，不锈钢板的边缘应比聚四氟乙烯板大 5mm

即：不锈钢板长度 L= 平面聚四氟乙烯板长度 +2x（顺向位移量）+n×z+10mm

不锈钢板宽度 K= 平面聚四氟乙烯板宽度 +2y（横向位移量）+10mm

注 1：x 为顺桥向位移量；5MN、30MN 多向横桥位移量 y 为 10mm；单向支座横桥向位移量为 3mm。

注 2：n 为硅脂槽个数，45MNn=5、30MNn=4、5MNn=1

z 为硅脂槽宽度：30mm

表 5-4

竖向承载力 P(MN)	L(mm)		单向 K(mm)		多向 K(mm)	
	计算值	圆整值	计算值	圆整值	计算值	圆整值
45	1640	1640	1416	1420		
30	1430	1430			1160	1160
5	800	800	496	500	510	510

（四）主要钢件尺寸的确定

1. 中间钢衬板盆凸厚度 ω 可选择以下方法确定

设支座所承受的水平力 Fr，钢的屈服强度 Fy，盆塞凸缘高度 ω，钢盆内径 Dp=Du，系数φ =09

根据《美国公路桥梁设计规范》1994 版，盆塞凸缘部分高度应根据所受的水平力大小按下式计算：

$$Fr = (\varphi \cdot Fy \cdot \omega \cdot Dp) / 3$$

根据采购比选文件规定，固定支座在各方向和单向活动支座的水平承载力均不得小于支座竖向承载力的 15%。因此，取值 Fr=015P，代入上式得，

$$\begin{aligned}\omega &= 3Fr / (\varphi \cdot Fy \cdot Dp) = (3\times 015\times P\times 106) / \left(09\times 270\times Dp\right)\\ &= 2552\times P / Dp\end{aligned}$$

根据《机械设计手册》钢的屈服强度 Fy 取 270MPa；

代入各竖向承载力得各盆塞凸缘高度ω：

45MN ω =74mm

30MN 为多向，不需承载水平力，可取 ω =30mm

5MN ω =103mm

根据《美国公路桥梁设计规范》1994 版，盆凸缘高度不得小于 64mm，所以计算符合要求。

2. 中间钢衬板钢盆内转动净空△ 1 的确定

设钢盆内径 Dp，支座允许转角 θ u=002rad，为保证支座转动，要求

$$\Delta 1 > (1/2)\ Dp \cdot \theta u = 001Dp$$

取：△ 1=001Dp

只要转动空间大于 001Dp 就能满足要求。

3. 盆环深度 h 的确定

根据桥梁盆式橡胶支座结构图，为防止密封圈 I 在支座转动时滑出盆环，故盆环深度应增加 10 的富余量，由此可得，盆环深度 h 为：

h=Hu+ ω + △ 1+10

4. 底板厚度 H1 的确定

按照《桥梁支座》第二版，盆底支承于混凝土上底板厚度应大于 006Dp 或 12mm，并且混凝土 C40 的抗压强度 40MPa> 大于承压橡胶板的允许压强 25MPa，参照加工工艺，取最小板厚按支承反力大小依次递增。

5. 盆环外径 D 外的确定

根据《桥梁支座》（第二版），支座钢盆的盆环应力可根据拉密公式计算拉密公式：

$$\sigma = \{[(R2/r2)+1]/[(R2/r2)-1]\} \times \sigma 0$$

式中，$\sigma 0 = q \cdot h / H$，

（其中 R：盆环外半径；r：盆环内半径；σ 0：盆环平均应力；q：橡胶实际平均应力；h、H 分别为橡胶和盆环高度）

根据铁路桥梁盆式橡胶支座 TB/2331-2004 可知盆环内半径 r 尺寸为承压橡胶板外径尺寸的一半。

由：

$$\sigma = \{[(R2/r2)+1]/[(R2/r2)-1]\} \times \sigma 0 \le [\sigma]（[\sigma]为盆环许用应力）$$

得：

$$R \ge \{([\sigma]+\sigma 0)/([\sigma]-\sigma 0)\}1/2r$$

设盆环外径 D 外，内径 D 内，则 D 外 =2R，D 内 =2r 取 [σ]=130Mpa

则：

$$D外 \ge \{([\sigma]+\sigma 0)/([\sigma]-\sigma 0)\}1/2D内 = \{(130+\sigma 0)/(130-\sigma 0)\}1/2D内$$

计算出各规格上部结构数据列表如下：

表 5-5

竖向承载力 P(MN)	D 内 (mm)	橡胶高 h(mm)	ω(mm)	密封圈 I 嵌入盆环深度	H(mm)	D 外 (mm)
			计算后圆整值			计算后圆整值
45	1550	115	75	10	215	1830
30	1240	95	30	10	150	1500
5	510	45	15	10	75	605

注：圆整值大于计算值。

6. 支座竖向承载安全储备

1）聚四氟乙烯板在主应力与附加力共同作用下的容许平均压应力为 45MPa，容许边缘压应力为 60MPa；而设计压应力为 30MPa；

2）对承受竖向压应力的钢件和平面不锈钢板，设计容许平均压应力为 130MPa，是聚四氟乙烯板设计压应力的 4 倍。

三、盆式橡胶支座安装

1. 工艺流程

（1）螺栓锚固盆式橡胶支座安装

墩台顶及预留→测量放样→拌制环氧砂浆→安装锚固螺栓→环氧砂浆找平→制作安装

（2）钢板焊接盆式橡胶支座安装

预留槽凿毛清理→测量放线→钢板就位混凝土浇筑→支座就位、焊接

2. 操作要点

（1）螺栓锚固盆式橡胶支座安装方法

1）将墩台顶清理干净。

2）测量放线。在支座及墩台顶分别画出纵横轴线，在墩台上放出支座控制标高。

3）配制环氧砂浆。

4）安装锚固螺栓。安装前按纵横轴线检查螺栓预留孔位置及尺寸，无误后将螺栓放入预留孔内，调整好标高及垂直度后灌注环氧砂浆。

5）用环氧砂浆将顶面找平。

6）安装支座。在螺栓预埋砂浆固化前进行支座安装；找平层要略高于设计高程，支座就位后，在自重及外力作用下将其调至设计高程；随即检验，误差超标及时予以调整，直至合格。

（2）钢板焊接盆式橡胶支座安装方法

1）预留槽凿毛清理。墩顶预埋钢板宜采用二次浇筑混凝土锚固，墩、台施工时应注意预留槽的预留，预留槽两侧应较预埋钢板宽100，锚固前进行凿毛并用空压机及扫帚将预留槽彻底吹扫干净。

2）测量放线。用全站仪及水准仪放出支座的平面位置及高程控制线。

3）钢板就位，混凝土灌注。钢板位置、高程及平整度调好后，将混凝土接触面适当洒水湿润，进行混凝土灌注，灌注时从一端灌入另一端排气，直至灌满为止。支座与垫板间应密贴，四周不得有大于10。灌注完毕及时对高程及四角高差进行检验，误差超标及时予以调整，直至合格。

4）支座就位、焊接，校核平面位置及高程，合格后将下垫板与预埋钢板焊接，焊接时应对称间断进行，以减小焊接变形影响，适当控制焊接速度，避免钢体过热，并应注意支座的保护。

（3）盆式橡胶支座安装要求

1）盆式支座安装前按设计要求及现行《公路桥梁盆式橡胶支座标准》JT391对成品进行检验，合格后安装。

2）安装前对墩、台轴线、高程等进行检查，合格后进行下步施工。

3）安装单向活动支座时，应使上下导向挡板保持平行。

4）安装活动支座前应对其进行解体清洗，用丙酮或酒精擦洗干净，并在四氟板顶面注满硅脂，重新组装应保持精度。

5）盆式支座安装时上、下各座板纵横向应对中，安装温度与设计要求不符时，活动支座上、下座板错开距离应经过计算确定。

3．质量标准

（1）基本要求

1）各种支座都要有产品合格证明，规格符合设计规定，经检验合格后安装。

2）支座安装后应使上下面全部密贴，不得有个别支点受力或脱空现象。

3）支座黏结材料产品应符合要求，黏结层均匀不空鼓。

4）支座锚固螺栓长度符合设计要求，安装锚固螺栓时，其外露螺母顶面的高度不得大于螺母的厚度。

5）混凝土或砂浆要饱满密实，强度满足设计要求。

（2）实测项目

实测项目见下表。

5-6 支座安装允许偏差表

检查项目	允许偏差（mm）		检验方法
	国标、行标	企标	
支座高程	± 2	± 2	用水准仪测支座，取最大值
支座位置	≤3	≤3	用全站仪测，纵、横各计两点
支座平整度	≤2	≤2	用铁水平检测对角线

（3）外观鉴定

支座外观不得有影响使用的外伤。

多余混凝土或砂浆应清理干净，外露面应拍实压平。

4．安全措施

（1）高处作业时要系好安全带。需设工作平台时，防护栏杆高于作业面不应小于12m，且用密目安全网封闭。

（2）安装大型盆式支座时，墩上两侧应搭设操作平台，墩顶作业人员应待支座吊至墩顶稳定后再扶正就位。

（3）因乙二胺挥发性较强且属有毒物质，操作人员要按要求佩戴口罩、眼罩、手套，并选择通风良好的位置进行环氧砂浆拌制。

5．环保及绿色施工措施

（1）要防止人为敲打、叫嚷、野蛮装卸等产生的噪声，减少噪声扰民现象。

（2）对产生强噪声机械作业的工序，宜安排在白天进行；若安排夜间施工时，应采取隔音措施。

（3）支座处凿毛和清扫时应采取降尘措施，防止粉尘污染周围环境。

第四节　其他支座

一、具有特殊功能的支座

1. 球形支座

球形支座不但具有盆式橡胶支座传力可靠、转动灵活、承载力大、位移量大的特点，而且各向转动性能一致，能适应支座大转角的需要，特别适用于曲线桥、宽桥、斜桥等桥梁。

球形支座的工作原理是：水平位移原理与盆式橡胶支座相同，靠上支座板和平而聚四氟乙烯板之间的滑动实现，但转动位移则与盆式橡胶支座的原理不同，是靠凹型下支座板和球面聚四氟乙烯板之间的滑动实现的。

球形支座通过球面聚四氟乙烯板传力，因而作用到支承混凝土上的反力较均匀，各个方向的转动性能一致。

球形支座通过在上支座板上设置导向槽或导向环来约束支座的单向或多向位移，从而形成固定支座、多向活动支座和单向活动支座等几种类型。

2. 球冠圆板式橡胶支座

球冠圆板式橡胶支座是在圆板式橡胶支座的基础上，经结构改进而成的，其变形原理与板式橡胶支座相同。其主要的构造特点是：在圆板式橡胶支座的顶部增设一个由纯橡胶构成的球冠部分仁高度为 4 ~ 8mm。该支座受力时的状态接近于近于“点支承”。可克服安装后产生的偏压、脱空现象，同时安装工艺得到简化。对于坡桥，不再需要在梁底进行调平，特别适用于 2% ~ 5% 的纵、横坡桥。

球冠支座分球冠圆板式橡胶支座和球冠圆板式四氟乙烯橡胶支座两种。

3. 芯橡胶支座

铅芯橡胶支座是一种抗震支座，它相当于在一般板式橡胶支座的中心放入铅棒，而铅棒能改善橡胶支座的阻尼性能。在结构物的重量和水平力作用下，铅芯产生滞后阻尼的塑性变形，并通过橡胶提供水平恢复力，因此铅芯支座既是隔振系统又提供阻尼，是相对价廉的一种抗震支座形式。

铅芯橡胶支座的隔振原理是；当板式橡胶支座的钢板和橡胶把铅芯紧紧约束住后，支座的变形迫使铅芯产生塑性剪切变形；当地展发生时，地面运动的能量被铅芯的塑性变形吸收，使传递到上部结构的地震力和能量大大减小。金属铅的塑性变形，在环境温度下能够逐渐复原，其力学性能逐渐得到恢复。

4. 拉压支座

在有些桥梁的某些支点上，会出现拉力，这就要求支座不仅能承受压力，还要承受拉力，这类支座称为拉压支座。

板式橡胶支座、盆式橡胶支座和球形支座都可以做成拉压支座，其原理是在支座中心埋设一根拉力螺栓或预应力钢筋，将梁底和支座垫石相连，由拉力螺栓或预应力钢筋承受拉力。

二、目前较少使用的支座

以下介绍的几种支座，在现阶段均较少使用，只在低等级公路、小跨径桥梁中偶见。但这些支座形式，在 20 世纪七八十年代建造的桥梁中却并不罕见，而这些桥梁目前大多还在使用，因而有必要对这些支座做一简单的介绍。

1. 简易垫层支座

所谓“简易垫层支座”，其实就是把上部结构直接支承在几层油毛毡或石棉做的简易垫层上，并无专门的支座结构。如加设套在铁管中的锚钉锚固，可形成所谓的“固定支座”。

使用简易垫层的桥梁结构，其支承处的受力状态与静力图式相差较大。简易垫层的变形性能很差，能适应的位移量很小，只能用于跨径小于 l0m 的简支板（梁）桥。

简易垫层支承处的拿阻力大，墩顶、梁底的支承面易被拉裂。因此，一般要将墩台顶部的前缘削角使顶面前倾，最好要在板（梁）底、墩台顶设 1 ~ 2 层钢筋网。

2. 弧形钢板支座

弧形钢板支座由两块犀约 40 ~ 50mm 的铸钢板制成。上面一块是矩形平板，下面一块是顶而呈圆弧形的板，使梁端能够转动。活动支座可在钢板接触面上移动和转动。固定支座贴用焊接在圆弧形钢垫板两侧的两块齿板，嵌入上块板的齿槽中，在齿板的上端切角，以使它能在凹槽中自由转动。

弧形钢板支座可在跨径 <20m、支反力＞ 60kN 的桥梁上使用，但加工麻烦。

3. 钢筋混凝土摆柱式支座

钢筋混凝土摆柱式支座能适应跨径 ≥）20m 的梁式桥，或跨径大于 13m 的悬臂梁桥的挂孔。它的水平位移量较大，承载力可达到 5000kN 左右。

摆柱放在梁底与支承垫石之间，其上下两端各为一弧形固定支座。柱体内配置竖向钢筋（含筋率约 05%），并配置水平钢筋网，以承受支座竖向受时产生的横向拉力。横向钢筋网用 8 ~ 14mm 的螺纹钢筋组成，网眼尺寸在 8 ~ 12 之间。摆柱的平面尺寸根据柱体混凝土强度计算确定。摆柱总高度取圆弧形钢板半径的 2 倍，以使圆弧的圆心与摆柱的对称中心点重合，这样易于摆动且不会发生倾倒。支承处的梁底及墩台上的支承垫石内须设加强钥筋网，以提高局部受压强度。

第六章　桥梁施工概述

第一节　桥梁施工方法的分类及特点

一、桥梁基础工程的施工方法简介

桥梁的基础工程有许多形式。

1. 扩大基础

所谓扩大基础，是将墩台及上部结构传来的荷载由其直接传递到较浅的支承地基的一种基础形式，一般采用明挖基坑的方法进行施工，故又称为明挖扩大基础或浅基础。其主要特点是：①支承地基的实际情况可由现场较直观地确认，施工质量可靠；②施工时的噪声、振动及对地下污染等建设公害较小；③与其他类型的基础相比，施工所需的操作空间较小；④在多数情况下，比其他类型的基础造价省、工期短；⑤易受冻胀和冲刷的影响，较为不利。

扩大基础施工的顺序是开挖基坑、基底处理（地基承载力足时需进行加固），然后砌筑污工或立模、绑扎钢筋、浇筑混凝土。其中，开挖基坑是施工中的一项主要工作在开挖过程中，必须解决挡土与止水的问题。当土质坚硬时，对基坑的坑壁可不进行支护，仅按一定坡度进行开挖。在采用土、石围堰或土质疏松的情况下，一般应对开挖后的基坑坑壁进行支护加固，以防止坑壁坍塌。支护的方法有挡板支护加固、混凝土及喷射混凝土加固等。

扩大基础施工的难易程度与地下水有关。当地下水位高于基础的设计底面标高时，施工时则须采取止水措施，如打钢板桩或考虑采用集水坑用水泵排水、深井排水、井点法等措施使地下水位降低至开挖面以下，以使开挖工作能在干燥的状态下进行。还可采用化学灌浆法及围幕法（冻结法、硅化法、水泥灌浆法和沥青灌浆法等）进行止水或排水。但扩大基础的各种施工方法都有各自特有的制约和适用条件，选择时应特别注意。

2. 桩基础

桩是深入土层的柱形构件，其作用是将作用于桩顶以上的荷载传递到土体中的较深处，是相当常用的一种基础形式。桩有多种不同的分类法；现主要按成桩方法对其分类，并分述其不同的施工方法、工艺。

（1）沉入桩

沉入桩是将预制桩用锤击或振动的方法沉入地层至设计标高的一种桩。

预制桩包括木桩、混凝土桩和钢桩。一般有如下特点：

1）因在预制场内制造，故桩身质量易于控制，质量可靠。

2）沉入施工工序简单，工效高，能保证质量。

3）易于水上施工。

4）多数情况下，施工噪声和振动较大，污染环境。

5）受运输、起吊设备能力等条件的限制，其单节预制桩的长度不能过长，沉入长桩时要在现场接桩，而桩的接头施工复杂、麻烦，且易出现构造上的弱点；如果不能保证接桩后的垂直度，则将降低桩的承载能力，甚至在沉入时造成断桩。

6）不易穿透较厚的坚硬地层，当坚硬地层下仍存在较弱层，而设计要求必须穿过时，则需辅以其他施工措施，如射水或预钻孔等。

7）定型的预制桩可能超长，此时则需截除其超长部分，而截桩不仅较困难而且不经济。

沉入桩的施工方法主要有锤击沉入、振动沉入、静力压桩、辅助沉桩、沉管灌注以及锤底沉管法等。

（2）灌注桩

灌注桩是在现场采用钻孔机械（或人工）将地层钻挖成预定孔径和深度的孔后，将预制成一定形状的钢筋骨架放入孔内，然后在孔内灌入流动性混凝土而形成桩基。水下混凝土多采用垂直导管法灌注。灌注桩特点是：①与沉入桩的锤击法和振动法相比，施工噪声和振动要小得多；②比预制桩能适应更大的桩径；③受地基土质的影响不大，仅就技术方面而言，能在各种地基上使用；④施工时应特别注意护壁，防止坍孔、流沙。孔底沉淀的处理非常重要，施工质量对桩的承载力影响很大；⑤混凝土在泥水中灌注，质量较难控制。

按成孔机械的不同，通常有旋转锥钻孔、潜水钻机成孔、冲击钻机成孔、正循环回转法成孔、反循环回转法成孔、冲抓钻机成孔、人工挖孔等方法。

（3）关于大直径桩

一般认为，直径 25m（但与现行桥涵施工规范相关的建议为 20m）以上的桩可称为大直径桩。近年来，大直径桩在桥梁基础上得到广泛应用，桩径已达 6m 以上；结构形式也越来越多样化，除实心桩外，还发展了空心桩；施工方法上不仅有钻孔灌注法，还有预制桩壳钻孔埋置法等。根据桩的受力特点，大直径桩多做成变截而的形式。大直径桩与普通桩在施工上的区别主要反映在钻机选型、钻孔泥浆及施工工艺等方面，设计文件对施工质量的要求通常也更加严格。

3. 沉井基础

沉井基础是一种断面和刚度均比桩大得多的筒状结构，施工时在现场重复交替进行构筑和开挖井内土方，使之沉落到预定的地基上。在岸滩或浅水中建造沉井时，可采用“筑岛法”施工；在深水中建造时，则可采用浮运沉井，先将其浮运到预定位置，再进行下沉施工。按材料、形状和用途不同，可将沉并分成很多种类型，但各种沉井基础有如下的共同特点：①沉井基础的适宜下沉深度一般为 10 ~ 40m；②与其他基础形式相比，沉井基础水平方向、竖直方向的支承力均较大，由于刚度大，其变形较小。

沉井基础施工的难点在于沉井的下沉。沉井下沉主要是通过从井孔内除土，以清除刃脚正面阻力及内壁摩阻力，依靠其自重下沉。沉井下沉的方法可分为排水开挖下沉和不排水开挖下沉；但其基本施工方法应为不排水开挖下沉；只有在稳定的土层中，而且渗水量不大时，才采用排水开挖法下沉、另外还有压重、高压射水、炮震（必要时）、降低并内水位减少浮力以增加沉井自重、采用泥浆润滑套或空气幕等一些沉井下沉的辅助施工方法。

4. 管柱基础

管柱基础因其施工的方法和工艺相对较复杂，所需的机械设备也较多，一般的桥梁极少采用这种形式的基础；仅当桥址处的水文地区条件十分复杂，应用通常的基础施工方法不能奏效时，方采用这种基础形式。因此，对于大型的深水或海中基础，特别是深水岩面不平、流速大的地方采用管柱基础是比较适宜的。

管柱基础的施工一般包括管柱预制、围笼拼装浮运和下沉定位、下沉管柱，在管柱底基岩上钻孔，在管柱内安放钢筋笼井灌注水下混凝土等内容。管柱有钢筋混凝土、预应力钢筋混凝土和钢管三种。其下沉与前述的佩入桩类似，大多采用振动法井辅以射水、吸泥等潜施。管柱的下沉必须要有导向装置，浅水时可用导向架，探水时则用整体围笼。

5. 地下连续琦

地下连续墙是用膨润土泥浆进行护壁，在防止开挖壁面坍塌的同时，按设计位置开挖一条狭长的深槽，形成一个单元槽段后，将钢筋骨架放入槽内，井灌注水下混凝土，完成一个单元墙段，各单元墙段之间以特定的接头方式相互连接，形成一条地下连续墙体的一种基础形式。地下连续墙被广泛应用于市政工程，其在桥梁工程中的应用多为临时支档结构。也可以在基础开挖期作为挡土防渗结构，之后单独或与其他结构共同构成主体结构。

地下连续墙的施工方法种类甚多，其挖槽机械按工作原理分为抓斗式、冲击式和回转式三类。我国目前应用最多的是吊素式蚌式抓斗、导杆式蚌式抓斗、回转式多钻头等。

二、桥梁下部结构施工方法简介

1. 墩（台）身

墩（台）身的施工方法根据其结构形式的不同各异。对结构形式较简单、高度不大的中、小桥墩（台）身，通常采取传统的方法：立模（一次或多次）现浇或砌筑施工。

但对于高墩及斜拉桥、悬索桥的索塔，则有较多的可供选择的方法；施工方法的多徉化在很大程度上通过不同的模板结构形式表现出来，随之而来的便是机械设备、施工组织、质量控制系统的多样化。

近年来，滑升模板、爬升模板和翻升模板等在高墩及索塔上应用较多。其共同的特点是：将墩身分成若干节段，从下至上逐段进行施工。

采用滑升模板（简称滑模）施工，对结构物外形尺寸的控制较准确，施工进度均衡、安全，机械化程度较高，但因多采用液压装置实现滑升，故成本较高，所需的机具设备亦较多。爬升模板 < 简称爬模）一般要在模板外侧设置爬架，因此这种模板相对而言需耗用较多的材料，且需设专门用于提升的起吊设备，

高墩的施工，应根据现场的实际情况，进行综合比较后来选择适宜的施工方案。

对于中小桥的石砌墩（台）身而言，其施工工艺虽较简单，但必须严格控制砌石工程的质量。

2. 承台

位于旱地、浅水河中采用土石筑岛施工桩基的桥梁，其承台的施工方法与扩大基础的施工方法相类似，可采取明挖基坑、简易板围堰开挖基坑等方法进行施工。

对深水中的承台，可供选择的施工方法通常有：钢板桩围堰、钢管桩围堰、双壁钢围堰及套箱围堰等。不论何种围堰，其目的都是为了止水，以实现承台在干处施工钢板桩和钢管桩围堰实际上是同一类型的围堰形式，只不过所用材料不同。双壁钢围堰通常是将桩基和承台的施工一并考虑，在桩顶设钻孔平台，桩基施工结束后拆除平台，在堰内进行承台施工。套箱现多采用钢材制作，分有底、无底两种类型，根据受力情况不同又可设计成单壁或双壁。

三、桥梁上部结构施工方法简介

桥梁上部结构的形式是多种多样的，其施工方法的种类也较多，但除一些比较特殊的施工法之外，大致可分为预制安装和现浇两大类。现将常用一些施工方法的特点和适用性分述如下：

1. 预制安装法

预制安装可分为预制梁安装和预制节段式块件拼装两种类型。前者主要指装配式的简支梁（板），如空心板梁，T 形梁，I 形梁及小跨径箱梁等的安装，尔后进行横向联结或施工桥面板而使之成为桥梁整体；后者则将梁体（一般为箱梁）沿桥轴向分段预制成节段节式块件，运到现场进行拼装，其拼装方法一般多采用悬臂法，

连续梁，T 构、刚构和斜拉桥都可应用这种方法进行施工。

（1）自行式吊车吊装法

自行式吊车吊装法多采用汽车吊、履带吊和轮胎等机械，有单吊和双吊之分，此法一般适用于跨径在 30m 以内的简支梁板的安装作业。

（2）跨墩龙门架安装法

在墩台两侧顺桥向设置轨道，其上安置跨墩的龙门吊机，将梁体在吊起状态下运到架设地点而安装在预定位置此法一般可将梁的预制场地安排在桥头引道，以缩短运梁距离其优点是施工作业简单、迅速，容易保证施工安全。但要求架设地点的地形应平坦且良好，梁体应能沿顺桥向搬运，桥墩不能太高。因设备的费用较大，架设安装的孔跨数不能太少。

（3）架桥机安装法

架桥机安装法是预制梁的典型架设安装方法。在孔跨内设置安装导梁，以此作为支承梁来架设梁体，这种作为支承梁的安装梁结构称为架桥机。目前架桥机的种类甚多，有专用的架桥机设备，也有施工者应用常备构件自行拼装而成的。按形式的不同，架桥机又可分为单导梁、双导梁、斜拉式和悬吊式等等。悬臂拼装和逐跨拼装的节段式桥梁也经常采用专用的架桥机设备进行施工。

（4）扒杆吊装法

扒杆吊杆是一种较原始但简单易行的方法，对一些质量轻的小型构件比较适宜，目前已很少采用。

（5）浮吊架设法

浮吊架设法一般适用于河口、海上长大桥梁的架设安装，包括整孔架设和节段式块件的悬臂拼装。

（6）浮运整孔架设法

浮运整孔架设法是将梁体用夏船载运至架设地点后进行架设安装的方法，可采用两种方式一是用两套卷扬机（或液压千斤顶装置）组合提升吊装就位；二是利用下船的吃水落差将整体梁体安装就位。

（7）缆索吊装法

当桥址为深谷、急流等桥下净空不能利用时，在桥台或桥台后方设立钢塔架，塔架上悬挂缆索，以缆索作为承重索进行架设安装的施工方法。缆索吊装较多的应用于拱桥的拼装施工。

（8）提升法

提升法有两种形式：一种是采用卷扬机装置进行提升，较适用于悬臂拼装的桥梁；另一种是采用液压式千斤顶装置进行连续提升，较适用于重型构件的架设安装。

（9）逐孔拼装法

逐孔拼装法一般适用于节段式预应力混凝土连续梁的施工。在施工的孔跨内搭设落地式支架或采用悬吊式支架，将节段预制块件按顺序吊放在支架上，然后在预应力孔道内穿入预应力筋，对梁施加预应力使其成为整体。

2. 现浇法

（1）固定支架法

固定支架法是在桥跨间设置支架，安装模板，绑扎钢筋，现场浇筑混凝土的施工方法，特别适用于旱地上的钢筋混凝土和预应力混凝土中小跨径连续梁桥的施工。支架按其构造的不同可分为满布式、柱式、梁式和梁柱式几种类型，所用材料有门式支架、扣件式支架、碗扣式支架、贝雷衔片、万能杆件及各种型钢组合构件等。在这种施工法中，支架虽为临时结构，但施工中需承受梁体的大部分恒重，因此必须有足够的强度和刚度，同时支架的地基要可靠，必要时需对地基进行加固处理。固定支架法施工的特点是：梁的整体性好，施工平稳、可靠，不需大型起吊设备；施工中无体系转换的问题；但需要大量施工支架，并需要有较大的施工场地。

（2）逐孔现浇法

1）在支架上逐孔现浇施工。这是一种与固定支架法相类似的施工方法，其区别在于逐孔现浇施工仅在梁的一孔（或二孔）间设置支架，完成后将支架整体转移到下一孔时行连续施工，因此这种方法可仅用一孔（或二孔）的支架和模板周转使用，所花施工费用较少。这种施工方法适用于中小跨径及结构构造比较简单的预应力混凝土桥梁。

2）移动模架逐孔现浇施工这种方法是使用不着地移动式的支架和装配式的模板进行连续地逐孔现浇施工。此法对于多跨长桥如高架桥、海湾桥，使用十分方便；施工快速、安全可靠、机械化程度高、节省劳力、减轻劳动强度，少占施工场地，不会受桥下各种条件的影响，能周期循环施工，同时也适用于弯、坡、斜桥。但因其模架设备的投资较大，拼装与拆除都较复杂，所以此法一般适用于跨径 20 ~ 50m 的预应力混凝土连续梁桥施工，且桥长至少应在 500m 以上。

3）劲性骨架法

以钢骨架作为拱圈的劲性拱架，采用现浇混凝土包裹骨架，最后形成钢筋混凝土拱桥。

四、桥梁施工方法的选择原则

对施工方法进行分类只是为了描述其特点，在实际施工中不太可能仅采用分类中某一种施工方法，多数情况下是将几种方法加以综合应用的，另外，桥梁的施工方法很多，即使在同一种方法中也有不同的情况，所需的机具、劳力、施工的步骤和施工期限也不一样。因此，在确定桥梁施工方法时，应根据桥梁的设计要求，施工的现场、环境、设备和经验等各种因素综合分析考虑，以合理选择最佳的施工方法。

选择桥梁施工方法时应考虑的主要因素有以下几点：①桥梁的结构形式和规模；②桥位处的地形、自然环境和社会环境；③施工机械和施工管理的制约；④以往的施工经验；⑤安全性和经济性等。

第二节　施工准备与施工组织设计

一、施工准备

施工准备工作的基本任务是为了桥涵工程的施工建立必要的技术和物质条件，统筹安排施工力量和施工现场，是施工得以顺利进行的重要保证。施工准备通常包括技术准备、劳动组织准备、物质准备和施工现场准备等工作。

1. 技术准备

技术准备是施工准备的核心。技术准备主要包括；①熟悉设计文件、研究施工图纸及现场核对；②原始资料的进一步调查分析，包括自然条件的调查分析、技术经济条件的调查分析；③施工前的设计技术交底，④制定施工方案，进行施工设计；⑤编制施工组织设计；③编制施工预算等。

2. 劳动组织准备和物资准备

（1）劳动组织准备

劳动组织准备主要包括：①建立组织机构；②合理设置施工班组，③集结施工力量，组织劳动力进场；④施工组织设计、施工计划和施工技术交底；⑤建立健

全各项管理制度等。

（2）物资准备工作

物资准备工作主要包括：①材料准备；②施工设备的准备；③其他各种小型工具、小型配件准备等。

3. 施工现场准备

施工现场的准备工作，主要是为工程的施工创造有利的施工条件和物资保证。主要内容有：①施工控制网测量；②补充钻探；③搞好“四通一平”；④建造临时设施；⑤安装调试施工机具；⑥材料的试验和储存堆放；⑦新技术项目的试验；⑧冬、雨季施工安排；⑨消防、保安措施；⑩建立健全施工现场各项管理制度等。

二、桥梁施工组织设计

桥梁施工组织设计是桥涵施工准备工作的核心内容，是指导桥梁施工的基本技术经济文件，也是对施工实行科学管理的重要手段。

施工组织设计是以工程项目、单项工程或单位工程为对象编制的。编制时，要将整个工程项目分解为各单项工程，将各单项工程分解为单位工程，将单位工程分解为各分部工程，将分部工程分解为各分项工程并进一步分解为各道工序施工组织设计，就是把这许许多多道工序用一定的技术作业链（工艺关系和组织关系）连接起来，合理确定各技术作业链之间的关系，即确定各道工序在什么时间、按什么顺序、使用什么材料、安排什么人员、选择什么施工方法和机具设备来完成。最终使整个工程项目以最低的消耗、最短的工期、最优的质量得以实现，达到最佳的技术经济效果。这种计划组织、运筹帷幄的全过程就称为施工组织设计。

编制施工组织设计的目的，就是在保证工程质量的前提下，尽可能地缩短工程工期、降低工程成本、尽早发挥工程项目的经济效益。

（1）施工组织设计的编制原则

编制的施工组织设计，要能正确指导施工。首先必须体现施工过程的规律性；其次还要体理组织管理的科学性、技术的先进性。具体而言，要掌握以下原则：

①充分利用时间和空间的原则；②人尽其力、物尽其用的原则；③工艺与设备配套的优选原则；④最佳技术经济决策原则；⑤专业化分工与紧密协作相结合的原则；⑥供应与消耗的协调原则。

（2）施工组织设计的任务

施工组织设计的任务就是根据工程项目对工期、质量及合同投资的要求，以及为实现上述要求而在施工准备阶段就对工程项目的全部施工过程预先进行的纲领性谋划与组织。其具体内容如下：①确定开工前必须完成的各项准备工作；②选择经济合理的施工方案，包括施工顺序、施工方法和施工机械、尽可能的流水施工作业、合理安排施工力量（劳力、机械、技术管理人员、技工等）；③编制切实可行、逻辑关系严密的工程进度计划，确定施工速度；④编制资源（包括劳力、材料、机具设备、资金等）需要量计划；⑤制订采购、运输计划，以便及时供应物资，确保施工现场的物资消耗；⑥合理布置施工原理场总平面图，充分利用空间；⑦切实安排好冬、雨季施工项目，保证全年不间断施工；⑧提出切实可行、技术先进、经济合理的施工技术措施、组织措施、安全措施和质量保证措施；⑨合理组织包括基本生产、附属生产及辅助生产在内的全部施工活动等。

（3）施工组织设计的编制依据

施工组织设计是根据不同的施工对象、现场条件、施工条件等主客观因素，在充分调查分析的基础上编制的。不同类型桥梁的施工组织设计，其编制依据可能有所不同。但在以下几方面是相同的：①国家的有关规定、规程和规范；②上级的有关指示；③计划和设计文件，包括已批准的计划任务书、初步设计、技术设计和施工图设计；④自然条件资料，包括地形资料、工程地质资料、水文地质资料、气象资料等；⑤建设地区的技术经济资料，包括地方工业、交通运输、资源、供水、供电、当地施工企业情况等；⑥施工单位可能配备给该项目的人力、机械设备，当地施工企业的施工力量、技术状况和施工经验等，⑦有关的合同规定。

（4）施工组织设计的分类

编制施工组织设计要结合工程项目的实施阶段和工程项目本身的规模、特点分别进行。通常有以下几种类型。

1）按工程项目的规模、特点划分。一般可分为：

①施工组织总设计。它是一个项目轮廓性、粗线条的施工计划安排，可作为各单位工程施工组织设计及年度施工计划编制的依据。

②单位工程施工组织设计可作为编制分部、分项工程施工方案及季度、月度计划的依据。

③分部、分项工程施工方案或技术措施。对于某些特别重要、复杂、技术难度大而又缺乏施工经验的分部、分项工程不可能在施工方案中提得很具体、详尽，而这部分工程的施工带有一定程度的科研性或试验性。因此，把这样的分部、分项工程单列出来，通过研究或试验之后再做出它的施工方案或制订出具体施工措施。

④有时对于冬、雨季施工的工程项目，为了保证工程质、施工安全，提高劳动生产率和机械效率，也编制专门的、详细的施工方案或技术措施。

2）按工程项目实施阶段划分。一般可分为：

①规划性施工组织设计。这是设计单位在设计阶段编制的施工组织设计，也称初步施工组织设计。初步施工组织设计只能制订桥梁施工的轮廓计划，初步拟定施工方法、施工程序及施工时间安排，它是把桥梁设计计算付诸实施的战略性政策。

②指导性施工组织设计。指导性施工组织设计是施工单位在深入了解和研究了设计文件，以及调查复核了现场情况之后着手编制的；它比规划性施工组织设计更详细、具体、完善，更具有全面指导施工全过程的作用。桥梁施工前编制的指导性施工组织设计，是组织桥梁施工的总计划。

③实施性施工组织设计。施工过程中基层施工单位根据各分部工程（如基础工程、墩台工程、上部构造预制、安装工程）的具体情况，及分工负责施工的队或班组的人力、机具等配备情况，编制分部工程的施工方案或技术措施，称为实施性施工组织设计。实施性施工组织设计是以指导性施工组织设计为依据，把指导性施工组织设计按年度、季度、月或将单位工程施工组织设计按各分部、分项工程分割后编制的。

实施性施工组织设计的任务是：①编制出以工作日为时间单位的施工进度计划；②根据施工进度计划，具体计算出劳力、机具、材料等日程需要量，并规定班组及机械在作业过程中的移动路线及日程；③在施工方法上，要结合具体情况考虑到工程细目的具体施工细节；必须具体到能按所定施工方法确定工序、劳动组织及机具配备；④工序的划分、劳力的组织及机具的配备，既要适应施工方法的需要，又要最有效地发挥班组的工作效率，便于实行分项承包和结算，还要切实保证工程质量和施工安全。

由于影响计划执行的因素很多，因此在编制计划时，应留有充分的余地。实施性施工组织设计，必须具体、详细，但也不可过于复杂、烦琐。难以执行的计划也就失去指导意义。

第三节　支架、拱架、模板

支架、模板是公路桥涵就地浇筑和工地、工厂预制构件的水泥馄凝土、钢筋混凝土、预应力混凝土和砖石烤工施工的基本设备。它们的主要作用是支撑和定型。

一、支架

1. 满布式木支架

满布式支架主要适用于桥位处水位不深的桥梁。其形式可根据所需支架跨径的大小等条件，采用排架式、人字撑式或八字式。

2. 钢木混合支架

为加大支架跨径、减少排架数量，支架的纵梁可以采用工字钢，其跨径可达 10m。但在这种情况下，支架多采用木框架结构，以加强支架的承载力及稳定性。

3. 万能杆件拼装支架

万能杆可拼装成各种跨度和高度的支架，其跨度必须与杆件本身长度成倍数。

用万能杆件拼装的衔架的高度，可为 2m，4m，6m 或 6m 以上。当高度为 2 时，腹杆拼为三角形；高度为 4m 时，腹杆拼为菱形；高度超过 fim 时，则拼成多斜杆的形式。

用万能杆件拼装墩架时，柱与柱之间的距离应与析架之间的距离相同，柱高除柱头及柱脚外应为 2m 的倍数。用万能杆件拼装的支架，在重荷载作用下的变形较大，因此应考虑预加压重，预压的重量相当于灌筑的混凝土的重量。

4. 装配式公路钢桥析节拼装支架

用装配式公路钢桥枪节，可拼装成析架梁和塔架。为加大析架梁孔径和利用墩台作支承，也可做成八字斜撑以支撑析架梁。析架梁与析架梁之间，应用抗风拉杆和木斜撑等进行横向联系，以保证析架梁的稳定。

5. 轻型钢支架

桥下地面平坦，有一定承载力的梁桥，为节省木料，宜采用轻型钢支架。轻型钢支架的梁和柱，以工字钢、槽钢或钢管为主要材料，斜撑、联结系等可采用角钢。构件应制成统一规格和标准；排架应预先拼成片和组，并以混凝土、钢筋混凝土枕木或木板作支承基底。为了防止冲刷，支承基底须埋入地面以下适当深度。为适应桥下高度，排架下应垫以一定厚度的枕木或木楔等。

6. 墩台自承式支架

在墩台上留下承台或预埋件，上面安装横梁及架设适宜长度的工字钢或槽钢，即构成模板的支架。这种支架适用于跨径不大的梁桥，但支立时须考虑梁的预拱度、支架梁的伸缩缝以及支架和模板的卸落等所需条件。

7. 模板车式支架

模板车式支架适用于跨径不大，桥墩为立柱式的多跨梁桥的施工，在墩柱施工完毕后即可立即铺设轨道，拖进桥孔间，进行模板的安装，这种方法可简化安装工序和节省安装时间。

当上部构造混凝土浇筑完毕，强度达到要求后，模板车即可整体间前移动。但是移动时，必须将斜撑取下，将播入式钢梁节段推入中间钢梁节段内，并将千斤顶放松。

二、模板

因为混凝土是在浓稠的塑性状态下浇筑，所以棋板结构的坚固性、形状的正确程度、拼装的严密与否，都影响混凝土构件的质量，而模板构造的优劣、装拆的难易以及周转次数又影响工程进度和造价。

1. 模板的种类

模板的种类按使用的材料不同可分下列几种：

（1）木模

在桥梁建筑中最常用的模板是木模。它的优点是制作容易，但木材耗量大，成本高。木模一般由模板、肋木（成横舫）、立柱（或直舫）组成。

模板厚度通常为 3 ~ 5cm，板宽为 15 ~ 20cm，不得过宽，以免翘曲。肋木（或横舫）、立柱（或直舫）的尺寸应根据计算确定。

（2）钢模

钢模单价虽高，但其周转次数多，长期使用则实际成本低；且结实耐用，接缝严密能经受强力振捣，浇筑的构件表面光滑，所以目前钢模的采用日益增多（大型项目、大型构件多用钢模），木模中的模板、肋木、立柱，在钢模中分别由钢板、角钢代替；钢板厚度一般为 4mm，角钢尺寸应根据计算确定。

（3）钢木组合模板

钢木组合模板用角钢作支架，木模板用平头开槽螺栓连接于角钢上，表面钉以铁皮。这种模板节约木料，成本较低，同时具有较大的刚度和稳定性。

（4）土模

土模的优点是节约木料和铁件；缺点是用工较多，制作要求严格，预埋构件较困难，雨季施工困难。土模按其位置高低可分为下列三种：

1）地下式土模。在已平整的地坪上就地放样，挖槽成型，构件大部分埋入地坪下，外露 5cm 左右。

2）半地下式土模。构件一半埋入地坪下，所挖出的土作为两边侧模。

3）地上式土模。构件全部外露在地坪上，侧模由填土夯筑而成。

2. 模板工程的一般规定

1）具有必需的强度、刚度和稳定性，能可靠地承受施工过程中可能禽生的各项荷载、保证结构物各部形状、尺寸准确。

2）尽可能采用组合钢模板或大模板，以节约木材，提高模板的适应性和周转率。

3）模板面要求平整，接缝严密不漏浆。

4）装拆容易，施工操作方便，保证安全。

5）模板、支架和拱架中使用的钢材、木材应符合相应的国家、行业标准（规范）：一般钢材应符合 3 号钢标准，木材不宜低于Ⅱ等钢材。

3. 模板制作、安装注意要点

（1）模板的制作

钢模板宜采用标准化、系列化和通用化的组合模板。组合钢模板的设计和施工应符合技术规范的规定。经加工制成的钢模板及其配件必须在检验合格后方准使用。

木模板可在工厂或施工现场制作，模板与混凝土接触的表面要求平整、光滑，多次使用的木模板应在内侧（接触混凝土表面的一侧）加钉薄铁皮，以利重复使用。木模板的接缝可为平缝、搭接缝或企口缝；当采用平缝时，应注意防止漏浆，常于接缝处加钉绒布或薄铁皮嵌条；木模的转角处，为便于拼装可做成斜角。

（2）脱模剂

为便于脱模，在浇筑混凝土之前，应于模板内侧涂刷脱模剂。脱模剂可以是肥皂水、石灰乳浆或新鲜机油（不得使用废机油）。外露面的混凝土模板的脱模剂应采用同一品种，不得使用易粘在混凝土上或易变色的油料。

（3）模板与铭筋安装的配合

模板安装要与钢筋安应协调进行。妨碍绑扎钢筋的部分模板应待安装完毕后补全。

（4）模板与脚手架的关系

模板与脚手架除为整体设计外，两者之间不应相互联系，以免在脚手架上运送材料和工人操作时引起棋板变形。

（5）模板的安装

侧模板的安装，应考虑防止模板移位和突出。基础模板可在模板外侧设置支撑固定，墩、台、梁的侧模可设拉杆固定。浇筑在混凝土中的拉杆，应按拉杆拔出或不拔出的要求采用相应的措施（如需拔出时，可在混凝土浇筑后不久转动拉杆或在拉杆外加设套管，待拆模时抽出拉杆等）。对小型结构物，可使用金属线代替拉杆（不予抽出）。

（6）预埋件、预留孔

预埋件或预留孔须准确固定。固定于模板上的预埋件或预留孔尺寸、位置必须准确并安装牢靠，防上浇筑混凝土过程中的走动移位。

（7）预拱度的设置

当结构自重和汽车荷载（不计冲击力）产生的向下挠度超过跨径的 1/1600 时，

钢筋混凝土梁、板的底模板应设置预拱度，预拱度值应等于结构自重和1/2汽车荷载(不计冲击加所产生的挠度。纵向预拱度可做成抛物线或圆曲线）。

（8）模板的检查

模板安装完毕后，必须经俭验合格后，方可浇筑混凝土。检验主要内容包括平面位置、顶部标高、节点联系及纵横向稳定性检查。浇筑时，发现模板有超过容许偏差变形值的可能时，必须及时予以纠正。

（9）用充气胶囊作空心构件内模时的有关要求

1）胶囊在使用前应经检查，不得漏气；使用中应有专人检查钢丝头钢丝头应。

弯向内侧；每次使用后，应将其表面的水泥浆清洗干净，妥善保存，防止日晒，并不得接触油、酸、碱等有害物质。

2）从开始浇筑混凝土到胶囊放气时止，其充气压力应保持稳定。

3）浇筑混凝土时，为防止胶囊上浮或偏位，应用定位箍筋与外模联系加以固定，并保持对称平衡地进行浇筑。

4）胶囊的放气时间应经试验确定，以混凝土强度达到能保持构件不变形为宜。

三、拱架的类型及特点

设计与安装洪架，应结合桥型与实际施工条件进行多方面的技术经济比较；主要原则为稳定可靠、结构简单、受力明确、装卸方便和能重复使用。拱架的形式如下：

（1）木拱架

1）木拱架的形式。木拱架多用于可设中间支点的桥孔；一般有排架式、撑架势、扇形式及木拱架势等。

2）结构与特点。排架式拱架的排架间距小，结构简单且稳定性好，斜撑式木拱架的支点间距较大、结构较复杂。木拱架的杆件连接，要求紧密可靠，可用铁夹板、硬木夹板和螺栓拉杆等铁件连接。

（2）工字钢拱架

工字钢活用拱架构造简单，拼装方便，可重复使用，是比较常用的钢拱架。拱架由工字钢（分成几种不同长度）、楔形插节、拱顶铰及拱脚铰等基本构件组成；能适用于不同曲率和距离的拱。拱架片数可根据拱圈宽度和重量来确定二拱片间可用角钢连接。

（3）翎析架拱架

1）拼装式。此类拱架由标准节、拱顶节、拱脚节及连接杆等以钢销连接组成。

纵横向连接系将两拱架连接组成一组，即可作为浇筑或吊装一片拱肋的支架。调整拱的曲度和跨度由变换连接杆长度来确定。

2）装配式公路钢桥节拼装拱架。装配式公路钢桥析节上弦接头处加上一个不同长度的钢铰接头，就可拼成用于多种由度和跨度的拱架。拱架两端应另外加设拱脚节及支座，以构成双铰拱架。

3）万能杆件拱架。万能杆件经补充一部分带钢铰的连接短杆后，可拼装拱架。拼装时，先拼成析节，再用长度不同的连接短杆连成折弧形。

4）装配式公路钢桥或万能杆件组成析架与木拱盔组合拱架。此种拱架系由梅架及其上面的帽木、立柱、斜撑、横梁及弧形木等组成，较适用双曲拱。其挠度可通过试验或进行预压实测。

四、拱架的安装

1. 拱架安装前的准备

1）支架基础必须稳固，承重后应能保持均匀沉落且沉落值不得超过预计范围。

基础为石质时，应挖去表土，将柱根处岩面凿低、凿平。基础为土质时，如在施工期间不会被水冲刷，可采用枕木、石块铺砌等基础加固措施；如施工期可能为流水冲刷的或为松软上时，必须采用桩基或框架结构或其他加固措施。

基础承重后的预计下沉值可按荷载试验确定，但应不大于计算建筑拱度时可采用的基础下沉值。

2）水、电、交通与场地必须很好地满足拱架施工要求。

3）有洪水的河道要密切注意导流设施，特别是多孔拱桥更为重要。

4）对被安装的构件质量与测量的检查：

①安装前，应对全部杆件详细检查。对于木制构件看是否有节疤、住孔等，有问题者应更换、钢制构件要看是否有腐蚀、锈污、有无严重扭曲，缺焊、漏焊或少焊处；更不允许由于焊接程序不对而产生的内应力引起的破坏。

②对拱架立柱与拱架支承而要详细检验，准备调整拱架支承而与顶部高程，

并复测跨径，无误后方可安装。制作木拱架、木支架时，长杆件接头应尽量减少，两相邻立柱的连接不应在同一水平。

2. 安装特点

拱架必须按设计要求进行严格设计、计算，留好预拱度，放好拱架曲线。在放好的拱架大样及拱脚铰位，可以定出墩台缺口、模板、弧形木及横梁的位置和尺寸。但拼接板的底面与拱圈内弧线间一般须留出 30 ~ 50cm 的间隙。以放置弧形木及模板等构件。

拱架可就地拼装，或根据起吊设备能力预拼成组件后再进行安装。拱架拼装过程中必须注意各节点、各杆件的受力平衡，并做好卸架设备，以使拱架装拆自如。

拱架安装后应进行预玉以消除非弹性变形，使设计预拱度正确，保证拱桥完成后符合设计拱曲线。

3. 安装注意事项

1）各片拱架在同一节点处的标高应尽量一致，以便于拼装和连接杆件。

2）拱架和支架应稳定、坚固，能抵抗施工中可能发生的偶然冲撞和振动。支撑地基应结实。在特殊地区施工，要先对支撑处附近地基进行适当处理。

3）对设计好的拱架制作、安装均要严格操作，安装时有专人检查。

4）安装中应有较高的架设技术和一定的吊装设备，安装中逐步加固拱架和支架纵横向联系，保证支架安全坚固可靠。

5）有大风地区，应设风缆增加稳定性。

6）安装中单片拱架的稳定极为重要，要做好稳定工作，并注意对称安装。合拢时，拱顶拆拱设备安装受力均匀、结构可靠。

7）拱片安装成片后经检验，轴线要正确、顺直、连接可靠。拱片稳定设备连接可靠后方能进行第二片安装。

8）高空作业，注意遵守高空作业施工的一切安全操作规程（包括电器安全）。

五、施工预留拱度

1. 确定预留拱度应考虑的因素

为保证结构竣工后尺寸正确，在确定施工预拱度值时，应考虑下列因素；

1）拱架和支架承受施工荷载引起的弹性变形。

2）超静定结构由于混凝土收缩、徐变及温度变化而引起的挠度。

3）承受推力的桥台，由于墩台的水平位移所引起的拱圈挠度。

4）由结构重力引起的梁或拱圈的弹性挠度，以及 1/2 的汽车荷载（不计冲击力）引起梁或拱圈的弹性挠度。

5）受载后由于杆件接头的挤压和卸落设备压缩而产生的非弹性变形。

6）支架基础在受载后的非弹性变形（沉陷）。

六、拆除与拱架的有关要求

（1）不承重侧模的拆除

应在混凝土强度能保证其表面及棱角不因拆除模板面受损坏时拆除。一般当混凝土抗压强度达到 25MPa 时可拆除侧模。

（2）承重模板、拱架、支架的拆除

钢筋混凝土结构的承重模板、拱架和支架。应在混凝土强度能承受其自重力及其他可能的叠加荷载时，方可拆除。一般跨径等于及小于 3m 的板、拱达到设计强度的 50% 时，方可拆除；跨径大于 3m 的板、梁、拱达到设计强度的 70% 时，方可拆除。如设计上对拆除承重模板、拱架、支架另有规定，应按照设计规定执行。

（3）墩台模板的拆除

桥墩、台模板宜在其上部结构施工前拆除。拆除模板、卸落拱架和支架时，不允许用猛力敲打和强扭等粗暴的方法进行。

（4）拱架的卸落时机

1）浆砌砖、石拱桥须待砂浆强度达到设计要求，如设计无要求则必须达到砂浆强度的 70%；

2）跨径小于 l0m 的小拱桥，宜在拱上建筑全部完成后卸架，中等跨径实腹式拱，宜在护拱砌完后卸架；大跨径空腹式拱，宜在拱上小拱横墙砌好（未砌小拱圈）时卸架。

（5）卸落拱架、支架的程序与要求

应按设计所规定的要求进行。如无设计规定时，应详细拟定卸落程序，分几个循环卸完。卸落量开始宜小，以后逐渐增大；在纵向应对称均衡卸落。在拟订卸落程序时应注意以下几点：

1）为使拱体逐渐均匀地降落和受力，拱架各点卸落量应分若干次、若干个循环徐徐地逐步地完成；各次循环均应有足够的间歇时间。

2）在卸落前应在卸架设备上画好每次卸落量的标记。

3）满布式拱架卸落时，一般可从拱顶向拱脚依次循环卸落；拱式拱架可在两支座处同时卸落。

4)多孔拱桥卸架时,若桥墩容许承受单孔施工荷载,可单孔卸落。否则应多孔同时卸落,或各连续孔分阶段卸落。

5）卸落拱架时，应设专人用仪器观测拱圈挠度和墩台变化情况，并详细记录。

6)简支梁、连续梁宜从跨中向两支座依次循环卸落;悬臂梁应先卸挂梁及悬臂的支架,再卸无铰跨内的支架。

7）当需要实行裸拱卸架时，应对裸拱进行截面强度及稳定性验算，并采取必要的稳定措施。

（6）其他注意事项

模板、拱架和支架拆除后，应将表面灰浆、污垢清除干净；并应维修整理，分类妥善存放，防止变形开裂。

第四节 混凝土与钢筋

一、混凝土工程

1. 混凝土的配合比

（1）混凝土施工配合比的确定

一般工地存放的砂、石料都含有一定水分；而在交付使用的理论配合比中，砂、石料均按干料计算。因此，应按照工地砂石实测含水量对理论配合比进行修正，理论配合比调整后变为施工用配合比。在施工时，每立方米混凝土的水、砂、石的实际称量应计入（增或减）骨料的含水量。施工配合比确定后，还应计算出每拌和一次的用料量。施工现场通常是以一袋（或多袋，每袋 5Dkg）的水泥为基数，按确定的施工配比进行配料拌和。

（2）材料称量

配料时要求称量准确，否则将影响混凝土质量。我国施工规范规定混凝土原材料的称量误差：水泥、混合材料、水外加剂不得超过 ±3%。

2. 混凝土拌和

混凝土通常用机械拌和。人工拌和只许用于混凝土工程少量的塑性混凝土。

（1）人工拌和

人工拌和混凝土应在铁板或其他不渗水的拌和板上进行，并应保证拌和均匀。

（2）机械拌和

采用机械拌和的优点是混凝土质地均匀、强度高、速度快。预制场及较大工地的混凝土拌和，一般都采用固定式的拌和台。拌和台的高度与混凝土的运输方法有关，以搅拌机出料槽略高于混凝土运输工具为准则，装料平台的高度可与搅拌机的料斗同高或略低，以便倒料。

近年来，大型的工程项目多采用集中拌和的方式（配以混凝土搅拌运输车等运输设备），其“拌和楼”的自动化程度更高：在输入配合比等基本数据后，称量、配料（含外加剂添加）、拌和、出料均为自动完成；控制台系统能进行材料补给提示，还可提供实际的投料、出料记录等一系列翔实的资料（这些数据被程序锁定、如非多方配合则无法篡改），对质量控制相当便利。以下仅介绍普通搅拌机拌和的一般情况。

1）投料顺序。在确定混凝土各种原材料的投料顺序时，应考虑到如何才能保证混凝土的搅拌质量，减少机械磨损和水泥飞扬，减少混凝土的粘罐现象，降低能耗和提高劳动生产率等。目前采用的装料顺序有一次投料法、二次投料法等。

①一次投料法。这是目前广泛使用的一种方法，也就是将砂、石、水泥依次放入料斗后再和水一起进入搅拌筒进行搅拌。这种方法工艺简单、操作方便。当采用自落式搅拌机时常用的加料顺序是先倒石子，再加水泥，最后加砂。这种加料顺序的优点就是水泥位于砂石之间，进入鼓筒时可减少水泥飞扬，同时砂和水泥先进入鼓筒形成砂浆可缩短包裹石子的时间，也避免了水向石子表面聚集产生的不良影响，可提高搅拌质量。

②二次投料法：二次投料法又可分为预拌水泥砂浆法和预拌水泥净浆法。预拌水泥砂浆法是先将水泥、砂和水投入鼓筒搅拌 1 ~ 15min 后加入石子再搅拌 1 ~ 15min 预拌水泥净浆法是指先将水和水泥投入鼓筒搅拌 1/2 的规定时间，再加入砂石搅拌到规定时间。实验表明，由于预拌水泥砂浆或净浆对水泥有一种活作用，因而搅拌质量明显高于一次投料法。若水泥用量不变，混凝土强度可提高 15% 左右，或在混凝土强度相同的情况下，可减少水泥用量约 15% ~ 20%。

2）搅拌时间。搅拌时间指的是从全部原材料投入鼓筒时起，到开始卸料时为止的时间。我国规范规定不同情况下搅拌混凝土的最短时间如表 6-1 所示。

表 6–1 混凝土搅拌的最短时间

坍落度 /mm	搅拌机机型	搅拌机出料 /L		
		< 250	250 ~ 500	> 500
≤30	强制式	60	90	120
	自落式	90	120	150
>30	强制式	60	60	90
	自落式	90	90	120

注：1 当渗有外加剂时，搅拌时间应适当延长；2 当采用其他形式的投拌设备时，最短搅拌时间应按设备说明书规定或试验确定。

在整个施工过程中，应注意拌和速度与混凝土浇捣速度的密切配合，随时检查混凝土的坍落度，并严格控制水灰比。

3. 混凝土的运输

混凝土搅拌完毕需运输到施工现场进行浇筑，混凝土在运输过程中应保持匀质性，不分层、不离折、不漏浆，运到浇筑地点后应具有规定的坍落度，并保证有充足的时间进行浇筑振捣。若混凝土到达浇筑地点时已出现离析现象，则必须在浇筑前进行二次搅拌，待拌和为匀质的混凝土后方可入模浇筑。

（1）运输工具

运输混凝土的工具很多，根据工程情况和设备配置选用。常用于桥梁工程的有以下几种：

1）手推车。主要用于短距离水平运输，具有轻巧、方便的特点，其容量为 0.07 ~ 0.1m^3。

2）机动翻斗车。具有轻便灵活、速度快、效率高、能自动卸料、操作简便等特点，容量为 0.4m^3。一般与出料容积为 400L 的搅拌机配套使用，使用于短距离混凝土的运输或砂石等散材料的倒运。

3）混凝土搅拌运输车。是一种用于长距离混凝土的施工机械，它是将运输混凝土的搅拌筒安装在汽车底盘上，把在预拌混凝土搅拌站生产的混凝土成品装入拌筒内，然后运至施工现场，在整个运输过程中，混凝土搅拌筒始终在做慢速转动，从而使混凝土在经过长途运输后，仍不会出现离析现象，以保证混凝土的质量。

当运输距离很长，采用上述运输工具难以保证运输质量时，可采用装载干料运输、拌和用水另外存放的方法，当快到浇筑地点时加水搅拌，待到达浇筑地点时混凝土也拌和完毕，便可进行浇筑。

4）混凝土输送泵：泵送混凝土是目前大型项目上较常用的一种输送方式。其工作原理就是利用泵体的挤压力将混凝土挤进管路系统并到达浇筑地点，同时完成水平运输和垂直运输。混凝土泵既能连续浇筑混凝土、中间不停顿、施工速度快、生产效率高，使工人劳动强度明显降低，还可提高混凝土的强度和密实度，对施工质量控制也比较方便。采用泵送混凝土时，应注意如下事项：

①泵送混凝土前，应先开机用水湿润管道，然后泵送水泥砂浆，使管道处于充分湿润状态后，再正式泵送混凝土。

②混凝土的供应能力应保证混凝土泵连续工作，尽量避免中途停歇。若混凝土供应能力不足时，宜减慢泵送速度。如果中途停歇时间超过 45min 或混凝土出现离析时，应立即用压力水冲洗管道，避免混凝土凝固在管道内。

③料斗内剩余混凝土高度应＜ 200mm，否则混凝土泵易吸入空气，导致堵管。

④高温条件施工时需在水平输送管上覆盖两层湿草袋，以防止阳光直照，并每隔一定

时间洒水湿润，以避免管道中的混凝土吸收大量热量而失水、导致管道堵塞。

⑤输送管线宜直，转弯宜缓（＜45°），接头应严密，如管道向下倾斜，应防止混入空气而阻塞。

（2）运输过程中的质量控制

混凝土应以最少的转运次数和最短的时间，从搅拌地点运至浇筑现场。混凝土从搅拌机中卸出到浇筑完毕的延续时间不宜超过如表 6-2 所示的规定。

表 6-2 混凝土从搅拌机中却出到浇筑完毕的延续时间（单位：min）

混凝土强度等级	气温	
	≤ 25℃	＞25℃
≤C30	120	90
＞C30	90	60

注：1 对接有外加剂或采用快硬水泥拌制的混凝土，其延续时间应按试验确定

2 对轻骨料混凝土，其延续时间应适当缩短。

混凝土自高处倾落的自由高度不应超过 2m。否则，应使用串筒、溜槽或振动溜管等工具协助下落，并应保证混凝土出口的下落方向垂直。串筒的向下垂直输送距离可达 8m。

在运输过程中混凝土坍落度往往会有不同程度的减少，减小的原因主要是运输工具失水漏浆、骨料吸水、夏季高温天气等。故为保证混凝土运至施工现场后能顺利浇筑，运输工具应严密不漏浆，运输前用水湿润容器，夏季应采取措施防止水分大量蒸发。

4. 混凝土的浇筑

混凝土的浇筑对于混凝土的密实性、结构的整体性和构件的尺寸准确性都起着决定性的作用，故在混凝土浇筑工程中，需采取一系列技术措施来保证混凝土工程的质量。

（1）混凝土浇筑的一般规定

1）浇筑前准备工作。混凝土浇筑前应检查模板的标高、尺寸、位置、强度、刚度等内容是否满足要求，模板接缝是否严密；钢筋及预埋件的数量、型号、规格、摆放位置、保护层厚度等是否满足要求，并做好隐蔽工程检验；模板中的垃圾应清理干净，木模板应浇水湿润。

2）浇筑层厚度。混凝土施工时必须分层浇筑才能保证振捣方法、配筋状况、结构部位、混凝土性质等因素有关。

3）时间控制。混凝土的浇筑工作需连载进行，如必须停歇时，其间歇时间应尽量缩短，并应在前层混凝土初凝前完成次层混凝土的浇筑。混凝土运输、浇筑的间歇的全部时间不得超过表 6-3 的规定。

表 6-3 混凝土运输、浇筑和间歇的允许时间（单位：min）

混凝土强度等级	气温	
	≤ 25℃	> 25℃
≤C30	210	180
>C30	180	150

4）工作缝的处理。当间歇时间超过表 6-3 的数值时，应按工作缝处理，其方法如下：

①须待下层混凝土强度达到 1200kPa（钢筋混凝土为 2500kPa）后方可浇筑上层混凝土。

②在浇筑混凝土前应凿除施工缝处下层混凝土表面的水泥砂浆和松弱层。

③经凿毛处理的混凝土表面，应用水冲洗干净，且不得留下积水。在浇筑新混凝土前，垂直缝应刷一层净水泥浆；水平缝应在全部连接面上铺一层厚 1 ~ 2cm 的水泥砂浆。

④无筋构件的工作缝应加锚固钢筋或石榫。

（2）混凝土的振捣

为了使混凝土具有需要的密实度，应用振捣器进行振捣，仅在缺乏或不能使用振捣器时，方可采用人工振捣。

1）人工振捣。采用人工振捣的混凝土，应按规定分层浇筑，每层需用捣钎捣实，并注意沿模板边缘捣边，捣边时要用手锤轻敲模板，使之振动。捣实时应注意均匀，大力振捣不如用小力振捣快而有效。

2）机械振捣。采用机械振捣的混凝土，可获得较大的密实度。桥梁工地用的机械振捣方法有以下三种：

①平板式振捣。采用平板振捣器放在浇筑层的表面振捣，适用于振捣面积较大的混凝土，如矩形板、空心板的底板和顶板。振捣时振捣器每次振捣的有效而积应与已振部分重叠。

②附着式振捣。采用附着式振捣器安装在模板外部振捣，适用薄壁构件，如 T 形梁的主梁和横隔板。振捣器的布置与构件厚度有关，当厚度小于 15cm 时，可两面交错布置；当厚度大于 15cm 时，应两面对称布置。振捣器布置的间距不应大于它的作用半径。这种方法因借助振动模板以捣实混凝土，对模板要求较高。

③插入式振捣。采用插入振捣插入混凝土内部振捣。振捣棒插入混凝土时应垂直，不可触及模板和钢筋。插点要均匀，可按行列式或交错式进行，两点间距离以 15 倍作用半径为宜。作用半径可实际测得，一般为 40 ~ 50cm，振捣上一层的混凝土时应将振捣器略微插入下层（3 ~ 5cm）。

（3）混凝土浇筑方法

1）一般混凝土的浇筑，可采用水平分层浇筑，空心板梁一般也是先浇底板水平层混凝土。

2）大体积混凝土浇筑。大型构造物的单位时间混凝土浇筑量相当大。如采用传统的混凝土拌和机械时，混凝土的生产能力将很难适应，此时可采用斜层浇筑方法，使每层浇筑的面积减少，从而减少单位时间的混凝土浇筑量。不过，目前大型构造物的混凝土施工，多采用集中拌和、商品混凝土并辅以大型的运输、输送设备等方法，此时混凝土的供应速度问题并不突出。

对于大型构造物，当其面积超过 100 ~ 150m^2 时。为了减少混凝土单位时间的需要量，可把整体混凝土分层几个单位来浇筑，每个单元的面积最好不小于 50m^2，高度不小于 15m。上下两个单元之间的垂直缝应彼此相间，互相错开 1 ~ 15m。单元相互间应很好结合，结合处应按工作缝处理。

5. 混凝土的养生与拱模

1）混凝土养生。一般规定如下：

①一般情况下，对塑性混凝土应在浇筑后 l2h 以内、对于干硬性混凝土应在浇筑后 1 ~ 2h 内，用湿麻袋、草帘或湿砂遮盖，并经常洒水。

②混凝土的浇水养护日期随环境气温和水泥品种而异。在常温下（15 ~ 25℃），用普通水泥拌制的不得少于 7d。用矿渣水泥、火山灰质水泥或掺用塑化剂的不得少 14d。

③浇水次数的多少，以能保持混凝土表面经常的足够的润湿状态为度；干燥、炎热、大风天气应适当增加洒水次数。气温低于 +5℃时应覆盖保温、不得浇水。

④混凝土浇筑完毕后的硬化初期（最初为 2 ~ 3d），应尽量使其不受任何振动。

2）模板与支架的拆除。模板与支架的卸落应在浇度最大处（一般为正弯矩最大处）开始，分别向两支点逐次进行，务使整个承重结构逐渐受力，以免突然受力而遭受破坏。模板与支架的拆除期限与混凝土的硬化速度、气温及结构性质等有关。拆除模板和支架时应注意以下各点：

①在混凝土未达到允许拆模所需强度之前，不能拆除模板或支架。

②为了判定混凝土强度是否已达到拱模所需的要求，要根据与构件同条件养护的混凝土试件的强度试验结果来确定。

③拆模的顺序是先拆除不承重的侧面模板，然后拆除承重模板。

6. 混凝土的冬期施工的要点

所谓“冬期”，在施工规范中的规定是、根据多年气温资料，自室外日平均气温连续 5 天低于 +50G 的时间起，至次年最后一阶段室外日平均气温连续 5 天低于 +5℃的时期。关于“冬期”施工，当昼夜平均气温低于 +5C，或最低气温低于 -3℃时，应采取冬季施工的技术措施。冬季施工的技术措施，主要有以下几方面：

1）在保证混凝土必要的和易性的同时，尽量减少用水量，采用较小的水灰比，这样可以大大促进混凝土的凝固速度，有利于抵抗混凝土的早期冻结。

2）增加拌和时间，比正常情况下增加 50% ~ 100%，使水泥的水化作用加快，并使水泥的发热且增加以加速凝固。

3）适当采用活性较大、发热量较高的快硬水泥、高标号水泥拌制混凝土。

4）将拌和水甚至骨料加热，提高混凝土的初始温度，使混凝土在养护措施开始前不致冰冻。

5）掺用早强剂，加速混凝土强度的发展，并降低混凝土内水溶液的冰点，防止混凝土早期冻结。

6）用蒸汽养护、暖棚法、蓄热法和电热法等提高养护温度。

这些措施各有特点、利弊，可根据施工期间的气温和具体条件来选定。

7. 混凝土的施工质量检查

质量检查应贯穿于工程施工的全过程，从混凝土的配料、搅拌、运输、浇筑直至最后对混凝土试块强度的评定。只有对每一个施工环节认真施工、加强监督，才能保证最终获得合格的混凝土产品。

二、钢筋加工

（一）钢筋加工

1. 钢筋除锈

钢筋的表面应洁净。油渍、漆污和用锤敲击时能剥落的浮皮、铁锈等应在使用前清除干净。在焊接前，焊点处的水锈应清除干净。

钢筋的除锈，一般可通过以下两个途径：一是在钢筋冷拉或钢丝调直过程中除锈，对大量钢筋的除锈较为经济省力；二是用机械方法除锈，如采用电动除锈机除锈，对钢筋的局部除锈较为方便。此外，还可采用手工除锈（用钢丝刷、沙盘）、喷砂和酸洗除锈等。

电动除锈机，如 6-1 所示。该机的圆盘钢丝刷有成品供应，也可用废钢丝绳头拆开编成，其直径为 20 ~ 30cm、厚度为 5 ~ 15cm、转速为 1000r/min 左右，电动机功率为 10 ~ 15kW。为了减少除锈时灰尘飞扬，应装设排尘罩和排尘管道。

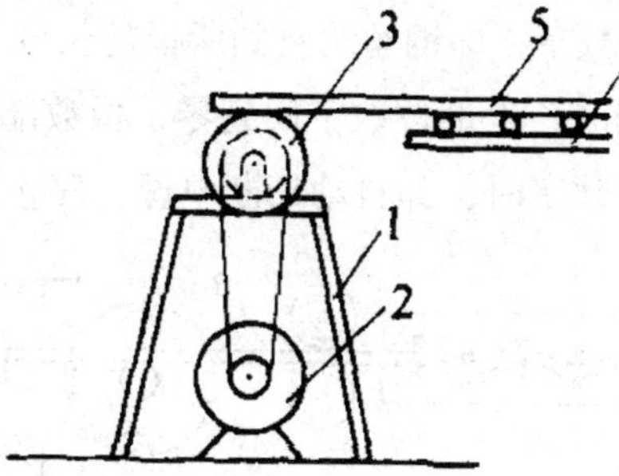

图 6-1 电动除锈机

1-支架；2-电动机；3-圆盘钢丝刷；4-滚轴台；5-钢筋

在除锈过程中发现钢筋表面的氧化铁皮鳞落现象严重并已损伤钢筋截面，或在除锈后钢筋表面有严重的麻坑、斑点伤蚀截面时，应降级使用或剔除不用。

2. 钢筋调直

（1）机具设备

1）钢筋调直机

钢筋调直机的技术性能，见表 6-4。图 6-2 为 GT3/8 型钢筋调直机外形。

表 6-4 钢筋调直机技术性能

机械型号	钢筋直径（mm）	调直速度（m/min）	断料长度（mm）	电机功率（kW）	外形尺寸（mm）长×宽×高	机重（kg）
GT3/8	3～8	40、65	300～6500	925	1854×741×1400	1280
GT6/12	6～12	36、54、72	300～6500	126	1770×535×1457	1230

注：表中所列的钢筋调直机断料长度误差均≤3mm。

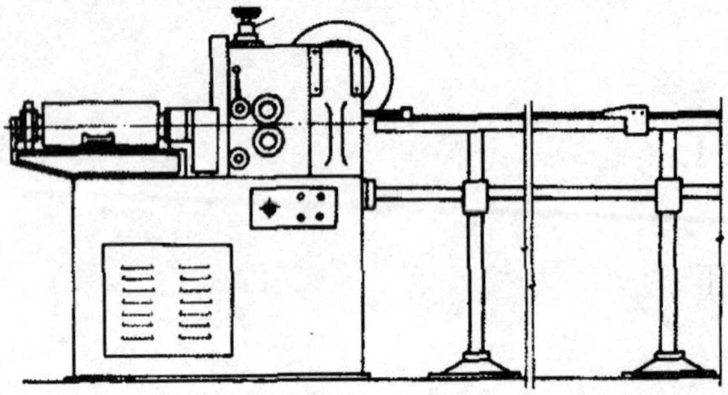

图 6-2 GT3/8 型钢筋调直机

2）数控钢筋调直切断机

数控钢筋调直切断机是在原有调直机的基础上应用电子控制仪，准确控制钢丝断料长度，并自动计数。该机的工作原理，如图 6-3 所示。在该机摩擦轮（周长 100mm）的同轴上装有一个穿孔光电盘（分为 100 等分），光电盘的一侧装有一只小灯泡，另一侧装有一只光电管。当钢筋通过摩擦轮带动光电盘时，灯泡光线通过每个小孔照射光电管，就被光电管接收而产生脉冲讯号（每次讯号为钢筋长 1mm），控制仪长度部位数字上立即示出相应读数。当信号积累到给定数字（即钢丝调直到所指定长度）时，控制仪立即发出指令，使切断装置切断钢丝。与此同时长度部位数字回到零，根数部位数字示出根数，这样连续作业，当根数信号积累至给定数字时，即自动切断电源，停止运转。

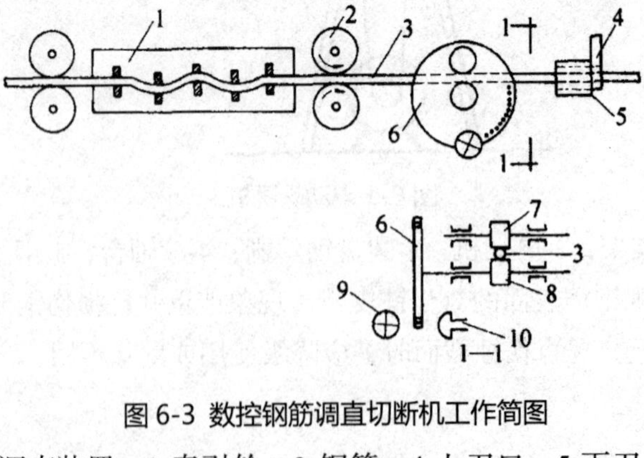

图 6-3 数控钢筋调直切断机工作简图

1-调直装置；2-牵引轮；3-钢筋；4-上刀口；5-下刀口；

6-光电盘；7-压轮；8-摩擦轮；9-灯泡；10-光电管

钢筋数控调直切断机已在有些构件厂采用，断料精度高（偏差仅约 1 ~ 2mm），并实现了钢丝调直切断自动化。采用此机时，要求钢丝表面光洁，截面均匀，以免钢丝移动时速度不匀，影响切断长度的精确性。

3）卷扬机拉直设备

卷扬机拉直设备见图 6-4 所示。两端采用地锚承力。冷拉滑轮组回程采用荷重架，标尺量伸长。该法设备简单，宜用于施工现场或小型构件厂。

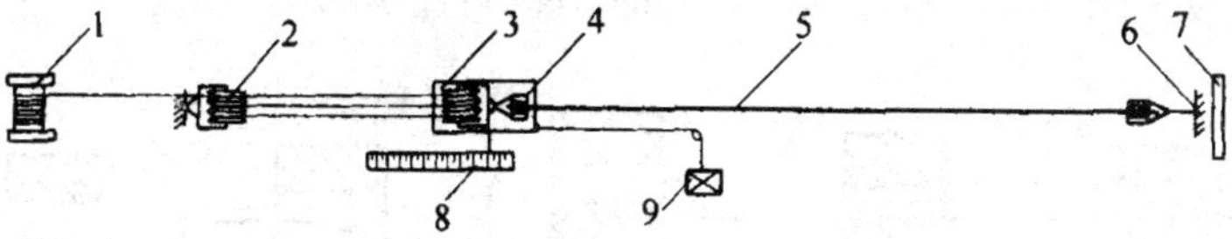

图 6-4 卷扬机拉直设备布置

1-卷扬机；2-滑轮组；3-冷拉小车；4-钢筋夹具；

5-钢筋；6-地锚；7-防护壁；8-标尺；9-荷重架

钢筋夹具常用的有：月牙式夹具和偏心式夹具。

月牙式夹具的构造与尺寸，见图 6-5 所示。其夹片宜用 45 号钢制作，经热处理后的硬度 HRC=40 ~ 45。钢筋夹持点宜在夹片的中下部位。这种夹具主要靠杠杆力和偏心力夹紧，使用方便，适用于 HPB235 级及 HRB335 级粗细钢筋。

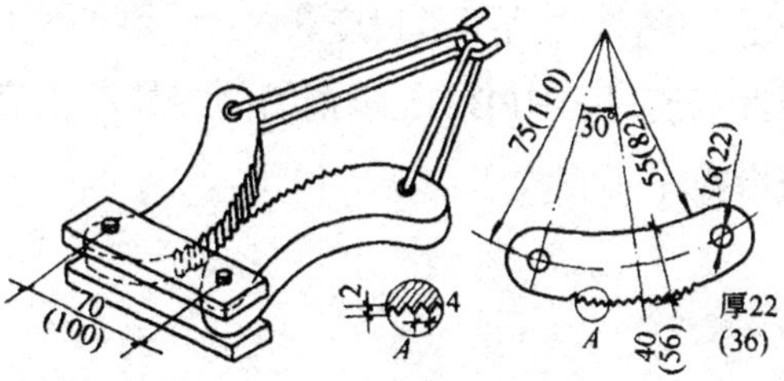

图 6-5 月牙式夹具

偏心式夹具的构造与尺寸，如图 6-6 所示。偏心块及其齿条宜采用 45 号钢制作，经热处理后的硬度 HRC=35 ~ 40。这种夹具轻巧灵活，适用于 HPB235 级盘圆钢筋拉直，特别是当每盘最后不足定尺长度时，可将其钩在挂链上，使用方便。

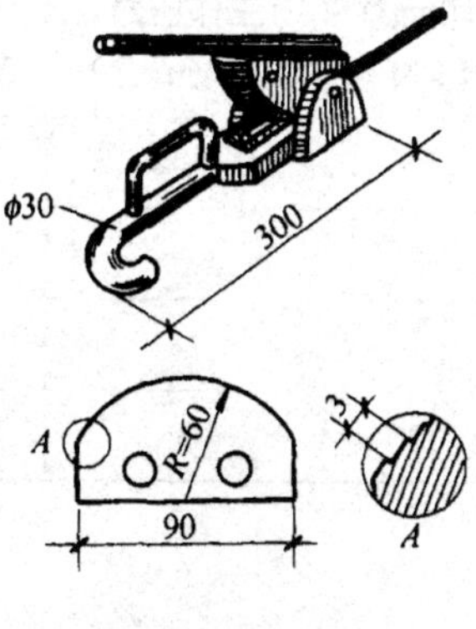

图 6-6 偏心块夹具

（二）调直工艺

1．采用钢筋调直机调直冷拔钢丝和细钢筋时，要根据钢筋的直径选用调直模和传送压辊，并要正确掌握调直模的偏移量和压辊的压紧程度。

调直模的偏移量如图 6-7，根据其磨耗程度及钢筋品种通过试验确定；调直筒两端的调直模一定要在调直前后导孔的轴心线上，这是钢筋能否调直的一个关键。如果发现钢筋调得不直就要从以上两方面检查原因，并及时调整调直模的偏移量。

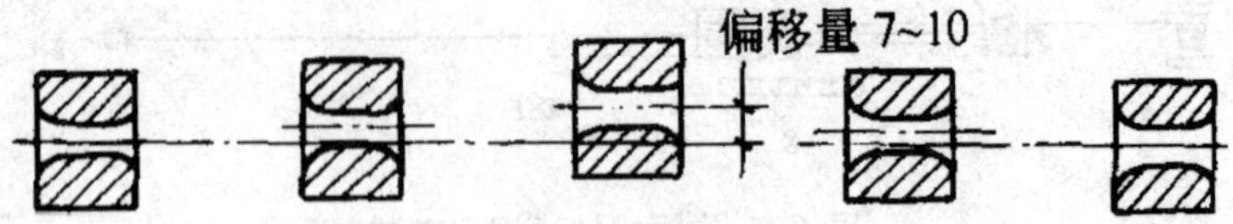

图 6-7 调直模的安装

压辊的槽宽，一般在钢筋穿入压辊之后，在上下压辊间宜有 3mm 之内的间隙。压辊的压紧程度要做到既保证钢筋能顺利地被牵引前进，看不出钢筋有明显的转动，而在被切断的瞬时钢筋和压辊间又能允许发生打滑。

应当注意：冷拔钢丝和冷轧带肋钢筋经调直机调直后，其抗拉强度一般要降低 10% ~ 15%。使用前应加强检验，按调直后的抗拉强度选用。如果钢丝抗拉强度降低过大，则可适当降低调直筒的转速和调直块的压紧程度。

2．采用冷拉方法调直钢筋时，HPB235 级钢筋的冷拉率不宜大于 4%，HRB335 级、HRB400 级及 RRB400 级冷拉率不宜大于 1%。

（三）钢筋切断

1．机具设备

（1）钢筋切断机

钢筋切断机的技术性能，见表 6-5。如图 6-8、图 6-9 为钢筋切断机外形。

表 6-5 钢筋切断机技术性能

机机械型号	钢筋直径(mm)	每分钟切断次数	切断力(kN)	工作压力(N/mm2)	电机功率(kW)	外形尺寸(mm)长 × 宽 × 高	重量(kg)
GQ40	6 ~ 40	40	-	-	30	1150 × 430 × 750	600
GQ40B	6 ~ 40	40	-	-	30	1200 × 490 × 570	450
GQ50	6 ~ 50	30	-	-	55	1600 × 690 × 915	950
DYQ32B	6 ~ 32	-	320	455	30	900 × 340 × 380	145

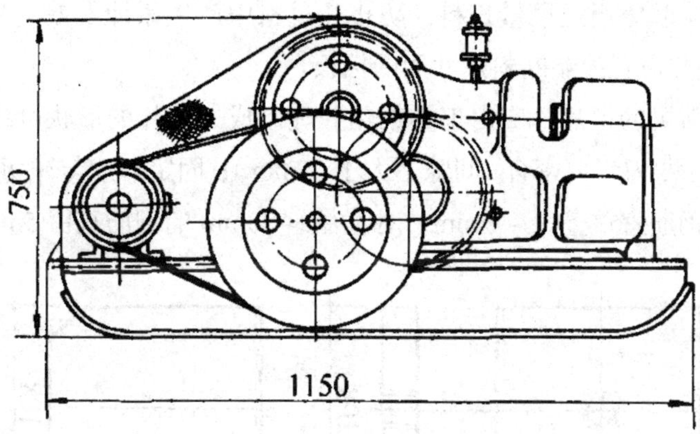

图 6-8 GQ40 型钢筋切断机

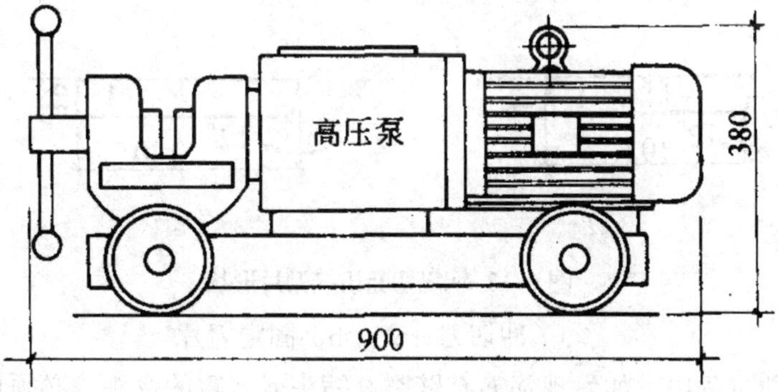

图 6-9 DYQ32B 电动液压切断机

2．手动液压切断器

手动液压切断器，如图 6-10 所示。型号为 GJ5Y-16，切断力 80kN，活塞行程为 30mm，压柄作用力 220N，总重量 65kg，可切断直径 16mm 以下的钢筋。这种机具体积小、重量轻，操作简单，便于携带。

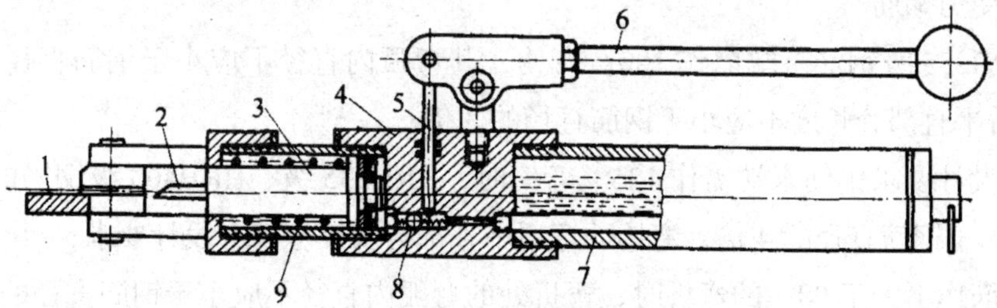

图 6-10 手动液压切断器

1-滑轨；2-刀片；3-活塞；4-缸体；S-柱塞；

6-压杆；7-贮油筒；8-吸油阀；9-回位弹簧

2．切断工艺

（1）将同规格钢筋根据不同长度长短搭配，统筹排料；一般应先断长料，后断短料，减少短头，减少损耗。

（2）断料时应避免用短尺量长料，防止在量料中产生累计误差。为此，宜在工作台上标出尺寸刻度线并设置控制断料尺寸用的挡板。

（3）钢筋切断机的刀片，应由工具钢热处理制成。刀片的形状可参考图 6-11。安装刀片时，螺丝要紧固，刀口要密合（间隙不大于 05mm）；固定刀片与冲切刀片刀口的距离：对直径 ≤20mm 的钢筋宜重叠 1 ~ 2mm，对直径＞ 20mm 的钢筋宜留 5mm 左右。

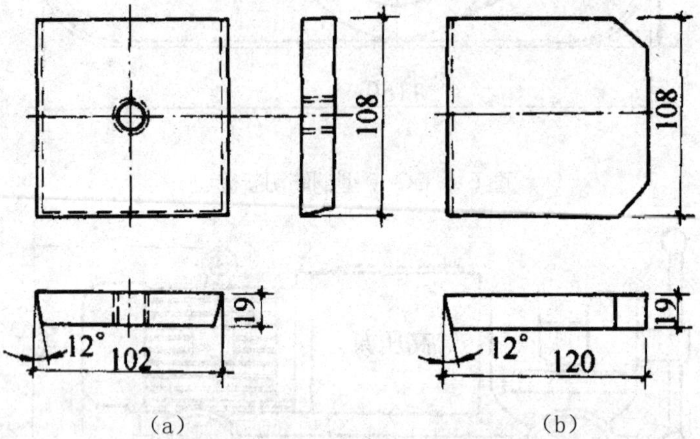

图 6-11 钢筋切断机的刀片形状

（a）冲切刀片；（b）固定刀片

（4）在切断过程中，如发现钢筋有劈裂、缩头或严重的弯头等必须切除；如发现钢筋的硬度与该钢种有较大的出入，应及时向有关人员反映，查明情况。

（5）钢筋的断口，不得有马蹄形或起弯等现象。

（四）钢筋弯曲成型

1. 钢筋弯钩和弯折的有关规定

（1）受力钢筋

1）HPB235 级钢筋末端应作 180° 弯钩，其弯弧内直径不应小于钢筋直径的 25 倍，弯钩的弯后平直部分长度不应小于钢筋直径的 3 倍；

2）当设计要求钢筋末端需作 135° 弯钩时，HRB335 级、HRB400 级钢筋的弯弧内直径 D 不应小于钢筋直径的 4 倍，弯钩的弯后平直部分长度应符合设计要求；

3）钢筋作不大于 90° 的弯折时，弯折处的弯弧内直径不应小于钢筋直径的 5 倍。

（2）箍筋

除焊接封闭环式箍筋外，箍筋的末端应作弯钩。弯钩形式应符合设计要求；当设计无具体要求时，应符合下列规定：

1）箍筋弯钩的弯弧内直径除应满足本条外，尚应不小于受力钢筋的直径；

2）箍筋弯钩的弯折角度：对一般结构，不应小于 90° ；对有抗震等要求的结构应为 135° 如图 6-12。

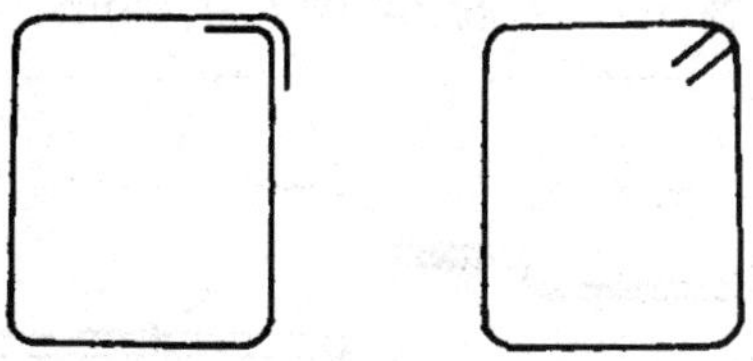

（a） （b）

图 6-12 箍筋示意

（a）90° /90° ；（b）135° /135°

（3）箍筋弯后的平直部分长度：对一般结构，不宜小于箍筋直径的 5 倍；对有抗震等要求的结构，不应小于箍筋直径的 10 倍。

2. 机具设备

（1）钢筋弯曲机

钢筋弯曲机的技术性能，见表 6-6、表 6-7 为 GW-40 型钢筋弯曲机每次弯曲根数。

表 6-6 钢筋弯曲机技术性能

弯曲机类型	钢筋直径（mm）	弯曲速度（r/min）	电机功率（kW）	外形尺寸（mm）长 × 宽 × 高	重量（kg）
GW32	6 ~ 32	10/20	22	875 × 615 × 945	340
GW40	6 ~ 40	5	30	1360 × 740 × 865	400
GW40A	6 ~ 40	0	30	1050 × 760 × 828	450
GW50	25 ~ 50	25	40	1450 × 760 × 800	580

表 6-7 GW-40 型钢筋弯曲机每次弯曲根数

钢筋直径（mm）	10 ~ 12	14 ~ 16	18 ~ 20	22 ~ 40
每次弯曲根数	4 ~ 6	3 ~ 4	2 ~ 3	1

3. 四头弯筋机

四头弯筋机是由一台电动机通过三级变速带动圆盘，再通过圆盘上的偏心铰带动连杆与齿条，使四个工作盘转动。每个工作盘上装有心轴与成型轴，但与钢筋弯曲机不同的是：工作盘不停地往复运动，且转动角度一定（事先可调整）。

四头弯筋机主要技术参数是：电机功率为 3kW，转速为 960r/min，工作盘反复动作次数为 31r/min。该机可弯曲 ϕ4 ~ 12 钢筋，弯曲角度在 0° ~ 180° 范围内变动。

该机主要是用来弯制钢箍；其工效比手工操作提高约 7 倍，加工质量稳定，弯折角度偏差小。

4. 手工弯曲工具

在缺机具设备条件下，也可采用手摇扳手弯制细钢筋、卡筋与扳头弯制粗钢筋。手动弯曲工具的尺寸，详见表 6-8、表 6-9。

表 6-8 手摇扳手主要尺寸（mm）

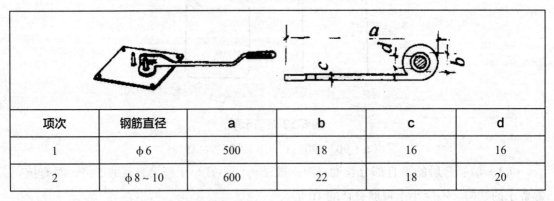

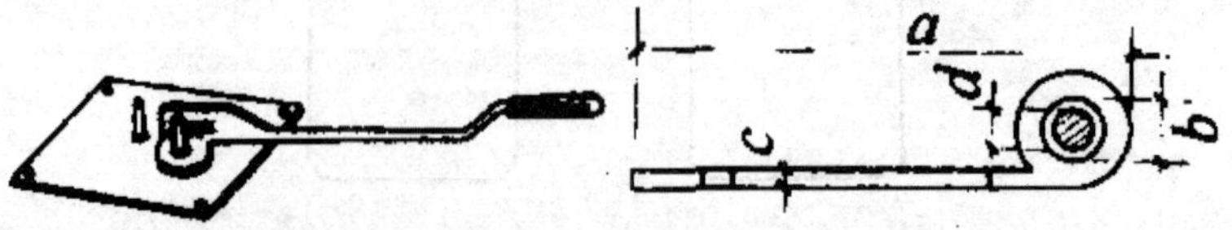

项次	钢筋直径	a	b	c	d
1	ϕ6	500	18	16	16
2	ϕ8 ~ 10	600	22	18	20

表 6-9 卡盘与扳头（横口扳手）主要尺寸（mm）

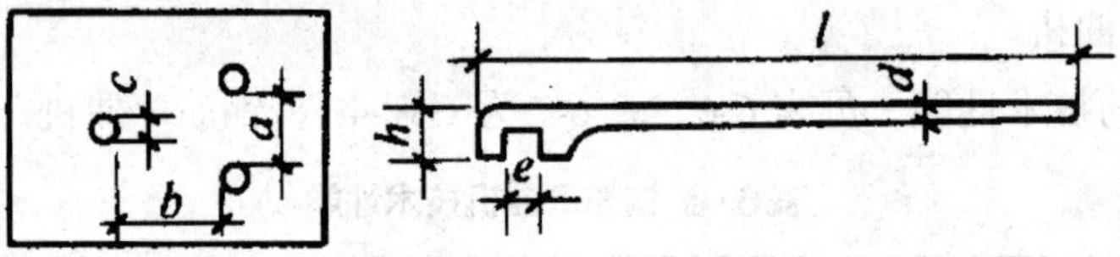

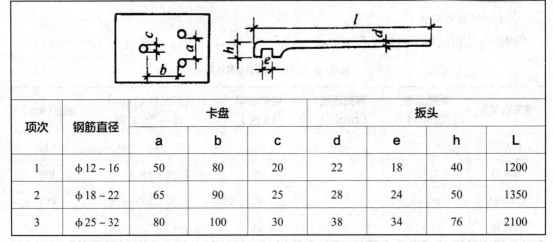

项次	钢筋直径	卡盘			扳头			
		a	b	c	d	e	h	L
1	ϕ12 ~ 16	50	80	20	22	18	40	1200
2	ϕ18 ~ 22	65	90	25	28	24	50	1350
3	ϕ25 ~ 32	80	100	30	38	34	76	2100

5. 弯曲成型工艺

（1）画线

钢筋弯曲前，对形状复杂的钢筋（如弯起钢筋），根据钢筋料牌上标明的尺寸，用石笔将各弯曲点位置划出。画线时应注意：

1）根据不同的弯曲角度扣除弯曲调整值，其扣法是从相邻两段长度中各扣一半；

2）钢筋端部带半圆弯钩时，该段长度画线时增加 0.5d（d 为钢筋直径）；

3）画线工作宜从钢筋中线开始向两边进行；两边不对称的钢筋，也可从钢筋一端开始画线，如画到另一端有出入时，则应重新调整。

（2）钢筋弯曲成型

钢筋在弯曲机上成型时，心轴直径应是钢筋直径的 25 ~ 50 倍，成型轴宜加偏心轴套，以便适应不同直径的钢筋弯曲需要。弯曲细钢筋时，为了使弯弧一侧的钢筋保持平直，挡铁轴宜做成可变挡架或固定挡架（加铁板调整）。

钢筋弯曲点线和心轴的关系，由于成型轴和心轴在同时转动，就会带动钢筋向前滑移。因此，钢筋弯 90° 时，弯曲点线约与心轴内边缘对齐；弯 180° 时，弯曲点线距心轴内边缘为 10 ~ 15d（钢筋硬时取大值）。

（3）曲线形钢筋成型

弯制曲线形钢筋时如图 6-12，可在原有钢筋弯曲机的工作盘中央，放置一个十字架和钢套；另外在工作盘四个孔内插上短轴和成型钢套（和中央钢套相切）。插座板上的挡轴钢套尺寸，可根据钢筋曲线形状选用。钢筋成型过程中，成型钢套起顶弯作用，十字架只协助推进。

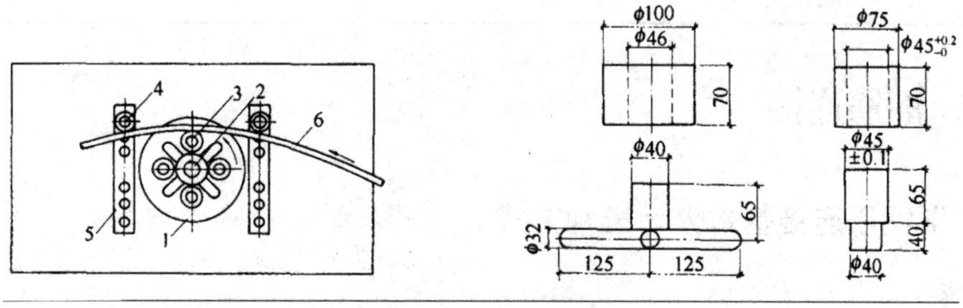

（a）　　　　（b）　　　　（c）

图 6-12 曲线形钢筋成型

（a）工作简图；（b）十字撑及圆套详图；（c）桩柱及圆套详图

1- 工作盘；2- 十字撑及圆套；3- 桩柱及圆套；4- 挡轴圆套；5- 插座板；6- 钢筋

（4）螺旋形钢筋成型

螺旋形钢筋，除小直径的螺旋筋已有专门机械生产外，一般可用手摇滚筒成型。近年来，有些地区改用机械传动的滚筒。由于钢筋有弹性，滚筒直径应比螺旋筋内径略小，可参考表 6-10。

表 6-10 滚筒直径与螺旋筋直径关系

螺旋筋内径（mm）	φ6	288	360	418	485	575	630	700	760	845	-	-	-
	φ8	270	325	390	440	500	565	640	690	765	820	885	965
滚筒外径（mm）	260	310	365	410	460	510	555	600	660	710	760	810	-

（五）钢筋加工质量检验

1. 主控项目

（1）受力钢筋的弯钩和弯折应符合相关规定；

（2）箍筋弯钩的弯弧内直径、弯折角度、平直段长度应符合相关规定。

检查数量：按每工作班同一类型钢筋、同一加工设备抽查不应少于 3 件。

检查方法：钢尺检查。

2. 一般项目

（1）钢筋加工的形状与尺寸应符合设计要求，其偏差应符合表 6-11 的规定。

检查数量与方法，与主控项目相同。

表 6-11 钢筋加工的允许偏差

项目	允许偏差（mm）
受力钢筋顺长度方向全长的净尺寸	± 10
弯起钢筋的弯折位置	± 20
箍筋内的净尺寸	± 5

三、钢筋连接

（一）钢筋连接基本分为三种方式

1. 搭接

2. 焊接

3. 机械连接

钢筋机械连接技术是一项新型钢筋连接工艺，被称为继绑扎、电焊之后的“第三代接头”，具有接头强度高、速度快、无污染、节省钢材等优点。机械连接又分为冷挤压连接、锥螺纹连接、直螺纹连接。

（二）各类钢筋机械连接接头的定义及优缺点

1. 套筒挤压连接接头

通过挤压力使连接件钢套筒塑性变形与带肋钢筋紧密咬合形成的接头。

套筒挤压连接接头又分两种形式：径向挤压连接和轴向挤压连接。由于轴向挤压连接现场施工不方便及接头质量不够稳定，没有得到推广，目前工程中使用的套筒挤压连接接头都是径向挤压连接。

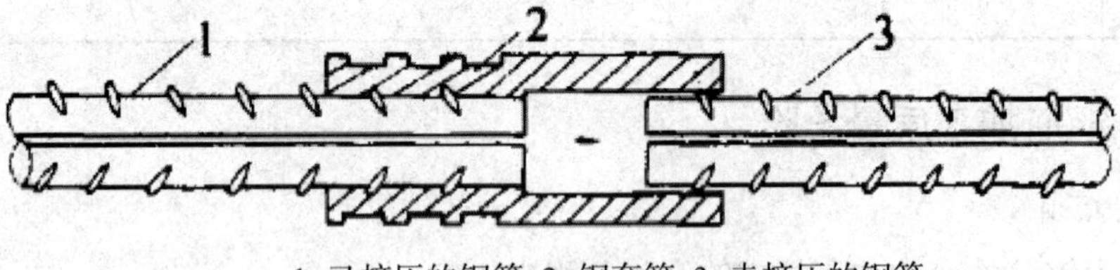

1- 已挤压的钢筋 2- 钢套筒 3- 未挤压的钢筋

图 6-12 径向钢筋挤压图

径向挤压连接是将两根待接钢筋插入钢套筒，用挤压连接设备沿径向挤压钢套筒，使之产生塑性变形，依靠变形后的钢套筒与被连接钢筋纵、横肋产生的机械咬合成为整体的钢筋连接方法。

2. 锥螺纹连接接头

通过钢筋端头特制的锥形螺纹和连接件锥形螺纹咬合形成的接头。

优点：锥螺纹连接技术克服了套筒挤压技术存在的不足。锥螺纹丝头完全是提前预制，现场连接，占用工期短，现场只需用力矩扳手操作，不需要搬动设备和拉扯电线。

缺点：锥螺纹连接接头质量不够稳定，由于加工螺纹的锥螺纹小径削弱了母材的横截面积，从而降低了接头强度，一般只能达到母材实际抗拉强度的 85 ~ 95%。同时我国的锥螺纹连接技术存在最突出的一个问题就是螺距单一，从直径 16 ~ 40mm 钢筋采用螺距均为 25mm，而 25mm 螺距最适合用于直径 22mm 钢筋的连接，尤其 36、40mm 钢筋的锥螺纹连接很难达到母材实际抗拉强度的 09 倍。目前锥螺纹接头逐渐被直螺纹接头取代。

3．直螺纹连接接头

直螺纹连接接头是 20 世纪 90 年代钢筋连接的国际最新潮流，接头质量稳定可靠，连接强度高，可与套筒挤压连接相媲美，而且又具有锥螺纹接头施工方便、速度快的特点。目前我国直螺纹连接接头主要有镦粗直螺纹连接接头和滚压直螺纹连接接头。

现在我们标段施工的钢筋机械连接就是滚压直螺纹连接接头。

（1）镦粗直螺纹连接接头

通过钢筋端头镦粗后制作的直螺纹和连接件螺纹咬合形成的接头。

优点：强度高，现场施工速度快，工人劳动强度低，钢筋直螺纹丝头全部提前预制，现场连接为装配作业。

缺点：镦粗过程中易出现镦偏现象，一旦镦偏必须切掉重镦。由于我国的镦粗直螺纹连接接头，其钢筋主要为冷镦粗，镦粗过程中产生内应力，钢筋镦粗部分延性降低，易产生脆断现象，镦粗质量较难控制。

（2）滚压直螺纹连接接头

通过钢筋端头直接滚压或挤（碾）压肋或剥肋后滚压制作的直螺纹和连接件螺纹咬合形成的接头。

基本原理：利用金属材料的塑性变形后冷作硬化增强金属材料强度的特性，仅在金属表面层发生塑变、冷作硬化，金属内部仍保持原金属的性能，使钢筋接头与母材达到等强度。

按螺纹型成形式：直接滚压螺纹、挤（碾）压肋滚压螺纹、剥肋滚压螺纹。

优缺点：

直接滚压螺纹：螺纹加工简单，设备投入少，不足之处在于螺纹精度差，存在虚假螺纹现象。由于钢筋粗细不均，公差大，加工的螺纹直径大小不一致，给现场施工造成困难，使套筒与丝头松紧不一致，有个别接头出现拉脱现象。

挤（碾）压肋滚压直螺纹连接接头：成型螺纹精度相对直接滚压有一定提高，但仍不能从根本上解决钢筋直径大小不一致对成型螺纹精度的影响，而且螺纹加工需要两道工序，两套设备完成。

剥肋滚压直螺纹连接接头：螺纹牙型好，精度高，牙齿表面光滑；螺纹直径大小一致性好，容易装配，连接质量稳定可靠；滚丝轮寿命长（寿命比直接滚压提高 3 ~ 5 倍），接头附加成本低，强度达到与母材等强，抗低温性能好。

表6-12 钢筋机械连接性能对比表

序号	对比内容	套筒冷挤压	锥螺纹连接	镦粗直螺纹	直接滚压直螺纹	碾压肋滚压直螺纹	剥肋滚压直螺纹
1	施工工具	压接器	力矩扳手	管钳或力矩扳手	管钳或力矩扳手	管钳或力矩扳手	管钳或力矩扳手
2	接头加工设备	径向挤压机	锥螺纹机	镦头机和直螺纹机	滚压直螺纹机	碾压肋滚压直螺纹机	剥肋滚压直螺纹机
3	易损耗件	压接模具	疏刀	型模、疏刀	滚丝轮	小碾压轮滚丝轮	刀片滚丝轮
4	易损耗件使用寿命	5000～20000头	300～500头	型模500头左右，疏刀500头左右	300～500头	滚丝轮2000～3000头	刀片1000～2000头，滚丝轮5000～8000头
5	单个接头损耗件成本	一般	一般	较大	大	较小	小
6	套筒成本	高	较低	低	较低	较低	较低
7	操作工人工作强度	大	一般	一般	一般	一般	一般
8	现场施工速度	一般	快	快	快	快	快
9	施工污染情况	有时液压油污染钢筋	无	无	无	无	无
10	耗电量	小	小	较小	小	小	小
11	接头抗拉强度性能	与母材等强	母材实际抗拉强度的85～95%	与母材等强	与母材等强	与母材等强	与母材等强
12	接头质量稳定情况	好	一般	较好	一般	较好	好
13	螺纹精度	--	较好	好	差	一般	好
14	接头综合成本	高	低	一般	一般	一般	一般

（三）直螺纹连接施工工艺

目前现场主要采用剥肋滚压直螺纹连接接头，下面就剥肋滚压直螺纹接头施工进行介绍。

1. 剥肋滚压螺纹加工

钢筋剥肋滚丝机由台钳、剥肋机构、滚丝头、减速机、涨刀机构、冷却系统、电器控制系统、机座等组成。

螺纹加工过程：将待加工钢筋夹持在夹钳上，开动机器，扳动进给装置，使动力头向前移动，开始剥肋滚压螺纹，待滚压到调定位置后，设备自动停机并反转，将钢筋端部退出滚压装置，扳动进给装置将动力头复位停机，螺纹加工完成。

2. 现场连接施工

（1）连接钢筋时，钢筋规格和套筒的规格必须一致，钢筋和套筒的丝扣应干净、完好无损。

（2）采用预埋接头时，连接套筒的位置、规格和数量应符合设计要求。带连接套筒的钢筋应固定牢靠，连接套筒的外露端应有保护盖。

（3）滚压直螺纹接头应使用扭力扳手或管钳进行施工，将两个钢筋丝头在套筒中间位置相互顶紧，接头拧紧力矩应符合下表要求。力矩扳手的精度为 ±5%。

表 6-13 直螺纹钢筋接头拧紧力矩值

钢筋直径（mm）	16 ~ 18	20 ~ 22	25	28	32	36 ~ 40
拧紧力矩（N•m）	100	200	250	280	320	350

（4）经拧紧后的滚压直螺纹接头应做出标记，单边外露丝扣长度不应超过 2P。

（5）根据待接钢筋所在部位及转动难易情况，先用不同的套筒类型，采取不同的安装方法。

3. 质量检验

（1）加工要求

（2）套筒质量要求

（3）钢筋螺纹加工

（4）钢筋连接

连接钢筋时，钢筋朝夕相处和连接套筒的规格应一致，钢筋螺纹的形式、螺距、螺纹外径应与连接套匹配。并确保钢筋和连接套的丝扣干净，完好无损。

连接钢筋时应对准轴线将钢筋拧入连接套。

接头拼接完成后，应将两个丝头在套筒中央位置互相顶紧，套筒每端不得有一扣以上的完整丝扣外露，加长型接头的外露丝扣数不受限制，但应有明显标记，以检查进入套筒的丝头长度是否满足要求。

第七章　桥梁墩台施工

墩台是桥梁的重要构件，其作用是承受桥梁上部结构的荷载，并通过基础传递给地基。桥墩除承受上部结构的竖向压力和水平力外，墩身还受到风力、流水压力以及可能发生的冰压力、船只和漂流物的撞击力。桥台设置在桥梁两端，作用是支撑上部结构传递的荷载和连接两岸道路，并在桥台后填土。因此，在墩台的施工时，应保证墩台位置正确，有符合设计要求的强度和耐久性。

桥梁墩（台）主要由墩（台）帽、墩（台）身和基础三部分组成。本章主要介绍墩（台）身、墩（台）帽施工。

桥梁墩台按其施工方法分为整体式墩台和装配式墩台两大类，相应的施工方法也分为两大类：一类是整体式墩台的现场就地浇筑与砌筑；一类是装配式墩台的拼装预制类施工。圬工墩台施工现场浇筑墩台按材料分可分为混凝土墩台与石砌墩台，以下分别介绍。

第一节　混凝土墩台施工

一、墩台

1. 墩台模板的基本要求

模板是使钢筋混凝土墩台按设计所要求的尺寸成形的模型板，一般用木材或钢材制成。木模板质量轻，便于加工成墩台所需的尺寸和形状，但较易损坏，使用次数少。对于大量或定型的混凝土结构物多采用钢模板。钢模板造价较高，装拆方便，且重复使用次数多。

钢筋混凝土对模板的基本要求与预制混凝土受压构件相同，其轮廓尺寸的准确性由制模和立模来保证。墩台范本形式复杂、数量多、消耗大，对桥梁工程的质量、进度、经济技术的可靠性均有直接影响。它应能保证墩台的设计尺寸；有足够的可靠度承受各种荷载并保证受力后不变形，结构简单、制造方便、拆卸容易。

2. 常用模板类型

（1）拼装式范本：各种尺寸的标准模板利用销钉连接，并与拉杆、加劲构件等组成墩台所需形状的范本。拼装式范本在厂内加工制造，板面平整、尺寸准确、体积小、质量轻、拆装快速、运输方便，应用广泛。

（2）整体式吊装范本：将墩台范本水平分成若干段，每段范本组成一个整体，在地面拼装后吊装就位，分段高度可示吊起能力而定。优点是：安装时间短，无须施工接缝，施工进度快、质量高、拆装方便，对建造较高的桥墩较为经济。

（3）组合型钢模板：以各种长度、宽度及转角标准构件，用定型的连接件将钢模拼成模板，有体积小、质量轻、拆装简单、运输方便、接缝紧密等优点，适用于地面拼装、整体吊装的结构上。

（4）滑动钢范本：适用于各种类型的桥墩。各种模板在工程上的应用，可根据墩高、墩台形式、设备、期限等条件合理选用。

模板安装前应对模板尺寸进行检查；安装时要坚实牢固，以免振捣混凝土时引起跑模漏浆；安装位置要符合结构设计要求。范本制作与安装的允许偏差见表7-1、表7-2、表7-3。

3．墩台混凝土灌注

（1）质量控制

施工前将基础顶面冲洗干净，整修连接钢筋。材料选用低流动度的或半硬性的混凝土拌和料，分层分段对称灌注，并应同时灌完一层。灌注过程要连续，以保证施工质量。

表7-1 木模板制作的允许偏差

项次	偏差名称	容许偏差(mm)
1	拼合板的长度和宽度与设计尺寸的偏差	5
2	不刨光范本的拼合板，相邻两板表面的高低差别	3
	刨光范本的拼合板，相邻两板表面的高低差别	1
3	拼合板中木板间的缝隙宽度	2

表7-2 钢模板制作的允许偏差

项次	偏差名称	容许偏差（mm）
1	外形尺寸长和宽	0，1
2	外形尺寸肋高	5
3	面板端偏斜	05
4	连接配件的孔眼位置孔中心与板面间距	03
5	连接配件的孔眼位置板端孔中心与板端间距	0，05
6	连接配件的孔眼位置沿板长宽方向的孔	06
7	板眼局部不平，板面和板侧挠度	1

表 7-3 模板构件安装允许偏差表

项次	偏差名称		容许偏差（mm）
1	模板的立柱及撑杆间距与设计规定的偏差		75
2	范本竖向偏差	每lm高度	3
		在结构全高度内	30
3	模板轴线与设计位置的偏差		20
4	模板横截面内部尺寸与设计尺寸的偏差		20
5	平板表面的最大	刨光范本	5
	局部不平	不刨光范本	8

（2）施工要点

1）混凝土的运送：如混凝土数量大、浇筑捣固速度快时，可采用混凝土皮带运输机或混凝土运送泵，运输带速度不应大于 1.2m/s；最大倾斜角：当混凝土坍落度小于 40mm 时，向上传送为 18°，向下传送为 12°；当坍落度为 40 ~ 80mm 时，则分别为 15° 与 10°。

2）大体积混凝土浇筑：墩台是大体积圬工，为避免水化热过高，引起裂缝，可采取如下措施：

①用改善集料级配、降低水灰比、掺加混合材料与外加剂、掺入片石等方法减少水泥用量；

②采用 C3A、C3S 含量小、水化热低的水泥，如大坝水泥、矿渣水泥、粉煤灰水泥、低强度下水泥等；

③较小浇筑层厚度，加快混凝土散热速度；

④混凝土用料应避免日光暴晒，以降低初始温度；

⑤在混凝土内埋设冷却管，通水冷却。

3）混凝土浇筑：为防止墩台基础第一层混凝土中的水分被基底吸收或基底水分渗入混凝土，对墩台基底处理除应符合天然地基的有关规定外，尚应满足以下要求：

①基底为非黏性土或干土时应将其湿润；

②如为过湿土时，应在基底设计高程下夯填一层 10 ~ 15cm 的厚片石或碎（卵）石层；

③基底地面为岩石时，应加以湿润，铺一层厚 2 ~ 3cm 的水泥砂浆，然后在水泥砂浆凝结前浇筑一层混凝土。

二、石砌墩台施工

石砌墩台的优点是施工材料可就地取材，经久耐用，在石料丰富的地区建造墩台时为节约水泥，可优先考虑。

1．石料、砂浆与脚手架

石砌墩台是用片石、块石及粗料石与水泥砂浆砌筑的。石料与砂浆的规格要符合有关的规定。浆砌片石一般适用于高度小于 6m 的墩台、基础、镶面以及各式墩台填腹；浆砌粗料石则用于磨耗及冲击严重的分水体及破冰体的镶面工程以及有整齐美观要求的桥墩、台身等。

将石料调用并砌到正确位置是砌石工程中比较困难的工序。当品质小或距地面不高时，可用简单的马登跳板直接运送；当质量较大或距地面较高时，可采用固定式动臂吊机或桅杆式吊机或井式吊机，将材料运到墩台上，然后再分运到安砌地点。用于砌石的脚手架应环绕墩台搭设用以堆放材料，并支持施工人员砌筑镶面定位行列及勾缝。脚手架一般常用固定式轻型脚手架（适用于 6m 以下的墩台）、简易活动脚手架（适用在 25m 以下的墩台）以及悬吊式脚手架（用于较高墩台）。

2．墩台砌筑施工要点

（1）墩台放样

在砌筑前应按设计图放出实样，挂线砌筑。砌筑基础的第一层砌块时，如基底为土质，只在已砌石块的侧面铺上砂浆即可，不需坐浆；如基底为石质，应将其表面清洗、润湿后，先坐浆再砌石。砌筑斜面墩台时，斜面应逐层放坡，以保证规定的坡度。砌块间用砂浆黏结并保持一定的缝厚，所有砌缝要求砂浆饱满。形状比较复杂的工程，应先做出配料设计图，注明块石尺寸；形状比较简单的，也要根据砌体高度、尺寸、错缝等，先行放样配好料石再砌。

（2）砌筑方法

同一层石料及水平灰缝的厚度要均匀一致，每层按水平砌筑，丁顺相间，砌石灰缝互相垂直。灰缝宽度和错缝按表 7-4 的规定执行。砌石顺序为先角石，再镶面，后填腹。填腹石的分层厚度应与镶面相同；圆端、尖端及转角形砌体的砌石顺序，应自顶点开始，按丁顺排列接砌镶石面。圆端形桥墩的圆端顶点不得有垂直灰缝，砌石应从顶端开始先砌石块①，然后应丁顺相间排列，安砌四周镶面石；尖端桥墩的尖端及转角处不得有垂直灰缝，砌石应从两端开始，先砌石块①，再砌侧面转角②，然后丁顺相间排列，安砌四周的镶面石。

表 7-4　浆砌铺面石灰缝规定

种类	灰缝宽度（cm）	错缝（层间或行列间）（cm）	三块石料相接处空隙（cm）	砌筑行列高度（cm）
粗料石	15 ~ 2	≥10	15 ~ 2	每层石料厚度一致
半细料石	1 ~ 15	≥10	1 ~ 15	每层石料厚度一致
细料石	08 ~ 1	≥10	08 ~ 1	每层石料厚度一致

（3）砌体质量应符合以下规定：

1）砌体所有各项材料类别、规格及质量符合要求；

2）砌缝砂浆或小石子混凝土铺填饱满，强度符合要求；

3）砌缝宽度、错缝距离符合规定，勾缝坚固、整齐，深度和形式符合要求；

4）砌筑方法正确；

5）砌体位置、尺寸不超过允许偏差。

墩台砌体位置及外形允许偏差见表 7-5。

表 7-5 墩台砌体位置及外形允许偏差

项次	项目检查	砌体类别	允许偏差(mm)
1	跨径	L ≤60m	± 20
		L ＞60m	± L / 3000
2	墩台宽度及长度	片石镶面砌体	+40，-10
		块石镶面砌体	+30，-10
		粗料石镶面砌体	+20，-10
3	大面平整度（2m直尺检查）	片石镶面	50
		块石镶面	20
		粗料石镶面	10
4	竖直度或坡度	片石镶面	05%H
		块石、粗料石镶面	05%H
5	墩台顶面高程		± 10
6	轴线偏位		10

三、墩台顶帽施工

墩台顶帽是用来支撑桥跨结构的，其位置、高程及垫石表面平整度等，均应符合设计要求，以免桥跨结构安装困难，或使顶帽、垫石等出现破裂或裂缝，影响墩台的正常使用功能和耐久性。墩台顶帽的主要施工顺序如下。

1．墩、台帽放样

墩台混凝土（或砌石）灌注至墩、台帽底下约 30 ~ 50cm 高度时，即需测出墩台纵横中心线，并开始竖立墩、台帽模板，安装锚栓孔或安装顶埋支座垫板、绑扎钢筋等。台帽放样时，应注意不要以基础中心线作为台帽背墙线，浇筑前应反复核实，以确保墩、台帽中心、支座垫石等位置方向与水平高程等不出差错。

2．墩、台帽模板

墩、台帽系支撑上部结构的重要部分，其尺寸位置和水平高程的准确度要求较严，浇筑混凝土应从墩、台帽下约 30 ~ 50cm 处至墩、台帽顶面一次浇筑，以保证墩、台帽底有足够厚度的紧密混凝土。墩帽模板下面的一根拉杆可以利用墩帽下层的分布钢筋，以节省铁件。台帽背墙模板应特别注意纵向支撑或拉条的刚度，防止浇筑混凝土时发生鼓肚，侵占梁端空隙。

3．钢筋和支座垫板的安设

墩、台帽钢筋绑扎应遵照《公路桥涵施工技术规范》有关钢筋工程的规定。墩、台帽上的支座垫板的安设一般采用预埋支座垫板和预留锚栓孔的方法。前者需在绑扎墩台帽和支座垫石钢筋时将焊有锚固钢筋的钢垫板安设在支座的准确位置上，即将锚固钢筋和墩、台帽骨架钢筋焊接固定，同时用木架将钢垫板固定在墩、台帽模板上。此法在施工时垫板位置不易准确，应经常校正。后者需在安装墩、台帽模板时，安装好预留孔模板，在绑扎钢筋时注意将锚栓孔位置留出。此法安装支座施工方便，支座垫板位置准确。

第二节　装配式墩台施工

装配式墩台适用于山谷架桥、跨越平缓无漂流物的河沟、河滩等的桥梁，特别是在工地干扰多、施工场地狭窄、缺水与砂石供应困难地区，其效果更为显著。装配式墩台的优点是：结构；形式轻便，建桥速度快，圬工省，预制构件质量有保证等。通常采用的有砌块式、柱式和管节式或环圈式墩台等。

一、砌块式墩台施工

砌块式墩台的施工大体上与石砌墩台相同，只是预制砌块的形式因墩台形式不同有很多变化。例如，1975 年建成的兰溪大桥，主桥身系采用预制的素混凝土壳块分层砌筑而成。壳块按形状分为 I 型和 II 型两大类，再按其砌筑位置和具体尺寸又分为 5 种型号，每种块件等高，均为 35cm，块件单元重力为 0.9 ~ 1.2kN，每砌三层为一段落。该桥采用预制砌块建造桥墩，不仅节约混凝土约 26%，节省木材 50m 大量铁件，而且砌缝整齐，外形美观。更主要的是加快了施工速度，避免了洪水对施工的威胁。

二、柱式墩施工

1．常用拼装接头

装配式柱式墩系将桥墩分解成若干轻型部件，在工厂或工地集中预制，再运送到现场施工工序为预制构件、安装连接与混凝土养护等。其中拼装接头是关键工序，既要牢固、安全，又要结构简单便于施工。常用的拼装接头有：

（1）承插式接头：将预制构件插入相应的预留孔内，插入长度一般为 1.2 ~ 1.5 倍的构件宽度，底部铺设 2cm 厚的砂浆四周以半干硬性混凝土填充。常用于立柱与基础的接头连接。

（2）钢筋锚固接头：构件上预留钢筋或型钢，插入另一构件的预留槽内，或将钢筋互相焊接，再灌注半干硬性混凝土。多用于立柱与顶帽处的连接。

（3）焊接接头：将预埋在构件中的铁件与另一构件的预埋铁件用电焊连接，外部再用混凝土封闭。这种接头易于调整误差，多用于水平连接杆与立柱的连接。

（4）扣环式接头：相互连接的构件按预定位置预埋环式钢筋，安装时柱脚先坐落在承台的柱心上，上下环式钢筋互相错接，扣环间插入U形短钢筋焊牢，四周再绑扎钢筋一圈，立模浇筑外围接头混凝土。要求上下扣环预埋位置正确，施工较为复杂。

（5）法兰盘接头：在相互连接的构件两端安装法兰盘，连接时将法兰盘连接螺栓拧紧即可。要求法兰盘预埋位置必须与构件垂直，接头处可不用混凝土封闭。

2．装配柱式墩台应注意的几个问题

（1）墩台柱构件与基础顶面预留环形基座应编号，并检查各个墩、台高度是否符合设计要求；基环四周与柱边的空隙不得小于2cm。

（2）墩台柱吊入基环内就位时，应在纵横方向测量，使柱身垂直度或倾斜度以及平面位置均符合设计要求；对重大、细长的墩柱，需用风缆或撑木固定，方可摘除吊钩。

（3）在墩台柱顶安装盖梁前，应先检查盖梁预留槽眼位置是否符合设计要求，否则应先修凿。

（4）柱身与盖梁（顶帽）安装完毕并经检查符合要求后，可在基环空隙与盖梁槽眼处灌注稀砂浆，待其硬化后，拆除锲子、支撑或风缆，再在锲子中灌填砂浆。

三、后张法预应力混凝土装配墩施工

装配式预应力钢筋混凝土墩分为基础、实体墩身和装配墩身三大部分。装配墩身由基本构件、隔板、顶板和顶帽等组成，并用高强钢丝穿入预留的上下贯通的孔道内，张拉锚固而成。实体墩身是装配墩身和基础的连接段，其作用是锚固预应力筋，调节装配墩身的高度和抵御洪水时漂流物的冲击等。

施工工艺分为施工准备、构件预制和墩身装配三部分，全过程贯穿质量检查工作。实体墩身浇筑时预留张拉孔道及工作孔。构件装配的水平接缝采用M35水泥砂浆，砂浆厚15mm。安装构件确保：吊起水平、构件顶面平、内外壁砂浆接缝抹平；起吊、降落、松勾平稳；构件尺寸准、孔道位置准、中线准及预埋配件位置准；接缝砂浆密实；构件孔道畅通。

张拉预应力钢丝束分两种：直径为5mm的高强度钢丝，用18φ5mm锥形锚；7φ4mm钢绞线，用JMl2—6型锚具，采用一次张拉工艺。张拉位置顶帽上或实体墩下均可，一般多在顶帽上张拉。

孔道压浆前用高压水冲洗，压浆用纯水泥浆，由下而上压注。压浆分初压与复压，初压后停lh，待压浆初凝后再复压。复压压力约0．8～1．0Pa，初压压力可小一些。

实体墩封锚采用与墩身同强度等级的混凝土，同时采用放水措施。顶帽上封锚采用钢筋网罩焊在垫板上，单个或多个连在一起，然后用混凝土封锚。

四、质量标准

《公路桥涵施工技术规范》规定，构件安装前必须检查其外形和构件的预埋尺寸和位置，其允许偏差不得超过设计规定；构件安装就位完毕后，经过检查校正符合要求，才允许焊接或浇筑混凝土以固定构件；分段安装的构件继续安装时，必须在先安装的构件固定和受力较大的接头混凝土达到设计要求的强度后方可进行。装配式墩台完成时的允许偏差为：

（1）墩台柱埋入基座内的深度和砌块墩台埋置深度，必符合设计规定；

（2）墩台倾斜为0．3% H（H为墩高），最大不得超过20mm：

（3）墩台顶面高程 ±10mm；墩、台中线平面位置 ±10mm；相邻墩、台柱间距 ±15mm。

第三节　滑动模板施工

一、滑动模板构造

滑动模板系将模板悬挂在工作平台的围圈上，沿着所施工混凝土结构的截面周界组拼装配，并随着混凝土的灌筑由千斤顶带动向上滑升。滑动模板的构造，由于桥墩类型、提升工具的类型不同模板构造也稍有差异，但其主要部件与功能大致相同，一般主要由工作平台、内外模板、混凝土平台、工作吊篮和提升设备等组成。

（1）工作平台1由外钢环5、辐射梁3、内钢环6、栏杆4、步板18组成，除提供施工操作的场地外，还用它把模板的其他部分与顶杆14相互连接起来，使整个滑模结构支承在顶杆上。可以说，工作平台是整个滑模结构的骨架，因此，应具有足够的强度和刚度。

（2）内外模板10、11采用薄钢板制作，用于上下壁厚相同的直坡空心桥墩滑模。内外模板均通过立柱7、8固定在工作平台的辐射梁上。用于上下壁厚相同的斜坡空心墩的收坡滑模，内外模板仍固定在立柱上，但立柱架（或顶架横梁17）不是固定在辐射梁上，而是通过滚轴9悬挂在辐射梁上，并可利用收坡丝杆16沿辐射方向移动立柱架及内外模板位置。用于斜坡式不等壁厚空心墩的收坡滑模，则内外立柱固定于辐射梁上，而在立柱与模板间安装收坡丝杆，以便分别移动内外模板的位置。

（3）混凝土平台2由辐射梁、步板、栏杆等组成，利用立柱19支承在工作平台的辐射梁上，供堆放及灌筑混凝土的施工操作用。

（4）工作吊篮系悬挂在工作平台的辐射梁和内外模板的立柱上，它随着模板的提升向上移动，供施工人员对刚脱模的混凝土进行表面修整和养生等施工操作之用。

（5）提升设备由千斤顶 13、顶杆 14、顶杆导管 15 等组成，通过顶升工作平台的辐射梁使整个模板提升。

二、滑动模板提升工艺

滑动模板提升设备主要有提升千斤顶、支承顶杆及液压控制装置等几部分，其提升过程。

（1）转动手轮 2 使螺杆 3 旋转，使千斤顶顶座 4 及顶架上横梁 5 带动整个模板徐徐上升。此时，上卡头 6、卡瓦 7、卡板 8 卡住顶杆，而下卡头 9、卡瓦 7、卡板 8 则沿顶杆向上滑行，当滑至与上下卡瓦接触或螺杆不能再旋转时，即完成一个行程的提升。

（2）向相反方向转动手轮，此时，下卡头、卡瓦、卡板卡住顶杆 1、整个模板处于静止状态。仅上卡头、卡瓦、卡板连同螺杆、手轮沿顶杆向上滑行，直至上卡头与顶架上横梁接触或螺杆不能再旋转时为止，即完成整个一个循环。

（3）进油提升：利用油泵将油压入缸盖 3 与活塞 5 间，油压作用时，上卡头 6 立即卡紧顶杆使活塞固定于顶杆上。随着缸盖与活塞间进油量的增加，使缸盖连同缸筒 4、底座 9 及整个滑模结构一起上升，直至上、下卡头 8 顶紧时，提升暂停。此时，缸筒内排油弹簧完全处于压缩状态。

（4）排油归位：开通回油管路，解除油压，利用排油弹簧 7 推动上下卡头使其与顶杆卡紧，同时推动上卡头将油排出缸筒，在千斤顶及整个滑模位置不变的情况下，使活塞回到进油前位置。至此，完成一个提升循环。为了使各液压千斤顶能协同一致地工作，应将油泵与各千斤顶用高压油管连通，由操纵台统一集中控制。

提升时，滑模与平台上 1 临时荷载完全由顶杆承受。顶杆多用 A3 与 A5 圆钢制作，直径 25mm，A5 圆钢的承载能力约为 12.5kN（A3 则为 10kN）。顶杆一端埋置于墩、台结构的混凝土中，一端穿过千斤顶芯孔，每节长 2.0 ~ 4.0m，用工具式或焊接连接。为了节省钢材，使支承顶杆能重复使用，可在顶杆外安装上套管，套管随同滑模整个结构一起上升，待施工完毕后，可拔出支承顶杆。

三、滑动模板的设计要点

滑动模板整体结构是混凝土成型的装置，也是施工操作的主要场地，必须具有足够的整体刚度、稳定性和合理的安全度。为了保证施工质量与安全，滑动模板各组成部件，必须按强度和刚度要求进行设计和验算。

1. 荷载取值

作用在滑动模板整个结构上的荷载有静荷载与活荷载。工作平台、内外模板、混凝土平台、工作吊篮、提升设备、液压管线等自重都属于静荷载，操作人员、施工机具、平台上堆放的材料及半成品的重力，以及滑升时混凝土与模板间的摩阻力等属于垂直活荷载；向模板内倾倒混凝土时所产生的冲击力，新浇筑混凝土对模板的侧压力，以及风荷载等属于水平活荷载，具体可按有关规范与设计要求分别取值。

2. 确定支承顶杆和千斤顶的数量

（1）支承顶杆的数量：其最小值 n 按下式计算：

$$n=KP/N$$

式中：P——滑动模板提升时全部静荷载和垂直活荷载；

N——单根支承顶杆的容许承载能力，按下式取值：

$$N=\varphi A[\sigma]$$

ϕ——纵向弯曲系数，可根据长细比大小查表确定；支承顶杆的计算长度 L 根据不同的施工情况予以否决，如正常提升时，其自由长度 £ 取千斤顶上卡头至新浇筑层混凝土低部的距离，并且上卡头处为固结、下端为铰接，所以 L=0.7L；

A——支承顶杆的截面面积；

$[\sigma]$——支承顶杆的抗压容许应力；

K——工作条件系数，液压千斤顶取值为 0.8。

提升过程中支承顶杆实际受力情况比较复杂，其容许承载能力应根据工程实践的经验选用。上述计算确定的支承杆数量，还应根据结构物的平面和局部构造加以适当的调整。

（2）千斤顶的数量：液压千斤顶的起重能力约为 30kN，施工时考虑其他因素后，按 15kN 取值。大体上与支承顶杆的承载能力相同，即一根支承顶杆上安装一台千斤顶，所需千斤顶数量与支承杆数量相同。

3. 确定支承顶杆、千斤顶、项升架和工作平台的布置方案

（1）支承顶杆和千斤顶的布置方案：一般有均匀布置、分组集中布置及分组集中与均匀布置相结合等。在筒壁结构中多采用均匀布置方案，在平面较为复杂的结构中则宜采用分组集中与均匀相结合的布置方案。

千斤顶在布置时，应使各千斤顶所承受的荷载大致相同，以利用同步提升，当平台上荷载分布不均时，荷载较大的区域和摩阻力较大的区段，千斤顶布置的数量要多些。考虑到平台荷载内重外轻，在数量上内侧应较外侧布置多些，以避免顶升架提升时向内倾斜。

（2）顶升架的布置方案：应根据结构形式、建筑平面、平台荷载与刚度进行布置。筒壁结构顶升架可采用均匀布置方案，间距控制在 1.2 ～ 2.5m。

（3）工作平台的布置方案：必须保证结构的整体性与足够的刚度，应根据施工对象的结构特点、荷载大小和分布情况、顶升架和千斤顶的布置要求，以及垂直运输方式等来确定工作台的布置方案。圆形结构中，工作平台的承重结构、承重桁架或梁宜采用辐射形式布置，使平台的刚度好，作用在各顶升架上的荷载比较均匀。方形结构中，工作平台的

承重结构可单向或双向布置，单向布置时，承重梁间应设置水平支撑，两端的承重梁应设置垂直支撑，以加强平台结构的整体性和稳定性。

4．模板的设计

包括模板尺寸的确定和模板的刚度。模板必须具有足够的刚度，才能保证浇筑混凝土和提升过程中在混凝土侧压力作用下不发生超过允许的变形值。一般条件下，模板在水平荷载：

作用下，其支点间在力作用方向的变形不超过 1/1000。作用在模板上的水平荷载主要是新浇筑混凝土的侧压力，此时，模板按简支板计算。因为滑模施工中，模板有一定倾斜度，出模混凝土具有 0.05 ～ 0.25MPa 的强度，所以模板底部的混凝土对模板已不存在侧压力。在侧压力作用的高度范围内，新浇混凝土的侧压力计算式为：

$$P=\gamma h/2$$

式中：P 新浇混凝土侧压力的计算最大值，kPa；

γ——混凝土的重度，kN/m^3；

h——侧压力的计算作用高度，h=0.65 ～ 0.70H，H 为模板高度。

侧压力的合力为 0.75Ph 合力作用点距模板上口的距离在 3/5h 处。

5．顶升架与工作平台的设计

顶升架的构造形式，主要是根据结构水平截面形状、部位和千斤顶的类型决定的。一般常采用一字形的单横梁或双横梁。顶升架承受提升时的全部垂直荷载，以及混凝土与模板的侧压力等水平荷载，其计算内容包括顶升架立柱间和立柱设计。对于等截面结构的滑模工程，净宽 w 为：

$$W=A+2(B+C+D)+E$$

式中：A——结构的截面宽度，m；

B——模板的厚度，m；

C——围堰的宽度，m；

D——支承围圈的支托宽度，m；

E——由于模板的倾斜度要求两侧放宽尺寸，m。

顶升架的横梁底面与模板顶板顶面间的距离，对于钢筋混凝土的结构取值 0.45 ～ 0.50m，主要是为了满足绑扎水平钢筋和预埋件的要求。顶升架的立柱按拉弯构件计算。工作平台的计算可视其具体受力情况，按常用的结构计算方法检验其强度。此外，还有液压系统的设计。

四、滑模浇筑混凝土施工要点

1. 滑模组装

在墩位上就地进行组装时，安装步骤为：

（1）在基础顶面搭枕木垛，定出桥墩中心线；

（2）在枕木垛上先安装内钢环，并准确定位，再依次安装辐射梁、外钢环、立柱、顶杆、千斤顶、模板等；

（3）提升整个装置，撤去枕木垛，再将模板落下就位，随后安装余下的设施；内外吊架待模板滑升至一定高度，及时安装；模板安装前，表面需涂润滑剂，以减少滑升时摩阻力；组装完毕后，必须按设计要求及组装质量标准进行全面检查，并及时纠正偏差。

2. 灌注混凝土

滑模宜灌注低流动度或半干硬性混凝土，灌注时应分层、分段、对称地进行，分层厚度以 20 ~ 30cm 为宜，灌注后混凝土表面距模板上缘有不小于 10 ~ 15cm 的距离。混凝土入模时，要均匀分布，应采用插入式振动器捣固，振捣时应避免触及钢筋及模板，振动器插入下一层混凝土的深度不得超过 5cm；脱模时混凝土的强度应为 0.2 ~ 0.5MPa，以防在其自重压力下坍塌变形。为此，可根据气温、水泥强度经试验后掺入一定量的早强剂，以加速提升；脱模后 8h 左右开始养生，用吊在下吊架上的环绕墩身的带小孔的水管来进行。养生水管一般设在距模板下缘 1.8 ~ 2.0m 处效果较好。

3. 提升与收坡

整个桥墩灌注过程可分为初次滑升、正常滑升和最后滑升 3 个阶段。从开始灌注混凝土到模板首次试升为初次滑升阶段；初灌混凝土的高度一般为 60 ~ 70cm，分 3 次灌注，在底层混凝土度达到 0.2 ~ 0.4MPa 时即可试升。将所有千斤顶同时缓缓起升 5cm，以观察底层混凝土的凝固情况。现场鉴定可用手指按刚脱模的混凝土表面，基本按不动，但留有指痕，砂浆不沾手，用指划过能留下痕迹，滑升时能耳闻“沙沙”的摩擦声，这些表明混凝土已具有 0.2 ~ 0.4MPa 的脱模强度，可以再缓慢提升 20cm 左右。初升后，经全面检查设备，即可进入正常滑升阶段。即每灌注一层混凝土，滑模提升一次，使每次灌注的厚度与每次提升的高度基本一致。在正常气温条下，提升时间不宜超过 lh。最后滑升阶段是混凝土已经灌注到需要的高度，不再继续灌注，但滑模尚需继续滑升阶段。灌注完最后一层混凝土后，每隔 1 ~ 2h 提升模板 5 ~ 10cm，滑动 2 ~ 3 次后即可避免混凝土与模板黏结。滑升模板时应做到垂直、均衡一致，顶架间的高差不大于 20cm。顶架横梁水平高差不大于 15cm，并要求三班连续作业，不得随意停工。

随着模板的提升，应转动收坡丝杆，调整墩壁曲面的半径，使之符合设计要求的收坡坡度。

4．接长顶杆、绑扎钢筋

模板每提升到一定高度时，就需要穿插进行接长顶杆、绑扎钢筋等的工作。为不影响提升的时间，钢筋的接头均应事先配好，并注意将接头错开。对预埋件及预埋的钢筋接头，滑模抽离后，要及时清理，使之外露。

5．混凝土停工后的处理

在整个施工过程中，由于工序的改变，或发生意外事故，使混凝土的灌注工作停止较长时间，即需要进行停工处理。例如，每隔半小时左右稍微提升模板一次，以免黏结；停工时在混凝土表面要插入短钢筋等，以增强新老混凝土的结合；复工时还需将混凝土的表面凿毛，并用水冲走残渣，湿润混凝土的表面，灌注一层厚度为2 ~ 3cm的1 ：1水泥砂浆，然后再灌注原配合比的混凝土，继续滑模施工。

爬升模板施工与滑动模板施工相似，不同的是支架通过千斤顶支承在预埋墩壁中的预埋件上。待浇筑好的墩身混凝土达到一定强度后，将模板松开，千斤顶上顶，把支架连同模板升到新的位置，模板就位后，再继续浇筑墩身混凝土。如此反复循环，逐节爬升，每次升高约2m。爬升模板的应用还不太普遍。

翻升模板施工是采用一种特殊钢模板，一般由三层模板组成一个基本单元，并配置有随模板升高的混凝土接料工作平台。当浇筑完上层模板的混凝土后，将最下层模板拆除翻上来拼装成第四层模板，以此类推，循环施工。翻升模板也能够用于有坡度的桥墩施工。

第四节　墩台附属工程施工

一、锥坡施工

锥坡施工主要包括填土和砌筑。填土分层夯实达到最佳密度。若用砂砾石土夯填时要洒水；用块石铺填时层次要均匀密实，不能随意乱抛乱倾，填料一般以黏土为宜，填土高度按设计高程和坡度一次填足。砌筑片石的厚度不够时，可从上部挖去一部分，绝不允许在填土不足时用临时填土或砌石补边等法处理，并且应留出坡面防护的位置，以便砌筑坡面。

锥坡坡面一般用片石或卵石，或混凝土预制块铺砌。砌石拉线时坡顶留出一定高度，待锥坡填土沉陷，顶高下降后仍能保持设计坡度。用片石或卵石砌筑护坡底层时，基础与坡脚的接触面应垂直，以防滑移。坡底层应用卵砾石或碎石做反滤层，防止锥坡土方被水冲流失，根据土质情况，应在坡面设置泻水孔。若坡脚有不良地基时，应彻底处理。坡与道路连接处要平顺并能避免坡体后面受冲刷或渗透而导致坡锥倒塌。坡锥脚还应根据水流、流冰、漂流物撞击等情况，决定埋置深度、砌筑加固方法等。

二、台后填土

填筑桥梁引道宜用砂性土或其他透水性好的土质，以利排水。若无法找到透水性土时，也可就地取土填筑，但一定要夯实，或用石灰土夯填并做好排水工作，以减少台后土压力和避免台前产生较大的动水压力。填土应分层夯实，每层松土厚 20 ~ 30cm，应夯 2 ~ 3 遍。台背处打夯较困难时，可用木棍、拍板打紧捣实，与路堤搭接处应挖成台阶形。桥台被土掩部分的表面不应凹入和有积水，石砌圬工桥台台背与土接触面应涂抹两道热沥青或用石灰三合土，用水泥砂浆胶泥做不透水层作为台后防水处理。拱桥台后填筑必须与拱圈的施工程序密切配合，使拱推力与台后土侧压力保持一定平衡。台后泄水盲沟应以片石、卵石或碎石等透水材料砌筑按坡度位器，沟底用黏土夯实，盲沟应从下游出口，高出水位 0.2m 即可。无水干河，盲沟出口也应高出地面 0.2m。

三、其他导流工程

根据河流性质的特点、地形、地质、河滩水流情况、桥头引道、水利设施等因素综合考虑后需在桥的上、下游修建一些调治构造物，如导流堤、丁坝、顺坝和护岸等，用以保证桥位附近流畅通，以使河槽、河岸不发生严重变形。用土填筑修造这些调治构造物时，其顶端不得小于 2m，非淹没式调治物的顶面高程应高于设计洪水位至少 25cm 以上。其边坡坡面在近水面不得陡于 1 ∶ 2；背面不得陡于 1 ∶ 1.5；坡面应根据水流流速、浪高和泛滥宽度铺砌。淹没式调治物的顶面高程，视地形和水流情况确定，一般应高于常水位。在单边河滩上，流量不超过水流总量的 15% 或双边河滩上，流量不超过水流总量的 25% 时，可不必设置导流堤。调治构造物大都用砖、石等圬工材料修筑。

第八章 装配式桥梁制作与安装

第一节 概 述

所谓装配式梁桥，一般指将梁段横向分片或纵向分段预制后，预制件经检验合格后运到桥头，进行就位安装而成为桥梁上部结构的桥梁。

装配式梁桥的施工包括分片或分段构件的预制、运输、安装三阶段。桥梁的预制构件一般在预制场或预制工厂内进行，然后由运输工具运至桥位进行安装。

一、装配式梁桥的特点

采用预制安装法施工的装配式梁桥与就地浇筑的整体式梁桥相比较，有下列特点：

1）加速施工进度。由于装配式梁桥的梁片预制可与桥梁下部结构同时实施，对加速施工进度，缩短施工工期，效果明显。

2）节省支架、模板。装配式桥常采用无支架或少支架施工，预制场采用钢模板浇筑预制件，模板反复使用，能节约木材高桥采用无支架安装可省去大量现场支架，节省工程投资。

3）提高工程质量。装配式梁桥的预制梁片可以标准化，采取钢模板使梁体表面光洁美观，生产流程可以达到自动化，机械化、梁体混凝土计量自动化、振捣及养生均能达到理想要求，对梁体质量有较高保证率。

4）需要吊装设备预制梁片一般采用汽车吊、履带吊机、浮吊进行吊装架设，桥梁较长可采用架桥机架设。

5）结构用钢量略为增大。装配式桥的造价与整体浇筑桥造价相比孰高孰低，不能一概而论，对具体的桥梁要具体分析。当桥址地形条件不便或不能设立支架，或者桥较高、采用支架施工时支架工程量大，而施工单位有足够的架梁设备时，采用装配式施工将是经济合理的。

随着吊运能力的不断提高和预应力工艺的渐趋完善，目前预制安装的施工方法是国内最常用的施工方法。

二、预制构件的分块方式

装配式梁桥在设计时就应考虑将每孔桥梁分割成若干构件。预制构件形式随桥型不同而变化，一般有三种基本形式及其综合使用。

1. 在桥梁横截面内用竖向缝划分为若干梁片在桥梁横截面内用竖向缝划分为若干梁片的方法是板、梁桥最常用的方法。装配式梁桥在横截面内由若干个梁片组成，在桥的纵向则是整片的。这时构件之间需有纵向接缝。

2. 沿桥梁纵向将一桥跨分为若干节段是梁式桥节段施工最常用的分块方法。

3. 在桥梁横截面内，用水平缝划分为上下若干部分在桥梁横截面内，用水平缝划分为上下若干部分是另一种横向分块的方法，通常不单独使用，常与第一种分块方法结合使用，目的是为了减轻吊装重量。较典型的是"组合截面（组合梁）"，如少筋微弯板 - Ⅰ型（或槽型）组合梁等。

4. 以上三种基本方法的综合使用

以上三种基本方法的综合使用也就是既在横向分块，又在纵向分节段口较典型的就是采用无支架施工的肋拱桥，它在横向分为几肋，而每个拱肋又在纵向分为几段口双曲拱桥采用无支架施工时，则是最典型的三种分块方法的综合应用（横截面上部的拱板为现浇）。

三、构件的接头（缝）形式

预制块件间的接头（缝）有三种方式：湿接头、干接头及干湿混合接头。湿接头就是现浇混凝土接头、必须在有支架（或吊架）情况下实施。干接头如钢板电焊接头、法兰螺栓接头、环氧树脂水泥胶涂缝的预应力接头等。干湿混合接头则先由干接头受力，再待现浇混凝土接头获得强度后共同受力。

1. 现浇混凝土接头（湿接头）

构件的端头需有主筋伸出，互相焊接，并布置箍筋后浇筑混凝土。接头长度一般为 0.2 ~ 0.5m，接头混凝土标号一般采用比构件的混凝土标号高一级，或采用早强混凝土，以达到尽快拆除支架的目的。现在的装配式 T 梁的翼板接缝也多用湿接缝。

2. 钢板电焊接头

在构件接头端部预埋钢板，在构件就位后将钢板焊接起来。这种接头形式有如图所示三种形式：第一种采用在端面预埋钢板，接头时在钢板四周焊接；第二种采用在构件侧面预埋钢板与搭接钢板焊接；第三种在构件端部与侧面均预埋钢板，先焊接端部钢板，再加搭接钢板与侧面预埋钢板焊接。所有预埋钢板均要与锚固钢筋或与主筋相焊接。

3. 法兰螺栓接头

在构件接头端预埋法兰盘，在构件就位后用螺栓将法兰连接起来。构件预制时，为了保证安装精度，应将两构件接头端法兰盘先用螺栓连好，再将法兰盘与主筋焊接，浇筑构件混凝土，这样，在构件安装连接时就容易对准就位。

4. 干湿混合接头

在同一接头处既用现浇连接又用钢板电焊接头或法兰螺栓接头。干湿混合接头，利用干接头部分尽快使构件拼接就位，现浇部分在拼接后再浇筑，这样使接头用钢量不致太多，又不影响施工的进展。

5. 预应力接头

当预应力混凝土箱梁或T梁由节段预制构件组成时，可利用结构所需要的预应力筋或预应力束串联成整体，拼接时在构件拼接端上涂环氧树脂水泥胶浆薄层，在胶浆硬化前拼接构件，使构件接头接触密贴，整体性好。

第二节　装配式构件的预制工艺

一、预制方法分类

1. 立式预制与卧式预制

构件的预制方法按构件预制时所处的状态分立式预制和卧式预制两种。

等高度的T梁和箱梁在预制时采用立式预制。这样构件在预制后即可直接运输和吊装，无须进行翻转作业。

对于变高度的梁宜采用卧式预制，这时可在预制平台上放样，布置底模，侧模高度由梁宽度决定，便于绑扎钢筋和浇筑混凝土，构件尺寸和混凝土质量也易得到保证。卧制的构件需在预制后翻身竖起，一般构件在起吊之后进行翻身的操作。

卧式预制可分为单片预制和多片叠浇。单片预制就是在每一个构件预制的底座上先预制一片构件，待其出坑后再预制第二个同规格的构件。叠浇则是同一底座上预制数片，在前一片之上涂脱模剂后再浇筑后一片，前一片成为后一片的底模。

拱肋的预制既可以是立式预制，也可以是卧式预制。

2. 固定式预制与活动台车预制

构件预制方法按作业线布置不同分固定式预制和活动台车上预制两种。

固定式预制，是构件在整个预制过程中一直在一个固定底座上，立模、扎筋、浇筑和养护混凝土等各个作业依次在同一地点进行，直至构件最后制成被吊离底座（即“出坑”）。一般规模的桥梁工程构件预制大多采用此法。

在活动台车上预制构件时，台车上具有活动模板（一般为钢模板），能快速地装拆，当台车沿着轨道从一个地点移动到另一个地点时，作业也就按顺序一个接一个地进行。预制场布置成一个流水作业线，构件分批地进入蒸养室进行养护。如果是后张式预应力构件，则从蒸养室出来后，即进入预应力张拉作业点。用这种方法预制构件，可采用强有力的底模振捣和快速有效的养护，使构件的预制质量和速度大为提高。这种方法适用于大批构件制造或在构件预制工厂内采用。

3. 先张法与后张法

预应力构件按施加预应力的工艺不同分为先张法和后张法两种。

先张法需张拉台座，所以一般在预制场进行，在台座上绑扎钢筋甲布置预应力束（筋），并利用张拉台座张拉预应力并锚固，再浇筑梁体混凝土，待混凝土强度达到规定要求后在梁体外切割预应力束（筋）。

后张法采用在浇筑梁体混凝土前，在梁体内按设计要求预留预应力束（筋）孔道，待梁体混凝土达到规定强度时，再在预留孔道内穿预应力束（筋），并进行张拉、锚固，最后在管道内进行压浆。所以后张法预应力构件可在现场进行制造，也可在构件预制工厂内预制，然后用运梁车运输梁体。

二、预制基本作业

构件是在预制场（厂）内预制的，预制场地和各种车间的布置必须合理。预制场（厂）内布置的原则是使各工序能密切配合，便于流水作业，缩短运输距离和占地面积尽量少。

下面先介绍与构件预制有关的模板工作、钢筋工作和混凝土工作这几个基本作业的要点，然后再对预应力构件的制造工艺做专门的阐述。

1. 模板工作

根据工程规模和预制工作量大小，模板可采用钢制、木制或钢木结合的（参见第七章）。在较小的工程中，截面较小构件的制作，也可采用砖模或土木结合模。

制作T梁的模板，包括底模、侧模和端模。底模支承在底座上，底座有木底座和混凝土底座两种。制作空心板构件，尚需用芯模；制作箱梁节段，则另需内模。

2. 钢筋工作

钢筋工作包括钢筋整直、切断、除锈、弯钩、焊接和绑扎成型等工作（参见第七章）。工作的要求和内容与就地浇筑施工的钢筋混凝土桥梁基本相同。但对预制装配式桥梁来说，在构件预制时还需设置各种预埋件，包括构件的接缝和接头部位的预埋角钢、钢板、钢筋（伸出钢筋）等和吊点的吊环、预埋零件等。预埋件须与钢筋骨架牢固地连接。

3. 混凝土工作

混凝土工作包括混凝土的拌制、运输、浇筑、振捣和养护等工序（参见第七章）。要求和方法也与就地施工桥梁基本相同。然而由于预制场或预制工厂的设备和技术条件比现场为好，混凝土工作就有可能组织的更为合理有效，达到更高的质量要求。

三、预应力构件的制造工艺

1. 先张法预制工艺

先张法生产可采用台座法或流水机组法。采用台座法时，构件施工的各道工序全部在固定台座上进行。采用流水机组法时，构件在移动式的钢模中生产，钢模按流水方式通过张拉、浇筑、养护等各个固定机组完成每道工序。流水机组法可加快生产速度，但需要大量钢模和较高的机械化程度，且需配合蒸汽养护甲因此适用于工厂内预制定型构件。

（1）台座法预制

台座是先张法生产中的主要设备之一，要求有足够的强度和稳定性。台座按构造型式不同，可分为墩式和槽式两类。

1）墩式台座。墩式台座是靠自重和土压力来平衡张拉力所产生的倾覆力矩，

并靠土壤的反力和摩擦力抵抗水平位移，在地质条件良好、台座张拉线较长的情况下，采用墩式台座可节约大量混凝土。

2）槽式台座。当现场地质条件较差、台座又不很长时，可采用槽式台座。槽式台座与墩式台座不同之处在于预应力筋张拉力是由承力框架承受而得到平衡此承力框架可以是钢筋混凝土的，或是由横梁和玉杆组成的钢结构。

（2）预应力筋的制备

先张法预应力混凝土梁可用冷拉皿，N 级螺纹粗钢筋、高强钢丝、钢绞线和冷拔低碳钢丝作为预应力筋。粗钢筋（直径为 12 ~ 28mm）的制备工作，包括下料、对焊、冷拉、时效、墩粗和轧丝等工序。

冷拉就是对钢筋施加一个大于屈服强度而小于抗拉极限弦度的拉力，使钢材屈服并产生塑性变形，从而提高钢材的屈服强度。

经过冷拉的钢筋余料，可在对焊后再次冷拉使用，但冷拉次数不得超过 2 次。同时在计算伸长值时，应扣除第一次冷拉的伸长值。

冷拉后的钢筋，若在第一次的温度下给予适当的时间“休息”而不立即加载使用，那么由冷拉引起的钢材晶体的歪曲便可得到一定程度的恢复。这样就使钢筋的内应力得以消除，从而使钢筋的屈服强度、抗拉强度都比冷拉刚完成时有所提高，并逐渐趋于稳定，钢筋冷拉时所降低的弹性模量也得到恢复，钢材的这种性质称为冷拉时效。

时效有自然时效和人工时效两种。将冷拉后的钢筋在自然温度下（25 ~ 30℃）放置一个较长的时间（20 ~ 30d）后使用，叫作自然时效。自然时效的效应较缓而且费时较长，因此，在有条件的情况下，应尽可能地使用人工时效。

人工时效就是用加热的办法，使冷拉后的钢筋在 100℃的恒温下保持 2h 左右。经过人工时效的冷拉钢筋，其屈服强度可较时效前提高 10% ~ 20% 以上，其弹性模量基本上能恢复到冷拉前的数值。工程中常采用电热时效，即将冷拉后的钢筋通电加热，使温度维持在 200 ~ 300℃之间，经 20 ~ 30min 即达时效目的。

（3）预应力筋的张拉和放松

先张法梁的预应力筋，是在底模整理好后在台座上进行张拉的。对于长线台座，预应力筋需要先用连接器串联后才能张拉。先张法梁通常采用一端张拉，另一端在张拉前要设置好固定装置或安放好预应力筋的放松装置。但也有采用两端张拉的方法。

先张法张拉钢筋，可以单根分别张拉或多根整批张拉。单根张拉设备比较简单，吨位要求小，但张拉速度慢。张拉的顺序应不致使台座承受过大的偏心力。多根同时张拉一般需有两个大吨位拉伸机，张拉速度快。数根钢筋同时张拉时，必须使它们的初始长度一致，以便使每根钢筋张拉后的应力均匀。

钢筋在超张拉时，其张拉值不得大于钢筋的屈服强度，或钢丝、钢绞线抗拉强度的75%。为施工安全，应在超张拉后放松至 90% 的控制应力，进行安装预埋件、模板和钢筋等工作。

当混凝土强度达到设计要求后，可在台座上放松受拉预应力筋（称为“放张”），对预制梁施加预应力。当设计无规定时，一般应在混凝土强度大丁设计标号的 70% 时进行。放松之后，切割梁外钢筋，即可移位准备再生产。

放松预应力钢筋的办法有用千斤顶先拉后松、沙箱放松、滑楔放松和螺杆放松等方法，这里不予详述。

（4）流水机组法预制

所谓“流水机组法”是将若干个备有加力架的台车连在一起，顺生产线移动，在每一段上完成一道工序，最后一道工序完成后，台车转回至第一个位置，然后进行下一片梁的预制。

2. 后张法预制工艺

后张法工序较先张法复杂，需要预留孔道、穿筋、灌浆等工序，以及耗用大量的锚具和埋设件等，增加了用钢量和投资成本。但后张法不需要强大的张拉台座，便于在现场施工，而且又适宜于配置曲线形预应力束（筋）的大型和重型构件制作，因此目前在铁路、公路桥梁上得到广泛的应用。

后张法预应力混凝土桥梁常用高强碳素钢丝束、钢绞线和冷拉Ⅲ、Ⅳ级粗钢筋作为预应力筋。对于跨径较小的 T 梁桥，也可采用冷拔低碳钢丝作为预应力筋。

（1）高强钢丝束的制备

钢丝束的制作包括下料和编束工作。高强碳素钢丝都是圆盘，若盘径小于 15m，则下料前应先在钢丝调直机上调直。对于在厂内先经矫直回火处理且盘径为 17m 的高强钢丝，则一般不必整直就可下料。如发现局部存在波弯现象，可先在木制台座上用木槌整直后下料。下料前除应抽样试验钢丝的力学性能外，还要测量钢丝的圆度。

1）钢丝调直

进行钢丝调直时，钢丝从盘架上引出，经过调直机，用绞车牵引前进。钢丝调直机开动旋转时，在其内通过的钢丝受到反复的超过其弹性极限的弯曲变形而被调直。

调直后的钢丝最好让它成直线存放，如果需将钢丝盘起来存放时，其盘架的直径应不小于钢丝直径的 400 倍，否则钢丝又将发生塑性变形而弯曲。

2）钢丝下料。

钢丝的下料长度应为

$$L=L_0+L_1$$

式中，L_0 构件混凝土预留孔道长度；

L_1—固定端和张拉端（或两个张拉端）所需要的钢丝工作长度。

当钩件的两端均采用锥形锚具、双作用或三作用千斤顶张拉钢丝时，钢丝工作长度一般可取 140 ~ 160mm。当采用其他类型锚具及张拉设备时，应根据实际需要计算钢丝的工作长度。对于采用锥形螺杆锚具和墩头锚具的钢丝束，应保证每根钢丝下料长度相等，这就要求钢丝在控制应力状态下切断。

3）编束。

为了防止钢丝扭结，必须进行编束。编束时可将钢丝对齐后穿入特制的梳丝板，使之排列整齐。然后一边梳理钢丝一边每隔 1 ~ 15m 衬以长 3 ~ 4cm 的螺旋衬圈或短钢管，并在设衬圈处用 2 号铁丝缠绕 20 ~ 30 道捆扎成束。这种制束工艺对防锈、压浆有利，但操作较麻烦。

另一种编束方式是每隔 1 ~ 15m 先用 18 ~ 20 号铅丝将钢丝编成帘子状，然后订隔 15m 设置一个螺旋衬圆并将编好的帘子绕衬圈围成圆束。

绑扎好的钢丝束，应挂牌标出其长度和设计编号，并按编号分批堆放，以防错乱。

当采用环销锚锚具时，钢丝宜先绑扎或小束而后绑扎成大束。绑束完毕后，在钢丝束的两端按分丝的要求，将钢丝束分或内外两层，并分别用铅丝编结成帘状或做出明显的标志，以防两端内外层钢丝交错张拉。

（2）钢绞线的制备

钢绞线有普通松弛钢绞线和低松弛钢绞线两类。低松弛高强度预应力钢绞线是为了适应预应力大吨位群锚的需要、节省钢材及投资而发展起来的。低松弛是对普通松弛钢绞线而言的，在标准试验条件下，普通松弛钢绞线应力松弛值为 8%。而低松弛钢绞线 ≤25%，在 20 世纪 80 年代以前，国内还没有生产低松弛钢绞线的能力但目前国产低松弛高强度预应力钢绞线的应用越来越普遍。

钢绞线从原料到成品生产工艺流程如下：原料→原料检验→酸洗→涂润滑层→中和→烘干→拉丝打轴→半成品检验→绞线捻制。稳定化处理→重卷→成品检验→包装入库。

工程实践中使用的钢绞线均为购买成品。钢绞线运到现场后，下料长度由孔道长度私工作长度决定。钢绞线切割宜采用机械切割法。

（3）孔道形成

后张法施工的预应力梁，在浇筑梁体混凝土前，需在预应力筋的设计位置预先安放制孔器，以便梁体制成后在梁内形成孔道，将预应力筋穿入孔道，然后进行张拉和锚固。孔道形成包括制孔器的选择、安装和抽拔以及通孔检查等工作。

1）制孔器的种类。制孔器分为埋置式和抽拔式两类。

埋置式制孔器在梁体制成后将留在梁内，形成的孔道壁对预应力筋的李阻力小、不会因抽拔而损坏孔道，但成本相对较高。埋置式制孔器主要有铁皮管和金属波纹管；波纹管横向刚度大、不易变形、不漏浆，纵向也便于弯成各种线形，穿束容易，与构件混凝土的黏结也较好，还可做成扁状以适应扁状钢束，故现多用波纹管。

抽拔式制孔，是利用制孔器预先安放在预应力束的设计位置上，待混凝土初凝后将它拔出，钩件内即形成孔道。这种方法制孔的优点是制孔器能够周转使用而较经济，曾经被大量使用，但如果抽拔时机不对，孔道易损坏，也有可能拔不出，对施工质量控制不利，故目前在大型的工程项目中逐渐趋于少用。

抽拔式制孔器（俗称抽拔管）有以下三种：

①橡胶管制孔器。分夹布胶管和钢丝网胶管两种。当胶管的出厂长度短于预留孔道长度时，常采用专门的接头，接头要牢固严密，防止灌筑混凝土时脱节或进浆堵塞。在胶管内充气或充水可增加刚度，但充气（水）后胶管的外径应符合的孔径要求。

②金属伸缩管制孔器。是一种用金属丝编织成的可伸缩网套，具有压缩时直径增大而拉伸时直径减小的特性。为了防止漏浆和增强刚度，网套内可衬以普通橡胶衬管和搐入圆钢或钢丝束芯棒。

③钢管制孔器。用表面平整光滑的钢管焊接制成。焊接接头应磨平：钢管制孔器抽拔力大，但不能弯曲，仅适用于短而直的孔道。混凝土灌筑完毕后要定时转动钢管口无论采用何种制孔器，都应按设计规定或施工需要预留排气、排水、灌浆用的孔眼。

2）制孔器的抽拔。制孔器可由人工逐根抽拔或用机械 < 电动卷扬机或手摇绞车）

分批地进行抽拔。抽拔时先抽芯棒，后拔胶管，先拔下层胶管，后拔上层胶管。混凝土浇筑后合适的抽拔时间，是能否顺利抽拔和保证成孔质量的关键。如抽拔过早，混凝土容易塌陷而堵塞孔道；如抽拔过迟，则可能拔断胶管。因此，制孔器的抽拔要在混凝土初凝之后与终凝之前、待其抗压强度达。4 ~ 0.8MPa 为宜。

（4）穿束

梁体混凝土的强度达到设计强度的 70% 以上时，可穿束张拉。穿束前，可用空压机吹风等方法清理孔道内的污物和积水，以确保孔道畅通。穿束工作一般用人工直接穿束，也可借助长钢丝作为引线，用卷扬机牵引穿束。穿束后钢丝束在孔道两头伸出的长度要大致相等。

穿翎绞线束目前有专用的穿束机，将钢绞线从盘架上拉出后从孔道的一端快速地（速度为 3 ~ 8m/s）推送入孔道，当戴有护头的束前端穿出孔道另一端时，按规定伸出长度截断（用电动切线轮），再将新的端头戴上护头即可穿第二根，直至完成。

（5）预应力锚具

常用后张法预应力锚具有钢质锥形锚具、螺丝端杆锚具、M15 型锚具、墩头锚具、星形锚具、群锚体系根据是否用于张拉端锚具分为固定端锚具和张拉端锚具两类，其构造有很大的不同有关预应力锚具的构造、主要参数和使用方法。

（6）锚垫板

锚垫板是后张法体系中的一个部件，其作用是将锚具传来的集中力分布到较大的混凝土承压面积上去。

为便于加工和安装，锚垫板一般为矩形通常情况下，一块锚垫板上锚固一根翎丝束。当预应力钢丝束相碗根近时，也可将多根钢束锚固于同一块锚板上。

锚固垫板的厚度应不小于 12mm，不宜太薄。太薄则受压后锚板将变形成锅底形，影响应力扩散，可能导致混凝土劈裂。错固垫板的后方，应进行局部加强。加强的方法是设置螺旋式钢筋或附加横向钢筋网。

施工时应严格控制使锚垫板与管道中心线垂直，否则，张拉时垫板将对混凝土产生侧向分力，使锚下混凝土劈裂。若发生锚垫板与管道中心线不垂直时，应衬垫楔形垫板校正。

通常是将锚板浇筑在混凝土预制块件上。安装时事先将锚板用半眼螺丝固定在端头模板上，待混凝土浇筑完成后卸下与模板相连的螺丝，再脱去模板，此时锚垫板就固定在设计图所指定的位置；必须注意因锚板后方带有螺旋筋或防爆裂钢筋网，浇筑混凝土时必须对锚板后的部分进行充分捣固，以避免发生蜂窝。安装锚板的第二种方法是将其安放在预制块件的表面上；采用这种方法时，应该在铺板与混凝土之间填砂浆，砂浆强度应不小于支承面混凝土强度，接缝厚度应限制在 5cm 以内，也可以采用环氧黏结剂将锚板粘在支承面混凝土上。

（7）张拉设备

张拉设备包括张拉千斤顶、高压油泵和压力表，现就后张法预应力工艺中较常采用的几种：

1）张拉千斤顶。张拉千斤顶常用的类型有多种，分别与不同的锚具相适应；有些型号的千斤顶功能较多、使用方便，现不详述。与夹片铺具配套的为穿心式千斤顶，沿拉伸机轴心有一穿心孔道，钢束穿入后由尾部的工具锚铺固；张拉前先装好工作锚和工具锚，然后启动千斤顶工作，千斤顶通过工具锚将钢丝束张拉。

2）高压油泵。高压油泵是为各种油压千斤顶及拉伸机供油用的，常用的有电动高压油泵和手动高压油泵两种。油泵分柱塞式和齿轮式，电动高压油泵又有立式和卧式两种。

3）油压表。油压表的种类很多。对预应力筋（束）施加预拉力的过程，也就是张拉千斤顶在高压油液作用下进行工作的过程，正确测量和掌握油压的大小，不但直接影响预应力构件的质量，而且对安全生产也影响极大。在预应力施工中，为了保证油压表读数有足够的准确度，并确保使用安全与不易损坏，一般均选用精度不低 15 级的弹簧管油压表，其表面的最大读数应为实际使用读数的 15 ～ 20 倍。

（8）张拉方法

张拉前需做好千斤顶和压力表的校验、（与张拉吨位相应的）油压表读数和钢丝伸长量的计算、张拉顺序的确定、清孔、穿束等工作；应对千斤顶和油泵进行仔细检查，以保证各部分不漏油并能正常工作，应画出油压表读数和实际拉力的标定曲线，确定预应力筋（束）中应力值和油压表读数间的直接关系。

为减少预应力损失，后张式构件一般采用两端同时张拉的工艺。短构件可单端张拉，非张拉端使用固定端锚具。两端同时张拉时，两个张拉端的工作应同步进行。

张拉程序随钢束种类和锚具形式不同而不同各钢束的张拉顺序，应对称于构件截面的竖直轴线。张拉时钢筋或钢丝应力用油压表读数来控制，同时量伸长量做校核。根据应力与伸长的比例关系实际伸长量与计算的伸长相差不应大于 5%。

（9）孔道压浆和封锚

压浆的目的是防护构件内的预应力筋（束）免于锈蚀，并使它们与构件相黏结而形成整体。

压浆是用压浆机（拌和机加水泥泵）将水泥浆压入孔道，务必使孔道从一端到另一端充满水泥浆，并且不使水泥浆在凝结前漏掉，为此需在两端锚头上或锚头附近的构件上设置连接带阀压浆嘴的接口和排气孔。

水泥浆内往往使用塑化剂（或掺铝粉），以增加水泥浆的流动性。使用铝粉能使水泥浆凝固时的膨胀稍大于体积收缩，因而使孔道能充分填满。

压浆前先压水冲洗孔道，然后从压浆嘴慢慢压入水泥浆，这时另一端的排气孔有空气排出，直至有水泥浆流出为止，关闭压浆和出浆口的阀门。

施锚后压浆前需将预应力筋（束）露于锚头外的部分（张拉时的工作长度）截除。压浆后将所有锚头用混凝土封闭，最后完成梁的预制工作。

第三节　构件的移运与堆放

一、构件移运和堆放的要求

1. 移运时混凝土的强度

预制构件场内移动时，必须在达到设计规定的强度时进行，设计未做规定时，则应在混凝土强度达到设计强度的 70% 以后，方可移运。

2. 坡道移运和道木平整

预制构件在场内移运时，遇有上下坡时应将构件适当垫高，以防构件底面在坡度变换处着地搁断场内的道木应铺设平整、坚实，如地基松软，需预先加固。

3．吊点位置确定

构件移运时的吊点位置应按设计规定。如无规定时，大型构件和预应力混凝土构件均应按计算确定口。

4．预制构件的预埋吊环应保持平直

如发现弯扭，必须校正，使吊钩顺利套入。经校正后的吊环须防止损伤或断裂，必要时应加设绳套（千斤绳绑扎），绑扎处需用木板（或麻袋、橡皮）等垫衬护角，以免钢丝绳磨损或轧断。

5．吊移板式构件

吊移板式构件时，必须注意上、下面不得吊错，以免折断。构件运输时，应有特制的固定架以稳定构件，构件宜顺宽度方向侧立放置，并注意用拌绳系牢，以防倾倒。如平放，两端吊点处必须设置支搁方木。使用起重机吊移构件时，应使起重机有足够的安全系数，保持稳定，并尽量吊得低一些。

6．构件的运输

使用平板拖车或超长拖车运输大型沟件时，车长应能满足支承间的距离要求；支点处应设活动转盘以免搓伤构件。运输道路应平整坚实；如有松软、坑洼或高低不平，应事先修整。相架、大梁的运输，应顺高度方向竖立放里；其他构件应按运输时受力情况水平或竖直放置。竖立放置时，运输的构件应有防止倾斜的固定措施。装卸彬架、大梁时，必须待支撑稳妥后，方可卸除吊钩。预制构件装车运输时，必须平衡放正，使车辆承重对称均称。构件支点下要垫木块，相邻两构件之间需填木块、麻袋或橡胶板＜片），防止构件相互碰撞，损伤构件。

7．成垛堆放装配式构件的要求

①堆放构件的场地应平整夯实，使其不至积水，并在场地周围开挖排水沟；②根据构件的使用先后和吊装顺序进行堆放，注意留出适当通道，防止越堆吊运，③堆放构件时，应按构件刚度、受力情况，采用平放或竖放并保持稳定；④构件堆垛放时，应放在垫木上，垫木位置要与吊点相对；同时、应使吊环向上，标志向外，以利吊运；⑤水平多层堆放构件时，其堆垛高度应按构件强度、地面承载力、垫木强度以及堆垛的稳定性而定；大型构件一般以 2 层为宜，不应超过 3 层；小型构件一般不宜多于 6 ~ 10 层，各层之间以垫木（在吊点处）隔开，并要求各层垫木必须在同一竖直线上，以防构件折断。

二、构件的堆放与运输

1．构件的堆放方法

构件的堆放方法主要根据构件的刚度和受力情况，采用平放或竖放，以保证构件不受损坏；成垛堆放时要用垫木在规定吊点的位置垫平放稳。各层垫木竖向应在一直线上，使受力均衡。

T 形梁必须双面撑固以防倾倒。

2．场内运输

从工地预制场到桥头或桥孔下的运输称为场内运输。短距离的场内运输可采龙门架配合轨道平板车来实现，这时需铺设钢轨便道，由龙门架（或木扒杆）起吊移运构件出坑，横移至顶制构件运输便道，卸落到轨道平车上，然后用绞车牵引罕桥头或桥孔下口运输过程中梁应竖立放置，为了防止构件发生倾覆、滑动或跳动等现象，需在构件两侧采用斜撑和木楔等临时固定，轨道平板车应设有转盘装置，以便于装上预制构件后能在曲线轨道上运行，同时应装设制动设备，便于在运行过程中随时制动。

对于小跨径预制梁或规模不大的工程，也可用纵向滚移法进行场内运输。即设置木板便道，利用钢管或硬圆木作滚子，使梁靠两端支承在几个滚于上用绞车拖拽，边前进边换滚子将预制梁运至桥头。经在过弯道处须将滚筒逐渐斜向放置（与行进方向不垂直），以改变走向，斜向的大小视弯道缓急变化而定；变转较急时斜向放大，较缓时则斜向放小。

在场内运梁时，为使平稳前进以确保施工安全，通常在用牵引纹车徐徐向前拖拉的同时，后面的制动索应跟着慢慢放松，以控制前进的速度。

当采用水上浮吊架梁时，需要将预制梁装上船，则运梁便道应延伸至河边能使驳船靠拢的地方，为此需要修筑一段装船用的临时栈桥（码头）。

3．场外运输

将预制梁从工地以外的桥梁预制厂（场）运往桥孔或桥头的运输称为场外运输。距离较远的场外运输，通常采用汽车、大型平板拖车、火车或驳船。受车厢长度、载重量的限制，一般中小跨径的预制板、梁或小构件（如栏板、扶手等）可用汽车运输，50kN 以内的小构件可用汽车吊装卸，大于 50kN 的构件可用轮胎吊、履带吊、龙门架或扒杆装卸。要运较长构件时，可在汽车上先垫以长的型钢或方木，再搁放预制构件，构件的支点应放在近两端处，以避免道路不平、车辆颠簸引起的构件开裂。

第四节　装配式简支梁桥的安装

预制梁的架设安装，可根据设计所规定的要求和现场施工条件。因地制宜地选择施工方法，基本的方法有：起重机起吊安装法、桅杆式起重机安装法、导梁安装法、浮运安装法、缆索吊装法等。各种方法均具有各自的施工特点，可结合设备条件和安全、高质、高效的原则拟订施工、组织设计，确定具体的安装方法，并依据有关技术规范、规程规定实施口以下介绍几种较常用的吊装方法。

一、龙门吊机安装

跨墩龙门吊机主要适用于架设水上岸滩的桥孔，也可用来架设水浅、流缓、不通航河流上的跨河桥孔。两台跨墩龙门吊机分别设于待安装孔的前、后墩位置，预制梁由平车顺桥向运至安装孔的一侧，移动跨墩龙门吊机上的吊梁平车，对准梁的吊点放下吊架，将梁吊起。当梁底超过桥墩顶回后，停上提升，用卷扬机牵引吊梁平车慢慢横移，使梁对准桥墩上的支座，然后落梁就位，接着准备架设下一根梁。

在水深不超过5m，水流平缓、不通航的中小河流上的小桥孔，也可采用跨墩龙门吊机架梁。这时必须在水上桥墩两侧，架设龙门吊机轨道便桥，便桥基础可用木桩或钢筋混凝土桩。在水浅流缓而无冲刷的河上，也可用木笼或草袋筑岛作便桥的基础。便桥的梁可用贝雷拼装。

二、穿巷吊机安装（双导梁安装法）

穿巷吊机可支承在桥墩和已架设的桥而上，不需要在岸滩或水中另搭脚手架与铺设轨道。因此，它适用于在水湍流急的大河上架设水上桥孔，根据穿巷吊机的导梁主桁架间净距的大小，可分为宽、窄两种。宽穿巷吊机可以进行边梁的吊起并横移就位；窄穿巷吊机的导梁主桁净距小于两边T形梁梁肋之间的距离，因此，边梁要先吊放在墩顶托架板上，然后再横移就位。

三、导梁、龙门架及蝴排架联合安装（联合架桥机法）

当桥很高，水又很深时，可使用导梁、龙门架和蝴蝶架联合架设。它是由跨过两个跨径的导梁和两台立于墩台上的龙门架及蝴蝶架联合使用来完成架梁工作的。载着预制梁的平车沿导梁移至安装跨上，由龙门架吊起主梁，横移降落就位，如此逐片架设本跨各片梁。但在架设本跨最后一片（或两片）梁时，由于梁位被导梁占据，故应先将该片梁吊起搁置在已安装的主梁上，待导梁移至下一跨径后，再用龙门架将该梁横移、降落、就位。

当一孔桥跨全部架好以后，龙门架就骑在蝴蝶架上沿着导梁和已架好的桥跨移至下一墩台上去，如此逐跨架设。

四、自行杆式起重机安装

在梁的跨径不大、重量较轻，且预制梁段已运抵桥头引道上时，直接用自行杆式起重机（汽车吊或履带吊）在桥上架梁甚为方便。显然，对于已架桥孔的主梁，当横向尚未联成整体时，必须核算吊车通行和架梁工作时的承载能力。此种架设方法，几乎不需要任何辅助作业。

五、扒杆吊装法

扒杆吊装法，即用桅杆式起重机安装，也称扒杆“钓鱼”法安装。用立于安装孔墩台上的两副人字扒杆，配合运梁设备，以绞车牵引，把梁悬空吊过桥孔，再落梁就位。此法适用于小跨径梁桥的安装。

六、扒杆和导梁联合安装

甩扒杆和导梁联合安装，即以两套扒杆设在安装孔前后两个桥墩上，预制梁从导梁上运到桥孔起吊，移出导梁后，落在墩上经横移就位。

架梁前，先在安装孔的前方桥墩上立一人字扒杆，即前扒杆，用“钓鱼”法把组拼好的导梁架设在安装孔上，再在安装孔的后方桥台上也立一人字扒杆，即后扒杆。落梁的方法：一种是移开导梁由扒杆直接落梁；另一种是用扒杆和横移设备联合落梁。

用扒杆和导梁联合安装所需设备比较简单，但在桥墩上立扒杆不方便，在多孔桥的安装中，使用移动扒杆及绞车也比较麻烦。

七、浮吊安装

在通航河道或水探河道上架桥，可以采用浮吊安装预制梁。当顶制梁分片预制安装时，浮船宜逆流而上，先远后近安装。

在预制构件拖运上船时，可以采用两种上船方法，即构件以纵移法装上浮船和构件以横移法装上浮船。

用浮吊安装预制梁，施工速度快，高空作业少，吊装能力强，是大跨径多孔跨河道桥梁的有效施工方法。采用浮吊架设要配置运物驳船，岸边设置临时码头，同时在用浮吊架设时，要有牢固锚旋，作业要注意施工安全。

第九章　拱桥施工

拱桥的施工，从施工方法上大体可分为有支架施工和无支架施工两大类。在我国，前者常用于石拱桥和混凝土预制块拱桥，后者多用于肋拱、双曲拱、箱形拱、桁架拱桥等。目前也有采用两者相结合的施工方法。本章侧重介绍石拱桥的有支架施工及无支架施工中的缆索吊装施工法和转体施工法。

第一节　石拱桥施工

石拱桥上部结构施工按其程序可分为拱圈放样、拱架设置、拱圈和拱上建筑砌筑、拱架卸落等。

一、拱放样和拱石编号

1. 拱圈放样

拱圈是拱桥的主要部分，它的各部尺寸必须和设计图纸严密吻合。因此，放样工作十分重要，应当做到精确细致。为了做到这一点，最可靠的方法是按设计图先在地上放出1：1的拱圈大样，然后按照大样制作拱架和拱块样板。

（1）放样台制作

放样工作必须在平坦结实的样台上进行，由于样台应用时间较长，必须保证在施工期间不发生超过容许的变形。样台宜位于桥位附近的平地上，先用碎石或卵石夯实，再铺一层2 ~ 3cm厚的水泥砂浆，也可采用三合土地坪。对于左右对称的拱圈，为节约用地，一般只需放出半孔。

2. 拱石放样与编号

石拱桥所用的石块可自采也可外购，但石料的强度必须符合设计要求。

（1）拱圈砌筑材料

1）片石、块石和粗料石。砌筑拱圈的石料应符合设计规定的类别和标号，石质应均匀、不易风化、无裂纹。

2）混凝土预制块与毅土砖。混凝土预制块的规格应与粗料石相同，其强度应不低于设计规定，尺寸应根据砌体形状确定钻土砖形状应方正、尺寸准确，边角整齐，规格和质量应符合要求。

3）砂浆。

①砌筑拱圈用的砂浆，一般宜为水泥砂浆。小桥杨拱圈可使用水泥石灰砂浆。砂浆强度等级应符合设计规定。

②砂浆必须具有良好的和易性，其稠度以标准圆锥体沉入度表示。用于石砌体时宜为4 ~ 7cm，用于砖砌体时宜为5 ~ 10cm，气温较高时可适当增大。零星工程用的砂浆稠度，可用直观法进行检查。检查时，以用手能将砂浆捏成小团，松手后不松散，且不从灰铲上流下为度。

③水泥砂浆的水灰比，不宜大于0.65，较温暖地区不宜大于0.7。

④砂浆的配合比应通过试验达到要求的强度等级M来确定。可采用质量比或体积比。当变更砂浆的组成材料时，其配合比应重新试验确定。对于少量零星工程可采用适当的经验配合比。

⑤砂浆应随拌随用，保持适宜的流动性。在运输过程中或储存器中发生离析、泌水的砂浆，砌筑拱圈前应重新拌和；已凝结的砂浆，不得使用。

⑥砂浆中使用的水泥、砂、水等材料质量应符合混凝土工程相应材料的质量标准。砂浆中用的砂子宜采用中砂或粗砂，当缺乏此种砂时，可在适当增加水泥用量的条件下采用细砂。

（2）拱石放样与编号

拱圈的弧线画好后，可划分拱石划分拱石前，需首先决定拱石宽度及灰缝宽度。

拱石宽度通常以30 ~ 40cm为宜。尺寸过大给撤运带来不便，尺寸过小则块数太多，开采及砌筑所需的劳动力以及砂浆用量均会增多

灰缝宽度一般在1 ~ 2cm之间，灰缝过宽，将降低砌体强度，增加灰浆用量，灰缝过窄，灰浆不易滋润饱满，影响砌体质最。

根据确定的拱石宽度和灰缝宽度，即可沿拱圈内弧用钢尺定出每一灰缝中点，再经此点顺相应的内弧半径方向画线，即可定出外弧线上的灰缝中点。连接内外弧灰缝中点，垂直此线向两边各量出缝宽一半画线，即得灰缝边线。然后根据要求的高度和错缝长度划分全部拱石，拱石划分后编号。

拱石编号后，还要依样台上的拱石样板可用木板和镀锌铁皮等制成。

当用片石、块石砌筑时，石料加工程序大为简化，无须制作样板和按徉板加工，只需对开采的石料进行挑选，将较好的留作砌筑拱圈，并在安砌时稍加修凿。

二、砌筑程序

砌筑拱圈时，为了保证在整个施工过程中拱架受力均匀、变形最小，使拱圈的砌筑质量符合设计要求，必须选择适当的砌筑方法和砌筑顺序。一般根据拱圈跨径大小、构造形式（矢高、拱圈厚度）、拱架种类等分别采用下列不同的施工方法和顺序。砌筑时，必须

随时注意观测拱架的变形情况，必要时，对砌筑顺序进行调整以控制拱圈的变形。

1. 拱圈按顺序对称连续砌筑

跨径 13m 以下的拱圈，当用满布式拱架砌筑时，可按拱圈的全宽和全厚，由两拱脚同时按顺序对称均衡地向拱顶砌筑，最后砌拱顶石合拢，但应争取以最快的速度施工，使拱顶合拢时拱脚处砌缝中砂浆尚未凝结。跨径 10m 以下的拱圈，当采用拱式拱架时，应在砌筑拱脚的同时，预压拱顶及拱跨 1/4 部位。

2. 拱圈分段、分环、分阶段砌筑

（1）分段砌筑

1）跨径在 13 ~ 25m 的拱圈、采用满布式拱架砌筑以及跨径在 10 ~ 25m 的拱圈、采用拱式拱架砌筑时，可采取每半跨分成三段的分段对称砌筑方法。分段位置一般在跨径 1/4 点及拱顶（3/8 点）附近，每段长度不宜超过 6m。当为满布式拱架时，分段位里宜在拱架节点上。

2）跨径大于 25m 的拱圈，应按跨径大小及拱架类型等情况，在两半跨各分成若干段，均匀对称地砌筑。每段长度一般不超过 8m。具体分段方法应按设计规定，无设计规定时应通过验算确定。拱圈分段砌筑时，各段间应预留空缝，以防止拱圈因拱架变形而开裂，并起部分顶压作用。空缝数量由分段长度而定。一般在拱脚附近、跨径 1/4 点、拱顶及满布式拱架的节点处必须设里空缝。

（2）分环分段砌筑

跨径较大的石拱桥（或混凝土预制砌块拱桥），当拱架厚度较大、由三层以上拱石组成时，可将全部拱圈厚度分成几环砌筑，每一环可分成若干段对称、均衡地砌筑，砌一环合拢一环。当下环砌筑完并养护数日后，砌缝砂浆达到一定强度时，再砌筑上一环。按此方法砌筑拱圈时，下环可与拱架共同负担上环的重力，因而可减轻拱架的荷载，节省拱架材料且保证施工安全。下环承担荷载的大小，可按分环数、上下环厚度及砌缝砂浆硬化程度等情况确定。

分环砌筑时各环的分段方法、砌筑顺序及空缝的设里等，与一次砌筑（不分环、只分段）完成时相同，但上下环之间应以犬牙状相接。

（3）分阶段砌筑

砌筑拱圈时，为争取时间和使拱架荷载均匀对称、拱架变形正常，有时在砌筑完一段或一环拱圈后的养护期间，砌筑工作不间歇，而是根据拱架荷载平衡的需要，紧接着将下一拱段或下一环层砌筑一部分。此种前后拱段和上下环层分阶段交叉进行的砌筑方法，称为分阶段砌筑法

不分环砌筑拱圈的分阶段方法，通常先砌拱脚几排，然后同时砌筑拱顶、拱脚及跨径 1/4 点等拱段。上述三个拱段砌到一定程度后，再均匀地砌筑其余拱段。

分环砌筑的拱圈，可先将拱脚各环砌筑儿排，然后分段分环砌筑其余环层。在砌完一环后，在其养护期间，砌筑次一环拱脚段，然后砌筑其余环段。

较大跨径拱圈的分阶段砌筑顺序，一般在设计文件中均有规定，应按设计文件的规定进行施工。

三、拱圈砌筑

1．预加压力砌筑法

预加压力砌筑法是在砌筑前，在拱架上预加一定重力，以防止或减少拱架的弹性和非弹性下沉的一种砌筑方法。它可以有效地预防拱圈产生不正常的变形和开裂。压重材料可以利用砌筑拱圈所用的拱石；不能利用拱石时，也可用沙袋等其他材料。加压顺序应与计划砌筑拱圈的顺序一致。砌筑时，应尽量利用附近压重拱石就地安砌，随撤随砌，使拱架保持稳定。在采用刚性较强的拱架时，可仅预压拱顶。预压拱顶时，可将拱石堆放在该段内，或当时即将该段砌筑完。对于刚性较差的拱架，预压必须均匀地进行，不能单压拱顶。

2．分段支撑

分段砌筑拱圈时，如拱段倾斜角大于拱石与模板间的摩擦角，拱段将沿切线方向产生一定的滑动。为了防止拱段向下滑动，必须在拱段下方临时设置分段支撑。分段支撑所需强度应通过计算求出。分段支撑的构造应按支撑强度的要求确定。支撑强度较大时，应制成三角支撑形式并支撑于拱架上。较平坦的拱段，可简单地用横木、立柱、斜撑木等支撑于拱架或模板上。分环砌筑时，上环也可用撑木支撑在下环的拱石上。

三角支撑应在拱圈放样平台上按拱圈弧形放样制作。三角支撑在安装时，必须将螺栓拧紧：各三角撑之间的横挡木应在立柱处断开，以便于逐个拆除。三角撑拆除时应自中间向两侧推进，拆一处砌一处。待新砌部分的砂浆达到一定强度时，再继续拆除下一个三角撑并补砌此处拱石。拆除三角撑时应稳妥进行，防止震动拱圈。

（1）空缝的设置

分段砌筑拱圈时，应在拱脚、拱顶石两侧、各分段点等处设里空缝，小蹄径拱圈不分段砌筑应在拱脚附近临时设里空缝。预留的空缝位里应正确，形状应规则，空缝宽度为 3 ~ 4cm，在靠近拱圈底面和侧面处，缝宽应与周围砌缝相同。沿空缝的拱石，靠空缝一面应加工凿平。

（2）空缝的垫隔

为保证在砌筑拱圈过程中，空缝的宽度和形状不发生改变，同时能将上侧拱段压力传到下侧拱段及墩台上去，应在空缝中设里坚硬垫块。垫块可采用铁条或水泥砂浆预制块砌筑跨径 ≥16m 的拱圈，拱跨 1/4 点及其以下的空缝一般采用铁条作为垫块，1/4 点以上的空缝可用体积比为 1 ∶ 1 的水泥砂浆预制块作为垫块。砌筑蹄径 16m 以下的拱圈时，所有空缝均垫块。在拱圈砌筑过程中，空缝应保持清洁，不进杂物。

（3）空缝的填塞

空缝的填塞应在所有拱段及拱顶石砌完后进行（刹尖封顶及预加压力封顶除外）。分环砌筑时，空缝的填塞应在整环拱石砌完后进行。必须用大力夯实空缝砂浆以增加拱圈应力时，空缝的填塞应在拱圈砌完且砌缝砂浆强度达到设计强度的70%后，拱架卸落前进行。空缝的填塞宜在一天中较低温度时进行，特别是当采用填塞空缝砂浆使拱合拢时，应注意选择最后填塞空缝的合拢时间。

填塞空缝应在两半跨对称进行，空缝的填塞顺序一般根据拱圈的跨径及洪架的种类不同可分成以下几种。

1）对于跨径较大并用钢拱架施工的拱圈，以及跨径较小且用木拱架施工的拱圈，可以采用先填拱脚、次填拱顶、最后填塞点附近各空缝的填塞顺序。

2）对于各种跨径的拱圈，都可采用各空缝同时填塞的顺序。当用于小跨径拱桥时，同时用力夯填空缝砂浆可使拱圈拱起。

3）对于16m以下的较小跨径拱圈，可采用从拱脚向拱顶依次逐条填塞空缝的填塞顺序。

填塞空缝可用M20以上或体积比为1 ∶ 1，水灰比为0.25的半干砂浆。所用砂子宜为细砂或筛除了较大颖粒的中砂。空缝填塞应分层进行，每层约厚10cm，每层可用插钎捣筑直至表面露出水珠。当须加大挤压力时，可在空缝填满后用木裩或木夯夯捣砂浆。

3. 拱圈合拢

（1）安砌拱顶石合龙

砌筑拱圈时，常在拱顶预留一龙口，在各供段砌筑完成后安砌拱顶石完成拱圈合龙。分段较多的拱圈以及分环砌筑的拱圈，为使拱架受力对称、均匀，可在拱圈两半跨的1/4处或在几处同时完成拱圈合龙。

为防止拱圈因温度变化产生过大的附加应力，拱圈合拢应按设计规定的温度和时间进行。如设计无规定，则拱圈合拢宜选择在接近当地年平均气温时进行（可略低于年平均气温，即可使升温幅度略大于降温幅度）。

（2）刹尖封拱

对于小跨径拱圈，为提高拱因应力和有利于拱架的卸落，可采用刹尖封顶完成拱圈合拢。此法是在砌筑拱顶石前，先在拱顶缺口中打入若干组木楔，使拱圈挤紧、拱起，然后嵌入拱顶石合拢。

刹尖木楔须用硬木制作，每组木楔由三块硬木组成，两侧木块宽约10cm，中间木块宽15 ~ 30cm。组与组之间的距离视拱顶石长度而定。糙击木楔可用木糙或木夯。裩击时，应先轻后重，各组夯力应均匀，植至拱圈稍脱离拱架、不再有显著拱起时为止。木楔裩击完成后，立即在木楔组与组之间空挡中嵌入拱顶石，并用铁片和稠砂浆挤紧、塞严。第一批拱顶石嵌入后即可移出木楔，在其空挡内嵌入第二批拱顶石，完成拱圈合拢。

刹尖时，与拱顶石邻近的二三排拱石受展动较大，其砌缝可暂时只用铁条垫隔，待刹尖后再用稠砂浆填封。其他拱段的空缝，宜在刹尖前填封。

刹尖封顶应在拱圈砌缝砂浆达到设计强度的70%后方可进行。

（3）预施压力封顶

预施压力封顶是用千斤顶施加压力来调整拱圈应力，然后进行拱圈合拢。此法应严格按照设计规定进行，如设计文件中无此要求时，不得采用。

预施压力封顶应注意以下几点：

1）千斤顶应安装在规定的位置，其偏差不得大于 lcm 千斤顶的压力表应事先校正好，千斤顶活塞应设有保险扣。

2）加压时，应按计算出的应加的推力进行。当施压到要求程度后，应立即安放拱顶石并填塞铁片和水泥砂浆。

3）待砂浆达到一定强度后（一般在填塞 7d 后）即可撤除千斤顶并填封千斤顶缺口。撤除千斤顶时，应由两端对称地向中间进行。

四、拱上建筑砌筑

拱上建筑的砌筑，必须在拱圈合拢和空缝填塞完成，并经过数日养护，待砌缝砂浆强度达到设计强度的 30% 时才能进行。养护时间一般不少于 3 昼夜，跨度较大时应适当延长养护时间。

拱圈采用预施压力封顶时，应待封拱砂浆强度达到设计规定后才能砌筑拱上建筑。

为避免主拱圈产生过大的不均匀变形，一般应由拱脚间拱顶对称、均衡地砌筑拱上建筑。

对于空腹式拱桥，为防止腹拱圈受到主拱圈卸落拱架时的变形影响，可在主拱圈砌完后，先砌腹拱横墙，待卸落拱架后再砌筑腹拱拱圈。腹拱上的侧墙，应在腹拱拱铰处设置变形缝。

较大跨径拱桥拱上建筑的砌筑程序，一般在设计文件中均有规定，应按设计规定砌筑拱上建筑。

多跨连续拱桥的拱上建筑的砌筑，当桥墩不是按施工单向受力墩设计时，应注意相邻孔间的拱上建筑对称均衡施工，避免桥墩承受过大的单向推力。尤其是在裸拱圈上砌筑拱上建筑的多孔连续拱更应注意，以免影响拱圈的质量和安全。

第二节　拱桥的缆索吊装施工

缆索吊装施工是指采用缆索结构（单跨或双跨）吊运、安装桥梁的施工方法。缆索吊装具有跨越能力大，水平和垂直运输机动灵活，适应性广（用途多样），施工稳妥、方便等优点，因而得到广泛采用，尤其在修建大跨径或连续多孔拱桥中更能显示这种施工方法的优越性。缆索吊装施工主要用于预制安装的钢筋混凝土拱桥，同时在劲性骨架施工拱桥的骨架安装、拱上结构安装、桁架、刚架拱桥施工甚至一般跨径的悬索桥加劲梁安装中得到广泛运用。目前，缆索（吊装）跨度可达 500m 以上，并由单跨缆索发展到双跨连续缆索，最大连续跨径已达 2×400m。最大吊装重量已超过 100t，能够顺利地吊装跨径达 160m 的分段预制箱形拱桥以及跨径更大的其他形式拱桥。经过四十余年的工程实践，缆索架桥设备已配套、完善，并成套生产（下面主要针对钢筋混凝土拱桥加以说明）。

在采用缆索吊装的拱桥上，为了充分发挥缆索架桥设备的作用，拱上建筑（结构）构件也应尽量采用预制，以提高桥梁工业化施工的水平，加快桥梁建设速度。例如主桥全长 1250m 的长沙湘江大桥，17 孔共 408 节拱肋和其中 8 孔 76rn 跨径的拱上建筑预制构件（立柱、盖梁、腹拱圈等）全部由两套缆索吊机吊装，仅用了 65 个工作日就完成安装。这对于加快大桥建设速度、减少施工用材、降低造价等方面都起了很大作用。

拱桥缆索吊装施工大致包括拱肋（箱）预制、移运和吊装，拱上结构构件预制与吊装施工等主要工序。

一、构件的预制、堆放与运输

1. 预制方法

（1）拱肋构件坐标放样

装配式混凝土拱桥，拱肋坐标放样与有支架施工拱肋坐标放样相同。

（2）拱肋立式预制

采用立式浇筑方法预制拱肋，具有起吊方便、节省木材的优点。底模采用土牛拱胎密排浇筑时，能减小预制场地，是预制拱肋最常用的方法，尤其适用于大跨径拱桥。

1）土牛拱胎立式预制。该法施工方便，适用性较强。填筑土牛拱胎时，应分层夯实，表面土中宜掺入适量石灰，并加以拍实，然后用栏板套出圆滑的弧线。为便于固定侧模，表层宜按适当距离埋入横木，也可用粗钢筋或钢管固定测模。土牛拱胎的表面，可铺一层木板、油毛毡或水泥袋纸，也可抹一层水泥砂浆。侧模可采用 4 ~ 5cm 厚的木板或其他适宜材料；当采用密排浇筑时，可利用已浇拱肋做侧模，但须用油毛毡、塑料布等隔开；对于横系梁钢筋接头，除边肋外，可采用在拱肋上预留孔洞的方法，也可根据钢筋位置预埋短筋待拱肋安装时再将横系梁钢筋插入预留孔中或与预埋筋焊接。

2）木架立式预制。当取土及填土不方便时，可采用木支架进行装模和预制，但拆除支架时必须注意拱肋的强度和受力状态，防止拱肋发生裂纹。

3）条石台座立式预制。条石台座由数个条石支墩、底模支架和底模等组成。

条石支墩用 M5 砂浆砌筑块石而成。支墩平而尺寸应根据拱肋的长度和宽度决定；支墩高度根据拱肋端头下标高及便于横移拱肋操作确定，顶部用砂浆抹平或再浇筑 20 ~ 25cm 高的混凝土。每个台座设 2 个滑道支墩。

滑道支墩顶面埋设钢板，以便拱肋移运。

底模支架由棺钢、角钢等型钢组成，底模可采用组合钢模，为便于脱模，可将钢模点焊在底模支架上。底模支架应根据拱肋标高做适当预弯。每个支墩处设木楔用于脱模，条石台座预制拱肋，脱模方便。由于借道支墩处设有滚筒和船形滑板，移梁容易，因此不需要专门的起重设备，施工方法简单。

（3）肋卧式预制

卧式预制，拱肋的形状和尺寸较易控制，特别是空心拱肋，浇筑混凝土时操作方便，且节省木材，但起吊时容易损坏，卧式预制一般有下列几种方法。

1）木模卧式预制。预制拱肋数量较多时，宜采用木模，浇筑截而为L形或倒T形时（双曲拱拱肋），拱肋的缺口部分可用砧土砖或其他材料垫砌。

2）土棺卧式预制。在平整好的土地上，根据放样尺寸，挖出与拱肋尺寸大小相同的土棺，然后将土槽壁仔细抹平、拍实，铺上油毛毡或水泥袋，便可浇筑拱肋。虽然此法节省材料，但土棺开挖较费工且容易损坏，尺寸也不如木模准确，仅适用于预制量少的中小跨拱桥。

2. 构件的起吊、运输及堆放

（1）拱肋构件脱模、运输、起吊时间的确定

装配式拱桥构件在脱模、移运、堆放、吊装时，混凝土的强度不应低于设计所要求的强度，若无设计要求，一般不得低于设计强度的70%。为加快施工进度，可掺入适量早强剂。在低温环境下，可用蒸汽养护。

（2）场内起吊

拱肋移运起吊时的吊点位置应按设计位置进行，如设计无要求则应结合拱肋的形状、拱肋截面内的钢筋布置以及吊运、搁置过程中的受力情况综合考虑确定，以保证移运过程中的稳定安全。当采用2点吊时，吊点位置应设在拱肋弯曲平面重心轴之上，一般可设在离拱肋端头（0.22 ~ 0.24）L处（L为拱肋长度）。当拱肋较长或曲率较大时，应采用3点吊或4点吊，以保持拱肋受力均匀和稳定除跨中设一吊点外，其余两吊点可设在离拱肋端头0.2L处。采用4点吊时，外吊点一般设在离拱肋两端头0.17L处，内吊点可设在离拱肋两端头0.37L处，4个吊点应左右对称布置。

（3）场内运输（包括纵横移）

场内运输可采用龙门架、胶轮平板挂车、汽车平板车、轨道平车或船只等机具进行。龙门架适用于场地平整，预制构件集中，构件质量大，数量多的场合；当采用一组龙门架时，可进行脱模、起吊和横向运输。当采用两组龙门架时还可用于纵向运输。可用拖拉机、履带车或绞车牵引，可纵向或横向运输拱肋。纵向运输时可将拱肋吊点位置搁放在平车托架的枕木上，在弯道或斜坡上运行时，应将两平车托架上的枕木换成弧形摆动支座，并固定后车转盘。需要横向运输拱肋时，将两平车转向90°，然后用手摇绞车或卷扬机牵引便可。当拱肋较长较重时，可利用汽车平板车运输。运输时、在前后车上加设纵梁，以保证构件安全。

（4）构件堆放

拱肋堆放时应尽可能卧放，特别是矢跨比小的构件（拱肋、拱块），卧放时应垫三点，

垫木位置应在拱肋中央及离两端 0.15L 处。三个垫点应保持相同高度。如必须立放时，应搁放在符合拱肋曲度的弧形支架上，如无此种支架，则应垫搁三个支点，其位置在中央及距两端 0.2L 处，各支点高度符合拱肋曲度，以免拱肋折断。

堆放构件的场地应平整夯实，不致积水，当因场地有限而采用堆垛时，应设置垫木堆放高度按构件强度、地面承载力、垫木强度以及堆放的稳定性而定，一般以 2 层为宜，不应超过 3 层构件应按吊运及安装次序顺序堆放，并留适当通道，防止越堆吊运。

二、缆索吊装施工

1. 缆索吊装设备

缆索吊装设备适用于高差较大的垂直吊装和架空纵向运输，吊运量自几吨、几十吨至上百吨范围内变化，纵向运距自几十米、几百米至上千米。常用于运送预制构件进入桥孔安装，其设备可自行设计，就地制造安装，也可购买现成的缆索架桥设备运往工地安装。

吊装梁式桥的缆索吊装系统是由主索、天线滑车、起重索、牵引索、起重及牵引绞车、主索地描、塔架、风缆等主要部件组成。吊装拱桥的缆索吊装系统则除了上述各部件之外，还有扣索、扣索排架、扣索地描、扣索纹车等部件。

（1）主索（承重索）

主索常采用纤维芯钢绳。其直径、型号和根数可根据索塔距离（主索跨度）、起吊重量、设计垂度（通常为 L/15 ~ L/20，L 为主索跨度）计算出主索所能承受的拉力选定。比如缆索设备的主索吊装 30t 重的拱肋时可采用一组 4 根 ϕ 475 纤维芯钢丝绳。

主索一般用事先架好的工作索来安装。工作索直径较小，安装拉力不大，可依靠更细的钢丝绳或麻绳引导过河。为防止主索因自重下坠入水，增加拖拉阻力，须设置后捎绳，将主索后端拉紧，随着主索牵引前进，徐徐放松后捎绳。

理论上，增加钢丝绳根数可增大主索起吊重量。但实际使用时必须考虑每根钢丝之间受力分配的均匀性，并采取一定的措施。目前较好的办法是使多根主索联通联动。

缆索的安装垂度应符合设计要求，若小于设计值，则地锚、索塔、主索等重要部件会超载或严重超载，这是十分危险的。相反，若缆索安装垂度大于设计值，则会引起工作垂度过大，增大了构件吊运上下坡的坡度，影响构件安装工作的顺利进行。

（2）起重索

起重索套绕于天线滑车组，用于起吊构件。起重索承受吊重拉力，宜选用柔软耐磨、不易打结的钢丝绳。

（3）牵引索

牵引天线滑车（跑车》沿主索前后移动，宜选用柔性好的钢丝绳。

（4）扣索

暂时固定分段拱肋所用的钢丝索称为扣索。扣索用绞车或链滑车收紧，用拉紧器（花篮螺丝）微调。

扣索分墩扣、塔扣、天扣、通扣等几种形式。

用作扣索的钢丝绳可采用与起重索或牵引索相同的类型。其直径大小按计算所受拉力大小确定。

（5）安全索

安全索是一种辅助索，它不与主索发生联系。一般可在主索之间设 1 ~ 2 根类型与起重索相同的钢丝索作安全索，其直径可小于主索。安全索也可作工作索用。

（6）风缆

风缆又称缆风索、浪风索，用于稳定塔架（包括索架和墩上排架），调整和固定拱肋的位置。风缆采用钢丝绳类型与牵引索、扣索相同，其直径大小按计算所受拉力大小确定。

（7）横移索

若缆索吊装系统只设置一道主索，则预制构件需要通过横移索来实现横向移动就位。横移索的方向应尽可能与预制构件的轴线相垂直。横移索的直径大小、钢丝绳类型可与风缆相同。

（8）跑车（天线滑车、骑马滑车）

跑车是在主索上运行和起吊重物的装置，可采用定型滑车，也可根据吊重的实际情况自行加工。跑车大都由跑车轮、起重滑轮组和牵引系统三部分组成。

（9）塔架

塔架由塔身、塔顶。塔底和索鞍等几个主要部分组成，塔身常用型钢或万能杆件组拼而成，也可以用装配式公路钢桥衔节片（贝雷）等构件拼装而成。对个别小跨径桥也可采用木塔架。

（10）索鞍

塔架顶部应设索鞍。主索通过索鞍时，要求索鞍半径 R 大于 12 倍钢索直径 d 或 300 倍钢丝直径 S。

（11）塔架基础

塔架基础一般采用浆砌片石或片石混凝土。塔底有铰接和固接两种形式。底座设铰的塔架必须依靠风缆维持稳定。有的工地则于塔架下端设球面或平面与垫木平面接触的自由铰。缆索架桥设备的塔底是在分片拼装的锥形塔脚节下设筒形铰支座。有些塔架脚底固定在基础混凝土中，或预埋螺栓与塔固接。这种形式的塔底可以承受弯矩。但塔架的稳定仍偏用风缆帮助。

（12）锚啶

锚啶为固定主索、起重索、扣索、铰磨、纹车、缆风绳、溜绳、导向滑车、各式扒杆、绳索吊机等不可缺少的设备。重要的锚啶应进行专门设计计算，并在正式使用前进行试拉。锚啶的种类按构造形式可分为地垅、钢筋锚环、水中锚旋和其他描固点等。

（13）电动卷扬机及手摇绞车

电动卷扬机及手摇绞车为牵引、起吊的动力装置。电动卷扬机速度快，但不易控制，一般多用于起重索和牵引索。对于要求精细调整钢索的部位。多采用手摇绞车,以便于操纵。

（14）其他附属设备

如各种倒链葫芦、花篮螺栓、钢丝卡子（钢丝轧头）、千斤绳等。

缆索吊装设备的形式及规格都非常多，必须按照因地制宜的原则，结合各工程的具体情况合理地选用，才能取得良好的效果。

2. 吊装的一般程序

根据拱桥的吊装特点，其一般吊装程序为：边段拱肋吊装及悬挂，次边段拱肋吊装及悬挂（对五段吊装），中段拱肋吊装及拱肋合拢，拱上构件的吊装或砌筑安装等。

全桥拱肋的安装可按下列原则进行：

1）单孔桥吊装拱肋顺序常由拱肋合拢的横向稳定方案决定；多孔桥吊装应尽可能在每孔合拢几片拱肋后再推进，一般不少于两片拱肋。对于肋拱桥，在吊装拱肋时应尽早安装横系梁，为加强拱肋的稳定性，设置横向临时连接系，加快施工进度。但合拢的拱肋片所产生的单向推力应不超过桥墩的承受能力。

2）对子高墩，应以桥墩的墩顶位移值控制单向推力，位移值应小于 L/400 ~ L/600。

3）设有制动墩的桥跨,可以制动墩为界分孔吊装,先合拢的拱肋可提前进行洪肋接头,横系梁及拱波等的安装等工作。

4）采用缆索吊装时，为减少主索的横向移动次数，可将每个主索位置下的拱助全部吊装完毕后再移动主索。一般将起吊拱肋的桥孔安排在最后吊装，必要时该孔最后几段拱肋可在两肋之间用“穿孔”方法起吊。

5）为减少扣索往返拖拉次数，可按吊装推进方向，顺序地进行吊装。

3. 吊装前的准备、检查及试吊工作

（1）预制构件质量检查

预制构件起吊安装前必须进行质量检查，不符合质量标准和设计要求的不准使用，有缺陷的应预先予以修补。

拱肋接头和端头应用样板校验，突出部分应予以凿除，凹陷部分应用环氧树脂砂浆抹平。接头混凝土接触面应凿毛，钢筋应除锈。螺栓孔应用样板套孔，如不合适则应适当扩孔。拱肋接头及端头应标出中线。

应仔细检测拱肋上下弦长，如与设计不符者，应将长度大的弧长凿短。拱肋在安装后如发生接合面张口现象。可在拱座和接头处垫塞钢板。

（2）墩台拱座尺寸检查

墩台拱座混凝土面要修平，水平顶面高程应略低于设计值，预留孔长度应不小于计算值，拱座后端面应与水平顶面相垂直，并与桥墩中线平行。在拱座面上应标出拱肋安装位置的台口线及中线。用红外线侧距仪或钢尺（装拉力计）复核跨径，每个拱座在肋宽范围内左右均应至少丈量两次。用装有拉力计的钢尺丈量时，丈量结果要进行温度和拉力的修正。

（3）跨径与拱肋的误差调整

每段拱肋预制时拱背弧长宜小于设计弧长。0.5 ~ 10cm，使拱肋合拢时接合面保留上缘张口，便于嵌塞钢片，调整拱轴线。通过丈量和计算所得的拱肋长度和墩台之间净跨的施工误差，可以用拱座处垫铸铁板来调整，背垫板的厚度一般比计算值增加 1 ~ 2cm，以缩短跨径。合拢后，应再次复核接头标高以修正计算中一些未考虑的因素和丈量误差。

（4）地锚试拉

一般每一类地锚取一个进行试拉缆风索的土质地铺要求位移小，因此在有条件时宜全部试拉，使其预先完成一部分位移。可利用地锚相互试拉，受拉值一般为设计荷载的 13 ~ 15 倍。

（5）扣索对拉

扣索是悬挂拱肋的主要设备，因此必须通过试拉来确保其可靠性可将两岸的扣索用卸甲连在一起，将收紧索收紧进行对拉，这样可全面检查扣索、扣索收紧索、扣索地锚和动力装置等是否达到了要求。

（6）主索系统试吊

主索系统试吊一般分跑车空载反复运转、静载试吊和吊重运行三步骤。必须待每一步骤检查、观侧工作完成并无异常现象后，方可进行下一步骤。试吊重物可以利用钢筋混凝土预制构件、钢轨和钢梁等，一般按设计吊重的 60%，100%，130%，分几次进行。

在各阶段试吊中，应连续观测塔架位移、主索垂度和主索受力的均匀程度书动力装置工作状态、牵引索、起重索在各转向轮上运转情况；主索地锚稳固情况以及检查通讯、指挥系统的通畅性能和各作业组之间的协调情况。在有条件时，应施测主索、牵引索和起重索的拉力。

试吊后应综合各种观测数据和检查情况，对设备的技术状况进行分析和鉴定，然后提出改进措施，确定能否进行正式吊装。

4. 拱肋缆索起吊

拱肋由预制场运到主索下后，一般用起重索直接起吊，当不能直接起吊时，可采用下列方法进行。

（1）翻身

卧式预制拱肋在吊装前，需要“翻身”成立式，常用就地翻身和空中翻身两种方法。

1）就地翻身，先用枕木垛将平卧拱肋架至一定高度，使其在翻身后两端头不至碰到地面，然后用一根短千斤将拱肋吊点与吊钩相连，边起重拱肋边翻身直立。

2）空中翻身，在拱肋的吊点处用一根串有手链滑车的短千斤，穿过拱肋吊环，将拱肋兜住，挂在主索吊钩上，然后收紧起重索起吊拱肋，当拱肋起吊至一定高度时，缓慢放松手链滑车，使拱肋翻身为立式。

（2）掉头

为方便拱肋预制，边段拱助有时采用同一方向预制，这样部分拱肋在安装时，掉头方法常因设备不同而异：

1）在河中起吊时，可利用装载拱肋的船进行掉头。

2）在平坦场地采用胶轮平车运输时，可将跑车与平车配合起吊将拱肋掉头。

3）用一个跑车吊钩将拱肋吊离地面约50cm，再用人工拉动麻绳使拱肋旋转180° 掉头放下，当一个跑车承载力不够时，可在两个跑车下另加一钢扁担起吊，旋转调头。

（3）吊鱼

当拱肋从塔架下面通过后，在塔架前起吊面塔架前场地不足时，可先用一个跑车吊起一个吊点并向前牵出一段距离后。再用另一个跑车吊起第二个吊点。用此法起吊，并用单点向前牵引拱肋时，须拉住尾索，以防拱肋向前滑动。

（4）穿孔

拱肋在桥孔中起吊时，最后几段拱肋常须在该孔已合拢的拱肋之间穿过，俗称穿孔。穿孔前应将穿孔范围内的拱肋横夹木暂时折除。在拱肋两端另加稳定缆风索，穿孔时应防止碰撞已合拢的拱肋，故主索应布置在两拱肋中间。

（5）横移起吊

当主索布置在对中拱肋位置，不宜采用穿孔工艺起吊时，可以用横移索帮助拱肋横移起吊。

5. 边段拱肋悬挂

（1）扣索的设置

在拱肋无支架施工中，边段拱肋及次边段拱肋均用扣索悬挂。可根据具体情况按天扣、塔扣、通扣、墩扣等类型选用，也可混合使用，扣索一般都设置有一对收紧滑轮组。

在不同的惫挂方法中，收紧滑轮组的位置也各不相同。在墩扣和天扣中，其设置在拱肋扣点前，在通扣中则设置在地锚前塔扣中如用粗钢丝绳做扣索，为方便施工，收紧滑轮组设在两岸地锚前。如为单孔桥和扣索为细钥丝绳时，则收紧滑轮组设在塔架和拱肋扣点之间。在横桥方向，按扣索和主索的相互位置不同，可以有几种不同的悬挂就位方法。

在墩扣和通扣中，扣索和主索不在同一高度上，可采用正扣正就位和正扣歪就位方法施工。在塔扣和天扣中，由于扣索和主索均布置在塔架上，因此都采用正扣歪就位的方法。

（2）塔扣

塔扣直接利用主索的塔架作为扣索的支承，节省了扣架，因此在单跨桥中较多采用。多孔桥中若桥跨不很大时也可以采用。此时虽然扣索在塔架和拱肋扣点间的自由长度较长，只要扣素充分受力，则仍可保证边段拱肋的纵向稳定，但应加强拱肋接头两侧的缆风索以确保边段拱肋的横向稳定。塔扣在分二、三、五段吊装的拱肋悬挂中使用的几种情况。

（3）通扣

通扣是先在桥墩上立一个扣架，或直接利用接近桥面标高的桥墩立柱，横堵或桥台，用一根钢丝绳做扣索，扣索的一头固定在拱肋扣点上，另一头连续通过各扣架端顶，一直贯通到两岸地铺前，再用滑轮组予以收紧。通扣方法具有扣素长，伸展范围广，扣架与拱肋扣点间自由长度短，扣索与主索系统分开，干扰少，收紧滑轮固定，施工操作方便等优点，因此在多孔长跨的拱桥中得到普遍应用。当两岸缺乏平坦场地设置收紧滑轮组时，可以将扣素转向到桥的两侧。

（4）天扣

天扣实质上是一组主索设备，它是专门用来悬挂稳定边段拱肋的，因此不需另设扣架。主索跑车吊运拱肋时不必在扣架上翻越，与通扣法相比，可降低主索塔架的高度，在分两段吊装的拱肋中采用时，天扣为一套完整的主索，这样两组设备可以交替作主索和扣索用。

（5）墩扣

当桥墩（台）已砌筑到接近桥面标高，而且本身又具有足够的强度时，可以直接用以锚固扣索，悬挂边段肋，这时扣索设备最少，但墩扣的拉力较大，一般用于悬挂分五段吊装的拱肋的第一个边段或分二、三段吊装的边段拱肋

（6）混合使用

在实际工程中具体情况各不相同，因此上述 4 种边段拱肋悬挂方法可因地制宜地混合采用，尤其是在分五段吊装拱肋时，往往能得到较好的效果。

6. 合拢方式

边段拱肋悬挂固定后，就可以吊运中段拱肋进行合拢。拱肋合拢后，通过接头、拱座的联结处理。使拱肋由铰结状态逐步成为无铰拱，因此，拱肋合拢是拱桥无支架吊装中一项关键工作。

拱肋合拢的方式比较多，主要根据拱肋自身的纵向与横向稳定性、跨径大小、分段多少、地形和机具设备条件等不同情况，选用不同的合拢方式。

（1）单基肋合拢

拱肋整根预制吊装或分两段预制吊装的中小跨径拱桥。当拱肋高度大于 0009 ~ 0012L（L 为跨径），拱肋底面宽度为肋高的 6 ~ 10 倍，且横向稳定系数不小于 4 时，可以进行单基肋合拢。这时其横向稳定性主要依靠拱肋接头附近所设的缆风索来加强，因此缆风索必须十分可靠。这种方法多用在缆风索锚固在两河岸的单孔桥中。实践证明，只要拱肋有足够量的缆风索，一般情况下都可以采用单基肋合拢。

单基肋合拢的最大优点是所需要的扣索设备少，相互干扰也少，因此也可用在扣索设备不足的多孔桥跨中。在跨径较大时，第一片拱肋单肋合拢后，第二片拱肋也可以独立设置缆风索进行单肋合拢，待两片拱肋完成接头连接工序后，再将两片拱肋横向连成整体。跨径比较小的桥梁，则第二片拱肋可不设缆风索，利用木夹板与第一片拱肋横向联系即可。

（2）悬挂多段边段或次边段拱肋后单基肋合拢

拱肋分三段或五段预制吊装的大、中跨径拱桥，当拱肋高凌不小于跨径的 1/100 且其单肋合拢横向稳定安全系数不小于 4 时，可采用是扣边段或次边段拱肋，用木夹板临时联结两拱肋后，单根拱肋合拢，设置稳定缆风索，成为基肋。待第二根拱肋合拢后，立即安装两肋拱顶段次边段的横夹木，并拉好第二根拱肋的风缆。如横系梁采用预制安装，应将

横系梁逐根安上，使两肋及早形成稳定、牢固的基肋。其余拱肋的安装，可依靠与“基肋”的横向联结，达到稳定。悬挂多段边段或次边段拱肋后。

（3）双基肋同时合拢

当拱肋跨径大于等于 80m 或虽小于 80m，但单肋合拢横向稳定安全系数小于 4 时，拱肋缆风索很长或缆风索角度不好（一般要求每对风缆与拱肋轴线水平投影的夹角不小于 50° 时），应采用“双基肋”合拢的方法。先将第一根拱肋合拢并调整轴线，楔紧拱脚及接头缝后，松索压紧接头缝，但不卸掉扣索和起重索，然后将第二根拱肋合拢，并使两根拱肋横向联结固定。拉好风缆后，再同时松卸两根拱肋的扣索和起重索，这种方法需要两组主索设备。

（4）留索单肋合拢

在采用两组主索设备吊装而扣索和卷扬机设备不足时，可以先用单肋合拢方式吊装一片拱肋合拢。待合拢的拱肋松索成拱后，将第一组主索设备中的牵引索、起重索用卡子固定，抽出卷扬机和扣索移到第二组主索中使用。等第二片拱肋合拢并将两片拱肋用木夹板横向联结、固定后，再松起重索并将扣索移到第一组主索中使用。

7．**缆索吊装分段施工**

（1）二段吊装螺栓对接拱肋吊装施工

1）边段拱肋悬挂定位。

①边段拱肋悬挂就位时，下端头先对准拱座上标画的中线落位，上端用上、下游缆风索使其中线位置大致符合。然后调整上端头标高，使其比设计标高值高出约 15 ~ 30cm，然后收紧扣索并卡紧，设计标高值应包括顶加拱度值在内。

②徐徐松弛起重索，将其力逐渐转移到扣索。

③调整扣索，使端头标高比设计值约高出 5 ~ 10cm，然后用铸铁板嵌塞拱座背面，两侧用硬木楔夹紧，并卡紧扣索。

④调整拱肋中线，使偏差不大于 1 ~ 2cm。

⑤固定风缆。

另一边段拱肋悬挂定位工序同上。

2）拱顶段拱肋定位。

采用对接接头的拱肋，应准确悬吊拱顶段，再降低边段拱肋使其与拱顶段合拢。具体步骤如下。

①用仪器控制拱顶段两端头标高，徐徐松开起重索，当标高比设计值高出 1 ~ 2cm 时，关闭起重卷扬机。

②松开两侧边段拱肋扣索，使两侧边段拱肋端头均匀下降，与拱顶段合拢。

（2）三段吊装（阶梯形）搭接拱肋吊装施工

1）边段拱肋悬挂定位。

边段拱肋悬挂定位方法与对接接头拱肋基本相同，区别在于先准确扣挂两边段，定位完成后上端头标高比设计值高出 3 ~ 5cm。

2）拱顶段拱肋定位。

①供顶段拱肋吊装就位后，徐徐放下，与边段试行合拢（不卡紧），接缝张口不宜大于 2 ~ 4cm。

②用仪器校正中线，然后将拱顶段提升至与边段接头差 30 ~ 40cm 处。

③在吊装前洗刷接缝，干燥后涂环氧树脂水泥砂浆。

④松索合拢，用仪器配合控制边段标高，徐徐放下起重索，当拱顶段与边段接触后再松扣索如此循环进行，直至准确合拢。

（4）拱肋松索成拱程序及注意事项

1）松索调整拱轴线，调整拱轴线时应观测各接点标高、拱顶及 1/8 跨径处截面标高调整轴线时精度要求为。每个接头点与设计标高之差不大于 ±15cm，两对称接头点相对高差不大于 2cm，中线偏差不超过 0.5 ~ 10cm，防止出现反对称变形，导致拱肋开裂甚至纵向失稳。松索成拱的操作方法是否正确，直接影响合拢后拱肋的拱轴线，必须认真、仔细操作。

2）松索时应按边扣索、次边扣索、起重索三者的先后顺序对称均匀地进行。每次松索量以控制各接头标高变化不超过 1cm 为限。

3）用铸铁楔、薄钢板嵌塞拱肋接头缝隙。

4）拱肋松索成拱是一个反复循环的过程，将索放松压紧接头缝后，应再调整中线偏差至 0.5 ~ 10cm 以内，固定缆风索将接头螺栓旋紧。

5）电焊各接头部件，全部松索成拱。电焊时，宣采取分层、间隔、交错施焊的方法，每层不可一次焊得过厚，以防灼伤周围混凝土，电焊后必须将各接头螺栓旋紧焊死。

6）对于大跨径分五段或三段吊装的拱肋，在合拢成拱后，可保留起重索和扣素部分受力（称留索），待拱肋接头的连接工序基本完成后再完成松索。留索受力的大小取决于拱肋接头的密合程度和拱肋的稳定性。施工实践中，起重索受力一般保留在 55 ~ 10%，扣索基本放松。

三、拱上构件吊装

主拱圈以上的结构部分，均称为拱上构件口拱上构件的砌筑同样应按规定的施工程序对称均衡地进行，以免产生过大的拱圈应力口为了能充分发挥缆素吊装设备的作用，可将拱上构件中的立柱、盖梁、行车道板、腹拱圈等做成预制构件，用缆索吊装施工，以加快施工进度，但因这些构件尺寸小、重量轻、数量多，其吊装方法与吊装拱肋有所不同。常用的吊装方法有以下几种。

1. 运入主索下起吊

这种方法适用于主素跨度范围内有起吊场地时的起吊，它是将构件从预制场运到主索下，由跑车直接起吊安装。

（1）墩、台上起吊

顶制构件只能运到墩、台两旁，先利用辅助机械设备，如摇头扒杆、履带吊车等，将构件吊到墩、台上，然后由跑车进行起吊安装。

（2）横移起吊

当地形和设备都受到限制时，必须在横移索的辅助下将跑车起吊设备横移到桥跨外侧的构件位里上起吊。这种起吊方式对腹拱圈可以直接起吊安装。对其他构件，则须先吊到墩、台上，然后再起吊安装。

2．"横扁担"吊装法

由于拱上构件数目多，横向安装范围广，为减少构件横移就位工作，加快施工进度，可采用"横扁担"装置进行吊装。

（1）构造形式

"横扁担"装置可以就地取材，采用圆木或型钢等制作。

（2）主索布置

根据拱上构件的吊装特点，主索一般有以下三种布置形式：

1）将主索布置在桥的中线位置上，跑车前后布置，并用千斤绳联结。每个跑车的吊点上安装一副"横扁担"。这种布置比较简单，但吊装的稳定性较差，起吊构件须左右对称、质量相等。多用在一组主索的桅杆式塔架的吊装方案中。

2）将一根主索分开成两组布置，每组主索上安置一个跑车，横向并联起来。"横扁担"装置直接挂在两跑车的吊点上。这种吊装的椒定性好，吊装构件不一定要求均衡对称、灵活性大。但主索布置工作量稍大，且只能安装一副"横扁担"。

3）在双跨缆索吊装中，将两跑车拆开，每一跨缆索中安装一个，用一根长钢丝绳联系起来（钢丝绳长度相当于两跨中较大一跨的长度）。这种布置，由于两跑车只能平行运行，因此两跨不能同时吊装构件。

（3）吊装

用"横扁担"吊装时，应根据构件的不同形状和大小，采取不同的吊装方法。对于短立柱，可直接直立吊运。对于长立柱，因受到吊装高度的限制，常须先进行卧式吊运，待运到安装位置后，再竖立起来，放下立柱的下端进行安装。对于盖梁，一般可直接采用卧式吊运和安装的方法。对腹拱圈、行车道板的吊装，为减小立柱所承受的单向推力，应在横桥方向上分组，沿桥跨方向逐次安装。

第三节　桥梁转体施工

一、桥梁转体施工的工作原理

桥梁转体施工的工作原理，就像挖掘机铲臂随意旋转一样，在桥台（单孔桥）或桥墩（多孔桥）上分别预制一个转动轴心，以转动轴心为界把桥梁分为上、下两部分，上部整体旋转，下部为固定墩台、基础，这样可根据现场实际情况，上部构造可在路堤上或河岸上预制，旋转角度也可根据地形随意旋转。

二、桥梁转体施工工艺的特点

桥梁转体施工工艺适用于跨径较大的单孔或多孔钢筋混凝土桥梁施工。尤其适用于跨越深谷、水深流急和公铁立交、风景胜地、自然保护区等施工受限制的现场。

由于桥梁转体施工是靠结构自身旋转就位，不用吊装设备，并可节省大量支架木材或钢材。

采用混凝土轴心转体施工，转体工艺简便易行，转体重量全部由桥墩（或桥台）球面混凝土轴心承受，承载力大，转动安全、平衡、可靠。

可将半孔上部结构整体预制，结构整体性强，稳定性好，更能体现结构的力学性能的合理性。

施工工艺和所用施工机械简单，转体时仅需两盘绞磨、几组滑轮即可使上部结构在短时间内转体就位，简便易行，易于掌握，便于推广。

图 9-1

三、转体施工法的关键技术

转体施工法的关键技术问题是转动设备与转动能力，施工过程中的结构稳定和强度保证，结构的合拢与体系的转换。

1. 竖转法

竖转法主要用于肋拱桥，拱肋通常在低位浇筑或拼装，然后向上拉升达到设计位置，再合拢。

竖转体系一般由牵引系统、索塔、拉索组成。竖转的拉索索力在脱架时最大，因为此时拉索的水平角最小，产生的竖向分力也最小，而且拱肋要实现从多跨支承到铰支承和扣点处索支承的过渡，脱架时要完成结构自身的变形与受力的转化。为使竖转脱架顺利，有时需在提升索点安置助升千斤顶。

竖转施工方案设计时，要合理安排竖转体系。索塔高、支架高（拼装位置高），则水平交角也大，脱架提升力也相对小，但索塔、拼装支架受力（特别是受压稳定问题）也大，材料用量也多；反之亦然。在竖转过程中，主要要考虑索塔的受力和拱肋的受力，尤其是风力的作用。

在施工工艺上，竖转铰的构造与安装精度，索鞍与牵转动力装置，索塔和锚固系统是保证竖转质量、转动顺利和安全的关键所在。国内的拱桥基本上为无铰拱，竖转铰是施工临时构造，所以，竖转铰的结构与精度应综合考虑满足施工要求和降低造价。跨径较小时，可采用插销式，跨径较大时可采用滚轴。拉索的牵引系统当跨径较小时，可采用卷扬机牵引；跨径较大，要求牵引力较大，牵引索也较多时，则应采用千斤顶液压同步系统。

2. 平转法

平转法的转动体系主要有转动支承系统、转动牵引系统和平衡系统。

转动支承系统是平转法施工的关键设备，由上转盘和下转盘构成。上转盘支承转动结构，下转盘与基础相联。通过上转盘相对于下转盘转动，达到转体目的。转动支承系统必须兼顾转体、承重及平衡等多种功能。按转动支承时的平衡条件，转动支承可分为磨心支承、撑脚支承和磨心与撑脚共同支承三种类型。

磨心支承由中心撑压面承受全部转动重量，通常在磨心插有定位转轴。为了保证安全，通常在支承转盘周围设有支重轮或支撑脚正常转动时，支重轮或承重脚不与滑道面接触，一旦有倾覆倾向则起支承作用。在已转体施工的桥梁中，一般要求此间隙从 2 ~ 20mm，间隙越小对滑道面的高差要求越高。磨心支承有钢结构和钢筋混凝土结构。在我国以采用钢筋混凝土结构为主。上下转盘弧形接触面的混凝土均应打磨光滑，再涂以二硫化铜或黄油四氟粉等润滑剂，以减小摩擦系数（一般在 0.03 ~ 0.06 之间）。

撑脚支撑形式下转盘为一环道，上转盘的撑脚有 4 个或 4 个以上，以保持平转时的稳定。转动过程支撑范围大，抗倾稳定性能好，但阻力力矩也随之增大，而且环道与撑脚的施工精度要求较高，撑脚形式有采用滚轮，也有采用柱脚的。滚轮平转时为滚动摩擦，摩阻力小，但加工困难，而且常因加工精度不够或变形使滚轮不滚。采用柱脚平转时为滑动摩擦，通常用不锈钢板加四氟板再涂黄油等润滑剂，其加工精度比滚轮容易保证，通过精心施工，已有较多成功的例子。

第三类支承为磨心与撑脚共同支承。大里营立交桥采用一个撑脚与磨心共同作用的转动体系，在撑脚与磨心连线的垂直方向设有保护撑脚。如果撑脚多于一个，则支承点多于2个，上转盘类似于超静定结构，在施工工艺上保证各支撑点受力基本符合设计要求比较困难。

水平转体施工中，能否转动是一个很关键的技术问题。一般情况下可把启动摩擦系数设在0.06～0.08之间，有时为保证有足够的启动力，按0.1配置启动力。因此减小摩阻力，提高转动力矩是保证平转顺利实施的两个关键。转动力通常安排在上转盘的外侧，以获得较大的力臂。转动力可以是推力，也可以是拉力。推力由千斤顶施加，但千斤顶行程短，转动过程中千斤顶安装的工作量又很大，为保证平转过程的连续性，所以单独采用千斤顶顶推平转的较少。转动力通常为拉力，转动重量小时，采用卷扬机，转体重量大时采用牵引千斤顶，有时还辅以助推千斤顶，用于克服启动时静摩阻力与动摩阻力之间的增量。

平转过程中的平衡问题也是一个关键问题。对于斜拉桥、T构桥以及带悬臂的中承式拱桥等上部恒载在墩轴线方向基本对称的结构，一般以桥墩轴心为转动中心，为使重心降低，通常将转盘设于墩底。对于单跨拱桥、斜腿刚构等，平转施工分为有平衡重与无平衡重转体两种。有平衡重时，上部结构与桥台一起作为转体结构，上部结构悬臂长，重量轻，桥台则相反，在设置转轴中心时，尽可能远离上部结构方向，以求得平衡，如果还不平衡，则需在台后加平衡重；无平衡重转体，只转动上部结构部分，利用背索平衡，使结构转体过程中被转体部分始终为索和转铰处两点支承的简支结构。

3. 转体施工受力

转体施工的受力分析目的是保证结构的平衡，以防倾覆；保证受力在容许值内，以防结构破坏；保证锚固体系的可靠性。转体过程历时较短，少则几十分钟，最多不超过一天，所以主要考虑施工荷载。在大风地区按常见的风力考虑，通常不考虑地震荷载和台风影响，这主要从工期选择来保证。此外，转体结构的变形控制、合拢构造与体系转换也是转体施工应考虑的重要问题。

桥梁转体施工是近年出现的一种新工艺，最适宜在跨越深谷、急流及公铁立交情况下采用，通过有平衡重和无平衡重两桥试验结果分析。桥梁转体施工工艺，无论从技术上和经济上都是可行的和经济的，特殊桥位处采用此工艺最好。

第十章 悬臂施工技术

第一节 悬臂梁拼装法施工

桥梁预制悬臂拼装施工包括节段的运输、拼装及合拢等工序。它与悬浇施工具有类似的优点，但悬臂拼桩工艺是用吊机将预制好的梁段逐段拼装，因此悬拼法还具有自己独特的优点：梁体的预制可与桥梁下部构造施工同时进行，平行作业缩短了建桥周期；预制梁混凝土龄期比悬浇法的长；预制场或工厂化的梁段顶制生产利于整体施工的质量控制。

一、拼装方法

预制节段的悬臂梁可根据现场和设备条件采用不同的拼接方式拼装。当桥梁靠近陆地或为陆地桥，且桥跨不高时，可采用自行式吊车或门式吊车来实现拼装。对于河中的桥孔，也可以采用水上浮吊进行拼装。如果桥墩很高或水中的水流很急不变在陆上、水上施工时，也可以借助各种吊机进行高空施工。常用的拼装的方法有浮吊拼装法、悬臂吊机拼装法、连续杆件拼装法、缆索起重机拼装法和移动式导梁拼装法等。其中以浮吊拼装法和臂吊机拼装法最为常用。

二、拼装施工

（一）接缝处理形式

梁段拼接形式有全断面铰接、部分铰接与部分湿接以及湿接三种。不同的施工阶段和不同的施工部位往往采用不同的接缝形式。两梁段全横断面靠环氧树脂黏结构成全断面铰接，按剪力铰设计。部分铰接与部分湿接时腹板为铰接，顶板与底板通过伸出钢筋连接再现浇混凝土。湿接时相邻梁段间浇注一段 10cm ~ 20cm 的混凝土作为接头。用以随后调整基准梁段的位置，以便能够更加准确的控制后续梁段的安装精度。

全段面铰接和部分铰接在工程中各有优点，全断面铰接与部分断面铰接相比具有悬拼速度快、施工工序较少、无需使用特种水泥、孔道注浆容易等优点，但是部分断面铰接具有环氧树脂用量少、施工调整容易、桥梁整体性好的优点。

（二）提高接缝质量措施

为了弥补湿接接缝处混凝土的收缩和早强，工程中应优先采用早强微膨胀混凝土浇注。一般情况下，20℃左右的环境温度中，24h 就能够达到设计强度。

在进行全面铰接或部分铰接拼装施工前，应先在接触面涂抹多功能的环氧树脂，以保证连接面得水密性并利用环氧树脂层的厚度找平。

为了使预制节段在拼装是能准确而迅速的安装就位，在节段预制时在顶板均衡设置定位器（又称定位销）。有的定位器不仅能起到固定位置的作用，而且还能承受剪力，这种定位装置称做抗剪楔或防滑楔。阶段预制时，除注意预埋定位器装置外，还应注意按正确位置预埋孔道形成器和吊点装置（吊环或竖向预应力钢筋）等。同时为了提高两段拼接面的抗拒剪强度，拼接面应做成齿合状，即为剪力齿。

为了提高梁段拼接面的吻合度，一般应在长线台座上将待浇梁段与已浇梁段接面密贴浇注，中间用不带硬化剂的环氧树脂作为隔离层分隔，预应力束孔用金属波纹管分隔，也可用分隔板分隔，拼合面的偏差应控制在规定的范围内，模板厚度偏差不超过 0.5mm，齿板偏差不超过 1mm，前后凹凸齿偏差不超过 0.5mm。

（三）支座临时固结

为了确保连续梁分段拼装施工的平衡和稳定，通常由于悬浇方法相同，将 T 构支座临时固结，当临时固结支座不能满足悬拼要求时，一般考虑在桥墩两侧或单侧增加临时支架。悬拼完成，T 构合拢，即可恢复原状，拆除支架。

（四）拼装流程

桥梁墩柱两侧的第一个节段，一般与墩柱上端的梁段以湿接的形式相接，墩柱两侧的第一个节段是悬臂梁的基准阶段，是全跨安装质量控制的关键，悬拼施工时，防止上翘和下挠的关键在于墩柱两侧第一个阶段的准确定位，因此，施工时必须采用各种方法确保该阶段的精确定位，精确定位后的第一个阶段可由吊机悬吊支撑，也可用设置在下面的临时托架支撑。为了便于进行接缝处管道接头拼接、接头钢筋的焊接和混凝土的振捣作业，湿接缝的宽度一般设置为 0.1 ~ 0.2m。

大跨度的 T 形钢构桥，由于悬臂很长，往往在伸臂中部设置一道现浇箱梁横隔板，同时设置一道湿接缝。这道湿接缝除了能增加箱梁的结构刚度外，也可以调整拼装的位置。在拼装过程中，如果遇到拼装上翘误差很大，难以用其他方法补救的情况，即可以增设一道湿接缝来调整。但应注意，增设的湿接缝宽度必须用凿打阶段面的办法来提供。

其他梁段吊上并基本定位后，先将临时预应力筋传入，安装好连接器，再开始涂胶及合拢，张拉临时预应力筋，使固化前胶接缝的压应力不低于 0.3MPa，然后方可解除吊钩，随后进行穿束和张拉施工。

（五）压浆

管道压浆是为了保证预应力筋不受腐蚀，目前常用的方法是先用高压水检查管道的畅通、匹配面的密贴情况以及封端情况等，然后再进行正式压浆，直到出浆口益处浆体。封闭出浆口持压几分钟，以保证水泥浆尽量充满管道。

压浆是在局部封锚后进行的。尚未进行封端，封锚水泥砂浆极易收缩开裂造成压浆时漏浆，直接影响压浆效果；且水泥浆在管道内会产生收缩，使压浆质量难以控制。故除了保证封端质量外，若在水泥浆中加入适量微膨胀剂，选取合适的配合比，既能使压浆工作顺利进行，又能使凝固后的水泥浆尽量充满管道，尽可能的排出管道内的水和空气，避免力筋受腐蚀。

桥梁预制悬臂拼工艺可以将跨度较大的梁构件化整为零，将诸多的高空施工转化为地面施工，工厂化的预制模式有利于整体施工质量的控制，使得操作更安全。因此，在桥梁建设中，优先采用悬臂拼装法，合理安排施工流程，多工作面同时施工将有助于缩短工期，加快施工进度。

第二节　悬臂梁浇筑施工方法及工艺

一、悬臂法现浇连续梁施工步骤

1. 连续梁 0 号段施工

（1）0# 块在墩旁支架上整体一次性全部在初凝时间内浇筑完成。支架应根据各桥具体情况进行结构设计和检算。支架拼装完成后，按设计受力大小、受力分布对其进行预压，预压重为箱梁恒载的 120 ~ 130%，根据支架的弹性变形设置底模的预拱度。0# 块与墩身采取临时固结措施，临时固结措施需满足悬灌施工中出现的最大不平衡弯矩和相应竖向反力。

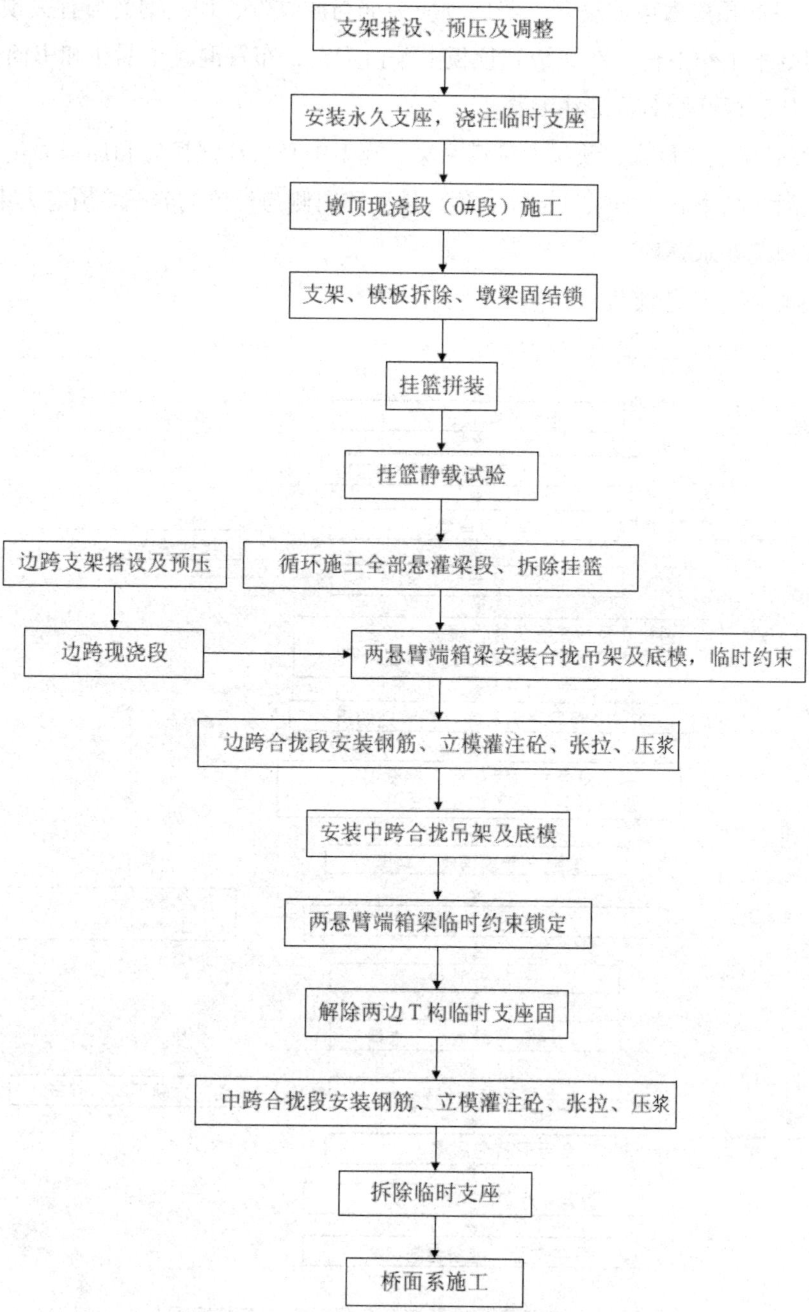

图 10-2 悬灌法施工连续箱梁工艺框图

①在墩身上预埋型钢安装牛腿及托架，预埋的牛腿及托架经计算后确定。托架安装后，按照施工时竖向等效荷载的 12 ~ 13 倍进行预压，以消除托架的变形、检验托架的安全度，避免托架变形而使箱体混凝土开裂。预压后根据支架的弹性变形设置底模的预拱度。

②整理墩顶与梁体临时固结的预应力筋，并安装墩顶支座，铺设 0# 块底模并根据支

架的弹性变形设置底模的预拱度。将预先绑扎好的 0# 块骨架吊装就位并绑焊，交替安装 0# 块的模板、纵向预应力束波纹管、竖向预应力筋与波纹管、顶板钢筋与有关预埋件。

③搭设混凝土工作平台，在腹板和顶板上预留天窗，布置混凝土漏斗和串筒，采用混凝土输送泵，从底板开始对称灌注混凝土。

④因 0# 块混凝土数量大，预应力管道密集，施工中必须加强振捣和加强养生等措施。

⑤混凝土灌注结束后，加强对梁体、尤其是箱体内侧与外侧的养护。预应力束的穿束、张拉按设计和规范要求办理。

（2）0 号段施工工艺流程

0 号段施工工艺流程见图 10-3。

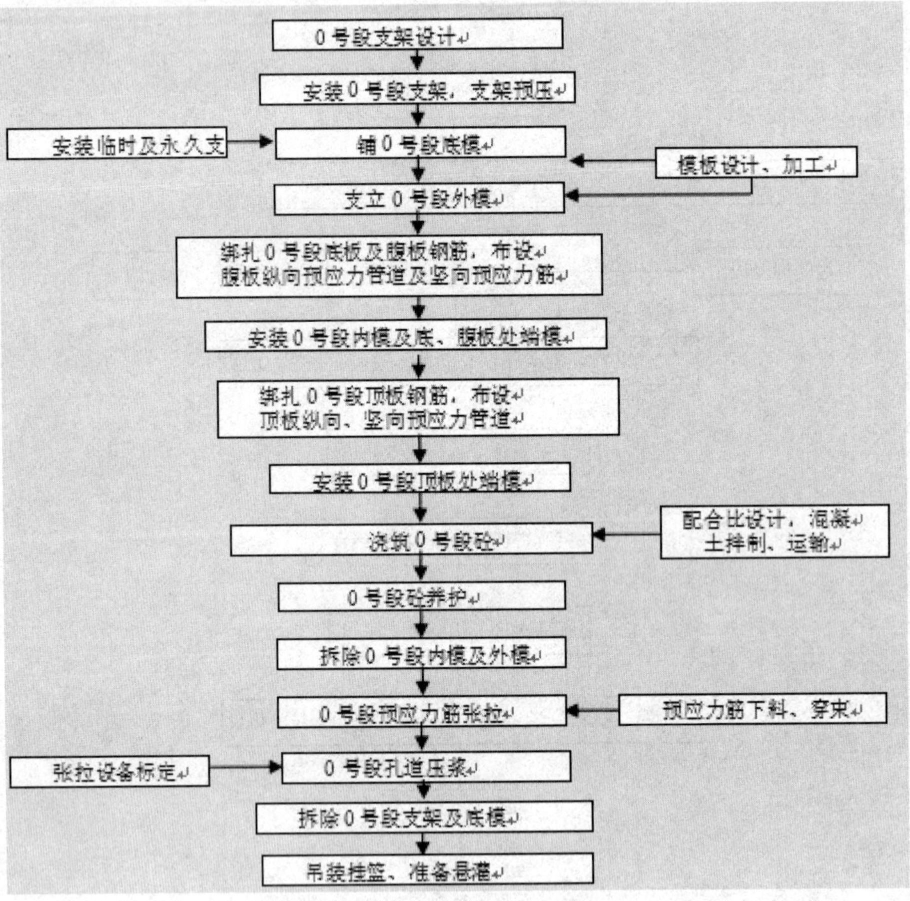

图 10-3　连续箱梁悬灌施工 0 号段施工工艺框图

（3）盆式橡胶永久支座安装

安装前先把支承垫石表面大致找平，定出地脚螺栓位置，并检查其孔径大小与深度，然后吊装支座，准确对准设计位置、精确调整标高后，将支座临时固定，用环氧树脂砂浆把支座下缝隙和螺栓孔灌注密实。

安装前将支座的各相对滑动面清洗干净。支座上下各对应件纵横向对中。支座中心线与主梁中心线应平行。安装支座时，根据实际情况确定 0# 段下永久支座的预留偏移量。

（4）临时支座及临时锚固设置

临时支座设在墩顶纵向两侧，尺寸根据梁体重量并考虑 2 倍的安全系数。临时支座的钢筋预埋在墩帽和梁体中各一半。在 0# 段箱体浇筑前，浇筑临时支座。在浇筑临时支座和箱梁时，先在墩顶面及临时支座顶面涂抹隔离剂以资隔离。在临时支座与梁体接合部浇注硫磺砂浆，内埋电阻丝。拆除时接通电源，熔化硫磺砂浆，由永久支座承受荷载。

梁体临时锚固通过精轧螺纹钢实现。其下部锚固在墩身内，上部穿过 0# 段锚固于 0# 段顶部。0# 段浇筑完成后对精轧螺纹钢进行张拉，将梁体临时锚固，以增强抗震、抗不平衡能力，承受施工中的不平衡荷载。

（5）临时支架设计及预压

本标段支架立柱拟采用万能杆件或焊接钢管，根据计算确定支撑排数和间距后，落于承台上。支柱下部法兰与承台预埋锚栓连接，上部放置砂箱用于调整标高及落模，支柱相互间用槽钢连接。在临时支架上部放置 145 工字钢作纵梁、132 工字钢横梁作为分配梁，用来支撑模板并传递施工荷载至支架上。临时支架也可采用墩顶托架形式。

临时支架安装中和安装完成后严格检查各部之间的连接是否紧密、标高是否符合设计、焊缝长度和厚度是否足够，不符合要求的及时改正。

临时支架搭设完成后，对其进行预压，以消除支架的非弹性变形、量测弹性变形，从而确定立模标高。为方便施工，临时支架预压采用千斤顶—钢绞线加载系统来完成。为此，需在承台中预埋锚固件，用以在预压时固定加载系统。0 号段临时支架结构示意图如图 10-4。

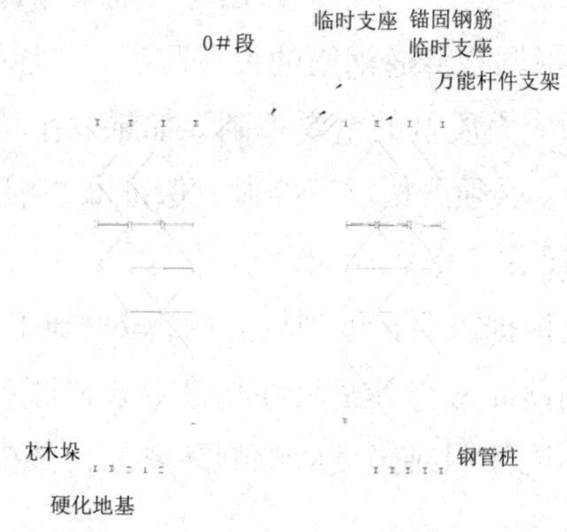

图 10-4　0 号段临时支架结构示意图

（6）模板系统

模板分为底模、外模、内模和端模。各部分分别做如下处理：

①底模

0 号段底模采用大块钢模板。由于在临时支架上安放有砂箱，故直接将底模安放在临时支架分配梁上并将两者连接牢固即可，不需设置钢楔块。对墩顶范围内的底模采用砂模。在支座周围墩顶面铺设中粗砂，外围铺设同样厚度的方木，方木下垫木楔块，在砂表面铺设一层胶合板。

②外模。外模使用挂篮外模，不足部分另外加工补充。

③内模。考虑到 0 号段梁体内部截面变化大，模板通用性差，为便于装拆和改制模板，内模使用竹胶模板。

④端头模。端模架用角钢制作成钢结构骨架，板面用 2cm 厚的木板，用螺栓与内外模联结固定，以便拆模。

（7）钢筋及预应力粗钢筋绑扎

①竖横向预应力粗钢筋施工

竖横向预应力粗钢筋采用就地散绑法。绑扎中注意保护预应力管道和预应力钢筋，以免受损后堵塞预应力管道，或在张拉中发生断裂。

②普通钢筋施工

对图纸复核后绘出加工图。加工时，同一类型的钢筋按先长后短的原则下料。钢筋用弯筋机弯制后与大样图核对，并据各钢筋所在部位的具体情况对细部尺寸和形状做适当的微量调整。0 号段普通钢筋可采用就地散绑法，对底腹板钢筋也可采用“在地面上分部预绑扎，用吊车或塔吊整体吊装”的方法。钢筋保护层按由塑料垫块加以调整和保证。

（8）预应力筋管道的设置

预应力波纹管在钢筋绑扎时安装固定。纵向波纹管道定位钢筋网片的间距在直线段不大于 1m、在曲线段不大于 0.5m。竖横向预应力粗钢筋定位钢筋网片的间距为 15m。所有定位钢筋均采用焊接成形，以保证定位可靠。如预应力筋管道与普通钢筋的空间位置发生冲突，在征得设计同意后，适当调整普通钢筋的位置和型式，以保证预应力管道位置准确。

波纹管成孔质量是保证预应力质量的重要基础，如果发生堵塞而进行处理，将直接影响施工进度和桥梁寿命。因此，必须严格施工控制，保证灌注混凝土后波纹管不漏、不堵、不偏、不变形。拟采取如下措施：

所有的波纹管均在工地上根据需要长度现场卷制，减少施工工序和损伤波纹管的机会，把好材料第一关。波纹管使用前先检查其密封性和是否破损。对破损修复后能够使用的，在修复后再使用；对修复后不能使用或修复后影响穿束的，坚决不用。对密封性达不到要求的不使用。

安装波纹管前，对端头的毛刺、卷边、折角认真修整，确保圆顺。

波纹管定位必须准确，严防上浮、下沉和左右移动，其位置偏差不大于规范要求。波纹管定位用钢筋网片与波纹管之间的间隙不大于 3mm。波纹管轴线必须与锚垫板垂直。为保证张拉时钢绞线不产生应力集中而断丝，保证锚垫板孔口内错台不大于 5mm。

波纹管接头长度取 30cm，两端平分。对留作下次待接的一端，将该端 15cm 中的 10cm 放入本次要浇注的混凝土中，另外 5cm 露出本次灌注梁段的混凝土外。被接的两根波纹管的接头要顶紧，以防穿束时在接头处的波纹管被束头带出而堵塞管道。接头处用塑料带密封，以免漏浆。

电气焊作业在波纹管附近进行时，在波纹管上覆盖湿麻袋或薄铁皮等覆盖物，以免损伤波纹管；灌注混凝土前对波纹管进行全面检查，及时发现和解决问题；灌注混凝土中，避免振动棒对波纹管的过度振动。

所有纵向预应力管道必须设置橡胶内衬软管后才能浇注混凝土。内衬软管的外径比波纹管内径小 5 ~ 10mm。在混凝土初凝前将橡胶管来回抽动，在混凝土终凝后抽出。对混凝土深处的波纹管尤要精心施工，绝对避免这些部位的波纹管出现问题。因为，这些部位出了问题极难处理。

（9）顶板和腹板预留施工窗口

因模板安装后，0 号段中部形成全封闭状态，人员和混凝土无法进入，使施工不能很好进行。为解决该问题，在顶板和腹板无预应力筋的部位开设施工通道，人员和混凝土借此通道进出，待混凝土灌注到接近该通道时，按要求连接钢筋和封堵模板。为解决开窗口时木板、锯末进入底板后不易清除，窗口位置提前确定并在安装模板前预先开好。

（10）混凝土灌注与养护

0 号段内预应力筋布置复杂、非预应力筋密集，要求一次灌注成型，施工难度大。为保证施工质量，采取如下措施：

①混凝土采用集中拌和、泵送入模。混凝土的拌和能力和输送能力，以满足在最早灌注的混凝土初凝前灌注完 0 号段混凝土为控制标准。

②根据 0 号段混凝土数量和施工难度并结合技术要求，将 0 号段混凝土的初凝时间定为 10 小时左右，将坍落度控制在 18cm 左右。为此，在混凝土中掺加高效减水剂，粗骨料采用 5 ~ 25mm 连续级配的碎石。

③混凝土灌注分层厚度为 30cm 左右。

④混凝土灌注顺序：横隔板底部→腹板下部→底板→横隔板上部→腹板上部→顶板。灌注时前后左右对称进行。

⑤混凝土入模导管安装间距为 15m 左右，导管底面与混凝土灌注面保持在 1m 以内。在钢筋密集处断开个别钢筋留作导管入口，待混凝土灌注到断开部位时，将钢筋焊接恢复。在钢筋密集处适当增加导管数量。

⑥捣固用插入式振捣器大小搭配使用，钢筋密集处用小振动棒，钢筋稀疏处用大振动棒。振动棒移动距离不超过振动棒作用半径的 15 倍。

⑦对捣固人员划分施工区域，明确责任，以防漏捣。振捣腹板混凝土时，振捣人员从预留窗口进入腹板内捣固。窗口设在内模板和内侧钢筋网片上，每 2m 左右设一个，灌注至窗口前对之予以封闭。

⑧混凝土灌注前先将墩顶混凝土面冲洗干净。木模板用水泡胀，防止干燥吸水。灌注底腹板混凝土前，采取措施以防松散混凝土粘附其上。混凝土泵送至 0 号段后，检查其坍落度、和易性，如不合适则及时调整。

⑨在顶板混凝土浇注完成后，用插入式振捣器对顶腹板接缝处进行充分的二次振捣，确保连接处密实、可靠。

⑩预应力筋张拉与压浆。按悬灌梁段的施工方法实施。

二、挂篮安装

挂篮采用菱形挂篮，其结构形式见图 10-5。

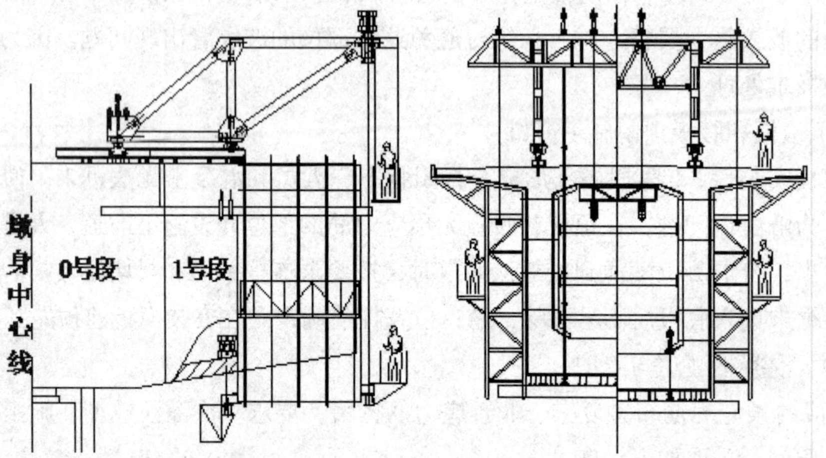

图 10-5 菱形挂篮结构形势图

（1）挂篮加工

为保证精度和质量，挂篮在工厂加工，板面由大块钢板焊制而成。为确保板面平整度，面板用夹具夹紧后再焊接，并对焊缝进行磨光处理。

（2）挂篮试验

为验证挂篮加工精度和质量，保证安全，挂篮加工后进行试拼和静载试验，以测出力与挂篮变形的关系，作为施工中调整底模标高的依据。

（3）挂篮拼装

0 号段施工结束后，在其顶板上拼装挂篮。正式拼装挂篮在 0 号段张拉压浆完成后进行。

拼装挂篮时，两套挂篮的构件分别安装，以免相互干扰。安装挂篮按以下程序：清理梁面→用水泥砂浆将滑道部位找平→在找平层上画出滑道定位线→安装滑道→安装前后支座→吊装单片主桁架，对准前后支座，在桁架两侧用倒链和方木控制其位置，在后支座处将主桁架锚固在腹板竖向预应力筋上。调好一片主桁架后用同样的方法吊装另一片→调整两片主桁间距→安装前后上横梁→安装前后吊带→吊装底模架及底模→吊装外侧模走行梁及外模→在前上横梁上吊挂作业平台，在底模后横梁上焊接作业平台→调整立模标高→固定模板。

在 1 号段底腹板钢筋绑扎完、预应力管道调整好后安装内模和内模走行梁。将走行梁前端吊在挂篮前上横梁上，后端锚固在已灌的 0# 梁段上，将内模支撑在走行梁上。

三、梁体悬臂灌注段施工

（1）悬臂灌注梁段的普通钢筋加工、绑扎与预应力波纹管道固定

①钢筋

对图纸复核后绘出加工下料图，同一类型的钢筋按先长后短的原则下料。主筋采用焊接，焊接方法按规范执行。钢筋绑扎采取现场散绑或“在地面上分部绑扎，用吊车或塔吊分别整体吊装就位”的方法。

②纵向波纹管安装

在安装悬灌梁段波纹管时，在内衬橡胶管放入波纹管后需超出梁段接缝 50cm 以上，以确保安全。悬灌梁段纵向波纹管安装的其他方法和要求与 0 号段相同，参照实行。

③竖横向预应力粗钢筋安装

为提高竖横向预应力粗钢筋的施工质量，尽量采用整体通长粗钢筋。

粗钢筋和波纹管进场后按规范进行试验并合格后才能使用。对粗钢筋和波纹管认真存放和保管，避免受到损伤，不把粗钢筋作为电焊机的地线，尤其是已经安装到梁上的。受损伤的粗钢筋和波纹管，坚决不用。

预应力粗钢筋采用预穿束方案，即混凝土灌注前固定在波纹管内。安装时用铁丝将下端的螺帽固定限位，以避免施工中的震动引起螺帽脱离粗钢筋。粗钢筋的上端在安装后及时封闭，防止水和杂物进入管道。

在竖向粗钢筋底部用铁管或胶管将两根粗钢筋的外套铁皮管连接起来，压浆管和出浆管分别设在两根粗钢筋的波纹管顶部。

（2）悬臂灌注梁段的混凝土施工

为保证悬灌梁段的施工质量、减少施工接缝，所有悬灌梁段均一次灌注成型。为达到设计要求，拟采取如下措施：

混凝土灌注顺序为：底板→腹板→顶板。灌注时同一挂篮的两边基本对称。混凝土由挂篮前端向后端浇注，顶板混凝土从两侧向中央推进，以防发生裂纹。同一 T 构两侧的混凝土灌注量之差不超过设计规定值。

振捣腹板混凝土时，当梁段高度大于 4m 时，在腹板内侧预留窗口，以便插入振捣器振捣混凝土。当梁段高度小于 4m 时，不预留天窗，直接将振动棒放入腹板内振捣。

振捣时布点均匀，并保证波纹管和压浆管不受损伤，对角隅和锯齿板等钢筋密集处用小直径振动棒加强振捣，并加强振捣效果检查。

灌注混凝土前，仔细检查模板的尺寸和牢固程度；灌注过程中设专人看护和加固模板，以防漏浆和跑模。

在顶板混凝土浇注完后，用插入式振捣器对顶腹板和新旧梁段接缝处进行充分的二次振捣，确保连接处密实、可靠。

混凝土灌注结束后，加强养护。悬灌段施工在夏秋季时采取覆盖麻袋或海绵后撒水的养护方法，在冬春季时采取覆盖棉被的养护方法。

底板混凝土在初凝前抹平，顶板混凝土在初凝前拉毛，端头板在混凝土强度达到25Mpa以后予以拆除并凿毛混凝土。

为减少徐变的影响，将相邻梁段混凝土的浇注龄期差控制在20d内。

悬灌梁段混凝土施工的其他要求与0号段相同。

（3）梁体悬臂灌注段纵向预应力筋张拉

连续箱梁纵向钢绞线采用高强度低松弛型，标准强度为Ryb=1860Mpa。锚具采用自锚式锚具。均采取两端对称、两侧对等的张拉措施。

①纵向预应力筋张拉施工程序

纵向钢绞线束张拉的施工程序：清理锚具、喇叭口，割除多余波纹管→钢绞线除锈、下料、编束、做束头、穿束→切除多余钢绞线，安装工作锚、千斤顶及工具锚→待混凝土龄期7天且强度和弹性模量不低于设计要求后进行张拉→完成张拉并合格后割除多余钢绞线→封锚，压浆。

②纵向预应力筋张拉程序

对于低松弛钢绞线和自锚式锚具而言，张拉程序为：0→初始张拉力P0（P0=01P，P为设计张拉力）→量测伸长量δ0→张拉至设计张拉力P→持荷2min→量测伸长量δ1→锚固钢绞线束→量测伸长量δ2。

③清理锚具、喇叭口的要求

将锚具、喇叭口上的水泥浆、混凝土清除干净；清通喇叭口上的压浆孔，保证灌浆通道畅通；对喇叭口与波纹管连接处的错台进行处理，使之连接圆顺，错台不超过5mm；对喇叭口内的多余波纹管予以切除。检查喇叭口位置是否正确，与孔道是否垂直，有问题时先对其进行处理。对锈斑不能清除干净或有损伤的锚具和夹片不使用。

④钢绞线除锈、下料、焊束头和穿束的要求

钢绞线防锈：钢绞线分批进货，以免货多积压而生锈。进场后做好防雨、防潮、防锈工作。除锈重点是束两端张拉范围，以防张拉时滑丝。

钢绞线下料：钢绞线下料在梁面上进行。下料长度为孔道长度+2倍的千斤顶工作长度+0.3m的束头焊接影响区+下料富裕量。下料用砂轮锯，不使用电气焊切割。砂轮片为增强型的，以策安全。切口两侧5cm处用细铁丝绑扎，以免散股。下料中和下料后避免钢绞线受损和污染。

下料按先长后短的原则进行，以节约材料。下料时经两人确认长度无差错后再切割，避免出错。下料时拉动钢铰线不要太快，避免钢铰线散盘速度跟不上拉动速度而弯折。当钢铰线出现弯折后不得使用。

钢绞线编束和做束头：将穿束端钢绞线用2～3道粗铁丝捆绑后调整各根端头之间的相对位置，使端头形成圆锥形后拧紧铁丝；根据连续箱梁钢绞线束长短不一的特点，结合既有施工经验，钢绞线穿束的束头根据钢绞线束长短分别采用物理处理束头和化学焊接束头：对35m以下的钢绞线束采用钢管套筒加楔形粗钢筋的物理钢绞线束头，从而每束钢绞线均可以节省半米左右的束头钢绞线；对35m以上的钢绞线束采用焊接束头，将各根钢绞线互相焊连、结成一体。焊接过程中，将电焊机地线捆在束头0.5m内即张拉范围以外，以免电焊机打火损伤钢绞线。束头焊接后，用手持砂轮机打磨端头，使之成为圆顺的锥形。焊束头时将穿束用的钢筋环一起焊上。尽量缩短焊接长度，以便束头在管道内顺利通行。

钢绞线穿束：对30m左右的钢绞线束用人工穿束，对30m以上的用卷扬机穿束。纵向束的穿束在混凝土强度大于10Mpa后进行。用卷扬机穿束时，卷扬机即可放在本T构上，也可放在相邻T构上或附近桥墩上，具体布置视现场实际情况而定。用3T左右牵引力的卷扬机即能满足穿束要求。穿束前理顺钢铰线，使之顺直不扭结，并用胶布将束头缠裹严实。

穿束时首先用比孔道长10m左右的单根钢绞线穿过管道，然后通过该根钢绞线将卷扬机钢丝绳拉出孔道后，用O型卡将钢丝绳与束头上面的钢筋环相连。经检查连接可靠后，开动卷扬机，进行穿束作业。穿束时，卷扬机操作者与穿入端人员保持联系，令行禁止，避免强拉、多拉。

在卷扬机牵引钢绞线束的同时，施工人员在束后不断地向前推送钢绞线束，并使两者速度基本同步，以减少牵引阻力、避免钢绞线弯折。

为保证钢绞线束顺利穿过管道，在第一次穿过孔道的单根钢绞线前端固定一个直径比束头大1cm的铁球，借以提前发现孔道内堵塞和不畅问题，并在穿束前予以妥善解决，以免穿束中出现堵塞后进退两难。

通过孔道的任何物件如钢丝绳、钢绞线、铁球、卡子、接头等，都必须圆顺，以免引起管道的损伤和堵塞。

⑤张拉准备工作

按规定对锚具、夹片等进行检验；对千斤顶、油泵、油表等进行配套标定；千斤顶作业空间的检查、确认；对梁体作全面检查。如有缺陷，按照监理工程师同意的方案修补完好且达到设计强度。

割除多余钢铰线：钢铰线外露喇叭口的长度为锚具厚度 + 千斤顶最小工作长度 +15cm的张拉富裕量。富裕量不能过大，否则将增加施工难度。

安装工作锚和夹片：装好锚具后用手锤垫在木头上敲击锚具，直至不能敲动。接着将夹片装入锚孔，用比钢铰线直径略大的钢管击打夹片，使之塞紧在锚孔内。用钢管击打夹片前，调整均匀同一夹片中各楔片间的缝隙和外露量。装好后的夹片外露量基本一致且缝隙均匀，否则重装。

安装千斤顶和工具锚、工具夹片：千斤顶安装使用手拉葫芦，安装后至张拉完一直用倒链悬挂着千斤顶，以便用倒链调整千斤顶，使千斤顶轴线与管道和锚垫板轴线一致，保证钢绞线顺直，减少张拉摩阻力。为使张拉后夹片退锚顺利，在工具锚和工具夹片之间涂抹退锚材料。

安装千斤顶和工具锚、夹片符合下列要求：工作锚、限位板、千斤顶、工具锚、夹片按要求装好，工作锚位于锚垫板凹槽内，相互之间密贴；“四同心”符合要求，即预应力管道、锚垫板、锚具、千斤顶四部分基本同心；各种油管接头满扣上紧，千斤顶、油表安放位置配套正确。

⑥张拉作业

所有纵向预应力束张拉均使用自锚式锚具、按“左右对称、两端同时”的原则进行，以下说明均建立在此基础上的。

检查油管路连接可靠、正确后，开动油泵，使钢铰线略为拉紧后调整千斤顶位置，使其中心与孔道轴线基本一致，以保证钢铰线自由伸长，减少摩阻。同时调整工具夹片使之卡紧钢铰线，以保证各根钢铰线受力均匀。然后两端千斤顶以正常速度对称加载到初始张拉力后停止加载，测量并记录钢铰线初始伸长量。完成如上操作后，继续向千斤顶进油加载，直至达到控制张拉力。初始张拉力取控制张拉力的 10%。

钢铰线达到控制张拉力时，不关闭油泵，而继续保持油压在控制张拉力下 2min，以补偿钢铰线的松弛所造成的张拉力损失。然后测量并记录控制张拉力下的钢铰线伸长量。

持荷 2min 油表读数无明显下降时即可关闭油泵进油阀，打开油泵回油阀使油缸退回，则工作锚自动锚固钢绞线。锚固时先锚固一端，待该端锚固完成并退去工具夹片、卸去工具锚及千斤顶、观察钢铰线无滑丝和断丝现象后，将另一端补足拉力后再锚固这一端。然后卸去这一端的工具夹片、工具锚及千斤顶，同样观察钢铰线有无滑丝和断丝现象。

当钢绞线长度较长、不能一次张拉到位时，则需多次张拉循环。多次张拉的操作方法和步骤与上述一样，只是将上一循环的锚固拉力（应力）作为本次循环的初始值。如此循环，直至达到最终的控制张拉力。

钢铰线束伸长量量测方法：在相应张拉力下量取与之对应的千斤顶油缸外伸量。将每个张拉循环中初张拉力和终张拉力下对应的千斤顶油缸外伸量的差值，作为本张拉循环中钢铰线束的伸长量。各个张拉循环的伸长量之和，即为该束钢铰线初始张拉力至控制张拉力之间的伸长量。

钢束实际伸长量 ΔL 的计算公式为：$\Delta L=\sum\Delta L_1+\Delta L_2$。$\Delta L_1$ 为初始张拉力至控制张拉力的实测伸长量；ΔL_2 为初始张拉力下（零至初始张拉力）的伸长量，其值通过 ΔL_1 按比例推算得出，或由 10% 设计张拉力与 20% 设计张拉力之间的伸长量推算得出。

钢铰线束张拉采用张拉力与伸长值双控法，即在张拉力达到设计要求后，实际伸长值与理论值之间的误差若在 -6% ~ +6% 之间，即表明本束钢绞线张拉合格。否则，张拉力虽已达到设计要求，但实际伸长值与理论值之间的误差超标，则暂停施工，在分析原因并处理后继续张拉。

对伸长量超标的原因分析，从如下方面入手：张拉设备可靠性即张拉力的准确度，设计对波纹管道摩阻和偏差系数取值的准确性，钢铰线弹性模量计算值与实际值的偏离，伸长量量测和计算方面的原因如没考虑千斤顶内钢铰线伸长值等。若一切正常，则封堵锚具端头，尽快压浆。

⑦张拉施工注意事项

千斤顶加载和卸载时做到平稳、均匀、缓慢、无冲击。

张拉时混凝土强度和龄期不得低于图纸要求。张拉顺序按图纸要求进行。张拉作业中，对钢绞线束的两端同步施加预应力，以保证两端张拉伸长量基本相等。若两端伸长量相差较大时，查找原因，进行纠正。

当气温下降到 +5℃以下时，禁止张拉作业，以免钢绞线发生脆断。

张拉过程中不敲击和碰撞张拉设备和油管路。张拉完毕后，未压浆或压浆后水泥浆未凝固时，不敲击锚具和剧烈震动梁体。多余的钢绞线用切割机切割，切割后留下的长度不少于 3cm。

在高压油管的接头加防护套，以防喷油伤人。在测量伸长量时，停止开动油泵。张拉过程严格执行操作规程。转移油泵时必须将油压表拆卸下来另行携带转送。在有压下不得拧动油泵或千斤顶的接头。

⑧滑丝和断丝处理

在张拉过程中，多种原因都可能引起预应力筋滑丝和断丝，使预应力筋受力不均，甚至不能建立足够的预应力，从而影响桥梁的使用寿命。因此需要限制预应力筋的滑丝和断丝数量。当滑丝和断丝数量在允许范围内时，不需处理；但当滑丝和断丝数量超过允许范围时，则需处理。

滑丝判断：张拉完毕卸下千斤顶后，目视检查滑丝情况。仔细察看工具锚处每根钢铰线上的楔片压痕是否平齐，若不平齐则说明有滑丝；察看本束钢铰线尾端张拉前做的标记是否平齐，若不平齐则说明有滑丝。

滑丝处理方法：首先把专用卸荷座支承在锚具上，将专用千斤顶油缸外伸至千斤顶行程的一半后，把退锚千斤顶装在单根钢绞线上。当钢绞线受力伸长时，夹片稍被带出。这时立即用改锥或钢钎卡住夹片凹槽。然后油缸缓慢回油，钢绞线内缩，而夹片因被卡住而不能与钢绞线同时内缩。如此反复，直至夹片退出、钢绞线放松、重新张拉至设计张拉力并顶压楔紧新夹片为止。重新张拉完成后，立即进行压浆。

断丝处理方法：提高其他钢绞线束的控制张拉力作为补偿。但最大超张拉力不得超过设计和规范允许值；换束，重新张拉；启用备用束。采用何种方式，与设计商定。

⑨预应力质量控制

原材料质量控制：为控制原材料质量，选择质量可靠、性能稳定的产品，把质量放在第一位；其次，到货时除厂家提供合格证外，还需按照规范进行复验，不合格的不接受使用。

预应力管道质量控制：在预应力管道曲线段，采取增加定位网数量、加大定位网钢筋直径以及将定位网钢筋与梁体钢筋焊为一体的方法，以保证管道坐标准确和成孔质量。另外为加强孔道整体刚度，防止混凝土浇筑过程中进入波纹管中，采取在波纹管内穿入 PVC 管或橡胶管的措施。

摩阻测试：为检验设计参数对施工现场的准确性、适应性和施工工艺的可靠性，以保证有效预应力满足设计要求，在施工中进行管道、锚具和喇叭口的摩阻测试。根据实测数据，检查预应力损失值并与设计允许值进行对比后报设计单位，确定进行预应力调整的必要性和调整量，确定实际张拉控制力，确保梁体最终能够获得需要的预施应力值。

张拉控制：建立预应力设备的定期配套校验制度，提高使用压力表的精度；箱梁预施应力坚持“强度、弹模、龄期”三个条件同时满足原则和“以张拉力控制为主、以伸长量进行校核”的双控标准；若张拉结果或检查中发现有异常，则根据问题情况，由有关单位（施工、监理、设计等）的有关人员共同分析原因确定进一步的处理措施。

张拉后梁体收缩徐变对预应力影响的考虑：根据梁体应力与线性监测结果，还需对张拉后梁体过大的收缩徐变对预应力损失的影响采取相应的措施。相应措施与设计单位商定。

梁体上拱观测及控制：成桥后 6 个月内，定期测量梁体上拱度，并做好记录，检查是否超限。若超限，与监理、设计共同分析原因、确定处理意见。

（4）梁体悬臂灌注段竖横向预应力筋张拉

梁体粗钢筋采用标准强度不小于 750Mpa 的精轧螺纹粗钢筋，采用螺杆式穿心千斤顶张拉。张拉采取同一梁段两侧对称张拉的措施。其张拉程序为：清理锚垫板，在锚垫板上作测量伸长量的标记点，并量取从粗钢筋头至锚垫板上标记点之间的竖向距离 δ1 作为计算伸长量的初始值→安装工作螺帽→安装千斤顶→安装连接器和张拉杆→安装双工具螺帽→张拉至控制张拉力 P →持荷 2 分钟→旋紧工作螺帽→卸去千斤顶及附件→ 1 ~ 2 天后再次张拉至控制张拉力 P 并旋紧螺帽→量取粗钢筋头至锚垫板上标记点的竖向距离 δ2 作为计算伸长量的终值→计算实际伸长量 $\Delta=\delta 2-\delta 1$，将该值与理论值进行比较。若误差在 ±6% 内，则在 24 小时内完成压浆；若误差超过 ±6%，则分析原因并妥善处理后再压浆。

竖向预应力粗钢筋张拉的注意事项：每一节段尾端与另一梁段接头处的一组竖向预应力粗钢筋留待与下一节段同时张拉，以使其预应力在混凝土接缝两侧都能发挥作用。

（5）悬灌梁纵向预应力管道压浆

孔道压浆是将水泥浆填满孔道内空隙，让预应力筋与混凝土牢固地粘结为整体，并防止预应力筋的锈蚀。为保证压浆的密实性、延长预应力筋和梁体使用寿命，采用真空辅助压浆法连续压注。压浆设备选用 UBL3 螺杆式连续灌浆泵、SZ-2 型真空泵。孔道压浆有如下主要工作：

①孔道压浆前的准备工作

水泥浆配合比：水灰比 035 ~ 04，并掺减水剂和不含氯盐的膨胀剂。掺入膨胀剂后水泥浆的自由膨胀率控制在 2% 左右；水泥采用强度等级不低于 425 级的低碱硅酸盐或低碱普通硅酸盐水泥；若掺入粉煤灰，则符合相关规定；初凝时间大于 3h，终凝时间小于 24h。

切割锚外多余钢绞线：使用砂轮机切割，余留长度不低于 3cm。

封锚：采用保护罩封锚，可重复使用。

冲洗孔道：孔道在压浆前用压浆机冲洗，以排除孔道和灌浆孔内杂物，保证孔道畅通。冲洗后用空压机吹去孔内积水。检查设备完好性。

②水泥浆的拌和

在拌浆机内先放水和减水剂后再放水泥，最后放膨胀剂。拌和时间不少于 2min，拌好的灰浆过筛后存放于储浆桶内。储浆桶不停地低速搅拌，并保持足够的数量以保证每根管道的压浆能连续进行。

③孔道真空辅助压浆施工程序

A 操作工艺要点

真空压浆前，采用保护罩封锚（保护罩作为工具罩使用，在灌浆后浆体初凝后拆除）。封锚前将锚垫板表面进行清理，在灌浆保护罩底面和橡胶密封圈表面均匀涂上一层玻璃胶，装上橡胶密封圈，将保护罩套与锚垫板的安装孔对准后用螺栓拧紧，注意将排气口安装在正上方。真空压浆施工设备连接见图 10-6。

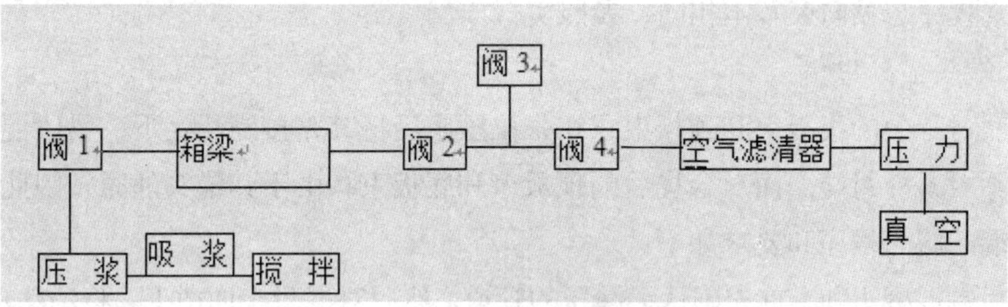

图 10-6 真空压降施工设备连接图

B 真空压浆作业步骤

清理锚垫板上的灌浆孔，保证灌浆通道畅通，与引出管接通。安装引出管、球阀和接头等，并检查可靠性。

搅拌水泥浆，使其水灰比、流动度、泌水性等达到技术指标要求。

启动真空泵，使真空度达到 -0.09 ~ 0.1Mpa，并保持稳定。

启动灌浆泵，当灌浆泵输出的浆体稠度与输入的同时，将输送管接到锚垫板上的引入管，开始灌浆。压浆过程中，真空泵保持连续工作。

待抽真空端的空气滤清器中有浆体经过时，关闭空气滤清器前端的阀门，稍后打开排气阀。当水泥浆从排气阀顺畅流出，且稠度与压入的浆体相当时，关闭抽真空端的所有阀门。灌浆泵保持继续工作，当压力达到 0.6Mpa 时停止灌浆，在 0.6Mpa 下持压 2 分钟。

持压中若浆体压力无下降，则关闭压浆泵及压浆端阀门，完成压浆；若浆体压力有明显下降，则在查找原因后决定应对和处理措施。

当水泥浆失去流动性前，拆卸外接管路、附件，并清洗干净。

④质量控制措施

针对曲线孔道的特点，在每根波纹管道的最高点设立泌水管。

灰浆进入灌浆泵之前通过 12mm 的筛网进行过滤，以防止堵管。在现场对搅拌后的水泥浆做流动度、泌水性试验，并制作浆体强度试块。

每根孔道的压浆连续进行，水泥浆搅拌结束至压入管道的时间以保证水泥浆在初凝时间内压注完为度。

孔道压浆顺序为先下后上，同一管道压浆连续一次完成。冬季或气温低于 5℃情况下压浆采取可靠保温措施，或掺入不具腐蚀性的防冻剂。

⑤压浆注意事项

压浆在张拉质量确认后 24 小时内完成，并尽早进行。

压浆泵上输浆管选用抗压能力 10Mpa 以上的抗高压橡胶管，压浆系统上各连接件之间的连接要牢固可靠。

灌浆在灰浆流动性下降前进行。同一管道的压浆连续进行。因意外中断时，用高压水冲洗干净并处理好后再压浆。

（6）悬灌梁竖向预应力筋管道压浆

其压浆程序与纵向束基本相同，参照实行。

（7）端头锚具封端

对悬灌过程中的腹板束和顶板束，在张拉压浆后将其直接浇注在下一梁段混凝土内作为封端，不再另外封端。而对合拢后的顶板束和底板束，由于其锚头外露，因此必须另做封端。封端的施工程序和要求如下：

浇筑封端混凝土前，首先确认无漏压的管道。然后对混凝土面凿毛，将锚垫板和锚具、钢绞线上的混凝土、砂浆等清除干净，对锚圈与锚垫板的交接缝涂抹聚氨酯防水涂料，对锚具和外露钢绞线进行防腐处理。

绑扎端部钢筋网，并将钢筋网焊在端面预留钢筋上。然后牢固地固定封端模板，以免模板移动。并在立模后校核伸缩缝宽度。

浇筑封端混凝土。浇筑时，细心插捣使混凝土密实，以免形成裂缝。

封端混凝土是保证锚具和钢绞线免受腐蚀的重要屏障之一，浇筑混凝土后，养护时间不少于 7d，以保证混凝土不开裂。封端混凝土养护结束后，采用聚氨酯防水涂料对封端处新老混凝土的接缝进行防水处理。

为提高封端混凝土的抗裂能力，采用无收缩混凝土。其强度与梁体同标号，或不低于设计要求。试验室随机制作混凝土试件，以检查质量。

（8）悬灌梁段施工的测量与线形控制

对于客运专线上的桥梁，为保证线路平顺度而满足高速行车要求，对梁体成桥线性特别是收缩徐变基本稳定后的线性有较高要求。根据经验，拟采取“合理测量，现场计算，全程跟踪，动态控制”的控制方案。

连续箱梁线形控制是施工→量测→识别→修正→预告→施工的循环过程。施工控制的核心任务就是对各种误差进行分析、识别、调整，对结构未来状态作出预测。施工时，由于每段梁体混凝土的重量、龄期、弹性模量、结构特性、预加应力、施工荷载、挂篮变形等都在不断变化，并受到温度、材料、徐变次内力影响，使梁体各个截面的内力和位移都不断变化。施工中，为确保梁体达到合拢精度和设计线形，利用专门的线形控制软件，结合现场实际，对主梁施工的每个阶段进行挠度的动态监控。将施工过程中对影响应力和变形的数据输入程序，对结构变形进行时效分析，对结构从开始到合拢到成桥后若干时间的整个过程中任一阶段的结构变形进行计算，从而实现对结构施工过程的跟踪分析。并在施工过程中根据实际监测结果及时修正计算参数，重新计算施工中各节段的理想状态，对下一施工段作出更准确的预测，确保结构物高程和中线的偏差在允许范围内，使大桥顺利合拢，使成桥后的线形符合设计。

①线形控制的主要技术措施

施工前建立精密控制网，采用全站仪及精密水准仪准确测放桥梁各部的坐标。箱梁观测点用钢筋头加工，顶端磨平，外露混凝土面 2cm，每段设在距梁段端部 10cm 处。测控以控制箱梁的底板内外边缘、翼板内外边缘及构造物的中心线为主。施工过程中，每段的测量频率为 5 次：挂篮就位后，混凝土浇注前，混凝土浇注后，张拉前，张拉后（挂篮移位前）。每次测量范围为已完成的各悬灌梁段（还需定期观测基础沉降）。

在 T 构 0 号段梁顶面和梁箱内分别布置两个水准点，以方便控测。并定期进行梁上水准点与地面水准点的联测，以掌握变化，理解动态。

1 号梁段施工前对挂篮进行预压，以消除挂篮非弹性变形，测量并绘制挂篮受力后的变形曲线图。

收集混凝土弹性模量、加载龄期、张拉等技术参数的实际值，及时分析处理实测数据，以便适当调整预拱度值。

在已浇梁段布置观测点，观测每一梁段混凝土浇筑前后、张拉前后、挂篮就位后各已浇梁段的高程变化，为调整预拱度值提供依据。

观测昼夜温度和挠度的关系，以便采取措施减少温差影响。

坚持换手复测，严格按监控组提供的标高值控制立模标高。

施工过程保持与设计计算模式相一致，如施工方案出现较大变化时，分析其影响程度，修正立模标高。

定期联测 T 构施工所用的水准点，以统一高程，保证可靠。

②控制混凝土收缩徐变的技术措施

对混凝土实行强度、弹性模量和龄期指标同时控制的措施。

严格控制箱梁混凝土施工配合比、搅拌质量和振捣质量。养生期间保证混凝土处于潮湿状态，提高混凝土质量。

现场对预应力筋管道摩阻进行实测并对张拉力进行修正。

严格控制预应力张拉时间以及二期恒载施加期限。在施加预应力时，混凝土强度、弹性模量和龄期均满足设计要求。按设计规定的方式和次序张拉，施工中不随意更改。施加预应力实行双控，严禁超或欠张拉。

预应力张拉完毕后及时压浆，管道压浆要密实。

（9）挂篮前移

挂篮主要由桁架、提吊、走行、后锚、模板和作业平台等部分组成。

①挂篮工作原理

挂篮底外模随挂篮桁架向前移动就位后，绑扎底腹板钢筋并安装预应力管道后，将内模从已灌梁段箱体内拖至本段安装，再绑扎顶板钢筋和预应力管道，然后一次灌注混凝土。当新筑梁段预应力筋张拉和压浆结束后，向前移动挂篮，进行下一梁段施工。如此循环，直至悬灌完成。

②挂篮前移

在挂篮将要进入梁段的混凝土强度达到25Mpa以上时，清理梁段顶面，用1 ∶ 2的水泥砂浆将滑道铺设部位找平，并在砂浆找平层上画出滑道放样定位线后，安装锚固滑道。然后待该梁段张拉压浆完成后，将底模架后横梁用倒链悬挂在后上横梁，放松底模架前后吊带使底模脱模并离开梁体底面10cm左右，然后拆下底模架后锚杆；放松外模前后吊带，使外模落下。完成上述操作后，将两个5T倒链分别置于挂篮两侧桁架位置，并使其两端分别连接在梁体和挂篮上，然后拖拉主桁，挂篮底外模在主桁带动下随主桁前移。挂篮移动到位后，立即锚固主桁架和底模架，调整底模和外侧模标高，检查连接、锚固准确可靠后，即可绑扎钢筋。

③挂篮移动中的注意事项

张拉前不可松开底模。挂篮行走中专人观察偏移情况和各部位的安全状况，并及时纠偏。如有异常，立即停止施工，查找原因，及时处理。

同一T构两边的挂篮同步前移，其移动距离相差不大于50cm，以免对墩身产生不平衡弯矩。行走缓慢、连续。

每条行走轨道上不少于3根反压梁处于锚固状态。用于后锚及反压梁的精轧螺纹粗钢筋使用前必须进行强度检验。

移动挂篮中避免损伤精轧螺纹粗钢筋，避免碰撞、弯折粗钢筋。移动挂篮前了解天气情况，在大风、大雾、雷雨及冰雪天气下，停止作业。

挂篮移动过程中用两台倒链拉住挂篮尾部，防止挂篮溜滑。

（10）边跨现浇段施工

边跨现浇段采用万能杆件或钢管落地支架，以承台和明挖基础或钢管桩作基础；或采用墩顶托架做支架。底模用大块钢模，直接放置在纵梁上，横梁与纵梁间垫以砂箱，以利于拆除底模和调整标高。其工艺流程为：搭设支架→搭设作业平台→支架预压→安装支座→安装底外模→绑扎钢筋及安装预应力管道→浇筑混凝土→养生→拆除内外模板及端模。混凝土一次浇筑成型。

为保证混凝土养生期间及边跨预应力束张拉时梁体自由伸缩以避免混凝土开裂，在底模与支架纵梁间设置可滑动的聚四氟乙烯板或其它滑动装置。支座在边跨合拢前临时固定，待边跨合拢完成后解除临时固定。

①基底处理

支架基础位于承台部分的直接座于承台上，超出承台部分的，当位于承载力较好的地基时，采用明挖基础，或对原地面整平压实硬化后用方木作卧梁基础；当位于泥塘或水中时，采用钢管桩基础。

②支架搭设

施工前根据地面标高和梁底标高绘制支架布置图并进行搭设。支架搭设完后，在其上依此布置横梁、砂箱、纵梁、聚四氟乙烯板和底模。

③底模铺设

底模采用大块钢模板，用扣件固定在模板下纵梁上。底模标高由砂箱准确调整。模板固定后用液体胶填塞模板缝，防止浇筑混凝土中漏浆。

④支架预压

为消除基础和支架的非弹性变形及不均匀下沉，保证线形和安全，并为立模标高设置提供依据，钢筋绑扎前对支架进行预压，预压期限以支架变形稳定为度，预压重量为全部施工荷载的 12 倍。加载前对支架基础顶底部进行标高测量，测位设在梁段两端和 1/2 处，每断面横向设 3 点。

加载物选用袋装砂。加载分级进行，专人检查支架和分配梁的支承情况。加载过程中和加载完成后连续观测，直至支架变形稳顶方可卸载。

卸载亦分级进行，并量测测点标高，根据加载前后测量结果计算支架的弹性和非弹性变形，对底模进行精确调整。

⑤腹板及翼板模板安装

底模调整完毕后安装外侧腹板及翼板模板，模板采用大块模。

⑥混凝土施工

预压结束、安装和调整模板标高后，即可绑扎钢筋、一次完成混凝土浇注，等待合拢段施工。

（11）合拢段施工

梁体合拢是连续梁体系转换的重要环节，是保证成桥质量的关键。

①合拢原则

连续梁合拢遵循“低温灌注，既拉又撑还抗剪”的原则。合拢前在适当的温度条件下使合拢段两边梁体临时连接，保持相对固定，以防止合拢段混凝土在早期因为梁体混凝土的热胀冷缩而开裂。同时选择在气温较低、温度变化小的时间进行混凝土灌注，保证合拢段混凝土处于气温上升的环境中、在受压的状态下达到终凝，从而避免混凝土开裂。

②合拢顺序

按设计提供的合拢顺序进行施工。

③边跨合拢段施工程序与要求

A 在主墩 T 构悬灌施工完成前 15 天，完成边跨现浇段施工。

B 第一合拢段施工时，保留合拢用的挂篮后拆除挂篮的其余部分。安装但不固定合拢段模板，将其对称支撑在合拢段两侧。然后将现浇段和梁面上的杂物清理干净，将梁上施工必须的施工机具放置在指定位置（0 号段上）。接着将 T 构及现浇段上所有观测点的高程精确测量一遍。

边跨现浇段临时支架结构示意见图 10-7。

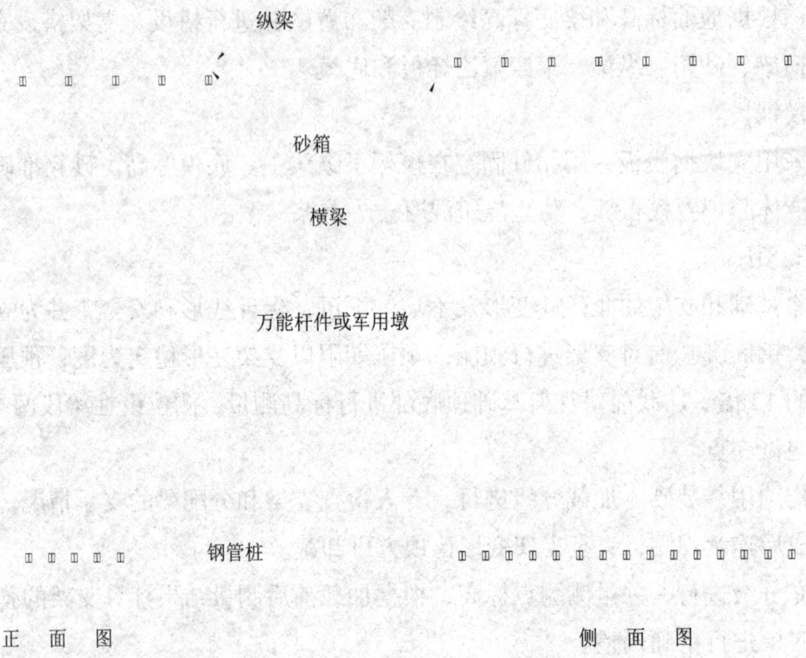

图 10-7 跨现浇段临时支架结构示意见图

C 比较合拢段两侧两个梁段的高程，如果高差 $\Delta \leq 15mm$，则继续进行下步施工；如果 $\Delta > 15mm$，则运行线控软件，计算使 $\Delta \leq 15mm$ 的配重方法和要求。然后把配重材料放在指定位置，调整 Δ，使其达到要求。

D 在 T 构的两端分别加载平衡重（每端重量为合拢段重量的一半）。

E 为防止因热胀冷缩而对合拢段混凝土产生不利影响，在合拢段内模和钢筋安装前，选择在气温适宜（20℃左右）或设计要求的时间，按设计要求焊接型钢支撑（包括水平支撑和剪力撑），并张拉部分顶底板合拢束（张拉力按设计），从而将边跨现浇段与 T 构临时锁定、连成一体。

F 固定合拢段底模板和外侧模板。

G 绑扎底腹板钢筋、安装底腹板波纹管，立合拢段内模，绑扎顶板钢筋和波纹管等，做好灌注混凝土前的准备工作。

H 将合拢段的混凝土灌注时间选在一天中气温较低、温差变化比较小的午夜前后。混凝土灌注过程中，不断吊走配重。混凝土灌注结束时，应吊走该侧的全部配重。卸除平衡重与灌注混凝土同步等量地进行。

合拢段混凝土的配合比设计比普通段高一个等级，并掺入微量膨胀剂，加强振捣，以免新老混凝土的连接处产生裂缝。

混凝土作业的结束时间安排在气温回升前，灌注后由专人养护。

I 待合拢段混凝土强度和龄期达到设计后，按图纸要求张拉预应力筋并压浆。张拉前，先解除体外支撑，以消除体外支撑对张拉的影响。

张拉顺序为：先底板束后顶板束，先长束后短束，顶底板交错进行。

J 拆除合拢段内外模板和体外临时支撑。

K 边跨合拢段预应力束张拉前后各测量一次该合拢段 T 构上各观测点的标高，留待中跨合拢段施工时使用。

④中跨、次边跨合拢段施工程序与要求

A 合拢段施工时，保留合拢用的一套挂篮后，拆除其余部分。安装但不固定合拢段模板，将其对称支撑在两边 T 构的悬臂端上。然后将 T 构梁面上的杂物清理干净，将必需的施工机具放置在 0 号段上。接着将梁上所有观测点的高程精确测量一遍。

B 比较合拢段两侧两个梁段的高程，如果高差 $\Delta \leq 15mm$，则继续进行下步施工；如果 $\Delta > 15mm$，则运行线控软件，计算使 $\Delta \leq 15mm$ 的配重方法和要求。然后把配重材料放在指定位置，调整 Δ，使其达到要求。

C 在合拢段两边的悬臂端分别吊装平衡重（各为合拢段重的一半）。

D 为防止 T 构因热胀冷缩而对合拢段混凝土产生不利影响，在合拢段内模和钢筋安装前，选择在气温比较适宜（20℃左右）或设计要求的时间，按设计的位置和数量焊接型钢水平支撑，并张拉部分顶底板合拢束（张拉力按设计要求），从而将合拢段两边临时锁定、连成一体。

E 固定合拢段底模板和外侧模板。

F 绑扎底腹板钢筋、安装底腹板波纹管，立合拢段内模，绑扎顶板钢筋和波纹管等，做好灌注混凝土前的准备工作。

G 将合拢段的混凝土灌注时间选在一天中气温较低、温差变化较小的午夜前后。混凝土灌注过程中，等量同步地卸除合拢段两边的平衡重。

中跨合拢段混凝土配合比设计、灌注和养护的其他要求与边跨合拢段相似，参照实行。

H 待合拢段混凝土强度和龄期达到设计后，按图纸要求张拉预应力筋并压浆。张拉前，先解除临时支撑，以消除临时支撑对张拉的影响。

I 拆除合拢段内外模板和中跨合拢段体外临时支撑。

J 中跨合拢段预应力束张拉前后分别测量全桥上所有观测点的标高，留待桥面铺装施工时使用。

⑤合拢段施工中的其他事项

合拢段体外支撑使用型钢，其型号根据受力计算确定。支撑布置要考虑避免与预应力筋产生冲突。安装支撑时，先将一端焊牢，另一端加楔稍稍打紧，待合拢段的临时钢绞线束张拉前再将楔子打紧。焊接支撑时，采取温控措施，避免烧伤混凝土。

合拢段混凝土灌注完成后养生期间，做好合拢段降温工作。可采用的降温措施有：梁顶洒水降温，梁侧喷水降温，箱梁内洒水及通风降温。

混凝土强度和弹性模量达到设计要求后尽快进行合拢段预应力束的张拉，以免混凝土受各种不利因素的影响而开裂。

若合拢气温与设计相差较大，与设计单位联系，以调整合拢时机。

第十一章　大跨度桥梁概述

大跨度钢桥和结合桥是各种桥梁类型中最有竞争力的桥梁，特别是在跨越大江、大河及海峡时，大跨度钢桥和结合桥以其轻质、高强、美观、快速及跨越能力大等特点而成为首选之桥型。预应力混凝土桥梁迅猛发展，与大跨度钢桥展开了激烈竞争，促使大跨度钢桥在材料性能、结构类型、制造加工、施工架设等方而不断开拓与创新，越来越向长大跨度的极限挑战，如中国润扬长江公路大桥主跨已达 1490m，日本明石海峡大桥主跨已突破 1990m。但是，由于以往大跨度桥较少，没有对大跨度桥的科技设计施工及各个方面做过系统研究，空白点比较多。在这种条件下，对大跨度桥梁的设计、施工等技术及科研教学发展进行专题讨论研究便具有重大的现实意义。

第一节　大跨度桥梁的组成与分类

一、大跨度桥梁的组成

大跨度桥梁的组成包括桥跨结构及其支座、桥墩、桥台、桥梁基础等。

①桥跨结构及其支座（也叫上部结构）：直接承受使用荷载。

②桥墩、桥台（也叫下部结构）：将上部结构的荷载传递到基础中去；挡住路堤的填土，保证桥梁的温差伸缩。

③桥梁基础：将桥梁结构的反力传递到地基。

二、大跨度桥梁的分类

①按跨径大小分类：我国公路工程技术标准桥梁分类，如表 11-1 所示。

表 11-1 中国公路工程技术标准桥梁分类表

桥梁分类	多跨径总成L/m	单孔跨径Lk/m
特大桥	L≥1000	Lk≥150
大桥	100≤L＜1000	40≤L＜150
中桥	30≤L＜100	20≤L＜40
小桥	8≤L≤30	5≤L＜20

1. 大跨度桥梁的类型

（1）按桥面的位置划分

上承式—视野好、建筑高度大；

下承式—建筑高度小、视野差；

中承式—兼有上面两者的特点。

（2）按桥梁用途来划分

可分为公路桥、铁路桥、公路铁路两用桥、农用桥、人行桥、运水桥（渡槽）和其他专用桥梁（如通过管路、电缆等）。

（3）按材料来划分

可分为大跨度预应力混凝土桥，大跨度钢桥，大跨度钢与混凝土结合类桥。

（4）按结构体系划分

可分为拱桥 — 主拱受压，梁式桥 — 主梁受弯，刚架桥 — 构件受弯压；缆索承重桥 — 缆索受拉；组合体系桥 — 几种受力的组合。

第二节 大跨度桥梁的发展趋势

综观大跨径桥梁的发展趋势，可以看到世界桥梁建设必将迎来更大规模的建设高潮。就中国来说，国道主干线同江至三亚就有 5 个跨海工程、杭州湾跨海工程、珠江口伶仃洋跨海工程，以及琼州海峡工程。其中难度最大的有渤海湾跨海工程，海峡宽 57 公里，建成后将成为世界上最长的桥梁；琼州海峡跨海工程，海峡宽 20 公里，水深 40 米，海床以下 130 米深未见基岩，常年受到台风、海浪频繁袭击。此外，还有舟山大陆连岛工程、青岛至黄岛、以及长江、珠江、黄河等众多的桥梁工程。在世界上，正在建设的著名大桥有土耳其伊兹米特海湾大桥（悬索桥，主跨 1668 米）、希腊里海安蒂雷翁桥（多跨斜拉桥，主跨 286+3×560+286 米）；已获批准修建的意大利与西西里岛之间墨西拿海峡大桥，主跨 3300 米悬索桥，其使用寿命均按 200 年标准设计，主塔高 376 米，桥面宽 60 米，主缆直径 124 米，估计造价 45 亿美元。在西班牙与摩洛哥之间，跨直布罗陀海峡也提出了一个修建大跨度悬索桥的方案，其中包含 2 个 5000 米的连续中跨及 2 个 2000 米的边跨，基础深度约 300 米。另一个方案是修建三跨 3100 米 +8400 米 +4700 米的巨型斜拉桥，其基础深度约 300 米，较高的一个塔高达 1250 米，较低的一个塔高达 850 米。这个方案需要高级复合材料才能修建，而不是当今桥梁用的钢和混凝土。

大跨度桥梁向更长、更大、更柔的方向发展：研究大跨度桥梁在气动、地震和行车动力作用下其结构的安全和稳定性，拟将截面做成适应气动要求的各种流线型加劲梁，以增大特大跨度桥梁的刚度；采用以斜缆为主的空间网状承重体系；采用悬索加斜拉的混合体系；采用轻型而刚度大的复合材料做加劲梁，采用自重轻、强度高的碳纤维材料做主缆。

新材料的开发和应用：新材料应具有高强、高弹模、轻质的特点，研究超高强硅粉和聚合物混凝土、高强双相钢丝纤维增强混凝土、纤维塑料等一系列材料取代目前桥梁用的钢和混凝土。

在设计阶段采用高度发展的计算机：计算机作为辅助手段，进行有效的快速优化和仿真分析，运用智能化制造系统在工厂生产部件，利用 GPS 和遥控技术控制桥梁施工。

大型深水基础工程：目前世界桥梁基础尚未超过 100 米深海基础工程，下一步须进行 100 ~ 300 米深海基础的实践。

桥梁建成交付费用：使用后将通过自动监测和管理系统保证桥梁的安全和正常运行，一旦发生故障或损伤，将自动报告损伤部位和养护对策。

重视桥梁美学及环境保护：桥梁是人类最杰出的建筑之一，闻名遐尔的美国旧金山金门大桥、澳大利亚悉尼港桥、英国伦敦桥、日本明石海峡大桥、中国上海杨浦大桥、南京长江二桥、香港青马大桥等这些著名大桥都是一件件宝贵的空间艺术品，成为陆地、江河、海洋和天空的景观，成为城市标志性建筑。宏伟壮观的澳大利亚悉尼港桥与现代化别具一格的悉尼歌剧院融为一体，成为今日悉尼的象征。因此，21 世纪的桥梁结构必将更加重视建筑艺术造型，重视桥梁美学和景观设计，重视环境保护，达到人文景观同环境景观的完美结合。在 20 世纪桥梁工程大发展的基础上，描绘 21 世纪的宏伟蓝图，桥梁建设技术将有更大、更新的发展。综观大跨径桥梁的发展趋势，可以看到世界桥梁建设必将迎来更大规模的建设高潮。就中国来说，国道主干线同江至三亚就有 5 个跨海工程、杭州湾跨海工程、珠江口伶仃洋跨海工程，以及琼州海峡工程。其中难度最大的有渤海湾跨海工程，海峡宽 57 公里，建成后将成为世界上最长的桥梁；琼州海峡跨海工程，海峡宽 20 公里，水深 40 米，海床以下 130 米深未见基岩，常年受到台风、海浪频繁袭击。此外，还有舟山大陆连岛工程、青岛至黄岛、以及长江、珠江、黄河等众多的桥梁工程。在世界上，正在建设的著名大桥有土耳其伊兹米特海湾大桥（悬索桥，主跨 1668 米）、希腊里海安蒂雷翁桥（多跨斜拉桥，主跨 286+3 × 560+286 米）；已获批准修建的意大利与西西里岛之间墨西拿海峡大桥主跨 3300 米悬索桥，其使用寿命均按 200 年标准设计，主塔高 376 米，桥面宽 60 米，主缆直径 124 米，估计造价 45 亿美元。在西班牙与摩洛哥之间，跨直布罗陀海峡也提出了一个修建大跨度悬索桥的方案，其中包含 2 个 5000 米的连续中跨及 2 个 2000 米的边跨，基础深度约 300 米。另一个方案是修建三跨 3100 米 +8400 米 +4700 米的巨型斜拉桥，其基础深度约 300 米，较高的一个塔高达 1250 米，较低的一个塔高达 850 米。这个方案需要高级复合材料才能修建，而不是当今桥梁用的钢和混凝土。在 20 世纪桥梁工程大发展的基础上，描绘 21 世纪的宏伟蓝图，桥梁建设技术将有更大、更新的发展。

一、公路桥梁发展趋势分析

随着我国经济发展，材料、机械、设备工业相应发展，这为我国修建大跨径斜拉桥和悬索桥提供了有力保障。再加上广大桥梁建设者的精心设计和施工，使我国建桥水平已跃身于世界先进行列。我国幅员辽阔，经济发展水平参差不齐，经济上总体水平不高，公路桥梁发展还是要着眼于量大、面广的一般大、中桥，这类桥梁仍以预应力混凝土结构为主。首先，要着重抓多样化、标准化，编制适用经济的标准图，提高施工水平和质量，然后再抓住跨越大江（河）、海湾的特大型桥梁建设，不断总结经验，既体现公路人的建桥水平，又要保证高标准、高质量建桥。

1. 板式桥

板式桥是公路桥梁中量大、面广的常用桥型，它构造简单、受力明确，可以采用钢筋混凝土和预应力混凝土结构；可做成实心和空心，就地现浇为适应各种形状的弯、坡、斜桥，因此，一般公路、高等级公路和城市道路桥梁中，广泛采用。尤其是建筑高度受到限制和平原区高速公路上的中、小跨径桥梁，特别受到欢迎，从而可以减低路堤填土高度，少占耕地和节省土方工程量。实心板一般用于跨径 13m 以下的板桥。因为板高较矮，挖空量很小，空心折模不便，可做成钢筋混凝土实心板，立模现浇或预制拼装均可。空心板用于等于或大于 13m 跨径，一般采用先张或后张预应力混凝土结构。先张法用钢绞线和冷拔钢丝；后张法可用单根钢绞线、多根钢绞线群锚或扁锚，立模现浇或预制拼装。成孔采用胶囊、折装式模板或一次性成孔材料如预制薄壁混凝土管或其他材料。钢筋混凝土和预应力混凝土板桥，其发展趋势为：采用高标号混凝土，为了保证使用性能尽可能采用预应力混凝土结构；预应力方式和锚具多样化；预应力钢材一般采用钢绞线。板桥跨径可做到 25m，目前有建成 35 ~ 40m 跨径的桥梁。在我看来跨径太大，用材料不省，板高矮、刚度小，预应力度偏大，上拱高，预应力度偏小，可能出现下挠；若采用预制安装，横向连接不强，使用时容易出现桥面纵向开裂等问题。由于吊装能力增大，预制空心板幅宽有加大趋势，15m 左右板宽是合适的。

2. 梁式桥

（1）简支 T 型梁桥

20 世纪 80 年代以来，我国公路上修建了几座具有代表性的预应力混凝土简支 T 型梁桥（或桥面连续），如河南的郑州、开封黄河公路桥，浙江省的飞云江大桥等，其跨径达到 62m，吊装重 220t。

T 形梁采用钢筋混凝土结构的已经很少了，从 16m ~ 50m 跨径，都是采用预制拼装后张法预应力混凝土 T 形梁。预应力体系采用钢绞线群锚，在工地预制，吊装架设。其发展趋势为：采用高强、低松弛钢绞线群锚：混凝土标号 40 ~ 60 号；T 形梁的翼缘板加宽，25m 是合适的；吊装重量增加；为了减少接缝，改善行车，采用工型梁，现浇梁端横梁湿接头和桥面，在桥面现浇混凝土中布置负弯矩钢束，形成比桥面连续更进一步的“准连续”结构。预应力混凝土 T 形梁有结构简单，受力明确、节省材料、架设安装方便，跨越能力较大等优点。其最大跨径以不超过 50m 为宜，再加大跨径不论从受力、构造、经济上都不合理了。大于 50m 跨径以选择箱形截面为宜。

（2）连续箱形梁桥箱形截面能适应各种使用条件，特别适合于预应力混凝土连续梁桥、变宽度桥。因为嵌固在箱梁上的悬臂板，其长度可以较大幅度变化，并且腹板间距也能放大；箱梁有较大的抗扭刚度，因此，箱梁能在独柱支墩上建成弯斜桥；箱梁容许有最大细长度；应力值 σg+p 较低，重心轴不偏一边，同 T 形梁相比徐变变形较小。箱梁截面有单箱单室、单箱双室（或多室），早期为矩形箱，逐渐发展成斜腰板的梯形箱。箱梁桥可以是变高度，也可以是等高度。从美观上看，有较大主孔和边孔的三跨箱梁桥，用变高度箱梁是较美观的；多跨桥（三跨以上）用等高箱梁具有较好的外观效果。

由于连续箱梁在构造、施工和使用上的优点，近年来建成预应力混凝土连续箱梁桥较多。其发展趋势为：减轻结构自重，采用高标号混凝土 40 ~ 60 号；随着建筑材料和预应力技术发展，其跨径增大，葡萄牙已建成 250m 的连续箱梁桥，超过这一跨径，也不是太经济的。

（3）T 形构桥

这种结构体系有致命弱点。从 60 年代起到 80 年代初，我国公路桥梁修建了几座 T 形刚构桥，如著名的重庆长江大桥和沪州长江大桥，80 年以后这种桥型基本不再修建了。

（4）连续刚构桥

连续刚构可以多跨相连，也可以将边跨松开，采用支座，形成刚构—连续梁体系。一联内无缝，改善了行车条件；梁、墩固结，不设支座；合理选择梁与墩的刚度，可以减小梁跨中弯矩，从而可以减小梁的建筑高度。所以，连续刚构保持了 T 形刚构和连续梁的优点。连续刚构桥适合于大跨径、高墩。高墩采用柔性薄壁，如同摆柱，对主梁嵌固作用减小，梁的受力接近于连续梁。柔性墩需要考虑主梁纵向变形和转动的影响以及墩身偏压柱的稳定性；墩壁较厚，则作为刚性墩连续梁，如同框架，桥墩要承受较大弯矩。由于连续刚构受力和使用上的特点，在设计大跨径预应力混凝土桥时，优先考虑这种桥形。当然，桥墩较矮时，这种桥型受到限制。

3. 钢筋混凝立拱桥

拱桥在我国有悠久历史，属我国传统项目，也是大跨径桥梁形式之一。石拱桥由于自重大，在料加工费时费工，大跨石拱桥修建少了。山区道路上的中、小桥涵，因地制宜，采用石拱桥（涵）还是合适的。大跨径拱桥多采用钢筋混凝土箱拱、劲性骨架拱和钢管混凝土拱。

钢筋混凝土拱桥的跨径，一直落后于国外，主要原因是受施工方法的限制。我国桥梁工作者都一直在探索，寻求安全、经济、适用的方法。根据近年的实践，常用的拱桥施工方法有：（1）主支架现浇；（2）预制梁段缆索吊装；（3）预制块件悬臂安装；（4）半拱转体法；（5）刚性或半刚性骨架法。

钢筋混凝土拱桥自重较大，跨越能力比不上钢拱桥，但是，因为钢筋混凝土拱桥造价低，养护工作量小，抗风性能好等优点，仍被广泛采用，特别是崇山峻岭的我国西南地区。

4. 斜拉桥

斜拉桥是我国大跨径桥梁最流行的桥型之一。我国斜拉桥的主梁形式：混凝土以箱式、板式、边箱中板式；钢梁以正交异性极钢箱为主，也有边箱中板式。现在已建成的斜拉桥有独塔、双塔和三塔式。以钢筋混凝土塔为主。塔形有 H 形、倒 Y 形、A 形、钻石形等。

斜拉桥的钢索一般采用自锚体系。近年来，开始出现自锚和部分地锚相结合的斜拉桥，如西班牙的鲁纳（Luna）桥，主桥 440m；我国湖北郧县桥，主跨 414m。地锚体系把悬索桥的地锚特点融于斜拉桥中，可以使斜拉桥的跨径布置更能结合地形条件，灵活多样，节省费用。斜拉桥的施工方法：混凝土斜拉桥主要采用悬臂浇筑和预制拼装；钢箱和混合梁斜位桥的钢箱采用正交异性板，工厂焊接成段，现场吊装架设。钢箱与钢箱的连接，一是螺栓，二是全焊，三是栓焊结合。斜拉桥发展趋势：跨径会超过 1000m；结构类型多样化、轻型化；加强斜拉索防腐保护的研究；注意索力调整、施工观测与控制及斜拉桥动力问题的研究。

5. 悬索桥

悬索桥是特大跨径桥梁的主要形式之一，可以说是跨千米以上桥梁的唯一桥型（从目前已建成桥梁来看说是唯一桥型）。但从发展趋势上看，斜拉桥具有明显优势。但根据地形、地质条件，若能采用隧道式锚碇，悬索桥在千米以内，也可以同斜拉桥竞争。根据理论分析，就目前的建材水平，悬索桥的最大跨径可达到 3500m 左右。已建成的日本明石海峡大桥，主跨已达 1990m。正在计划中的意大利墨西拿海峡大桥，设计方案之一是悬索桥，其主跨 3500m。当然还有规划中更大跨径的悬索桥。

悬索桥跨径增大，如上所述当跨径达 3500m 时，动力问题将是一个突出的矛盾，所以，对特大跨桥梁，已提出用悬索桥和斜拉桥相结合的“吊拉式”桥型。在国外这种桥型目前还停留在研究之中，并未诸实施。然而，在我国贵州省乌江 1997 年底建成了一座用预应力钢纤维混凝土薄壁箱梁作为加劲梁的吊拉组合桥，把桥梁工作者多年梦寐追求的桥型付诸实现，这是贵州桥梁工作者的大胆尝试，对推动我国乃至世界桥梁建设都有巨大作用。

二、桥例——杭州湾跨海大桥

杭州湾跨海大桥全长 36 公里，其中桥长 357 公里，双向六车道高速公路，设计时速 100km。总投资约 107 亿元，设计使用寿命 100 年以上。大桥设北、南两个通航孔。北通航孔桥为主跨448m的双塔双索面钢箱梁斜拉桥，通航标准35000吨；南通航孔桥为单塔单索面钢箱梁斜拉桥，通航标准3000吨。大桥两岸连接线工程总长844公里，投资521亿元。其中北连接线291公里，投资额178亿元；南岸接线553公里，投资额343亿元。大桥和两岸连接线总投资约140亿元，实际建设工期43个月。

大桥的结构为双塔钢筋混凝土斜拉桥，双向6车道，设计时速100公里，设计使用寿命100年，建设期限5年。建成后，宁波杭州湾大桥将成为世界上最长、工程量最大的世界第一跨海大桥。

大桥设南、北两个航道，其中北航道桥为主跨448米的钻石型双塔双索面钢箱梁斜拉桥，通航标准为35万吨级轮船；南航道桥为主跨318米的A型单塔双索面钢箱梁斜拉桥，通航标准为3000吨级轮船。其余引桥采用30米至80米不等的预应力混凝土连续箱梁结构。非通航孔分北、中、南引桥3大块，其中海上部分桥梁长32公里。

杭州湾跨海大桥在设计中还首次引入了景观设计的概念。景观设计师们借助西湖苏堤的美学理念，兼顾杭州湾复杂的水文环境特点，结合行车时司机和乘客的心理因素，确定了大桥总体布置原则。“长桥卧波”最终被确定为宁波杭州湾大桥的最终桥型。根据设计方案，大桥在海面上有4个转折点，从空中鸟瞰，平面上呈“S”形蜿蜒跨越杭州湾，线形优美，生动活泼。从立面上看，大桥也并不是一条水平线，而是上下起伏，在南北航道的通航孔桥处各呈一拱形，使大桥具有了起伏跌宕的立面形状。

此外，杭州湾跨海大桥所独有的海中平台堪称国内首创。南航道再往南1．7公里，就在离南岸大约14公里处，有一个面积达1万平方米的海中平台，足有两个足球场面积。该平台在施工期间将作为施工平台，是海中施工的据点。大桥建成后，这一海中平台则是一个海中交通服务的救援平台，同时也是一个绝佳的旅游观光台。平台上有一高高的观光塔，既可俯瞰波涛汹涌的大海，饱览海上风光，也可以一览大桥雄姿。整个海中平台以匝道桥连通大桥，距离大桥约有150米左右。

另外，这座海上“长虹”还将是我国第一座“数字化大桥”。科研单位将建立一套大桥设计、建设及养护的科学评价体系，把杭州湾跨海大桥建成“数字化大桥”。整座大桥将设置中央监视系统，平均每公里就有1对监视器，整座大桥上的一举一动都将在中央监视系统的“眼”中。这样，不仅大桥可进行科学合理的维护管理，而且大桥“身体”的健康状况也在适时掌握之中。

据悉，杭州湾跨海大桥不同于普通大桥的特别之处，是在设计时考虑到了两个安全因素：一是高速公路车辆通行安全因素，通常直段不能太长；二是桥下船舶航行安全因素，减少建桥对水流的影响，保证桥梁各段的桥轴线与涨潮和落潮的主流垂直。这些也是桥形呈“S”形的主要原因，同时也使得跨越杭州湾天堑的这条东方巨龙更加迷人。

杭州湾跨海大桥于2003年11月4日开工，于2007年6月26日15时40分全线贯通，2007年11月30日完成桥面铺装，2008年5月1日建成通车。

大桥亮点

大桥 36 公里的长度，使之超过了美国切萨皮克海湾桥和巴林道堤桥等世界名桥，而成为目前世界上已建成或在建中的最长的跨海大桥。

据初步核定，大桥共需要钢材 769 万吨，水泥 1291 万吨，石油沥青 116 万吨，木材 191 万立方米，混凝土 240 万立方米，各类桩基 7000 余根，为国内特大型桥梁之最。南滩涂 50 米 ×16 米箱梁采用整孔预制，大型平板车梁上运梁的工艺，开创了国内外重型梁运架的新纪录。

水中区引桥 70 米 ×16 米箱梁采用整孔制、运、架一体化方案，单片梁重达 2180 吨，为国内第一。水中区引桥打入钢管桩直径 15 ~ 16 米，桩长约 80 米，总数超过 4000 根，其钢管桩工程规模全国建桥史上第一。

在南航道再往南 1．7 公里，就在离南岸大约 14 公里处，有一个面积达 12 万平方米的海中平台。该平台在施工期间，将作为海上作业人员生活基地，海上救援、测量、通信、海事监控平台。大桥建成后，这一海中平台则是一个海中交通服务的救援平台，同时也是一个绝佳的旅游休闲观光台。

第十二章　大跨度桥梁的计算理论与应用

第一节　概　述

一、拱桥的发展历程

中国的拱桥发展历史上先有石拱、木拱，18 世纪有铸铁拱，19 世纪有钢拱。20 世纪一开始便有钢筋混凝土拱。1964 年有双曲拱桥，20 世纪 70 年代有桁架拱桥，20 世纪 80 年代则有刚架拱和桁式组合拱、钢管拱和新型组合体系拱。国外的拱桥发展历史为：先有石拱，木拱。18 世纪有铸铁拱，19 世纪有钢拱和钢筋混凝土拱等。

世界上对拱结构的起源众说不一，或认为导源于自然界溶洞天然拱，或认为起自崩落的堆石拱，或认为由于砌墙开洞，逐渐由"假拱"演变而成。在中国，从墓葬结构及仅存实物，显示出拱是由梁与侧柱逐渐演变为三、五、七等折边拱，然后演变为圆拱。跨度亦由小变大，逐步发展到净跨 3702m 的隋代赵州安济桥（又称赵州桥），并保持了千余年的世界纪录。该桥始建于隋·开皇十五年（公元 595 年），完工于隋大业元年（公元 605 年）。赵州桥制作精良，结构独创，造型匀称美丽，雕刻细致生动，1991 年被列为世界文化遗产。

1. 石拱桥

中国石拱因南北河道性质及陆上运输工具不同，因而构造不同。北方大多为平坡桥，实腹厚墩厚拱；南方水网地区则为驼峰式薄墩薄拱。石拱桥在我国历史悠久，最近又有新的突破，2001 年建成的山西晋城晋焦高速公路新丹河大桥，跨径 146m，是世界最大跨度的石拱桥。中国 100 米主跨以上的石拱桥如表 12-1 所示。

表 12-1 中国 100 米主跨以上的石拱桥

序号	桥名	主跨 /m	建成年代
1	山西新丹河特大桥	146	2000
2	湖南乌巢河桥	120	1991
3	重庆九壕沟大桥	116	1972
4	云南长虹桥	1125	1963

续 表

序号	桥名	主跨 /m	建成年代
5	四川富顺沱江桥	110	1968
6	四川胜利大桥	108	1989
7	湖南浒弯大桥	105	1972
8	湖北新桥大桥	105	1983
9	山西丹河大桥	105	1983
10	湖北江坪河大桥	105	1990

2. 混凝土拱桥

混凝土拱桥分为箱形拱、肋拱和桁架拱。我国采用缆索吊装架设法施工的最大跨度是1979年建成的四川宜宾马鸣溪大桥（主跨150m），采用支架法施工的最大跨度是1982年建成的四川攀枝花市宝鼎大桥（主跨170m），采用转体法施工的最大跨度是1990年建成的重庆涪陵乌江大桥（主跨200m）。在这个时期，国外混凝土拱桥最大跨度已达390m（前南斯拉夫克尔克桥，1980年建成）。1990年宜宾南门金沙江大桥在国内首先采用劲性骨架，建成了主跨240m的中承式钢骨混凝土拱桥，接着广西邕宁邕江大桥改进了工艺（钢骨采用钢管混凝土），使这种施工方法又跨上了一个新台阶，于1996年建成了主跨312m的中承式钢骨混凝土拱桥，1997年建成的重庆万县长江大桥（主跨420m），如图7-9所示，为世界最大跨度和规模的混凝土拱桥。与此同时，贵州江界河大桥建成了世界最大跨度的混凝土拱架拱桥（主跨330m），如图12-1所示。据统计，世界上已建成跨径超过240m的混凝土拱桥15座，中国占4座，而跨径大于300m的混凝土拱桥，世界上仅有5座，中国占3座，其中西部地区占2座。我国建设大跨度混凝土拱桥的技术，居国际领先水平。

3. 钢管混凝土拱桥

钢管混凝土是一种钢筋混凝土结合结构，具有高强、支架、模板三大作用，自架设能力强，较好地适应了大跨径拱桥经济、省料、安装方便，后期承载能力高的问题。该桥型我国近年来发展很快，自20世纪90年代以来，我国建成跨径大于120m的钢管混凝土拱桥40多座，建成跨径大于200m的13座，最大跨径为2004年建成的重庆巫山长江大桥（主跨460m），为中承式钢管混凝土拱桥，是世界第一钢管混凝土拱桥。相继建成的还有湖南淞澧洪道桥（主跨368m）、广州丫髻沙大桥（主跨360m）、武汉江汉三桥、广西三岸邕江大桥（主跨270m）等多座钢管混凝土拱桥。

二、大跨度拱桥的结构特点

1. 拱桥的受力特点

承重结构为主拱，拱桥的支承处不仅产生竖向反力，还产生水平推力，从而使主拱圈受压为主。

2. 拱桥的主要优缺点

主要优点：跨越能力大，稳定性好，耐久性好，养护、维修费用小，外形美观。主要缺点：拱桥是有推力的结构，而且自重较大，因而水平推力也较大，增加了下部结构的工程量，对地基要求也较高。由于水平推力较大，在连续多孔的大、中桥中，为防止一孔破坏而影响全桥的安全，需要采取单向推力墩，增加了造价。上承式拱桥的建筑高度较高。拱桥的缺点正在逐步得到改善和克服，200 ~ 600m 范围内，拱桥仍然是悬索桥和斜拉桥的竞争对手。

三、拱桥的结构体系及总体布置

1. 拱桥的基本组成

根据行车道的位置，拱桥可以分成：上承式、下承式和中承式三种类型，如图 12-1 所示。

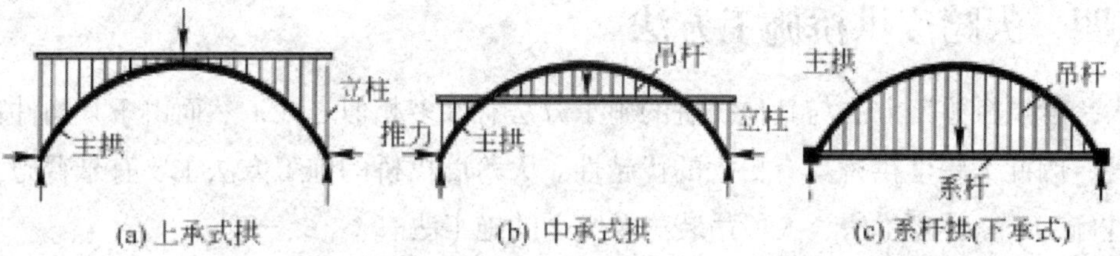

图 12-1 拱桥的基本图示

一般上承式拱桥，桥跨结构是由主拱圈、拱上建筑等组成。

2. 按照结构体系分类

有简单体系拱桥和组合体系拱桥简单体系拱桥：可以做成上承式、中承式、下承式，均为有推力拱。

三铰拱：静定结构，在地基差的地区可采用，但因其整体刚度小，现今较少采用。

无铰拱：三次超静定结构。拱的内力分布较均匀，在采用混凝土时，其材料用量较三铰拱省。构造简单，施工方便，整体刚度大，使用广泛。一般适于修建在地基良好处。跨径增大，附加力影响变小，故钢筋混凝土无铰拱仍是大跨径桥梁的主要形式之一。两铰拱：一次超静定结构，适用于钢拱桥。

3. 大跨度拱桥主要结构与分类

大跨度拱桥多采用钢拱或钢与混凝土结合件拱。由于大跨度钢拱桥或钢与混凝土结合拱桥自重轻，水平推力相对较小，结构表现力丰富，所以其结构形式众多。同其他拱桥一样，它的分类也可以有多种方法：

①按车承位置分，可以分为下承式、上承式、中承式及双层桥面；

②按拱脚支承形式分，可分为上承式两铰拱、上承式无铰拱、中承式两铰拱、中承式无铰拱；

③按拱肋截而形式分，可分为实体肋拱。拱架拱及圆管拱；

④按加劲梁构造分，可以分为简支梁，悬臂梁、连续梁、连续拱；

⑤按拱肋形式分，可分为平行拱、提篮拱、单肋拱及单肋双层拱；

⑥按吊杆形式分，可分为竖直吊杆拱、尼尔森拱、网拱及有部分斜杆的拱；

⑦按组合形式分，如单肋连续梁、高低拱、上承式悬臂拱及中承式悬臂拱。

4. 大跨度拱桥的总体布置

①确定桥梁长度及分孔；

②确定桥梁的设计标高和矢跨比：桥而标高，拱顶、底而标高，起拱线标高，基础标高；混凝土拱桥矢跨比 1/4 ~ 1/8；箱形拱桥矢跨比 1/6 ~ 1/10；

③正确处理不等分孔问题：采用不同的矢跨比；采用不同的拱脚标高，调整拱上建筑的重力，采用不同的拱跨结构。

四、大跨度拱桥施工方法

大跨度拱桥施工方法与其他拱桥的施工方法有许多相似之处，然而由于其构件自重相对较轻，因此大跨度拱桥具有更大的优越性。大跨度拱桥的施工方法主要有悬臂施工、缆索吊挂施工、整体顶推法、大段吊装法及组合的施工法。

悬臂施工是大跨度拱桥最主要的施工方法，根据施工中临时辅助设施与拱圈组成的受力结构的不同，又可分为自由悬臂拼装法、斜拉悬臂法、悬臂析架法等。实际上在这一方法中，悬臂半拱仍需要辅助结构，一般采用拉索拉住上弦使拼装过程中半拱能以悬臂曲梁承受拱圈的自重，只不过这种辅助结构（如拉索）与斜拉悬臂法相比非常小，因而称之为自由悬臂拼装。狱门桥、悉尼港桥等就采用了这一方法，如图 12-2 所示。在采用自由悬臂施工法时，还可以通过使用独立的临时支承，来减小自由悬臂长度。贝永桥就采用了这种方法。

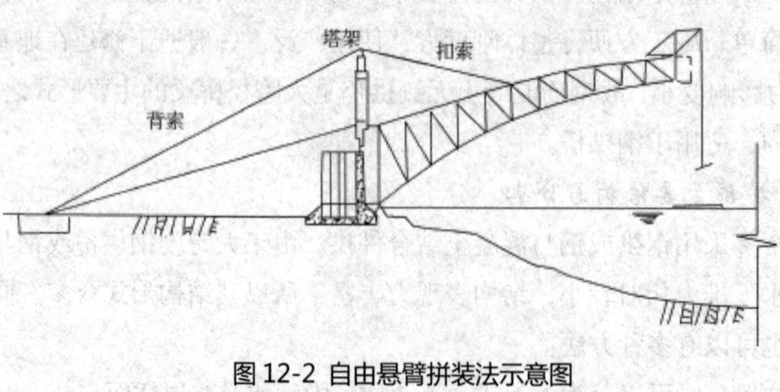

图 12-2 自由悬臂拼装法示意图

第二节　大跨度拱桥挠度理论的控制方程与求解

1. 基本假定

为分析方便，在建立拱的平衡方程时做如下假定。

（1）平截面假定

拱圈截面变形仍按平而变形考虑，截面法线方向与切线方向的夹角在变形前后保持不变，且拱圈截面变形仍符合虎克定理。

（2）弹性中心不动假定

弹性中心在变形前后的位置不变，即将拱轴变形引起的弹性中心位置的改变量忽略不计。

（3）恒、荷载可叠加假定

假定认为可将恒、荷载分别分析，然后进行叠加求得总内力。这样处理虽符合加载顺序及设计习惯，但不符合非线性理论的一般规律，在计算中，若有必要，应将恒、荷载作用一并考虑，并不影响这一理论的应用。

做以上假定主要是使问题的分析简化，以突出阐明拱脚推力与拱圈挠度相互作用的非线性关系。假定（1）符合拱桥的基本工作状态，如果要进一步计入拱圈材料的非弹性性质，则只要由此求出拱圈的非弹性变形，按照本章所述原则仍可据以推求拱脚推力与拱圈挠度的相互作用关系。假定（2）忽略了拱轴变形引起的弹性中心位置的改变，因为分析表明此项改变是相当微小的，将其忽略后不但简化了分析计算，而且便于与传统方法比较，也为具体设计带来方便。

2. 几何方程

在拱轴线上取一微段 ds，它在 x、y 坐标轴上的投影分别为 dx、dy，微段与水平轴（二轴）的倾角为甲，如图 12-3 所示。

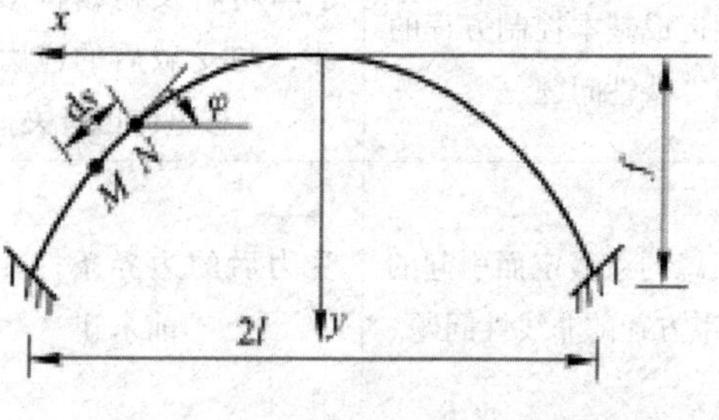

图 12-3 拱桥计算简图

设拱抽变形后微段起点处在 x、y 方向上的位移分别为 u 及 w，微段终点处的位移分别为 u+du 及 w+dw，变形后的微段与水平轴的倾角改变为∮。

第三节　桥梁结构几何非线性计算理论

一、概述

早在19世纪末，科学家就发现，固体力学的经典线性理论在许多情况下并不适用，于是开始了对非线性力学问题的研究。20世纪中，科学家奠定了非线性力学的理论基础。但由于计算繁复，许多非线性微分方程的边值问题无法求解，用解析法解决非线性工程问题仍显得无能为力。直到20世纪60年代末，有限元法与计算机相结合，才使工程中的非线性问题逐步得以解决。

固体力学中有三组基本方程，即本构方程、几何运动方程和平衡方程。经典线性理论基于三个基本假定，即材料的应力、应变关系满足广义胡克定律；位移是微小的；约束是理想约束，这些假定使得三组基本方程成为线性。只要研究对象不能满足线性问题基本假定中任何一个时，就转化为各种非线性问题。表12-2给出了非线性问题的分类及基本特点。

表12-2 非线性问题的分类及基本特点

非线性问题	定义	特点	桥梁工程中的典型问题
材料非线性	由材料的非线性应力、应变关系引起基本控制方程的非线性问题	材料不满足胡克定律	砼徐变、收缩和弹塑性问题
几何非线性	放弃小位移假设，从几何上严格分析单元体的尺寸、形状变化，得到非线性的几何运动方程，由此造成基本控制方程的非线性问题	几何运动方程为非线性。平衡方程建立在结构变形后的位置上，结构刚度除了与材料及初始构形有关外，与受载后的应力、位移整体也有关	柔性结构的恒载状态确定问题，柔性结构的恒、荷载计算问题；桥梁结构的稳定分析问题
接触问题	不满足理想约束假定而引起的边界约束方程的非线性问题	受力后的边界条件在求解前未知	悬索桥主缆与鞍座的接触状态；支架上预应力梁张拉后的部分落架现象

由表12-2可知，几何非线性理论将平衡方程建立在结构变形后位置上。事实上，任何结构的平衡只有在其变形后的位置上满足，才是真实意义上平衡的。线性理论之所以能得以广泛应用，只是因为一般结构的受力状态不因变形而发生明显改变。而有些问题则不

然，以图 12-2 所示结构为例，按线性理论求解就无法找到平衡位置，按几何非线性分析方法处理，在 P 力作用下，B 点产生竖向位移，当位移达到一定值 δ 时，AB、BC 两杆件中轴力的竖向分力与 P 平衡，δ 即为 B 点位移的解。可见，受力状态因变形而发生明显改变时，就必须用几何非线性方法进行分析。

几何非线性理论一般可以分成大位移小应变即有限位移理论和大位移、大应变理论，即有限应变理论两种，桥梁工程中的几何非线性问题一般都是有限位移问题。

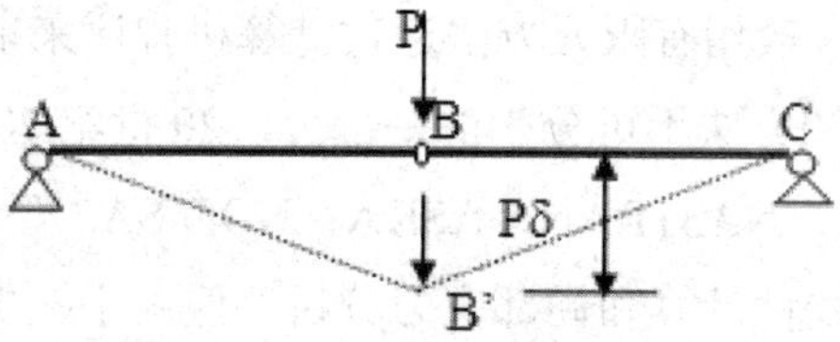

图 12-4 受集中力的二力杆

几何非线性分析理论在桥梁工程中的发展，起因于桥跨的长大化和柔性结构的应用。早在 1888 年，Melan 就在悬索桥结构分析中提出了几何非线性的挠度理论，在考虑主缆拉力二阶影响的基础上将悬索桥的平衡方程建立在变形后的位置上，但忽略了吊杆伸长、结构水平位移及加劲梁剪切变形的影响。挠度理论从 1908 年开始应用于纽约的 Manhattan 大桥设计，大大节省了工程造价，充分显示了它的优越性。此后的数十年中，挠度理论为悬索桥和大跨径拱桥的发展做出了巨大贡献。但是，挠度理论平衡微分方程的求解仍是十分复杂的。Timoshenko 于 1928 年提出了三角级数解，Godard 通过忽略后期荷载对结构刚度的影响提出了线性挠度理论，我国李国豪教授于 1941 年提出了用于悬索桥分析的等代梁法，将挠度理论中的非线性项等代于偏心受拉梁的弯矩减小系数，揭示了悬索桥受力的本质。

现代桥梁工程的发展和跨径的增大，使得结构越来越柔，越来越复杂，结构分析中梁柱效应、索的伸长、结构水平位移及后期荷载的二阶影响变得不可忽略，对各种复杂结构，建立挠度理论的平衡微分方程及其求解也越来越困难。为此，工程界渴望出现更精确、方便的理论和方法。

60 年代初，MJTurner、Brotton 等开始发表求解结构大位移、初应力问题的研究成果，Poskitti、Saffan 等也在此领域里做出了贡献。这些理论方法都可归入几何非线性力学的有限位移理论。在建立以杆系结构有限位移理论为基础的大跨径桥梁结构几何非线性分析平衡方程时，一般考虑了三方面因素的几何非线性效应：

1）单元初内力对单元刚度矩阵的影响。一般情况下是指单元轴力对弯曲刚度的影响，有时也考虑弯矩对轴向刚度的影响。常通过引入稳定函数或单元几何刚度矩阵的方法来考虑。在大跨径桥梁结构分析中遇到的初应力（或初应变）问题，就是指结构现有内力引起的结构刚度变化对本期荷载响应的影响问题。

2）大位移对建立结构平衡方程的影响。在这个问题上，目前流行的 TL 列式法和 UL 列式法各有不同的处理方法。前者将参考坐标选在未变形的结构上，通过引入大位移单元刚度矩阵来考虑大位移问题；后者将参考坐标选在变形后的位置上，让节点坐标跟随结构一起变化，从而使平衡方程直接建立在变形后的位置上。

3）用杆单元近似模拟索类构件，由索垂度引起的单元刚度变化。简单的处理方法是引入 Ernst 公式，通过等效模量法来近似修正垂度效应。也可以通过导出索元切线刚度矩阵，用索单元直接描述索类构件。

今天，有限位移理论一般用有限元方法通过计算机程序来求解。因此，程序的编制也应看成是非线性计算理论和方法不可分割的一部分。20 世纪 70 年代末，国外相继推出了 ADINA，ANSYS，MARC，NASTRAN，ASKA，NON-SAP 等结构分析综合程序。它们可用于桥梁结构的部分非线性计算和局部应力分析。但由于缺少许多必备的功能，这些程序无法完整地完成桥梁设计计算。国内学者根据规范要求和实际情况，开发了桥梁通用程序，如同济大学桥梁系开发的 BAP 系统、交通部公规院开发的 QJS 系统，有的已具备非线性计算功能。随着计算机技术的发展，桥梁结构分析软件也得到了迅速发展，经历了从单一化结构分析到将数据管理、用户接口、图形加工与管理、面向对象的软件设计和可视化技术融为一体的发展过程。

二、大跨度桥梁几何非线性分析的有限元方法

本节以杆系结构为对象，讨论拉格朗日列式的大跨度桥梁几何非线性有限元方法。

1. 变形体的运动描述

任何变形体在空间都占据一定的区域，构成一定的形状，这种几何形状简称为构形，物体在问题求解开始时的构形称为初始构形，在任一瞬时的构形称为现时构形，物体位移的改变叫运动。在下面讨论中，字母的左上标表示构形所处时刻。

图 12-5 中有一物体，在 t=0t 时，物体有初始构形 0A。物体中一点 0P 的坐标为（0x1，0x2，0x3），在 t=nt 时，物体运动有构形 nA，点 0P 运动到 nP，在 t=nt+△t 时，物体运动有构形 n+1A，点 0P 运动到 n+1P。变形体及其上质点的运动状态，随不同坐标选取有以下几种描述方法：

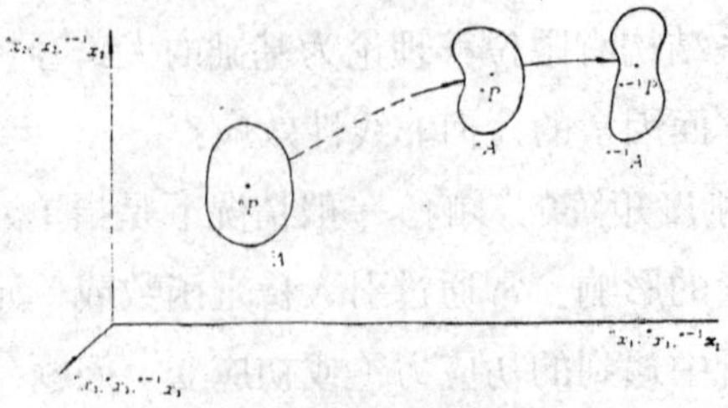

图 12-5 变形体的运动

（1）物质描述: 独立变量为0xi(i=1, 2, 3)和0t, 即给出任意时刻物体中各质点的位置。这种描述在连续介质力学与有限元中很少使用。

（2）参照描述：独立变量为任意选择的参照构形中质点P的当前坐标与时刻t。这种描述法称为拉格朗日法（LagrangianFormulation）。当选择t=0时的构形为参照构形时，称总体拉格朗日描述（TLFormulation）。

（3）相关描述：以nt为独立变量。参照构形与时间有关，取nt为非线性增量求解时增量步的开始时刻，则称为更新的拉格朗日描述（ULFormulation）。

（4）空间描述：独立变量是质点P当前位置n+1x与时间n+1t。这种描述称为欧拉描述。在欧拉描述中，有限元网络在空间中是固定的，材料流过这些网络。这种描述适用于流体及定常状态。

2. 总体拉格朗日列式法（TotalLagrangianFormulation）

在整个分析过程中，以t=0时的构形作为参考，且参考位形保持不变，这种列式称为总体拉格朗日列式。

对于任意应力应变关系与几何运动方程，杆系单元的平衡方程可由虚功原理推导得到：

$$\int_v [B]^T \{\sigma\} dV - \{f\} = 0 \qquad (12\text{-}1)$$

式中：$\{\sigma\}$——单元的应力向量；

$\{f\}$——单元杆端力向量；

V——单元体积分域，对TL列式V是变形前的单元体积域；

$[B]$——应变矩阵，是单元应变与节点位移的关系矩阵。即：

$$\{\varepsilon\} = [B][\delta] \qquad (12\text{-}2)$$

$\{\delta\}$——杆端位移向量。

在有限位移情况下[B]是位移{}的函数。后面将看到，[B]矩阵可分解为与杆端位移无关的部分[B0]和与杆端位移有关的部分[BL]两部分，即：

$$[B]=[B0]+[BL] \qquad (12\text{-}3)$$

直接按式（12-1）建立单元刚度方程并建立结构有限元列式，称为全量列式法。在几何非线性分析中，按全量列式法得到的单元刚度阵和结构刚度阵往往是非对称的，对求解不利。因此多采用增量列式法。

将式（12-1）写成微分形式：

$$\int_v d([B]^T \{\sigma\}) d\{f\} = 0 \qquad (12\text{-}4)$$

或：

$$\int_v d[B]^T d\{\sigma\} dV = d\{f\} \qquad (12\text{-}5)$$

根据式（12-4）和（12-2）等式左边第一项可写成：

$$\int_v d[B]^T\{\sigma\}dV=\int_v d[B_L]^T\{\sigma\}dV={}^0[k]_\sigma d\{\delta\} \tag{12-6}$$

另一方面，单元的应力、应变增量关系可表示成：

$$d\{\sigma\}=[D]\{\varepsilon\} \tag{12-7}$$

式中：[D]——弹性矩阵。

当材料满足线弹性时：

$$\{\sigma\}=[D](\{\varepsilon\}-\{\varepsilon_0\}+\{\sigma_0\} \tag{12-8}$$

式中：$\{\varepsilon_0\}$——单元的初应变向量；

$\{\sigma_0\}$——单元的初应力向量。

由（12-2），（12-3）代入（12-4）得：

$$d\{s\}=\left[D\right](\left[B0\right]+\left[BL\right])d\{\delta\} \tag{12-9}$$

于是，式（12-5）左边第二项可表示为：

$$\begin{aligned}\int_v[B]^T d\{\sigma\}dV=&(\int_v[B_0]^T[D][B_0]dV+\int_v[B_0]^T[D][B_L]dV\\&+\int_v[B_L]^T[D][B_0]^T[D][B_0]dV\end{aligned} \tag{12-10}$$

记：$^0[k]_0=\int_v[B_0]^T[D][B_0]dV$ （12-11）

$$\begin{aligned}{}^0[k]_L=&\int_v[B_0]^T[D][B_L]dV+\int_v[B_L]^T[D][B_0]dV\\&+\int_v[B_L]^T[B_L]dV\end{aligned} \tag{12-12}$$

则式（12-5）最后可表达为：

$$({}^0[k]_0+{}^0[k]_L+{}^0[k]_\sigma)d\{\delta\}={}^0[k]_T d\{\delta\}=d\{f\} \tag{12-13}$$

式（12-13）就是增量形式 TL 列式的单元平衡方程。

式中$^0[k]_T$是三个刚度阵之和，称为单元切线刚度矩阵，它表示荷载增量与位移增量之间的关系，也可理解为单元在特定应力、变形下的瞬时刚度。$^0[k]_0$与单元节点位移无关，是单元弹性刚度矩阵，$^0[k]_L$称为单元初位移刚度矩阵或单元大位移刚度矩阵，是由大位移引起的结构刚度变化，是$d\{\delta\}$的函数。$^0[k]_\sigma$称为初应力刚度矩阵，它表示初应力对结构刚度的影响，当应力为压应力时，单元切线刚度减小，反之单元切线刚度增加。

将各单元切线刚度方程按节点力平衡条件组集成结构增量刚度方程，即有：

$$^0[k]_T d\{\Delta\}=d\{P\} \tag{12-14}$$

式中：${}^{0}[k]_T$ 为结构切线刚度矩阵，可以由单元切线刚度矩阵按常规方法进行组集形成；$d\{P\}$ 为荷载增量，由于荷载增量一般取为有限值而不可能取成微分形式，结构在求得的位移状态下，抗力与总外荷载之间有一差量，即失衡力，结构必须产生相对位移以改变结构的抗力来消除这个失衡力。在计算中，一般通过迭代法来求解。

3. 更新的拉格朗日列式法（UL 列式）

在建立 $t+\Delta t$ 时刻物体平衡方程时，如果我们选择的参照构形不是未变形状态 t=0 时的构形，而是最后一个已知平衡状态，即以本增量步起始时的 t 时刻构形为参照构形，这种列式法称为更新的拉格朗日列式法（UL 列式）。

由于采用了 UL 列式，平衡方程式（12-3-8）中的积分须在 t 时刻单元体积内进行，且 ${}^{t}[k]_L$ 的积分式是 ${}^{t}[k]_0$ 的一阶或二阶小量，此点在下一节将作进一步说明。因此，代表 $[k]_L$ 的积分式可以略去。这是 UL 列式与 TL 列式的一个重要区别。最后增量形式的 UL 列式平衡方程可写成。

$$({}^{t}[k]_0+{}^{t}[k]_\sigma)d\{\Delta\}=d\{P\} \qquad (12\text{-}15)$$

4TL 列式与 UL 列式的异同及适用范围

TL 列式与 UL 列式是不同学派用不同的简化方程及理论导出的不同方法，但是，它们在相同的荷载增量步内其线性化的切线刚度矩阵应该相同，这一点已得到多个实际例题的证明。

TL 列式与 UL 列式的不同点由表 12-3 给出。

表 12-3 TL 列式与 UL 列式的不同点

比较内容	TL 列式	UL 列式	注意点
计算单刚的积分域	在初始构形的体积域内进行	在变形后的t时刻体积域内进行	UL列式必须保留各节点坐标值
精度	保留了刚度阵中所有线性与非线性项	忽略了高阶非线性项	UL列式的荷载增量不能过大
单刚组集成总刚	用初始时刻各单元结构总体坐标系中的方向余弦形成转换阵，计算过程中不变	用变形后t时刻单元在结构总体坐标中的方向余弦形成转换阵，计算过程中不断改变	UL列式中组集载向量也必须注意方向余弦的改变
本构关系的处理	在大应变时，非线性本构关系不易引入	比较容易引入大应变非线性本构关系	UL方法更适用于砼徐变分析

从理论上讲，这两种方法都可以用于各种几何非线性分析，但通过表 12-3 的对比可以发现 TL 列式适用于大位移、中等转角和小应变的几何非线性问题，而 UL 列式除了适

应于上述问题外，还适用于非线性大应变分析、弹塑性、徐变分析。可以追踪变形过程的应力变化。目前，国内使用的桥梁非线性分析程序，一般都采用 UL 列式方法。

三、桥梁结构分析常用单元的切线刚度矩阵

由前面讨论可知，TL 列式下单元切线刚度阵可分为三个部分，即弹性刚度阵 [k]、初位移刚度阵 $[k]_L$ 和几何刚度阵 $[k]_\sigma$，而 UL 列式下单元切线刚度阵只有两部分，本节进一步讨论桥梁结构分析中常用单元切线刚度阵的具体表达形式。

1．平面桁架单元

图 12-6 所示的桁架单元 ij，杆长为 l，截面积为 A，在外荷载作用下，i、j 端发生了位移。

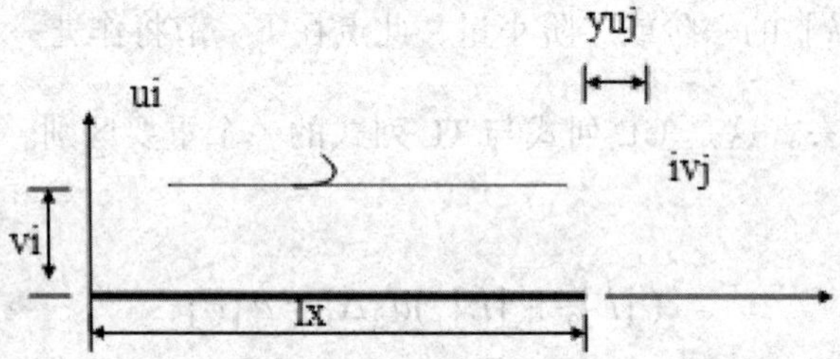

图 12-6 桁架单元

将桁架单元轴向应变由线性形式改写成大位移形式：

$$\varepsilon_x = \frac{du}{dx} + \frac{1}{2}\left(\frac{du}{dx}\right)^2 \qquad (12\text{-}16)$$

式中：$\frac{du}{dx}$ 的 ε_x 线性表达式；

$\frac{1}{2}\left(\frac{du}{dx}\right)^2$ ——大位移情况下 ε_x 由竖向位移引出的附加项。

取桁架单元的形函数矩阵为：

$$[N] = \begin{bmatrix} 1-\frac{x}{l} & 0 & \frac{x}{l} & 0 \\ 0 & 1-\frac{x}{l} & 0 & \frac{x}{l} \end{bmatrix} \qquad (12\text{-}17)$$

则单元上任意点的位移可写成：

$$\begin{Bmatrix} u \\ v \end{Bmatrix} = [N]\{\delta\} \qquad (12\text{-}18)$$

式中：$\{\delta\}$ 单元的节点位移向量。

式（12-18）代入式（12-16）整理得：

$$\varepsilon_x=\begin{bmatrix}-\frac{1}{l} & 0 & \frac{1}{l} & 0\end{bmatrix}\{\delta\}+\frac{1}{2}(\begin{bmatrix}0 & -\frac{1}{l} & 0 & \frac{1}{l}\end{bmatrix}\{\delta\})^2 \quad (12\text{-}19)$$

和 $d\varepsilon_x=\begin{bmatrix}-\frac{1}{l} & 0 & \frac{1}{l} & 0\end{bmatrix}d\{\delta\}+\begin{bmatrix}0 & -\frac{1}{l} & 0 & \frac{1}{l}\end{bmatrix}\{\delta\}\begin{bmatrix}0 & -\frac{1}{l} & 0 & \frac{1}{l}\end{bmatrix}d\{\delta\}$

$=([B_0]+[B_L])d\{\delta\}$（12-3-25）

其中：$[B_0]=\begin{bmatrix}-\frac{1}{l} & 0 & \frac{1}{l} & 0\end{bmatrix}$　（12-20）

考虑到：$\begin{bmatrix}0 & -\frac{1}{l} & 0 & \frac{1}{l}\end{bmatrix}\{\delta\}=\frac{1}{l}(u_j-v_i)=\theta$　（12-21）

$$[B_L]=\theta\begin{bmatrix}0 & -\frac{1}{l} & 0 & \frac{1}{l}\end{bmatrix} \quad (12\text{-}22)$$

在TL列式下，单元的局部坐标建立在变形前的初始状态，将（12-20）代入式（12-11）得：

$$[k]_0=\frac{EA}{l}\begin{bmatrix}1 & 0 & -1 & 0\\0 & 0 & 0 & 0\\-1 & 0 & 1 & 0\\0 & 0 & 0 & 0\end{bmatrix} \quad (12\text{-}23)$$

将式（12-20）和（12-22）代入式（12-12）计算。得：

$$[k]_L=\frac{EA}{l}\begin{bmatrix}0 & \theta & 0 & -\theta\\\theta & \theta^2 & -\theta & -\theta^2\\0 & -\theta & 0 & \theta\\-\theta & -\theta^2 & \theta & \theta^2\end{bmatrix} \quad (12\text{-}24)$$

由式（12-22）得：

$$[B_L]^T=\begin{Bmatrix}0\\-\frac{1}{l}\\0\\\frac{1}{l}\end{Bmatrix}\frac{1}{l}(v_j-v_i)=\frac{1}{l^2}\begin{bmatrix}0 & 0 & 0 & 0\\0 & 1 & 0 & -1\\0 & 0 & 0 & 0\\0 & -1 & 0 & 1\end{bmatrix}\begin{Bmatrix}u_i\\v_i\\u_j\\v_j\end{Bmatrix} \quad (12\text{-}25)$$

式（12-25）代入式（12-6），并注意到：

$$\int_v\{\sigma\}dV=N_l(11-27) \quad (12\text{-}26)$$

得：$\int_V d[B_L]^T \{\sigma\} dV = \frac{N}{l}\begin{bmatrix} 0 & 0 & 0 & 0 \\ 0 & 1 & 0 & -1 \\ 0 & 0 & 0 & 0 \\ 0 & -1 & 0 & 1 \end{bmatrix} d\{\delta\}$ （12-27）

即：$[k]_\sigma = \frac{N}{l}\begin{bmatrix} 0 & 0 & 0 & 0 \\ 0 & 1 & 0 & -1 \\ 0 & 0 & 0 & 0 \\ 0 & -1 & 0 & 1 \end{bmatrix}$ （12-28）

最后，TL 列式下桁架单元的切线刚度矩阵为：

$$[k]_T = [k]_0 + [k]_L + [k]_\sigma \quad (12\text{-}29)$$

在 UL 列式下，单元的局部坐标系建立在 t 时刻，即变形后的位置上，其单元切线刚度矩阵为：

$${}^t[k]_T = {}^t[k]_0 + {}^t[k]_\sigma \quad (12\text{-}30)$$

下面我们来考察 TL 列式与 UL 列式两种切线刚度阵的等价性。

图 12-7 给出了桁架单元发生变形前、后的位置，其中 0x0y 坐标系为变形前的单元局部坐标系，txty 为变位后的单元局部坐标系，两者夹角为θ，xy 为整体坐标系。用 UL 列式法建立单元切线平衡方程时，局部坐标系是建立在 txty 上的。

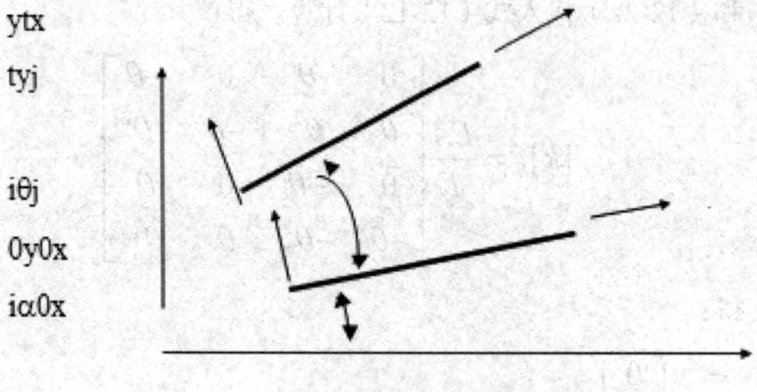

图 12-7 发生变形前、后的桁架单元

现将弹性刚度矩阵${}^t[k]_0$从 txty 坐标系变换到变形前的位置 0x0y 上，考虑到θ角较小，则$\sin\theta \approx \theta$，$\cos\theta \approx 1$，其变换矩阵为：

$$[T] = \begin{bmatrix} \cos\theta & \sin\theta & 0 & 0 \\ -\sin\theta & \cos\theta & 0 & 0 \\ 0 & 0 & \cos\theta & \sin\theta \\ 0 & 0 & -\sin\theta & \cos\theta \end{bmatrix} \approx \begin{bmatrix} 1 & \theta & 0 & 0 \\ -\theta & 1 & 0 & 0 \\ 0 & 0 & 1 & \theta \\ 0 & 0 & -\theta & 1 \end{bmatrix} \quad (12\text{-}31)$$

于是：

$$[k]_T=[T]^T\,{}^t[k]_0[T]$$

$$=\frac{EA}{l}\begin{bmatrix}1 & \theta & -1 & -\theta\\ \theta & \theta^2 & -\theta & -\theta^2\\ -1 & -\theta & 1 & \theta\\ -\theta^2 & -\theta^2 & \theta & \theta^2\end{bmatrix}$$

$$=\frac{EA}{l}\begin{bmatrix}1 & 0 & -1 & 0\\ 0 & 0 & 0 & 0\\ -1 & 0 & 1 & 0\\ 0 & 0 & 0 & 0\end{bmatrix}+\frac{EA}{l}\begin{bmatrix}0 & \theta & 0 & -\theta\\ \theta & \theta^2 & -\theta & -\theta^2\\ 0 & -\theta & 0 & \theta\\ -\theta & -\theta^2 & \theta & \theta^2\end{bmatrix}$$

$$={}^0[k]_0+[k]_L \tag{12-32}$$

由此说明，TL 列式和 UL 列式的单元切线刚度矩阵具有等价性。TL 列式下单元初位移矩阵的实质是让单元在变形后的位置上发挥其作用，以满足平衡方程必须建立在结构变形后位置上这一重要条件，而 UL 列式则通过节点坐标的不断迁移来实现这一目标。

2. 平面柔索单元的切线刚度矩阵

桥梁结构分析中，常遇到柔索构件。斜拉桥的斜拉索、悬索桥的主缆、施工中用的缆风和扣索等都可抽象成柔索。柔索的特点是抗弯刚度小，索的自重对结构平衡影响不可忽略，用拉压杆模拟柔索会引起误差。因此，有必要建立柔索单元的刚度方程。为讨论方便，且不影响计算精度，作如下假定：

（1）柔索仅能承受张力而不承受弯曲内力（抗弯刚度为 0）；

（2）柔索仅受索端集中力和沿索长均匀分布的荷载作用，荷载合力效应为 q；

（3）柔索材料符合虎克定律；

（4）局部坐标系取在柔索荷载合力平面内。

考察图 12-8 中所示柔索，无应力索长为 S0，索的荷载集度 q 向下为正。

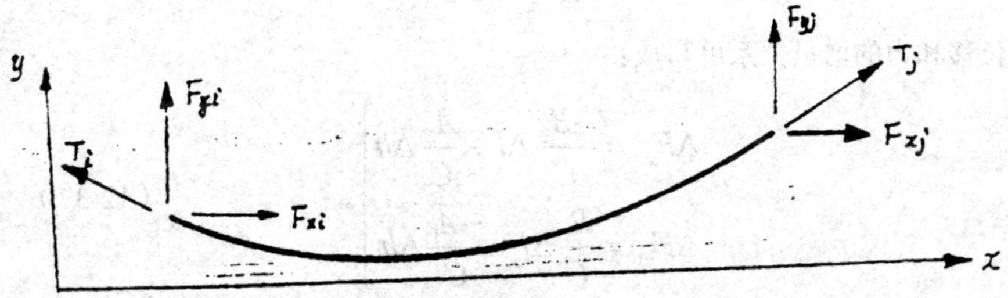

图 12-8 柔索单元

图 12-8 中参变量之间有如下关系：

$$\left.\begin{aligned}&l=x_j-x_i,h=y_j-y_i\\&-F_{x_i}=F_{x_j}=H\\&F_{y_j}=-F_{y_i}+qS_0\\&T_i=\sqrt{F_{x_i}^2+F_{y_i}^2}=T_0\\&T_j=\sqrt{F_{x_j}^2+F_{y_j}^2}=T_0\end{aligned}\right\}\tag{12-33}$$

易导得各力素与几何变量之间的关系如下：

$$\left.\begin{aligned}&l=-F_{x_i}(\frac{S_0}{EA}+\frac{1}{q}\ln\frac{T_i+F_{y_i}}{T_j-F_{y_j}})\\&h=\frac{S_0}{EA}(F_{y_i}-\frac{qS_0}{2})-\frac{T_j-T_i}{q}\\&=\frac{1}{2EAq}(T_j^2-T_i^2)+\frac{T_j-T_i}{q}\end{aligned}\right\}\tag{12-34}$$

对式（12-29）取全微分有：

$$\left.\begin{aligned}&\Delta l=\frac{\partial l}{\partial F_{x_i}}\Delta F_{x_i}+\frac{\partial l}{\partial F_{y_i}}\Delta F_{y_i}\\&\Delta h=\frac{\partial h}{\partial F_{x_i}}\Delta F_{x_i}+\frac{\partial h}{\partial F_{y_i}}\Delta F_{y_i}\end{aligned}\right\}\tag{12-35}$$

于是，i 端力和位移的增量关系可写成：

$$\left.\begin{aligned}&\Delta F_{x_i}=\frac{B_2}{C}\Delta l+\frac{-A_2}{C}\Delta h\\&\Delta F_{y_i}=\frac{-B_1}{C}\Delta l+\frac{A_1}{C}\Delta h\end{aligned}\right\}\tag{12-36}$$

j 端位移和力的增量关系可写成：

$$\left.\begin{aligned}&\Delta F_{x_j}=\frac{-B_2}{C}\Delta l+\frac{A_2}{C}\Delta h\\&\Delta F_{y_j}=\frac{B_1}{C}\Delta l+\frac{-A_1}{C}\Delta h\end{aligned}\right\}\tag{12-37}$$

其中：
$$\left.\begin{aligned}&\Delta l=\Delta u_j-\Delta u_i\\&\Delta h=\Delta v_j-\Delta v_i\end{aligned}\right\}\tag{12-38}$$

$$
\left.\begin{aligned}
A_1 &= \frac{1}{F_{x_i}} + \frac{1}{q}\left(\frac{F_{y_j}}{T_j} + \frac{F_{y_i}}{T_i}\right) \\
A_2 &= B_1 = \frac{F_{x_i}}{q}\left(\frac{1}{T_j} - \frac{1}{T_i}\right) \\
B_2 &= -\frac{S_0}{EA} - \frac{1}{q}\left(\frac{F_{y_j}}{T_j} + \frac{F_{y_i}}{T_i}\right) \\
C &= A_1 B_2 - A_2 B_1
\end{aligned}\right\} \qquad (12\text{-}39)
$$

将式（12-36）~（12-38）合并整理后写成矩阵形式：

$$
\{\Delta F\}^e = [k]_T^e \{\Delta\delta\} \qquad (12\text{-}40)
$$

式中：$\{\Delta F\}^e = (\Delta F_{x_i} \quad \Delta F_{y_i} \quad \Delta F_{xj} \quad \Delta F_{yj})^T$　（12-41）

$$
[k]_T^e = \begin{bmatrix} k_{11} & k_{12} & k_{13} & k_{14} \\ & k_{22} & k_{23} & k_{24} \\ & & k_{33} & k_{34} \\ Symm & & & k_{44} \end{bmatrix} \qquad (12\text{-}42)
$$

其中：

$$
\left.\begin{aligned}
k_{11} &= k_{44} = -k_{33} = \frac{B_2}{C} \\
k_{12} &= -k_{14} = -k_{23} = k_{34} = \frac{A_2}{C} \\
k_{22} &== k_{24} = k_{44} = -\frac{A_1}{C} \\
\{\Delta\delta\} &= (\Delta u_i, \Delta v_i, \Delta u_j, \Delta v_j)^T
\end{aligned}\right\} \qquad (12\text{-}43)
$$

式（12-41）即为柔索单元切线刚度方程，在索端平衡力已知的情况下，可直接计算柔索切线刚度矩阵；在索端平衡力未知的情况下，首先按单根柔索计算索端力，求解时先初估一个 F_{xi} 和 F_{yi}，若（12-42）式自然满足，初估值即为真实值。否则，设估算值使式（12-3-42）产生的误差为：

$$
\left.\begin{aligned}
e_x &= l_0 - l \\
e_y &= h_0 - h
\end{aligned}\right\} \qquad (12\text{-}44)
$$

式中：l_0 —由估算的 F_{xi} 和 F_{yi} 计算出的柔索水平投影长

h_0 —由估算的 F_{xi} 和 F_{yi} 计算出的柔索垂直投影长

下一次计算希望通过 Δl 和 Δh 的修正，使误差趋于零，即：

$$\left.\begin{aligned}\Delta l + e_x &= 0\\ \Delta h + e_y &= 0\end{aligned}\right\} \qquad (12\text{-}45)$$

将式（12-35）代入（12-45）易得：

$$\left.\begin{aligned}\Delta F_{x_i} &= \frac{e_y A_2 - e_x B_2}{C}\\ \Delta F_{y_i} &= \frac{e_x B_1 - e_y A_1}{C}\end{aligned}\right\} \qquad (12\text{-}46)$$

用直杆代替柔索计算是常用的近似方法，柔索的垂度效应可用 Ernst 公式对弹性模量进行修正，这种方法在小位移、高应力水平下，具有较高精度。但如果柔索工作在大位移状态或应力水平不高的情况下，就会出现很大的误差。因此，采用近似方法计算时应慎重。

四、荷载的几何非线性分析

为了讨论方便，将非线性状态下荷载最不利加载区域称为影响区。荷载几何非线性分析，会遇到如下问题：

线性叠加原理失效，无法再用传统的影响线加载法进行荷载分析。

确定影响区本身是一个非线性问题。仅用恒载初始状态计算荷载，会带来影响区范围改变和不正确载位引起的误差。

单位强迫变位产生的等效力很大，用机动法求解影响区将破坏指定状态结构影响区的真实形状。

考虑到结构在确定初始状态下，影响线函数的大小，仍代表单位荷载作用对关心截面计算参数的影响。因此，可以按如下方法计算非线性荷载最不利响应：以结构恒载状态为初态，计算影响区函数，用相应的最不利荷载作为试探，求出第一次近似，将前一次试探荷载与恒载共同作用时的状态代替初态，重新计算影响区和最不利荷载。当本次荷载效应与上次荷载效应的误差落在某一允许范围时，计算收敛。这样，每迭代一次，都加强了荷载对计算状态的影响。这一计算可归结为如下步骤：

1）将结构恒载受力状态作为求解影响区的初始状态，计算出初始影响函数。

2）用动态规划加载法，找出最不利加载位置，并做好记录。

3）以恒载受力状态为计算初态，将荷载按最不利载位一次性作用于结构，分析恒、荷载共同作用下的结构受力状态和关心截面力学量。

4）将恒、荷载共同作用下的结构状态作为求解下一步影响区函数新的初态，重复上述步骤的计算。经过数次迭代计算就可以得到荷载作用下关心力学量的最值。

求解荷载影响区可用机动法，但单位强迫变位必须取用一个很小的数。这样，可以保证确定的影响区不失真，使动态规划法找到的载位即为相应内力状态下的最不利载位。

第十三章　大跨度桥梁的稳定理论

第一节　概　述

一、稳定理论的发展

稳定问题是力学中的一个重要分支，是桥梁工程中经常遇到的问题，与强度问题有着同等重要的意义。随着桥梁跨径的不断增大，桥塔的高耸化，箱梁薄壁化及高强材料的应用，结构整体和局部的刚度下降，使得稳定问题比以往更为重要。

桥梁结构的失稳现象表现为结构的整体失稳和局部失稳。局部失稳是指部分子结构或个别构件的屈曲失稳，它常常导致整个结构体系的失稳。

历史上有过许多因桥梁失稳而造成事故的例子。例如，俄罗斯的克夫达（KeBRa）敞开式桥，于1875年因上弦压杆失稳而引起全桥破坏。加拿大的魁北克（Quebec）桥于1907年在架设过程中由于悬臂端下弦杆的腹板翘曲失稳而引起严重破坏事故。苏联的莫兹尔（Moablp）桥，于1925年试验上车时由于压杆失稳而发生事故。澳大利亚墨尔本附近的西门（WestUate）桥，于1970年在架设拼装合拢整孔左右两半（截面）钢箱梁时，上翼板在跨中央失稳，导致112m的整跨倒塌。

桥梁失稳事故的发生促进了桥梁稳定理论的发展。早在1344年，欧拉就提出压杆稳定的著名公式。此后彭加瑞明确了稳定概念，并推广到流体力学、层流稳定问题中，即稳定分支的概念。恩格塞和卡门等根据大量中长压杆在压曲前已超出弹性极限的事实，分别提出了切线模量理论和折算模量理论。普兰特尔和米歇尔几乎同时发表了关于梁侧倾问题的研究成果。近代桥梁工程中由于采用了薄壁轻型结构，又对稳定问题提出了一系列新的课题。瓦格纳及符拉索夫等人关于薄壁杆件的弯扭失稳理论，证明其临界荷载值大大低于欧拉理论的临界值，同时又不能用分支点的概念来解释，因而引入了极值点失稳的观点及跳跃现象的稳定理论。随着科技的发展，稳定理论与非线性理论的联系越来越密切。研究表明，只有通过对结构几何非线性关系及材料非线性关系的研究，才能深入揭示稳定问题复杂的实质。

钢桥的稳定具有与强度同等重要的意义，过去有许多因失稳而造成的桥梁倒塌事故，在桥梁设计中必须引起重视。拱桥的拱肋、斜拉桥的主梁和索塔、悬索桥的索塔均是以受压为主的压弯构件，当这些部位采用钢结构时容易产生整体失稳，当上述构件采用钢板连接而成时，在压应力作用下钢板也会产生局部失稳。此外，悬索桥的主梁、简支梁或连续梁中，存在局部受压的板件或构件，也会发生局部失稳。为了保证钢桥的整体稳定和局部稳定，钢桥的设计规范规定了相应的计算方法、判别标准和构造措施来指导钢桥的设计。

二、稳定问题的分类及计算方法

按照结构失稳是否发生质变的观点，一般将稳定问题分为两类：第一类稳定问题和第二类稳定问题。其中第一类稳定问题是指结构在荷载作用下能够维持连续的平衡状态，当承受的荷载增加到一定的临界值时平衡状态出现分支，结构由原平衡状态突然转向新的平衡状态，对应的临界荷载称为屈曲荷载（或欧拉临界荷载），这类失稳发生在理想轴心压杆、理想截而梁及理想受压板件中；第二类稳定问题是指结构在荷载作用下保持平衡，随着荷载的增加其变形不断增加，其平衡状态没有发生本质改变，当荷载增长到某一极限值时，结构不能再承受更大的荷载，必须减小荷载才能保存结构的平衡，同时结构的变形还会增长，对应的荷载极限值称为失稳极限荷载（或压溃荷载），这类失稳发生在压弯构件及有初始缺陷的杆、梁和板件中。

结构的第一类稳定是平衡分支问题，是线性稳定分析方法。即假定结构失稳时处于弹性小变形范围，结构的内力与外荷载成比例关系，把结构的稳定分析转化为求解特征值问题，得出的最小特征值就是失稳临界荷载，具体计算时可先用直接刚度法将各单元的刚度矩阵（含几何刚度矩阵）集合成结构刚度矩阵（含几何刚度矩阵），并建立结构的平衡方程：

$$([K_0]+[K_1])\quad(d)=(P) \tag{13-1}$$

式中，$[K_0]$、$[K_1]$ 分别为当前平衡状态下结构弹性刚度矩阵和初应力刚度矩阵。（P）=λ（P）为外荷载，λ 为常数，（P）代表外荷载的相对值所组成的列向量。

由（13-1-1）式得到稳定问题的特征方程为

$$|[K_0]+\lambda[K_1])|=0 \tag{13-2}$$

式中，$[K_0]$ 是与（P）相应的应力刚度矩阵。

从上述方程中求得 λ 的最小值 λk，则屈曲荷载（P）σ 为

$$(P)\ \sigma=\lambda_k(P) \tag{13-3}$$

线性稳定分析计算简便，概念清楚，但它的理论基础是分支点稳定理论，只能用于理想结构，不能考虑各种初始缺陷的影响。

实际上在钢结构的制作过程中，不可避免存在加工制作误差或初始缺陷，自受力开始起位移就随荷载的增加而增大，荷载与位移发生连续的变化，结构的平衡状态也在发生连

续的改变，严格地说，都属于第二类稳定问题。这类问题在数学上归结为一个非线性方程

$$([K_0]+[K_L]+[K_\sigma])\ (\delta)=(P) \tag{13-4}$$

的求解，其中巨 K，」为当前平衡状态下局部坐标系的大位移矩阵。在第二类稳定分析的过程中需要不断地计入几何非线性刚度方程，如果结构中的部分应力超过了材料的屈服强度时还需计入材料非线性刚度方程。因此对结构第二类稳定极限承载力分析的过程，实质上是通过不断求解计入几何非线性和材料非线性的刚度矩阵寻找其极限荷载的过程。由于结构在不断增加的外荷载作用下其刚度不断发生变化，当外荷载产生的压应力或剪应力使得结构切线刚度矩阵趋于奇异时，结构的承载力就达到了极限，此时的外荷载即为极限荷载。

三、两类稳定问题

结构失稳是指结构在外力增加到某一量值时，稳定性平衡状态开始丧失，稍有扰动，结构变形迅速增大，使结构失去正常工作能力的现象。在桥梁结构中，总是要求其保持稳定平衡，也即沿各个方向都是稳定的。

研究稳定可从小范围内观察—在邻近原始状态的微小区域内进行研究，也可从大范围内研究。

前者以小位移理论为基础，后者建立在大位移非线性理论的基础上。引出了研究结构稳定问题的两种形式：第一类稳定，分支点失稳问题；第二类稳定，极值点失稳问题。

实际工程稳定问题一般都表现为第二类失稳，但因第一类稳定问题是特征值问题，求解方便，且在许多情况下两类问题的临界值相差不大，因此研究第一类问题仍有重要意义。

第二节　第一类弹性及弹塑性稳定分析

一、第一类稳定问题的线弹性有限元分析

下面用有限元平衡方程来表达结构失稳的物理现象。TL 列式下，结构增量形式的平衡方程为（13-1）：

$$({}^{0}[K]_{0}+{}^{0}[K]_{\sigma}+{}^{0}[K]_{L})\{\Delta u\}={}^{0}[K]_{T}\{\Delta u\}=\{\Delta R\}$$

UL 列式下，结构的平衡方程为（13-2）：

$$({}^{t}[K]_{0}+{}^{t}[K]_{\sigma})\{\Delta u\}={}^{t}[K]_{T}\{\Delta u\}=\{\Delta R\}$$

在发生第一类失稳前，结构处于初始构形线性平衡状态，因此，式（13-1）中大位移

矩阵 ${}^{0}\left[K\right]_{L}$ 应该为零。在 UL 列式中不再考虑每个载荷增量步引起的构形变化，所以，不论 TL 还是 UL 列式，其表达形式是统一的。即（13-3）

$$\left(\left[K\right]+\left[K\right]_{\sigma}\right)\left\{\Delta u\right\}=\left\{\Delta R\right\}$$

在结构处在临界状态下，即使 {ΔR} → 0，{Δu} 也有非零解，按线性代数理论，必有（13-4）：

$$|[K]+[K]_{\sigma}|=0$$

在小变形情况下，$[K]_{\sigma}$ 与应力水平成正比。由于发生第一类失稳前满足线性假设，多数情况下应力与外荷载也为线性关系，因此，若某种参考荷载 $\overline{\left\{P\right\}}$

对应的结构几何刚度阵为 $\left[\overline{K}\right]_{\sigma}$，临界荷载为，那么在临界荷载作用下结构的几何刚度阵为（13-5）：$\left[K\right]_{\sigma}=\lambda\left[\overline{K}\right]_{\sigma}$

于是式（13-4）可写成：

$$|\left[K\right]+\lambda\left[\overline{K}\right]_{\sigma}|=0 \qquad (13\text{-}2\text{-}6)$$

式（13-6）就是第一类线弹性稳定问题的控制方程。稳定问题转化为求方程的最小特征值问题。

一般来说，结构的稳定是相对于某种特定荷载而言的，在大跨径桥梁结构中，结构内力一般由施工过程确定的恒载内力（这部分必须按施工过程逐阶段计算）和后期荷载（如二期恒载、荷载、风载等）引起的内力两部分组成。因此，也可以分成一期恒载的初内力刚度阵 $[K_1]_{\sigma}$ 和后期荷载的初内力刚度阵 $[K_2]_{\sigma}$ 两部分，当计算的是一期恒载稳定问题，可直接用恒载来计算，这样通过式（12-6）算出的值就是恒载的稳定安全系数。若计算的是后期荷载的稳定问题，则恒载可近似为一常量，式（12-6）改写成：

$$|[K]+[K_1]_{\sigma}+\lambda[K_2]_{\sigma}|=0 \qquad (13\text{-}7)$$

形成和求解式（12-7）的步骤可简单归结为：$\left[K_1\right]_{\sigma}$

（1）按施工过程，计算结构恒载内力和恒载几何刚度阵

（2）用后期荷载对结构进行静力分析，求出结构初应力（内力）；

（3）形成结构几何刚度矩阵 $[K_2]_{\sigma}$ 和式（13-7）；

（4）计算式（12-7）的最小特征值问题；

这样，求得的最小特征值 λ 就是后期荷载的安全系数，相应的特征向量就是失稳模态。

二、第一类稳定的非线性有限元分析

工程中经常会遇到如下两种情况：

1. 随着荷载的增加，在结构发生弹性失稳之前，部分构件已经进入了塑性变形。

2. 结构比较柔软，当荷载不断增加时，参考荷载的$[\bar{K}]_\sigma$与临界荷载的$[K]_\sigma$失去了线性关系。

在解决这类稳定问题时，为了利用第一类稳定求解的方便性，同时又要考虑上述两方面因素影响对线性稳定求解的失真度，可以将特征值问题与非线性分析结合起来求解。这就是第一类稳定的非线性有限元分析方法。基本思路是：用考虑几何非线性和材料非线性的有限元方法，将荷载逐级施加到$\lambda_0\{P\}$ {P} 为参考荷载，λ_0为期望的最小稳定安全系，求出结构的几何刚度阵作为$[K_1]_\sigma$，

检验结构在后期屈曲荷载作用下是否出现新的弹塑性单元，如果出现则作迭代修正重新计算 λa，最后较精确的临界荷载为：

$$\{P\}_{cr}=(\lambda_0+\lambda_a)\{P\}=\lambda\{P\} \quad (13\text{-}8)$$

式中：λ 为结构在荷载 {P} 作用下较精确的稳定安全系数。

第三节 桥梁结构的极限承载力及其全过程分析

极限承载力是从“极限设计”的思想中引出的概念。传统的“强度设计”以构件最大工作应力乘以安全系数等于材料的屈服应力为依据。但是，一般情况下，构件某截面开始屈服并不能代表结构完全破坏，结构所能承受的荷载通常较构件开始屈服时的荷载为大，为了利用这一强度富裕度，“极限设计”提出极限荷载的概念，即引起结构完全崩溃的荷载，并将结构的工作荷载取为极限荷载的一个固定部分。显然“极限设计”更具科学性。

桥梁结构的极限承载力是指桥梁承受外荷载的最大能力。分析桥梁结构的极限承载力，不仅可以用于其极限设计，而且可以了解其结构破坏形式，准确地知道它在给定荷载下的安全贮备或超载能力，为其安全施工和营运管理提供依据和保障。

全过程分析是用于桥梁结构极限承载力分析的一种计算方法，它通过逐级增加工作荷载集度来考察结构的变形和受力特征，一直计算至结构发生破坏。

从力学分析角度看，分析桥梁结构极限承载力的实质就是通过不断求解计入几何非线性和材料非线性的刚度方程，寻找其极限荷载的过程。桥梁结构在不断增加的外载作用下，结构刚度发生不断变化，当外载产生的压应力或剪应力使得结构切线刚度阵趋于奇异时，

结构承载能力就到达了极限，此时的外荷载即为极限荷载。因此，从理论上讲，用我们前面学过的知识就能完成桥梁结构的极限承载力分析。但在具体实施时，尚有两方面问题值得讨论。

一、非线性方程的求解问题

一般结构的结构刚度阵在 p- 曲线上升段是正定的，在下降段为负定的。进行“全过程”分析过程中，当荷载接近极限值时，很小的荷载增量都会引起很大的位移，可能还未找到极限荷载就出现了求解失效现象。为了找到真实的极限荷载，克服下降段的不稳定现象，各国学者提出了许多算法，下面就常用的两种方法作一介绍。

1）逐步搜索法

对于只要求出极值荷载，而对 P- 下降段不感兴趣的情况，可采用逐步搜索顶点的算法。其基本思想是：加一荷载增量 P，计算发散后，退回上级荷载状态并改用荷载步长 P/2，若计算收敛，则再加一级荷载为 P/4。若加 P/4 后计算发散，则再改用荷载步长为 P/8。如此搜索，若原步长 P 预计为 5% 的破坏荷载，则 P/4 已接近 1% 的极限荷载，对桥梁结构来说，已可满足精度要求。当然还可向前再搜索一步到 P/8。

2）位移控制法

如果在分析过程中不是控制荷载增量而是控制位移增量，则 P- δ 曲线的下降段部分便不难求得。

对于一般结构，我们可将刚度矩阵重新排列，使得要控制的位移（例如 u2’ =Δu2）排到最后一项，同时将原刚度矩阵分块，其有限元方程变为：

$$\begin{bmatrix} K_{11} & K_{12} \\ K_{21} & K_{22} \end{bmatrix}\begin{bmatrix} \Delta u_1 \\ \Delta u_2 \end{bmatrix} = \Delta\lambda\begin{bmatrix} P_1 \\ P_2 \end{bmatrix} + \begin{bmatrix} R_1 \\ R_2 \end{bmatrix} \qquad (13\text{-}3\text{-}9)$$

式中：[P1P2]t—参考荷载向量；

Vλ—控制荷载的步长系数；

[R1R2]t—求解迭代过程中的不平衡力向量。

改写方程（13-9）为（13-10）：

$$\begin{bmatrix} K_{11} & K_{12} \\ K_{21} & K_{22} \end{bmatrix}\begin{bmatrix} \Delta u_1 \\ \Delta u_2 \end{bmatrix} = \Delta\lambda\begin{bmatrix} P_1 \\ P_2 \end{bmatrix} + \begin{bmatrix} R_1 \\ R_2 \end{bmatrix}$$

这样，求解方程时可控制指定的 u2’ 值，求出相应的位移 Vu1 及荷载增量比例因子 Vλ 由于 Kij 与位移有关，求解时需要迭代，使得 [R1R2]t 值趋于零，以满足精度要求。

需要指出，方程（13-10）中的系数矩阵是不对称，也不呈带状，求解时需要的存储单元较多，这是该方法的一大缺点。

计算中还可以用强制迭代法、强化刚度法、弧长法等方法来克服下降段的不稳定现象。

二、单元模式与破坏形态的选取

首先介绍用于极限承载力分析的单元模式选取。桥梁结构分析以梁单元为主，用于极限承载力分析的梁单元模式主要有三种，一种是带有塑性铰的一般梁单元；一种是不分层的等参梁单元；常常沿梁轴向和横截面上取一定数量的高斯点来反映梁元上不同点的应力、应变情况，单元刚度阵通过这些点的高斯积分来形成。这两种单元模式只适用于规则同材质的截面形式，因此，其应用受到限制。还有一种为上节介绍的分层梁元，它可以克服前面的缺点，但输入数据和计算过程都较复杂，应根据实际情况选用。

其次介绍破坏形态的模拟问题。当某个高斯点处出现裂缝时，其应力释放的计算比较麻烦。DRJOwer 和 EHinton 通过将梁单元取短，并假定单元内应力、应变沿轴向不变，即沿梁轴向仅取一个高斯点的方法来解决这一问题，这样，梁元刚度阵可写成显式，一当出现裂缝，梁元便可退出工作。由此带来的求解规模的增加，可以通过试探法来解决，即先对结构进行一次预分析，找出可能出现塑性区或开裂的部位，对构件加密后再作极限承载力分析。

相比之下，塑性铰法虽然精度差一些，但处理上述两个问题十分方便。下面以塑性铰法为例，说明桥梁结构的极限承载力计算步骤：

1）确定成桥状态的内力与构形；

2）以成桥状态为初态，用单位计算荷载向量 {p} 进行结构分析。根据计算结果和极限弯矩，估算第一个塑性塑性铰出现时的荷载增量倍数 λ 1’。

3）以 {VP1}= λ {P} 作用于结构，按全非线性进行结构分析，迭代形成第一个塑性铰和实际的荷载增量倍数 λ 1；

4）检验结构是否成为机构，若是，给出极限荷载，计算结束。否则，估算出现下一个塑性塑性铰时的荷载增量倍数 λ j’。

5）以上次计算结束时的结构状态为初态，以 {VP1}= λ {P} 作用于结构，按全非线性进行结构分析，迭代形成第 i 个塑性铰和实际的荷载增量倍数 λ i。

第四节　大跨度桥梁稳定性研究内容

一、受弯构件的整体稳定计算方法还需要探讨

一方面，《公路钢桥规范》在计算梁的临界弯矩时假设梁两端受到的是一对大小相等且同向弯曲的弯矩作用，这样整个梁的任意位置上的截面应力完全相同，而实际上梁两端受到的弯矩一般不会大小相等，往往还会存在反方向弯矩作用，这种情况下梁的临界弯矩

会比规范的提高很多，有时会超过两倍以上。另一方面，受弯构件整体稳定系数∮2是基于轴心受压构件换算长细比基础而得出的，即由梁的临界弯矩M一计算的截面最大压应力σ，由欧拉公式计算相同截面的轴心受压构件在该应力水平下的长细比λ，再由该长细比查得轴心受压构件的稳定系数∮1值作为受弯构件整体稳定系数∮2，实际上梁截面上的最大压应力只出现在一边缘上，而轴心受压杆件的压应力在整个截面上均匀分布，这样计算得到的受弯构件的稳定系数过于保守。

二、压弯构件的整体稳定计算不全面

只给出了单向压弯构件的验算公式，没有给出双向压弯构件的验算方法。实际的大跨度钢箱拱桥结构的拱肋、斜拉桥钢索塔是双向压弯杆件或者双向压弯和扭转共同作用的杆件。

三、板件宽厚比的问题

现行设计规范中对组合压杆板件宽厚比的规定是针对H形和箱形杆件制定的，但在实际工程中大量采用带纵肋的构件，如斜拉桥的钢箱梁和钢索塔、拱桥的钢箱拱肋等，目前的规范中对这种带纵肋杆件的稳定性计算没有提供设计方法和验算依据。

现行设计规范中对腹板宽厚比的规定是针对工字形杆件制定的，且水平加劲肋只设置一道，但在实际工程中大量采用箱形的构件和高腹板的构件，腹板上需布置多道水平加劲肋，目前的规范中对这种多道加劲肋的稳定性计算没有提供设计方法和验算依据。

四、桥梁整体稳定的安全系数问题

我国的钢桥设计规范中没有规定桥梁整体稳定所必需的安全系数的要求，但设计人员在钢桥设计时为了保证钢桥的稳定性能，往往不分是整体结构还是结构中的构件统统要求其稳定安全系数大于4，有时甚至要求规范上没有规定地加劲板件也要稳定系数大于4。这主要是在钢桥稳定计算的理念、判别标准、整体稳定与局部稳定的相关作用及屈曲后强度方面还有待于进一步完善。

首先在钢桥的计算理念方面，应根据分析稳定问题的类型将稳定安全系数分为屈曲稳定安全系数和极限稳定安全系数（或极限承载力系数）。对于钢桥整体结构、构件及板件，如果按照线弹性稳定理论方法计算，得到的屈曲荷载与所施加的外荷载的比值为屈曲稳定安全系数；如果按照非线性理论计算，得到的压溃荷载与所施加的外荷载的比值为极限稳定安全系数，这两种稳定安全系数有本质的区别。

另外在稳定安全系数判别标准方面，根据计算对象、荷载的性质、结构所处的状态、计算方法等不同因素应有不同的标准。计算对象应根据计算的是整体结构还是结构中的构件或板件分别采用不同的标准，根据其重要程度，结构的整体稳定性要高于构件的稳定性，构件的稳定性要高于板件的稳定性。所考察荷载的性质会对稳定安全产生很大的影响，计算结构在所有荷载作用下的稳定安全系数与只计算结构在某一荷载或几种荷载作用下的稳定系数会相差很大，往往恒载在荷载效应中占有相当大的比例。桥梁结构从建造开始到施工结束往往会经历不同的状态，不同的施工方法也会产生不同的结构状态，例如采用悬臂拼装的斜拉桥在最大悬臂状态的稳定性要比其他状态的稳定性差。在计算方法方面，由于对结构进行一类稳定计算不能考虑结构的初始缺陷，而对结构进行二类稳定计算时可以考虑不同缺陷，按照线弹性稳定理论计算得到屈曲稳定安全系数会比按非线性理论计算得到极限稳定安全系数高，如当对南京三桥进行了一类稳定和二类稳定计算分析后，得到屈曲稳定系数为 52，极限稳定安全系数为 21。

五、整体稳定与局部稳定的相关作用问题

在薄壁钢结构构件中不仅要重视结构的整体稳定、局部稳定，还应该重视整体稳定与局部稳定的相关作用。对整体结构进行一类稳定分析时，都采用了杆系方法计算，这种方法首先假设构件满足刚周边假定，认为构件板件不会发生局部失稳，实际上只有板件的屈曲临界应力远远高于构件整体失稳临界应力时才满足，而当板件宽厚比较大或加劲肋布置较少时，板件往往会先发生局部失稳。对板件进行局部稳定分析时，一般采用板壳理论计算，计算在荷载作用下板件的屈曲荷载，这种计算很难准确模拟板件的边界条件，同时也不能考虑结构整体效应的影响。实际上桥梁钢结构构件特别是薄壁构件的整体稳定和局部稳定是相互作用的，如果结构先发生了板件局部屈曲，随着板件的屈曲变形，使得结构截而特性不断变化，有可能导致结构的整体破坏。同样如果结构先发生整体屈曲，随着结构的屈曲变形，使得结构上的内力重新分布，有可能导致板件的局部屈曲发生。这种由于一种屈曲形式先发生，使得截而特性变化或者应力重新分布而导致另外一种屈曲形式发生的现象，称为局部稳定和整体稳定相互作用问题。经过对南宁大桥一类稳定进行计算分析，采用整体稳定计算时得到结构的最小屈曲稳定系数为 251，采用板壳理论对结构中板件局部稳定计算时得到板件的最小屈曲稳定系数为 121，而考虑了整体稳定和局部稳定相关作用后得到结构的最小屈曲稳定系数为 96。

最后，在桥梁钢结构中由于构件的截而尺寸比较大，钢板的厚度远小于构件的截面尺寸，很多情况下属于薄壁构件。这些构件中的板件在压应力作用下，其屈曲应力比材料的屈服强度低很多，如果这些板件周围的支撑板件十分强大，那么这些板件屈曲后还会有很大的承载能力，屈曲后的承载能力到底能提高多少及屈曲后性能是否可以利用，值得研究。

第十四章　大跨度桥梁的抗震设计

随着社会经济飞速发展、科技进步日新月异，人口分布逐渐密集于城市。地震作为一种严重自然灾害不仅因其巨大能量释放而造成大量地面构筑物和各种设施的破坏与倒塌。且次生灾害中因交通及其他设施的毁坏而造成的间接经济损失更是十分巨大。我国是一个多地震的国家，最近20年来，桥梁建设快速发展，各种形式的桥梁（如大跨度斜拉桥、悬索桥、拱桥及各种复杂的城市立交工程）大量涌现，桥梁抗震设计中凸显了大量必须面对的现实问题。如何确保桥梁在可能发生的地震作用下安全可靠地运行，最大限度地避免人员伤亡，减轻震灾带来的经济损失，且设计又不过于保守，成为工程界极其关注的问题。

第一节　大跨度桥梁抗震设计现状

一、典型地震灾害及其对桥梁抗震设计的影响

地震给人类社会的发展屡屡带来巨大损失，是人类面临的最严重自然灾害之一。桥梁工程作为生命线工程，其破坏往往给震后的抢险救灾工作带来巨大的困难，使次生灾害加重。在与自然灾害不断进行斗争的同时，人类的科技文明也不断地获得进步。特别是近半个多世纪以来，人们对地震的破坏机理已有了日益深入的认识，并基于这种科学的认识而制定了相应的设计规范，使结构抗震设计水平得到有效的提高。1971年的圣费南多地震成为美国桥梁抗震设计规程研究与发展的一个重要转折点。经过10年的研究，1981年出版了《桥梁抗震设计指南》，又经过10年的应用与修改，1992年，桥梁抗震设计规程被正式收入美国各州公路运输工作者协会（AASHTO）编辑的美国《公路桥梁标准规范》（又称AASHTO规范）。这次震害使人们从以往单纯强度抗震设计转入强度与延性双重设计的研究，并进一步开展了结构减震和隔震的研究。唐山地震造成桥梁巨大灾害的教训也极大地推动了我国桥梁抗震研究工作的迅速展开。自1986年起交通部组织有关设计、科研单位和高等院校对1977年颁布的《公路工程抗震设计规范》进行修订，于1990年正式颁布施行了（公路工程抗震设计规范》（J77004-89）。但是，在这次修订中，没有注意到美国圣费南多地震的震害特点，在设计理念上仍然采用单纯强度抗震设计。近年来，随着

我国经济的加速发展，大、中型桥梁的建设迅猛发展，对公路桥梁抗震规范又提出了更高的要求。

20年前，美国、日本等一些国家的地震工程界先后提出分类设防的抗震设计思想，即“小震不坏，中震可修，大震不倒”。对于发生可能性大、频率高的中、小地震，为不使结构因累积损伤而影响其使用功能，要求结构处于弹性范围内工作，以强度作为破坏准则。对于在结构寿命期内发生概率小的大地震，作为一种突发的特殊荷载，如果要求结构弹性地抵抗这种作用，既不经济也不现实。应当允许结构产生塑性变形和有限度损伤。这时宜以结构延性（通常定义为结构弹塑性最大变形与结构屈服极限变形之比）作为破坏准则，以达到“大震不倒”的要求。新西兰学者在近10余年对桥梁不同形式柱、墩的延性性能做了深入研究，并提出提高结构和构件延性的途径，现已被许多地震多发国家所接受。许多构件在强震作用下会进入弹塑性变形状态，从而表现出滞变特性，也称为弹塑性。这是构件变形过程中的一种特有属性。在强烈随机地震激励下，桥梁的局部构件会因屈服而表现出明显的非线性滞变效应。结构正是通过这种非线性滞变特性来抵御大的震害。目前较流行的能力保护设计和延性设计的抗震设计思想正是通过有选择地设计出具有一定延性能力的结构构件，以实现对结构整体的保护，达到最佳的抗震目的。

目前，美国、日本的桥梁抗震设计规范已采用两水平设防、两阶段设计、结构延性抗震及能力保护设计的抗震设计思想。我国正在编写的《公路桥梁抗震设计规范》也采用了这种先进的抗震设计思想。

20世纪70年代以来，人们在总结地震灾害经验中还提出了“概念设计”的思想。抗震概念设计是指根据地震灾害和工程经验等获得的基本设计原则和设计思想，正确地解决结构总体方案、材料使用和细部构造，以达到合理抗震设计的目的。抗震概念设计是从概念上，特别是从结构总体上考虑抗震工程决策的方法。对于结构抗震设计来说，“概念设计”比“计算设计”甚至更为重要。由于地震动的不确定性和复杂性，以及结构计算模型的假定与实际情况的差异，使得“计算设计”有时很难有效地控制结构的抗震性能。在桥梁的方案设计阶段，不能仅仅根据功能要求和静力分析决定方案的取舍，要综合考虑桥梁的抗震性能，尽可能选择良好的抗震结构体系。

目前，较为先进的桥梁抗震设计规范都对抗震概念设计做出了明确的规定。

二、大跨度桥梁抗震分析的相关问题及其研究现状

1. 各种抗震分析方法简介

结构地震响应分析方法可以分为确定性方法和非确定性（或概率性）方法两大类。确定性方法是以确定性的荷载作用于结构，求解该确定性荷载作用下结构动力反应的方法。弹性静力法、静力弹塑性分析法、反应谱法和时程分析法均属于确定性方法。非确定性方法将地震作用视为随机过程，以此随机地震动作用于结构，求出结构动力响应统计量。

（1）确定性抗震分析方法

弹性静力法，最初由日本学者大房森吉在 1900 年提出，该法假设结构物各部分与地震动具有相同的振动规律。结构因地震力引起的惯性力等于地面运动加速度与结构总质量的乘积，以此惯性力作为静力施加于结构，进行结构线弹性静力分析。从动力学理论看，该法的缺陷在于忽略了结构物本身的动力特性。只有当结构近似于刚体时，弹性静力法才能近似成立。

静力弹塑性分析（推倒分析）—Pushover 法。早在 20 世纪 60 年代末 Pushover 法就已经提出，在近几年 Pushover 法得到了较大的发展。严格讲来，Pushover 法不能算作一种结构地震反应分析方法，但作为一种简化的评估方法，它能在一定程度上近似描述结构物在强震作用下的弹塑性反应性能，给出结构从屈服到极限状态的整个非弹性变形过程。这对于特殊、复杂的实际工程有较大价值。非线性 Pushover 法作为一种简单有效的性能评判方法，已被一些国家建筑设计规范引入。美国加州的公路桥梁抗震设计规范也采用了这种方法。

1947 年 GWHousner 提出了基于反应谱理论的抗震计算方法，在 1958 年第一届世界地震工程会议之后，反应谱方法相继被世界上许多国家接受，并被纳入结构抗震设计规范。反应谱方法的基本原理是: 作用于结构的实际地震波是由含有一定卓越频率的复杂波组成，当地震的卓越频率和结构的固有频率相一致时，结构物的动力反应就会变大。不同周期单自由度振子在某一地震记录激励下，可得到体系周期与绝对加速度、相对速度和相对位移的最大反应量之间的关系曲线，即加速度反应谱、速度反应谱和位移反应谱。

时程分析法。时程分析法是将实际地震动记录或人工生成的地震波作用于结构，直接对结构运动方程进行数值积分而求得结构地震反应的时间历程。国内外学者研究表明，尽管未来地震动难以准确地定量确定，但只要正确选择地震动主要参数，且所选用的地震波基本符合这些主要参数，时程分析法就可以在一定程度上给出未来地震作用下结构反应。常用的时程分析法有中心差分法、Newmark 法和 Wilson-θ 法等。近年来，由钟万勰提出的精细时程积分法是一种显式、高度稳定的积分方法。该法对于线性荷载、简谐荷载或其他一些用简单解析式表达的荷载激励下线性结构的响应能够得到具有计算机精度的数值。

（2）概率性抗震分析方法及虚拟激励法

随机振动是一门应用概率统计方法，研究随机荷载作用下结构动力性态的技术学科，尽管作为其应用核心的线性随机振动基本理论早已成熟，然而这些理论成果在工程领域却远未得到充分应用，其瓶颈则是计算的复杂性和低效率。近几十年来，我国许多学者在随机振动的不同领域取得了丰富的研究成果，林家浩教授提出了解决复杂工程计算的“虚拟激励法”。目前，虚拟激励法已构成了一个比较完整的系统。对于线性时不变结构受平稳 / 非平稳、完全相干 / 部分相干、均匀调制 / 非均匀调制演变随机激励下的随机响应分析都可以高效精确地完成。虚拟激励法主要特点是将平稳随机响应分析转化为简谐响应分析，将非平稳随机响应分析转化为确定性时间历程分析，从而可以用工程人员熟悉的确定性动力分析方法实现随机振动的求解。该法自动包含了全部参振振型之间的互相关项及全部随机激励之间的互相关项，本质上是精确解法。

虚拟激励法是结构随机振动计算及大跨度结构抗震分析计算方面的重要进展。

2. 大跨度桥梁抗震分析的特点及研究现状

（1）大跨度桥梁抗震分析的特点

大跨度桥梁在国内外正被日益广泛地建造，而且越造越大，越造越柔。基本自振周期现已达到 20s 之多，传统抗震分析方法日显难以应付。特别是因为大跨度桥梁抗震分析时应该考虑地面不均匀运动（空间效应）。它大体包括以下 3 种因素：①行波效应。实际地震波速是一有限值，通常在几百米 / 秒 ~ 几千米 / 秒。当桥梁支承间距离很大时，必须考虑地震波到达各支承的时间不同；②部分相干效应。由于在不均匀土壤介质中地震波的反射和折射，以及由于从一个大的震源的不同位置传到不同支承的波叠加方式不同，各支承所受到的激励之间并不完全相干；③局部场地效应。不同支承处土壤条件不同，它们影响基岩振幅和频率成分的方式亦有差别。而且，由于大部分地震的强震持时只有二三十秒，实际上还应该考虑地面激励的非平稳效应。这些都给大跨度桥梁的地震响应分析带来了不同程度的困难。

（2）大跨度桥梁抗震分析的研究现状

反应谱法是国内对不同跨度桥梁进行抗震分析最基本的方法。该法概念简单，将动力问题转变为拟静力问题，容易为工程技术人员所接受。但是它假设结构所有地面节点按相同的规律运动，即均匀一致地面运动。对于大跨度结构，地面运动空间变化效应可能相当重要，反应谱法的计算结果就不一定可靠。为了弥补此缺陷，一些学者研究了多点输入反应谱法，但迄今为止并不成功。在发展多点输入反应谱法的同时，国内外也有学者采用时程分析法或随机振动法来处理地面运动的非一致性。Penzien 将核电站管线系统做了较大简化后分别从时间域和频率域研究了其在不均匀场地激励下的安全性问题，并得到结论：忽略参振振型之间的相关性和场地不均匀性都会导致很大的误差；随机振动法比反应谱法更精确，比时程分析法更高效，值得在核电站抗震设计中推荐。从平稳随机振动的基本方程出发来研究这类多点不均匀随机激励问题，但为了避开随机振动计算方法上的困难，他们最终都采用了近似的反应谱方法来进行处理，不但精度较低，而且步骤复杂、效率也不高。

时程分析法通过给出结构各地面支座不同的加速度时程来考虑地面运动的空间效应。通常地面运动加速度时程曲线的获得通过以下途径：①国际上常用的地震加速度记录，如 El-Centro 波、Taft 波等；②借鉴相似场地条件下已发生的地震波记录；③采用规范设计反应谱人工生成地震波；④采用建桥桥址场地地震危险性分析，提供基岩面上的地运动参数（地震加速度峰值、反应谱和地震持时），生成基岩面上的人工地震波。时程分析法的主要优点是既可以做线性分析，又可以做弹塑性动态分析，概念明确。其主要缺点是计算结果过度依赖于所选取的加速度时程曲线，离散性很大。为得到较可靠的计算结果通常要计算许多时程样本，并加以统计平均，为此需要进行大量的计算。实际上只对特别重要的大跨度结构才使用该法。

随机振动方法较充分地考虑了地震发生的统计特性，被广泛认为是一种较为先进合理的抗震分析工具，并已经被 1995 年颁布的欧洲桥梁规范采用。虚拟激励法作为一种新的随机振动分析方法，在普通微机上已可快速而精确地计算有数千自由度、几十个地面支座的大跨度结构多点地震激励问题，达到了实用要求。它精确地考虑了多点激励之间的行波效应和部分相干效应，为大跨度结构工程的抗震分析提供了十分有力的数值工具。该方法系列不但已经在我国桥梁、水坝、工民建等工程界日益被接受和应用，我国正在编写的《公路桥梁抗震设计规范》将首次采纳随机振动的功率谱方法。

三、大跨度桥梁抗震设计的一些问题及研究方法

1. 目前，大跨度桥梁抗震在设防目标和设防标准、地震运输入、概念设计和构造措施、减隔震设计以及基于性能的抗震设计方法等方面都还值得进一步深入研究。

2. 为了深入了解结构在地震作用下的反应规律及抗震措施的有效性，近些年来人们一直致力于结构地震反应的试验研究。地震模拟振动台能够很好地再现地震发生过程和进行人工地震波试验，是在实验室中研究结构地震反应、破坏机理的有效工具和最直接的方法，过去几十年中，地震模拟振动台在桥梁、海洋结构、核工程等抗震领域发挥了巨大作用。目前实验室试验低成本性、可控制性和可重复性等优点已日益受到人们的重视，特别是 1989 年洛马•普里埃塔地震和 1995 年阪神地震中大量震害，使地震工程界对现有的设计思想、方法进一步反思，也使得实验室振动台建设及试验研究受到普遍关注。目前对于多点输入问题的研究，主要局限于理论和数值方法的研究，应通过桥梁模型的多方案实验，与理论及数值研究进行分析比较，从而使理论与方法建立在更为坚实的基础上，推动这项研究向纵深发展。同时，大跨度桥梁的实际震害经验很少，因此更应重视试验研究。目前，我国重庆交通科研设计院已建成世界上唯一的一个大型三轴向高性能地震模拟试验台阵系统，从而使得大跨度桥梁结构的地震模拟试验研究成为可能。

3. 大部分地震的强震持续时间只有二三十秒，而对于大跨度桥梁，其基本周期已达十几至二十秒，实际上应该考虑地面激励的非平稳效应。目前，主要通过演变功率谱模型来反映场地的振幅与频率的非平稳性，但对于模型的建立、参数统计、响应的处理等还有大量工作需要进行。此外，相位谱与相位差谱的分布性质也是影响地震动非平稳性的另一个重要因素，但对于相位谱与相位差谱本质规律的认识还有待于结合地球物理学和波动学理论对地震动的震源机制、传播路径和频散性的进一步研究。

4. 随着我国公路桥梁抗震设计规范适用范围的扩大，工程设计与新的理论、方法的结合将更为密切，很多先进的分析方法是不可能用手工完成的。在微机已经十分普及的今天，广大工程设计人员已经有条件，也应该更多地应用这些现代化工具去实现更为先进可靠的

设计理念了。而研究编写一整套有自主版权、适用于桥梁抗震设计的规范化程序，则是有必要的。程序的可操作性与可靠性直接影响到工程师对先进技术的使用。这方面的工作需要力学工作者与工程技术人员紧密配合方能完成。

第二节　大跨度桥梁抗震设计

一、概述

大跨度桥梁与中等跨径相比，因结构的空间性与复杂性，地震反应比较复杂，高阶振型的影响比较明显。目前大跨度桥梁的抗震设计还没有一个统一标准，国内规范没有对大跨度桥梁进行详细规定，抗震计算比较复杂。本节主要介某大跨预应力混凝土连续梁墩身、基础部分的抗震计算。根据铁路工程抗震设计规范，运用 midas 有限元程序，采用反应谱分析方法计算地震力，以便为抗震设计提供依据。

本桥桥面系为无碴桥面预应力混凝土连续箱梁，其横截面为单箱单室截面，选取桥跨（40+64+40）m 的预应力混凝土连续梁作为计算模型。混凝土采用 C50，梁底下缘按两次抛物线变化；采双线圆端型桥墩，3 号墩为制动墩，边墩简支梁固定支座设在 4 号墩。

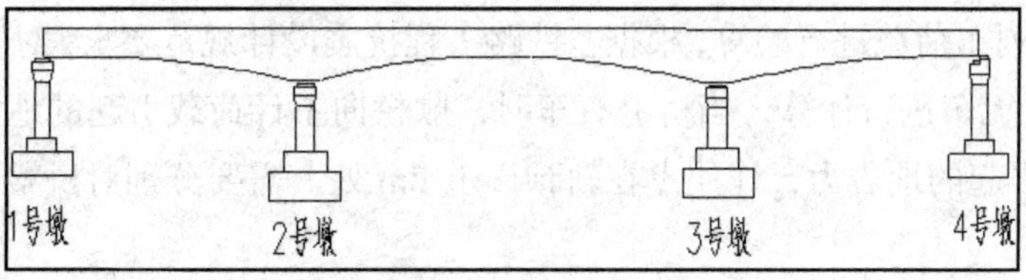

图 14-1 全桥模型

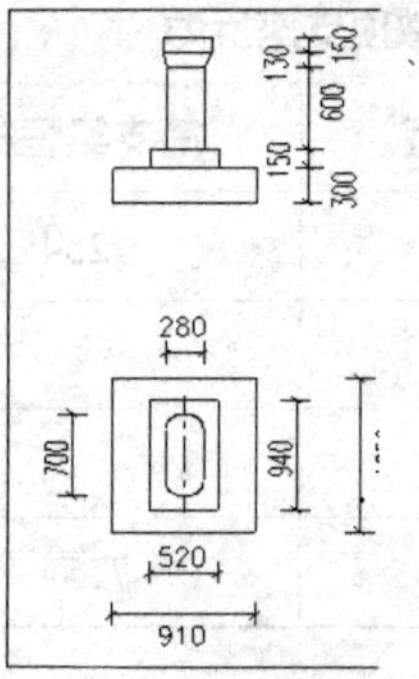

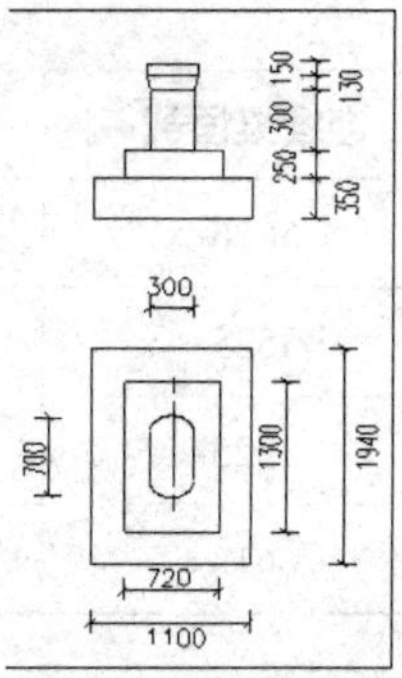

图 14-2 （a）边墩墩身尺寸　　图 14-2（b）主墩墩身尺寸

2. **动态反应分析**

（1）有限元模型建立

结构分析的第一步就是建立模型，模型建立的正确与否，简化的模型是否能反映结构真实的受力情况，直接影响计算结果的正确性。本算例运用桥梁有限元计算软件

Midascivil 建立全桥动力模型，模型中主梁、桥墩、承台均采用空间梁单元进行模拟，梁墩之间采用刚性连接释放约束模拟，承台底采用一般弹性支承模拟，将地基及桩基础对结构的作用简化成纵横向转动弹簧施加在承台底，平动刚度以刚性考虑。

表 14-1 转动弹簧计算参数（kN · m/rad）

墩号	转动刚度	
	纵桥向	横桥向
1＃墩	12E+08	227E+08
2＃墩	344E+08	10E+09
3＃墩	334E+08	911E+08
4＃墩	12E+08	227E+08

二、抗震验算荷载的选取

连续梁全联质量和桥墩、承台质量通过定义结构自重向 X、Y，Z 方向转化。边跨简支梁质量，采用施加集中质量单元实现，纵桥向集中施加在 4 墩墩顶，质量大小为一跨简支梁的质量和二期恒载质量之和；横桥向施加在两边墩墩顶，质量取一跨简支梁的质量和二期恒载质量之和的一半。全梁二期恒载 184KN/m。

荷载取 ZK 列车荷载进行验算，根据≤铁路工程抗震设计规范要求，对于Ⅰ、Ⅱ级铁路，应分别按有车、无车进行计算，当桥上有车时，顺桥向不计荷载引起的地震力，横桥向只计 50% 活荷载引起的地震力，作用点在轨顶以上 2m 处。需要分别对桥梁顺桥向及横桥向进行单独验算。

表 14-2 验算荷载（KN）

墩号	墩顶支座反力			
	连续梁恒载	连续梁荷载	简支梁恒载	简支梁荷载
1＃墩	6616	3435	7254	2935
2＃墩	3525	9595		
3＃墩	3525	9595		
4＃墩	6616	3435	7254	2935

三、自振特征值分析

建立的动力模型，由该模型计算得到桥梁的前 100 阶振型的频率和周期，同时给出了前 10 阶振型。由表 14-2 可以看出，桥梁基本频率为 209Hz、基本周期为 0.48s。基本振型为顺桥向振动，前几阶振型均为顺桥向和横桥向的整体振动。

表 14-3 大桥前 10 阶自振频率及其振型描述

振型	自振频率 (Hz)	自振周期 (s)	振型描述
第一振型	209	048	全桥纵向振动，3号墩纵向弯曲振动
第二振型	229	044	梁体竖向对称振动，桥墩纵向弯曲振动
第三振型	267	037	4号边墩纵向弯曲振动
第四振型	290	034	梁体横向振动，桥墩横向弯曲振动
第五振型	338	030	梁体横向振动，桥墩横向弯曲振动
第六振型	410	024	梁体横向振动，桥墩横向弯曲振动
第七振型	417	024	梁体竖向反对称振动
第八振型	536	019	梁体竖向对称振动
第九振型	578	017	梁体横向振动，桥墩横向弯曲振动
第十振型	792	013	梁体横向振动，桥墩横向弯曲振动

四、地震荷载计算

伴随着抗震理论的发展，各种抗震分析方法也不断出现在研究和设计领域。在结构设计中，我们需要确定用来进行内力组合及截面设计的地震作用值。通常采用底部剪力法，振型分解反应谱法，弹性时程分析方法来计算该地震作用值，这三种方法都是弹性分析方法。其中，底部剪力法最简便，适用于质量、刚度沿高度分布较均匀的结构。它的大致思路是通过估计结构的第一振型周期来确定地震影响系数，再结合结构的重力荷载来确定总的水平地震作用，然后按一定方式分配至各层进行结构设计。对较复杂的结构体系则宜采用振型分解反应谱法进行抗震计算，是根据振型叠加原理，将多自由度体系化为一系列单自由度体系的叠加，将各种振型对应的地震作用、作用效应以一定方式叠加起来得到结构总的地震作用、作用效应。而对于特别不规则和特别重要的结构，常常需要进行弹性时程分析，该方法为直接动力分析方法。本桥采用振型分解反应谱法。

1. 地震动反应谱分析

根据震规，桥梁结构的动力放大系数 β 曲线选取如下图形：

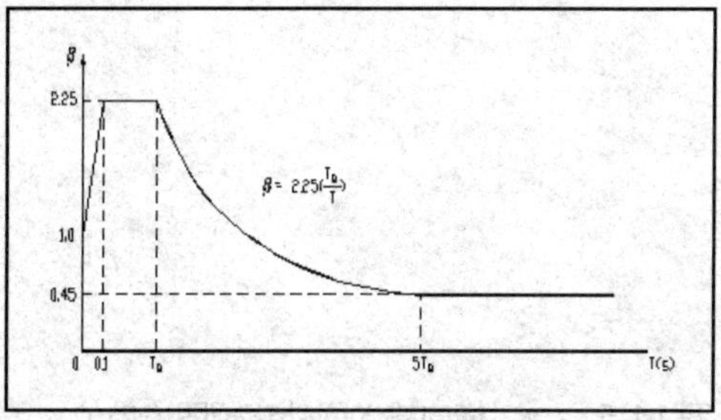

图 14-3 动力放大系数 β 曲线

本桥设防烈度为 7 度，Ⅲ类场地，反应谱特征周期分区为二区，地震动反应谱特征周期 Tg=055，设计地震动峰值加速度 Ag=015g，多遇地震水平地震基本加速度 α=005g，根据震规要求，对于特重要的桥梁，在多遇地震作用下，水平地震基本加速度 α 应乘重要性系数 14。

（1）纵桥向分析结果

纵桥向输入反应谱计算结果如图 14-4 所示

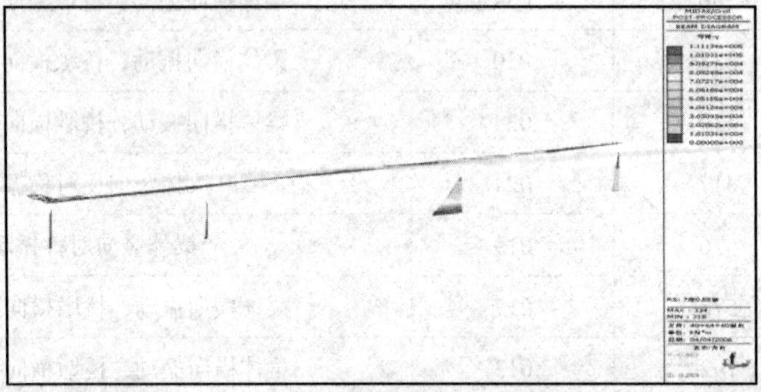

图 14-4 （a）纵向输入面内弯矩图（单位：）

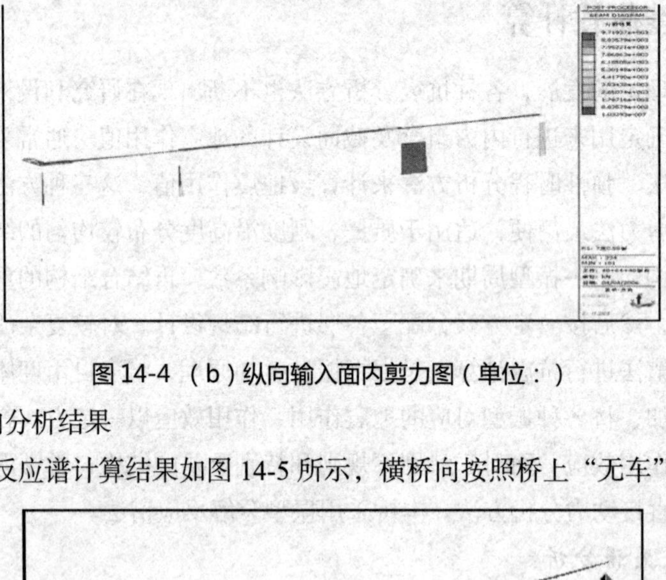

图 14-4 （b）纵向输入面内剪力图（单位：）

（2）横桥向分析结果

横桥向输入反应谱计算结果如图 14-5 所示，横桥向按照桥上“无车”情况计算。

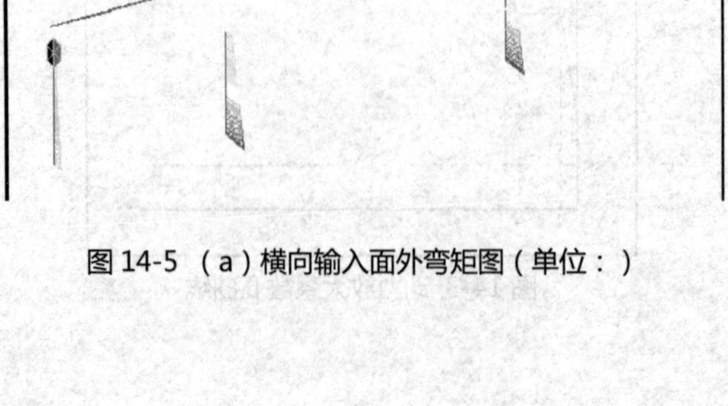

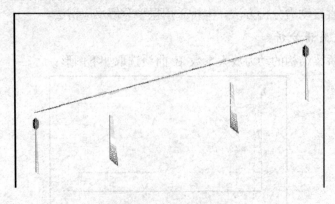

图 14-5 （a）横向输入面外弯矩图（单位：）

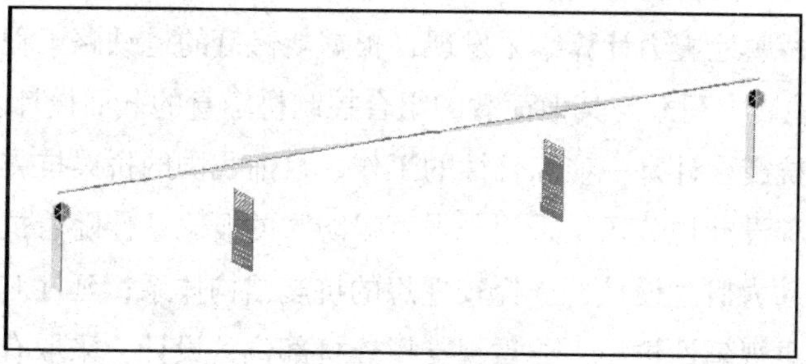

图 14-5 （b）横向输入面外剪力图（单位：）

2. **内力汇总**

各墩墩底及承台底的地震内力列于表 14-4。

表 14-4 无车时桥墩地震力荷载

墩号	纵向输入		横向输入	
	纵向弯矩（KN·m）	纵向剪力（KN）	横向弯矩（KN·m）	横向剪力（KN）
1、4＃墩墩底	17441	2082	26032	2325
1、4＃墩承台底	25994	2193	35545	2431
2＃墩墩底（制动墩）	53764	9346	52699	4449
2＃墩承台底（制动墩）	111134	9719	80113	4709
3＃墩墩底	1871	515	52536	4428
3＃墩承台底	8324	1511	79804	4683

表 14-5 有车时桥墩地震力荷载

墩号	纵向输入		横向输入	
	纵向弯矩（KN·m）	纵向剪力(KN)	横向弯矩（KN·m）	横向剪力(KN)
1、4＃墩墩底	17441	2082	28068	2535
1、4＃墩承台底	25994	2193	38429	2643
2＃墩墩底（制动墩）	53764	9346	53316	4472
2＃墩承台底（制动墩）	111134	9719	80841	4727
3＃墩墩底	1871	515	53196	4455
3＃墩承台底	8324	1511	80601	4705

（3）结果分析

由表 4 ~ 表 5 可以看出，纵桥向由制动墩承担了连续梁所有的纵向惯性力，因此纵桥向由制动墩控制设计，横桥向则由两个中墩共同承担了横向惯性力。

通过上述计算桥墩地震力计算结果发现，根据新修订的≤铁路工程抗震设计规范（修订）≥计算所得的地震力荷载与其他荷载的组合控制桥墩身的截面设计。

大跨度桥梁的抗震设计是一项综合性的工作，目前我国的桥梁抗震设计规范还很不完备，现行的铁路工程设计规范还是采用“强度设防”的概念，伴随着抗震理论的发展，我们要加强桥梁结构动力概念设计，选择较理想的抗震结构体系；延性对抗震来说是极其重要的一个性质，要重视延性抗震，要重视支撑连接部位的设计。采取有效抗震措施，进行正确有效的抗震设计，提高大跨度桥梁的抗震能力。

第三节　大跨度桥梁抗震

对于大跨度桥梁，由于跨越的尺度较大，不同支承点处输入的地震地面运动存在一定的差异，从而对结构的地震反应有一定的影响这种地震地面运动的差异主要是由以下几种效应造成的：（1）由于地震波的传播速度有限，当支承点所处的位置间距较大时，地震波到达各支承点的时间存在一定的差异，称之为行波效应；（2）地震波在传播的过程中产生复杂的反射和散射，同时由于地震动场不同位置的地震波叠加方式不同而导致了相干函数的损失，称之为部分相干效应；（3）地震波在传播的过程中，随着能量的耗散，其振幅将会逐渐减小，称之为波的衰减效应；（4）在地震动场的不同位置，土的性质存在差异，这会影响地震波的振幅和频率，称之为局部场地效应这几种效应都会导致不同支承点处输入的地面运动存在差异，从结构分析的角度来说都是一致的，因此统称为多点激励效应考虑多点激励使大跨度桥梁的地震反应分析更加符合实际情况，显得更为合理。

一、桥梁的震害及破坏机理

调查与分析桥梁的震害及其破坏机理是建立正确的抗震设计方法，采取有效抗震措施的科学依据。

国内外学者对桥梁震害的调查研究结果表明，桥梁震害主要表现为：

1. 上部结构的破坏：桥梁上部结构本身遭受震害而被毁坏的情形不多，一般都是由于桥梁结构的其他部位的毁坏而引起的。如落梁，一种是由于弹性设计理论采用毛截面刚度，这样就会低估横向地震作用和位移。导致活动节点处所设置的支座长度明显不足以及相邻梁体之间因横向距离不足而引起的相互冲击，造成落梁及相邻结构的撞击破坏；另外一种是由于地基土的作用造成大的地震位移，这种桥梁震害主要发生在建在软土或者可能液化的地基土上的桥梁上。软土通常会使结构的振动反应放大，使得落梁的可能性增加。

2. 支座连接部位的破坏：这中破坏比较常见，由于连接部位的破坏会引起力传递方式的变化，从而对结构其他部位的抗震产生影响，进一步加重震害。这种破坏是抗震设计中最关注的问题之一。

3. 下部结构和基础的破坏：下部结构和基础的严重破坏是引起桥梁倒塌，并在震后难以修复使用的主要原因。除了地基毁坏的情况，桥梁墩台和基础的震害是由于受到较大的水平地震力，瞬时反复振动在相对薄弱的截面产生破坏而引起的，从大量震害实例来看，比较高柔的桥墩多为弯曲破坏，矮粗的桥墩多为剪切型破坏，介于两者之间的为混合型。地基破坏主要表现为砂土液化，地基失效，基础沉降和不均匀沉降破坏及由于其上承载力和稳定性不够，导致地面产生大变形，地层发生水平滑移，下沉，断裂。

4. 桥台沉陷，当地震加速度作用时，由于桥台填土与桥台是不完全固结的，桥台填土的纵向土压力增大，桥梁与桥台之间的冲撞会产生相当大的被动土压力，造成桥台有向桥跨方向移动的趋势。由于桥面的支撑作用，桥台将发生以桥台顶端为支点的竖向旋转，导致基础破坏。如果桥台基础在液化土上，又将引起桥台垂直沉陷，最终导致桥梁破坏。

以上所介绍桥梁的几种破坏形式是相互影响的，不同的地质条件和不同的抗震措施所造成的破坏程度和类型往往是不同的。这就要求我们在桥梁设计中尤其是不规则桥梁和大跨度桥梁，必须从整体分析桥梁的抗震性能。

二、抗震分析理论

桥梁结构的地震反应分析应以地震场地运动为依据。目前确定性的地震反应分析方法有静力法，动力反应谱法和动态时程分析法。

静力法假定结构与地震动具有相同的振动，把结构在地面运动加速度作用下产生的惯性力视为静力作用于结构物上做抗震计算。

动力反应谱法也是采用“地震荷载”的概念，从地震动出发求结构的最大地震反应，但同时考虑了地面运动和结构的动力特性，比静力法有很大进步。反应谱法概念简单，计算方便，可用较少的计算量获得结构的最大反应值。目前大多数分析软件都能很好地处理反应谱计算的问题。但是反应谱只是弹性范围内的概念，当结构在强烈地震下进入塑性工作阶段时即不能直接应用。同时，地震作用是一个时间过程，但反应谱方法只能得到最大反应，不能反映结构在地震动过程中的经历。而且针对大跨桥梁不能忽视的行波效应和多点激振都不能很好的考虑。故大跨度桥梁的方案设计阶段，可以应用反应谱方法进行抗震概念设计以选择一个较好的抗震体系，再加以修正。

动态时程分析法从选定合适的地震动输入（地震动加速度时程）出发，采用多节点多自由度的结构有限元动力计算模型建立的地震动方程，然后采用逐步积分法对方程进行求解，计算地震过程中每一瞬时结构的位移，速度和加速度反应，从而分析出结构在地震作用下弹性和非弹性阶段的内力变化以及构件逐步开裂，损坏直至倒塌的全过程。动态时程分析法可以使桥梁的抗震设计从单一的强度保证转入强度，变形（延性）的双重保证，同时使我们更清楚了解结构地震动力破坏的机理。

此外还有功率谱法，Push-over 分析方法等，这些分析方法也日益引起人们的重视。

三、延性抗震和减隔震抗震设计

1. 延性抗震

所谓延性是指构件或结构具有承载能力不降低或基本不降低的塑性变形能力的一种性能，一般用延性比指标来衡量。

延性抗震不同与强度理论的是它通过选定结构部位的塑性变形来抵抗地震作用，塑性作用一方面通过塑性变形来耗散地震能量，另一方面塑性铰的出现使结构周期延长，从而减小地震产生的惯性力。

延性抗震验算所采用的破坏准则主要有：强度破坏准则，变形破坏准则，能量破坏准则，基于低周期疲劳特征的破坏准则以及用最大变形和滞回耗能来表达的双重指标破坏准则等。强度破坏准则应用比较广泛，随着抗震研究的发展，人们逐步认识到强度条件并不能恰当的估价结构的抗震能力。这是由于结构在强烈地震中往往会进入弹塑性阶段。这时结构的塑性变形消耗输入的地震能量。结构的自振周期也会随塑性变形的扩展而变长！从而改变地震反应的特性；结构是否破坏将取决于塑性变形的大小或塑性消耗的能量，而不是或不完全是取决于结构的强度。

抗震设防标准总结起来“小震不坏，中震可修，大震不倒”。这些标准意味着在遭遇到多遇地震时结构应该处于弹性状态。在遭遇到中等程度地震时，结构应该处于弹塑性状态，但非弹性变形应该发生在结构的选定部位（塑性铰）。当遭遇强烈地震时，结构可以经历较大非弹性变形并且出现一定程度的损伤，但结构的变形不应该危及生命和造成结构丧失整体性。对中等程度和强烈地震，规范推荐的设计地震作用的大小取决于结构的重要性、结构的延性以及允许多大程度的损伤。

2. 延性抗震理论包括两个内容

（1）在结构不发生大的破坏和丧失稳定性的前提下，提高构件的滞回耗能能力。

（2）在结构遭遇罕遇地震时，允许结构上选定部位出现塑性铰，以达到改变结构动力特性，减小地震影响的目的。

3. 桥梁延性抗震设计的两个阶段

（1）对预期会出现塑性铰的部位进行详细的配筋设计。

（2）对整个桥梁结构进行抗震能力分析验算，确保其抗震安全性。

4. 影响延性的因素和延性抗震措施

（1）材料：钢材是延性很好的材料，砖石砌体的延性则很差，钢筋混凝土介于二者之间。组合结构的出现可以弥补现在桥梁结构延性设计的不足。如型钢混凝土结构，钢骨混凝土等，其承载力可以高于同样外形的钢筋混凝土一倍以上，具有较好的抗剪能力，延性比明显高于钢筋混凝土结构；滞回曲线较为饱满，耗散能力有显著提高，从而呈现出良好的抗震性能。能够隔离、吸收和耗散地震能量，减小桥梁结构的地震反应，使桥梁的变形限制在弹性范围，避免由于产生塑性变形而造成累积损伤破坏和永久残余变形，这大大提高了桥梁结构的安全度；同时可以节约材料，降低造价。

构件的受力状态受弯构件梁的延性较大，而压弯构件柱的延性较小，桁架中压杆延性较差，尤其在钢结构中，很多有限元分析软件在考虑杆件受压时就认为其退出工作。所以在延性设计中一定要考虑构件的受力状态，合理的控制轴压比对结构的延性有巨大的作用。

构件形式同是压弯构件，细长杆件延性比粗短杆件好。在桥梁桥墩设计中，对于粗大的柱可以分成几个长细比较大的柱，通过类似连梁的构件连接成整体。这样不仅不会改变结构的强度而且能极大地提高柱子的延性。这种方式逐渐被应用到实际的工程中。

构件的破坏形态钢筋混凝土构件的破坏形态对延性影响很大，适筋梁及大偏压柱的受弯破坏时延性较好（钢筋先屈服，混凝土后压坏），剪切破坏延性较小。斜破坏是突发的脆性破坏。在桥梁尤其是桥墩设计中要绝对避免。

构件延性会直接影响结构的延性，有破坏形式的好坏可知构件不能过早剪坏。

对于桥梁结构，上部结构的设计主要受恒载、荷载和温度等而不是受地震作用的控制。由于地震力仅仅对柱、墩和基础这些下部结构施加巨大的应力，所以柱、墩和基础是设计的主要部位。在结构的能力设计中，桥梁下部设计地震惯性力可以小于由地震所产生的弹性惯性力，从而使下部结构形成塑性铰并消耗掉一部分地震能量，桥梁的其他部分提供足够的强度保证所选定的能量耗散机制能在地震中形成。所以利用桥墩延性抗震是当前桥梁抗震设计中常用的方法。桥墩延性抗震是将桥墩某些部位设计的具有足够的延性，以使在强震作用下使这些部位形成稳定的延性塑性铰产生弹塑性变形来延长结构周期、耗散地震能量。在进行延性抗震设计时，按弹性反应谱计算塑性反应的地震荷载需要修正，桥梁抗震设计规范采用了综合影响系数来反映塑性变形的影响。

在具体的细部上：墩柱设计中应尽可能地使用螺旋形箍筋以便为墩柱提供足够的约束，如果采用的是箍筋，应控制箍筋间距（箍筋间距越小，其所能达到的最大延性比就越大）。另外墩身及基础的纵向钢筋伸入盖梁和承台应有一定的锚固长度以增强连接点的延性，并且桥墩基脚处应有足够的抵抗墩柱弯矩与剪力的能力，不允许有塑性铰接。对于较高的排架桥墩，墩间应增设横系梁以减少墩柱的横向位移和设计弯矩。采用将桥墩某些部位（如墩脚）设计成具有足够的延性，以使在强震作用下使该部位形成稳定的延性塑性铰，并产生弹塑性变形来延长结构的振动周期，耗散地震力。

针对目前大量高架桥倒塌毁坏的教训，必须加强对抗震支座、各种形式桥墩的延性研究，利用约束混凝土的概念提高它的延性。

5．减隔震设计

减震、隔振技术是简便、经济、先进的工程抗震手段。减震是利用特制减震构件或装置，使之在强震时率先进入塑性区，产生大阻尼，大量消耗进入结构体系的能量；而隔振则是利用隔振体系，设法阻止地震能量进入主体结构。在实践中，有时把这两种体系合二为一。与依靠增加结构构件自身强度、变形能力来抵抗地震反应的传统结构的抗震设计方法相比，结构的减、隔震技术无论在提高结构的整体抗震性能方面还是在降低结构的工程造价方面都具有很明显的好处。

（1）减震、隔震的基本原理：

1）采用柔性支撑以增加结构的周期，减小结构地震反应。

2）采用阻尼器式能量耗散元件，以减小柔性支承处的相对位移。

3）在使用荷载作用下结构具有足够的刚性。

减隔震的基本原理可以用能量的观点来理解。减、隔震结构在任意时刻的能量方程为：Ein=Eve+Ec+Ep+Ei。式中 Ein 为地震输入到结构中的总能量；Eve 为结构的动能与弹性势能之和; Ec 为结构的自身阻尼耗能; Ep 为结构的弹塑性变形耗能; Ei 为减隔震装置的耗能。减隔震的原理可以认为减隔震装置比结构率先进入塑性阶段，利用自身消耗大量的能量，从而减小结构自身的耗能与塑性耗能，减轻结构的损伤破坏。

（2）减隔震技术设计原则：

采用减隔震技术可以有效地提高桥梁结构的抗震能力。在设计时要分析其适用条件，正确选择、合理布置减隔震装置，并重视细部构件和构造的合理设计，以确保减隔震设计的效果。

减隔震技术并不是适合应用于各种情况。场地比较软弱、不稳定，或延长桥梁结构周期后容易发生共振等情况，不宜使用隔震技术。因此，在进行桥梁结构的抗震设计之前需要判断该桥是否适合采用隔震技术。经研究表明，只要满足下面任何一项件，就可以尝试采用隔震技术进行桥梁结构的抗震设计。

1）地震波的角度：适用于能量集中于高频的波。

2）结构的角度：桥梁是高度不规则的，例如相邻桥墩的高度显著不同，因而可能存在对某个墩延性要求很高的情况。桥梁下部结构刚度不均匀，引入减隔震装置可调节各桥墩刚度，避免刚度较大桥墩承担很大惯性力的情况。

3）场地的角度：对于给定的场地，预期地面运动特性比较明确，具有较高的卓越频率和在长周期范围内所含能量较低。

在进行减隔震设计时，应将重点放在提高耗散能力和分散地震力上，不能过分追求加长周期。应选用作用机制简单的减隔震装置，并在其力学性能明确的范围内使用。另外，减隔震装置不仅要能减震耗能，还应满足正常运营荷载的承载要求。具体有以下要求：在不同水准地震作用下，减隔震支座都应保持良好的竖向荷载支承能力；减隔震装置应具有较高的初始水平刚度，使得桥梁在风荷载、制动力等作用下不发生过大的变形和有害的振动；当温度、徐变等引起上部结构缓慢的伸缩变形时，减隔震支座产生的抗力比较低；减隔震装置应具有较好的自复位能力。

减隔震装置常布置在桥墩顶部，起降低上部结构惯性力的作用或布置在桥墩底部，能较大幅度降低整个结构动力响应。同时，在减隔震设计中，要使减隔震装置充分发挥减震耗能的作用，必须使非弹性变形和耗能主要集中在减隔震装置。为了使大部分变形集中于减隔震装置，不仅要使减隔震装置的水平刚度远低于桥墩、桥台、基础的刚度，还要避免桥墩屈服先于减隔震装置屈服另外，构造措施对减隔震桥梁的动力特性和抗震性能有重要影响。在减隔震设计中，应充分注意构造细节的设计，并对施工质量给予明确规定。

减隔震技术已经广泛地应用于各类桥梁结构中，可以根据结构自身特点，采用在不同的位置设置不同的减隔震装置，来提高桥梁结构的整体抗震性能。但是，正如前面所讲，并非所有情况都适合采用减隔震技术，对于不同的场地条件、不同的地震波，各种减隔震装置的减震效果也不一样。因此，在进行地震分析时，应该根据具体情况，经过具体分析确定采用合适的减隔震装置，来达到减隔震目的。根据阻尼特性的不同，阻尼器可以分为滞变阻尼器与黏滞阻尼器两大类。滞变阻尼器效果与结构反应位移有关，而黏滞阻尼器效果与结构反应的速度有关。当结构设置阻尼器时，由于没有相对充分的变形与速度，使得阻尼器的耗能作用发挥不明显，这时就需要改变结构阻尼器的布置方式来提高阻尼器的作用，关于如何通过布置阻尼器来提高阻尼器的作用效果还需要进行进一步的研究。组合隔震装置的研究越来越受到大家的关注，但是如何合理的确定组合隔震装置各自参数，使减隔震装置系统在不同水平的地震作用下处于不同的工作状态，以实现多级的性能指标的目的，还有待进一步的研究。

第十五章 大跨径桥型研究

随着我国公路交通事业的迅速发展，建造了多座大跨径桥梁，其结构主要为悬索桥、斜拉桥拱桥衔架桥、梁桥和组合体系桥。大跨径桥梁自重大，如何减轻本身重量，以增大跨越能力，是桥型研究的主要问题。

第一节 大跨径桥梁桥型比较

一、桥型选择的基本原则

1. 桥型选择的基本原则

安全适用、经济和美观，其具体要求如下：

（1）桥梁应有足够的强度稳定性和耐久性还需解决次要构件对结构功效有影响的各细节，并保证在使用期间，对发生的地震和风振具有足够的安全度。

（2）桥梁应与使用任务、性质及将来发展需要相适应，满足桥上行车和桥下通航的要求在靠近村镇城市和其他工程设施时，应考虑综合利用的可能性。

（3）桥梁建筑应因地制宜，就地取林尽可能应用国内和当地材料，以节省造价。

（4）选择的桥型要能采用先进的施工方法，并考虑施工单位的能力和机具设氰在一般情况下，选择简便熟悉可靠的施工方案。有时无须采用新技术应对其优点和不足之处进行比较。设计时注意桥梁的运营与使用情况，并如何进行养护。

（5）桥梁工程费用，如工费、材料费能源费、机械费等，这些费用发生变化时，应考虑如何能取得最佳经济效益。

（6）桥梁建筑是艺术与技术的结晶。一座美丽的桥梁，设计时必须考虑本身造型美观，还需与周围环境相协调，使之能成为当地优美的景点。近年来世界各国桥梁建筑有较大发展，尤以我国进步最快，究其原因，有以下几个方面：①设计概念创新，如斜拉桥和连续刚构桥的广泛修建，正交异性板的应用；②采用新材料，如高强钒高强混凝土、环氧树脂等；③计算机技术的进步，解决了结构上的复杂计算问题；④大型机械和新设备的采用，解决了施工问题；⑤采用施工新方法，如预应力混凝土悬臂法和顶推法施工，钢桥的栓焊结构等；⑥质量控制采用新设备和电子计算机的应用；⑦重视科学研究，如风洞试验、结构试验、抗地震观测等。

2. 悬索桥

悬索桥是公认的桥梁领域中最优美的桥型传统的观念跨径在 500m 以上，采用悬索桥较为经济合理。自斜拉桥兴起后，跨径 500 ~ 1000m，可与悬索桥相比较 1000m 以上，悬索桥应是最经济合理的方案。

悬索桥的主要承重构件包括大缆塔和锚啶大缆使用平行钢丝，用空中送丝法或预制平行丝股制成。钢丝必须镀锌，抗拉强度在 1600MPa 以上，直径在 5mm 左右。丝股先排成六角形，最后压紧成圆形，外加缠丝。

塔用以支承大缆，以前多为钢结构，一般为箱形截瓦近年来改用混凝土塔，亦为箱形截面，其优点是节约钢林造价低耐久性好便于养护。

锚啶是用以固定大缆的锚头，凭藉锚块重量，以抵抗大缆的竖向分九凭藉锚旋底面摩阻力，以抵抗大缆的水平分九锚旋体积庞大，造价甚高，虎门大桥锚旋占工程费的 23%，江阴大桥占 28%。优化锚旋结构型式，是研究的重要课题。丹麦大带桥（GreatBe 川采用三角形锚旋，按受力需要决定其构造。通过展索鞍，大缆力变成两个分力：一是作用在前斜墙的压力，一是斜度变陡的丝股力。引桥桥墩置于锚旋后部，有助于抵抗大缆的竖向分力。

悬索大缆系统柔性较大时，需设加劲梁以增加桥的刚性大跨径悬索桥大缆自重比荷载大很多时重力刚度发挥作用，可以不用加劲梁，如美国华盛顿桥初期的情况。但没有加劲梁，尚需有桥面、纵横梁平纵联等，工程量亦九如果设置加劲梁，可增加牢固性，所增工程费不多，故一般均设加劲梁。加劲梁有衔架势与扁平箱梁两种形式。扁平箱梁动力性能好，不产生扭矩，用钢量少，现今采用较象如需双层桥面，则采用衔架较合理。

悬索桥可能最大跨径决定于恒载 DL 和荷载 LL 对大缆重力之比，此值约在 1.5 ~ 2.0 之间。如采用 1.5，则桥的总重 W 为 1.5*77.0*A=115.5*AkN/m，二缆的最大拉力 T 为：

T=Hsec θ =WL2/8fsec θ

设 f=L/10，sec θ =1.15，T= 容许应力 *A

我国现代悬索桥起步较晚，近年发展迅速 1997 年建成广东虎门大桥，主跨 888m，取得了宝贵的经验江阴大桥主跨 1385m，于 1999 年建成，跨径居世界第四位使我国悬索桥建筑技术，进入了世界先进行列。

3. 斜拉桥

现代斜拉桥是从瑞典 1955 年建成的斯特罗姆桥开始，主跨为 182.6m 其后国内外迅速发展，跨径达 400m 及以上的，我国已有 9 座。

斜拉桥的经济合理跨径，预应力混凝土桥可达 700m，钢梁与混凝土组合式桥可达 1000m 意大利 Mc}sina 桥方案，斜拉桥方案主跨为 1800m，6 车道与双轨铁道，结构上并无困难。

斜拉桥较悬索桥经济刚度允空气动力性能好。所用钢索，约为悬索桥的 40%。加上锚旋庞大工程，悬索桥总造价一般超过斜拉桥 20% ~ 50%。

斜拉桥的刚度取决于拉索的倾角和应力小则使垂度增大和刚度减小，其值不得小于500 ~ 600N/mm，由下式可以说明：

$$E_a = \frac{E_e}{1+\frac{(rL)^2}{12^{e^3}}E_e}$$

式中，Ea 为拉索修正弹性模量，Ec 为拉索材料弹性模量，r 为拉索材料比重，L 为拉索水平投影长度，e 为拉索中应力。

斜拉桥边跨与中跨长度比对边跨拉索应力变化影响甚大，变化值应在拉索疲劳强度之内。混凝土公路桥边跨与主跨较合适的比值为 0.42。

斜拉索常布置成单面索与双面索，形式有：①辐射型拉索沿梁分布，在索塔上集中于一点，结构上难以处理；②竖琴型拉索平行分布，外形美观，但梁承受较大压力，塔产生弯矩，钢索用量也较多；③扇形拉索沿梁与塔分开布置，但拉索不平行，主梁产生较大负弯矩。

4. 拱桥

拱桥在结构上与悬索桥相反，拱圈承受轴向压力，使跨中弯矩大为减少，因而抗压强度高的材料能充分发挥作用，使桥梁的跨越能力得以增大。

拱桥外形美观，建筑材料丰富，施工简易，造价较低其结构型式，因所用材料而异。石拱桥在我国历史悠久，隋朝建造的赵州桥闻名于世大跨径石拱桥多数为悬链线空腹拱，拱圈为板式或肋式四川省九溪沟桥，主跨 116m，为板式拱圈。湖南省乌巢河桥，主跨 120m，是当今世界上跨径最大的石拱桥，拱圈为肋式。

钢筋混凝土箱形拱桥用料省，受力合理，抗弯和抗扭刚度大现代施工方法有：

①分段预制，无支架吊装，如主跨为 150m 的四川省马鸣溪桥；②分段预制，悬臂拼装，如主跨为 390m 的南斯拉夫克尔克桥；③转体施工，如主跨 200m 重庆涪陵桥，先在两岸支架上各组成边箱，形成半个拱圈，然后转体合龙。

钢管混凝土拱桥的拱肋常由两根钢管组成哑铃型或由上下两根钢管中间用腹杆联系组成衔架型。钢管混凝土是在钢管内填充混凝土，使两者共同作用混凝土三向受压，比普通混凝土承载力和抗变形能力增加钢管受混凝土约束，稳定性亦可增加。钢管在施工时起支架与模板作用，建成后参与拱肋受力，因此有用料省安装重量轻、施工简便承重能力大的优点。广西壮族自治区的三岸大桥，主跨为 270m，是钢管混凝土衔架势肋拱桥。

劲性骨架混凝土拱桥是以劲性钢衔架作为支架，浇注混凝土拱圈，钢衔架又作为拱圈的组成部分，与混凝土共同受力。近年来以钢管混凝土作为劲性骨架，材料经济，施工较赢四川省万县长江大桥，主跨 420m，是当今世界上跨径最大的钢筋混凝土拱桥，拱圈为等截面悬链线箱形拱，先用钢管混凝土杆件作为拱形衔架，再浇混凝土外包骨架形成。

钢拱桥自重轻，利用钢材有较高的抗压强度，适用于大跨径桥梁拱圈采用箱型或衔式。我国四川省攀枝花2号桥为箱形钢拱桥，3号桥为衔式钢拱桥，跨径均为180m。美国1977年建成的新河谷桥，跨径为518.20m，宽22m，在水面以上高268m，拱圈为析式，拱上立柱间距42.5m，以钢析架为行车道。该桥是目前世界跨径最大的钢拱桥其次是澳大利亚悉尼桥。

5. 梁桥

大跨径钢梁桥的形式主要是连续箱梁桥。近年来设计上应用电子计算机技术，解决了箱梁复杂的结构分机箱梁在工厂加工，选用高强度钢板，按模胎焊接而成薄腹板制造技术亦大为提高桥面板为正交异性板箱梁连接采用高强螺栓或全煤因而钢箱梁桥在大跨径桥梁中，也有竞争的优势。1974年建成的巴西CostaeSi1va桥，主跨300m，是目前世界上跨径最大的钢箱梁桥。

预应力混凝土大跨径桥梁初期形式为T型刚构，是因悬臂施工法的新生而发展的新桥型施工时主梁自桥墩两侧平衡悬伸，跨越江河深谷，依靠预应力结构自身能支持。因此，悬臂施工法是桥梁技术的重大革新T型刚构桥施工阶段与运营阶段受力图式相同，能充分发挥材料性能，因而跨径得以增大主梁跨中设铰，塑性变形大，难以处理，近年来国内外较少采用。著名T型刚构桥如日本滨名桥，主跨为240m我国重庆长江大桥，主跨为174m。

预应力混凝土连续梁桥广泛应用于大跨径桥梁，为箱形截面，墩顶设大型支座，采用悬臂施工。墩顶上梁段与桥墩临时固结，两旁悬伸主梁的施工，全与T型刚构桥相同在跨中浇注合拢段后，拆除临时支座，体系转换成连续梁桥1980年建成的挪威萨本约恩桥，主跨212m为目前世界上跨径最大的预应力混凝土连续梁桥。

预应力混凝土连续刚构桥用于大跨径高桥墩的情况。主梁与桥墩固结，跨中不设铰，行车舒适。桥墩采用柔性薄壁型，作用如同摆柱，借其柔度以适应由预加力、混凝土收缩徐变和温度变化所引起的纵向位栋桥墩柔性大，对主梁的嵌固作用小，梁的受力情况接近于连续梁桥柔性墩需考虑主梁纵向变形与转动方向的影响及墩身偏压的稳定性世界著名连续刚构桥有澳大利亚Gateway桥，主跨260m我国的广东虎门大桥辅航道桥，主跨270m挪威Raftsundler桥，主跨298m。

第二节　超大跨境斜拉桥设计理论

一、设计理论与科研情况的进展

斜拉桥在近期取得了划时代的长足进步，除了材料性能（高性能 PC、高强钢材）与工程实践技术水平发展的推动作用之外，桥梁设计理论与计算技术的进步更是起到了基础性、决定性的作用。桥梁设计是一个相当复杂的过程，包括对不同结构方案（形式与体系）、材料、结构总体参数、构件尺寸、细部构造、基础、施厂方法、环境与桥梁美学、工程经济等多种重要因素进行综合的比选和论证。斜拉桥作为近年来最受青睐的桥型，有关设计理论与计算方法的研究，尤其是概念设计与体系、斜拉桥几何非线性分析理论、索力优化方法、斜拉桥的稳定分析方法、抗震抗风、构造设计分析与验证等理论分支均得到了普遍关注和发展。

1. 斜拉桥静力非线性分析理论研究现状

现代斜拉桥静力计算理论以 Dischinger 公式（1949）最早揭示的斜拉索垂度效应为理论开端。Ernst（1965）在此基础上推导出等效割线模量，以考虑两端索力不一致的情况。Gimsing，Tang，Podolny，Leonhardt 等学者随后对上述两种等效模量法的适用性进行了一系列理论验证。Hadjin（1980）、洪显诚（1992）也分别推导了考虑斜拉索自重分布下的修正模量，Hadjin（1998）比较分析了不同拉索应力状态下 Dischinger 公式的计算误差，并提出了更为精确的修正公式。Podolny（1976）将斜拉桥的非线性问题归结为塔、梁、索三类构件的非线性行为，并认为塔、梁刚度较柔时不可忽略它们在极限荷载下压、弯的相互影响。Fleming（1979）从产生斜拉桥几何非线性因素的根源出发，将其分为斜拉索垂度效应、p-delta 效应和结构大位移影响，并系统地导出了求解上述三类几何非线性的分析方法（等效模量、稳定函数、增量法与托动坐标）。Namzy（1990）将稳定函数法推广到 3D 空间梁元，奠定了斜拉桥几何非线性分析的理论基础。

随着大跨斜拉桥建设和有限元方法、电算技术的发展，国内外当前的一个研究热点是，开始致力于更精细化的斜拉桥几何非线性分析理论研究（如引入 CR 列式、悬链线索元、剪切梁理论），以及施工控制计算程序的研发工作匡肖汝诚、WangPH、李乔、张建民、梁鹏习，以解决超大跨斜拉桥的几何非线性影响（特别是超长斜拉索的计算模拟）、施工过程误差分析与架设控制等问题。

2. 斜拉桥合理状态确定理论与索力优化方法

确定合理状态与索力优化是斜拉桥设计计算所面临的一个关键问题，国内外许多学者纷纷就此进行了大量的研究。其中除了一些简单的成桥恒载索力确定方法，如刚性支撑连续梁法、简支梁法、零位移法、最小能量法、相对刚度变化法等之外，以 Leonhardt 首创的用于斜拉桥施工计算的倒拆分析法（BackAnalysis）影响较为深远，该法为确定斜拉桥初始张拉力开辟了一种方便、实用的计算途径。但后来理论与实践上均证明了它有其内在的局限性，就正装计算与倒拆分析的闭合条件（如混凝土的收缩徐变影响、倒拆分析过程中的非线性误差等）进行了研究。随着计算力学的发展，基于索力影响矩阵的调值优化原理与方法逐渐被引入斜拉桥的成桥状态与施工过程正装迭代计算分析中，这类方法对各种结构型式和状态目标均具有较强的适用性，已用于苏通大桥、崇明大桥等设计实践。肖汝诚、颜东煌还就斜拉桥的合理设计状态确定原则等问题进行了比较系统的分析讨论，并明确地提出了“合理成桥状态”“合理施工状态”以及结构状态“可行域”等概念。无疑地，这些研究极大地促进了斜拉桥设计理论与计算技术的发展。

3．斜拉桥力学行为参数研究

斜拉桥的力学行为是多个影响参数之间综合作用的结果。等均是根据已建斜拉桥资料，利用统计归纳法对一些总体设计参数（如边中跨比、塔跨比、主梁高跨比等）的常用范围进行了简要概括，为斜拉桥概念设计与构件尺寸拟定提供了依据。W.Protte（1966），Okauchi（1967），Podolny（1971）从提高结构刚度的角度出发，分析了斜拉索、塔、梁之间相对刚度变化（以三个无量纲参数来表征）对结构总体刚度的影响，认为在不改变结构体系的前提下，提高斜拉索（特别是外索）的刚度是增加结构刚度最有效的途径。Hassan（1988）也研究了主跨无索区长度、索梁塔的刚度变化对桥梁上部结构受力及变形特性的影响。R.WaltherLlb] 以主跨 200m 的三跨斜拉桥为例，比较系统地就斜拉索布置、塔或梁的刚度、以及塔梁之间不同连接方式对结构恒载、荷载效应进行了参数化研究，得出了以上几种参数对斜拉桥的静力行为的影响规律：即，斜拉索布置和塔梁之间连接方式对结构内力分布与总体刚度的影响比塔或梁的刚度变化效应更为明显；塔梁之间完全固结或完全漂浮还会对混凝土的收缩徐变、温度影响产生显著的差异。Leonhardt（1980），Gimsing（1987）也通过参数分析探讨了边中跨比、塔跨比对斜拉桥力学性能与经济性的影响。比较了不同塔、梁抗弯刚度下的施工阶段以及荷载效应，结果也表明塔或梁的刚度变化对大跨度斜拉桥变形和内力的影响是较小的。将密索体系斜拉桥的主梁受力状态比拟成受斜拉索支撑的弹性地基梁，揭示了发展斜拉桥柔性主梁的理论本质。Nagai，Yamaguchi 以 1400m 斜拉桥为对象，研究了斜拉索尺寸与刚度变化对大跨度斜拉桥静力与动力性能的影响，指出不同斜拉索安全系数主要影响结构的面内极限强度，对静风、动风荷载下的临界风速（扭转发散风速与颤振临界风速）影响甚小。

以上参数研究主要就静力方面为斜拉桥的主梁与索塔刚度向轻柔化发展提供了理论参考依据。但随着跨度增大，结构稳定性以及动力问题逐渐成为大跨度斜拉桥的控制性因素，确定设计参数须综合考虑施工过程及运营阶段上述各种因素的影响。

4．斜拉桥抗震性能研

大跨度斜拉桥属长大柔性结构，结构基频通常介于 0.1-1Hz，甚至更低。理论上这类结构对地震激励不甚敏感。多座斜拉桥地震反应分析与有限的几次震害资料表明，斜拉桥的抗震薄弱部位主要位于支撑连接装置、边墩、桥塔及其基础，地震能量主要由这些支撑部位传入和吸收。研究表明，高阶振型对这些部位的地震反应（特别是剪力和轴力）影响比较显著，地震作用下边墩的轴压比具有不确定性。因此，斜拉桥塔柱或墩柱若按延性设计具有较大的风险，Eurocode8/2 规范规定斜拉桥在设计地震下处于弹性工作状态，但同时要求墩柱宜具有抵抗有限塑性变形的能力。所以，斜拉桥的抗震设计应优先强调结构概念设计（主要指优化结构体系），其次才是结构耗能及减隔震措施（如安装档块、减隔震支座与基础隔震、液压缓冲装置或其他抗震阻尼器、限位器、伸缩缝等），以及通过合理配置横向配筋来提高结构潜在部位的延性性能。位于强震区的 Pasco-Kennewick 桥（1978）开创了漂浮体系对抗震有利和“以柔克刚”的抗震哲学。我国南浦、徐浦大桥还就辅助墩设置与支承条件对结构纵横向地震反应的影响进行了比较研究，通过增设辅助墩或利用墩梁之间横向约束来改善边墩的横向抗震性能。则体现了抗震“刚柔相济”的另一方面。青州闽江大桥、苏通大桥也通过选择适当的塔梁连接方式来克服结构静力与动力、抗风与抗震之间的矛盾。前者在塔梁间设置纵向弹性索，后者采用具有一定间隙的阻尼器，通过对阻尼器的 c、a 值以及构件弹性刚度进行参数分析，最后将塔底等关键部位的地震响应与极限风荷载响应控制在某个范围之内，并释放了体系温度变化的静不利效应。希腊 Rion 桥通过对基础覆盖层置换处理，巧妙地达到了基础隔震的效果。

5. 特大跨度斜拉桥结构体系方面的理论探索

自 20 世纪 70 年代起，许多著名专家开始就特大跨度斜拉桥的极限跨径与力学性能等开展了一系列技术论证和有益的探索。从斜拉索使用效率比出发分别推算出斜拉桥的最大跨径可达到 3600m 或 5000m。比较了主跨 1200m 的钢斜拉桥与悬索桥的力学与经济性能，其主要结论是：①结构体系：辅助墩是特大跨度斜拉桥不可或缺的构件。在边跨设置辅助墩的前提下，斜拉桥比悬索桥竖向刚度大，否则基本相当。而横向风荷载作用下，悬索桥面外刚度较大；②材料费用：在软土桥址，悬索桥锚固系统费用会比较高，材料成本高。在岩石地区，悬索桥较经济；③动力性能：两种桥型大致相当，均属于长周期结构。在无法设置辅助墩的情况下，悬索桥具有优势。悬索桥在横向和纵向相对刚度大，而斜拉桥在竖向刚度和颤振稳定性方面占优。P.Taylor 以 Stonecutters 大桥为例，从造价、静力屈曲稳定性、拉索或主梁强度、气动稳定性要求等准则出发，认为混合梁斜拉桥即使到 1000m 主跨也是可行和经济的，而精确的跨径界限仅仅在给定风压等基础资料的前提下才是有意义的，结构的气动稳定性、主梁根部在侧向风下的横向弯矩与轴压力共同作用、悬臂施工阶段风荷载的侧向抖振响应等是确定跨径界限的主要依据。T.Endo，M.Ito（1991）将 5OOm 跨斜拉桥推算到 900m 级的 Tatara 大桥时，发现索梁塔的内力状态没有显示出明显的非线性特征。结构基本自振频率（如扭频、竖弯、侧弯等）虽然均随着跨度增加而减小，但扭弯频率比几乎与跨径长度无关，可推断即使跨径更大时主梁仍具有较好的抗风稳定性。以上研究结果揭示出斜拉桥在主跨 900m 时的结构性能与 500m 相似，也即在 1000m 级范围不存在非线性的发散现象，但该规律能延续到多大的跨径范围。M.Ito（1992）对日本大跨度斜拉桥支承体系的选择进行了概括，强调了结构体系对温度、地震、极限承载力与屈曲模态等的影响。传统自锚体系斜拉桥的极限跨径为 1200 ~ 1500m，而采用双锚体系（Bi-Stayedsystem）可将跨径界限增大 1.5 ~ 2.5 倍，因此能够在更大的主跨上（最大跨可达 3000m 与悬索桥展开竞争。并以 1200m 主跨斜拉桥为例，验证了双锚体系斜拉桥在竖向刚度上比悬索桥具有绝对优势。以上研究都是从拉索锚固方式上出发旨在减小主梁的轴压力，从塔型上看，昂船洲大桥方案竞赛中出现顺桥向 V 型塔的参赛方案，以减小拉索长度并增大长索的水平角度，进而减小主梁轴压力，也是一种途径。但就纵向体系而言，Menn，Billington，肖汝诚等先后提出斜拉一悬索协作方案，通过二者的有机结合来弥补各自的不足，相对于其它增大跨径的措施和施工方案而言，似乎是最自然的选择。制约跨径增大的另一个关键因素是风振稳定性，特别是横向稳定性问题。Gimsing 教授（1987）比较系统地对超大跨度下部分地锚式斜拉桥以及横向各种倾斜索面布置的的力学性能进行了参数分析，甚至以 3200m 主跨（分体双箱梁与四索面布置相结合）为研究对象，探讨了地锚体系的技术特点与经济性。

二、斜拉桥关键构造设计

斜拉桥合理恒载状态主要是由塔、梁、索三类构件所组成的各个三角形体系的轴向受力状态。主梁或塔的轴力分别沿距离塔柱的远近或自上而下呈递增规律，横截面上由于索力或预应力布置、或局部集中荷载效应，或断面突变等影响，受力具有不均匀的特征，大跨度斜拉桥一般采取变截面或调整板厚来适应这种内力分布。笼统地讲，构造设计上应掌握以下几条原则：①塔或梁的构件尺寸宜搭配均匀，尽量避免出现刚度突变，以力求传力顺畅、安全；②概念上力求达到等强度为目标以体现经济性原则；③基于体系与构件的设计分析要注意空间效应（包括体系的叠加与应力集中等）和混凝土收缩徐变长期效应以及二次力的影响、薄壁力学问题与局部稳定性、混凝土的抗裂性；④重视施工可行性、耐久性与可维护性；等等。下面结合设计体会对各类构造设计要点进行概略介绍：

（一）主梁构造设计概要

关于桥面形式选择，斜拉桥主梁主要有 PC 桥面、结合梁、钢箱梁三种桥面形式，每延米自重分别在 50t/m，30bm，15t1m 左右。三种桥面形式所对应的适宜跨径分别介于 [200，500]、[400，700]、[600，1200 以上] 区间，并在一定范围内存在交叉区。另外，从经济性与力学性能出发，当跨径较大时也宜根据建设条件考虑混合梁方案的技术可行性。由于不同桥面上部结构质量出入比较悬殊，直接影响到拉索重量以及下部结构的工程规模。方案比选时除考虑上、下部综合经济指标外，还要综合考虑不同上部结构形式对抗震性能的影响、当地的材料供应与运输能力、施工技术水平，建设周期与社会经济效益等因素进行评价和决策。

对于密索体系斜拉桥，兼顾局部受力和施工问题，混凝土主梁的纵向节间长度（也即索距〕一般为 6 ~ 8m，钢主梁约 15 ~ 20m，结合梁则介于二者之间。

就截面形式上，PC 桥面多采用 DP 断面、部分采用 PK 式或双箱单室或单箱多室，边箱采用斜腹板或矩形，跨径较小时则可采用板式断面以简化构造与施工，在国外也有成功实例。具体截面构造细节与桥宽、索面横向布置等有关。结合梁桥面由钢框架与混凝土盖板组成，通常只用于双索面。

国内目前一般按平面分析理论对主梁进行设计计算。桥面板实际上除受总体体系力（第一体系）作用外，还直接承担车辆局部集中轮载（第二体系）的作用。而后者与纵横梁间距、桥面板厚度等空间构造布置直接相关，譬如，不同桥面板厚度和索距所对应的第二体系应力是有区别的。某些工程设计对该部分计算分析重视不足，盲目套用规范中混凝土标号所规定的强度设计值与其它工程上的主梁总体计算所得的截面上、下缘应力控制值作为平面分析第一体系结果的参照，或者根本忽略了第二体系下局部应力或三向复杂应力与对承载能力的影响，导致结果偏于不安全。实际上，总体与局部受力的叠加效应以及复杂荷载下的空间应力问题在底板、腹板的预应力钢束管道附近以及支座承压区范围内均是客观存在的，必须在计算和构造设计上予以重视，以确保构件具有期望的强度和抗裂性。

钢箱梁桥面由于是典型的薄壁结构，设计除满足第一、二、三体系叠加作用下的强度要求外、还要注意桥面板局部刚度要求、尤其是各个板件的局部稳定与纵横向加劲肋的设计。譬如，纵、横隔板的高腹板在压、弯、剪复杂应力下的强度与稳定性。再如，大跨度斜拉桥索塔区梁段轴向力较大，而且横向风荷载作用下横向弯矩引起的外缘正应力较大，通常控制外腹板的断面强度，必须验算这种空间应力效应，必要时采取补强。另外，应特别重视构造细节上的处理，尽量避免焊缝间的相互交叉现象、结合施工技术与工艺水平正确确定焊缝等级与焊接构造和工艺、空间上满足结构的可焊性与可检性要求，等等。

（二）索塔及锚固区构造设计要点

如前所述，斜拉桥主塔除了要承受上部结构自重产生的轴向力外，还要承受荷载、风力、或地震力等因素引起的弯矩，以及温度、混凝土收缩徐变、施工过程中体系转换等产生的内力。国内除东营黄河大桥和南京三桥外，索塔几乎全部采用混凝土结构。设计中通常采用平面杆系模式分别计算顺桥向和横桥向平面框架的各种荷载效应，再对各角点处进行应力叠加和验算。对于中等跨径斜拉桥，一般按规范将塔柱作为偏心受压构件考虑，用有效压屈长度和弯矩增大系数来近似计入结构的非线性影响。对于特大跨径斜拉桥，则需按线性二阶理论或完全非线性理论计算各种荷载工况以及施工阶段的最不利内力组合效应，然后验算强度、刚度、稳定性以及截面的抗裂性。当桥面以下设有横系梁时，横梁体内通常需要设置一定数量的预应力钢束，以抵抗塔柱倾斜时轴力在横梁中产生的轴向拉力，以及施工临时荷载、或者索塔处主梁竖向支座或横向抗风支座反力等荷载因素和温度降低所产生的弯拉共同作用。

柱设计除满足以上总体与局部受力、稳定性或混凝土的抗裂性要求外，拟定截面尺寸还需考虑预留施工架设以及供养护检修用的内设爬梯或电梯空间、锚固区段斜拉索张拉所需的千斤顶操作空间等要求。

拉索在塔上锚固方式及其构造设计是斜拉桥索塔设计中的重要内容。目前混凝土塔柱采用的索塔锚固方式主要有以下四种：

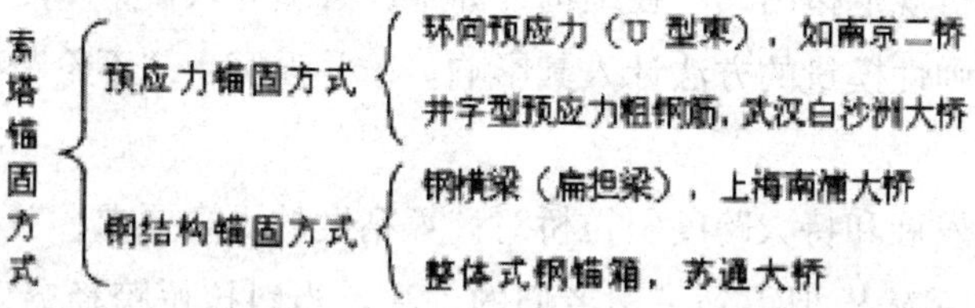

图 15-1

国内空心塔柱中采用较多的是环向预应力或者井字型预应力粗钢筋拉杆紧固两种锚固方式。二者都是靠对塔壁预施压力来直接承受斜索水平分力产生的弯拉作用和竖向压力，前者一般采用 U 型塑料波纹管和真空压浆技术来提高小曲率半径下管道内混凝土的密实性和可靠性，后者采用简单的直束或粗钢筋，两种方式均须重视着预应力短束的损失效应。国外索塔锚固主要采用钢横梁或者整体式钢锚箱方案。钢横梁锚固的实例有厄勒松大桥和我国的上海南浦大桥，由于钢横梁锚固方案中每根钢梁均是支撑于塔壁牛腿上的一个独立的构件，受力比较明确，索力水平分量在钢梁上互相平衡，竖向力传给塔壁牛腿。但由于该构造上的特点，若索力吨位较大，单侧换索时一般也要对另一侧的拉索进行卸载，换索操作比较麻烦，而且抵御拉索瞬间脆断的能力较弱，对塔壁受力也比较不利。整体式钢锚箱方案的设计理念源于钢塔的锚固区构造，其优点是整体性较好，锚箱不仅承担了索力水平分量，还参与承担竖向力，各个节段之间通过栓或焊接形成有机整体，因此抵御不平衡索力的能力强，对塔壁受力较好，换索也非常方便。

第三节　特大跨度斜拉桥的静力非线性问题

一、斜拉桥几何非线性分析理论概述

斜拉桥是由塔、梁、索三类基本构件组成的缆索承重结构体系，与梁式桥或拱桥相比，结构具有较大的柔性，在自重和外荷载作用下，会表现出明显的结构非线性特征。我国斜拉桥设计规范明确规定了结构计算的有关原则，“对于跨度较大的斜拉桥，应计入结构几何非线性和材料非线性对结构的影响”。通常情况下，设计须保证各类构件的材料在施工过程和正常使用阶段处于线弹性范围之内，只有在强风、强震，船舶撞击等偶然

作用，或者探讨结构的极限承载能力等特殊情况时才涉及到材料的弹塑性问题。因此，桥梁工程中典型的非线性问题一般是指结构的几何非线性行为，以及混凝土材料的收缩徐变等时效问题。

斜拉桥的几何非线性影响来源于三个方面：①斜拉索的垂度效应；②主梁或索塔在巨大的轴压力作用下的 P △效应或梁柱效应；③结构的大位移效应。其中拉索垂度对结构的非线性影响较大，试行规范指出，“在结构计算中，必须计入拉索垂度对结构的非线性影响。可采用拉索换算弹性模量的方法计入其影响。”并强调，“不论跨径大小，均应考虑这项修正。”

随着计算技术的发展和特大跨度斜拉桥对计算精度的更高要求，关于超大跨度斜拉桥的几何非线性行为的精确模拟得到了学者们的关注。当斜拉桥跨径突破 1000m 大关后，斜拉索的水平投影长度也超过 500m，由于悬臂施工阶段斜拉索的初次张拉力较小，加上主梁较柔，施工阶段的几何非线性影响也更加突出。

二、超长斜拉索的非线性计算方法比较研究

关于斜拉索的非线性计算模拟主要有以下四种方法：等效模量法、多段杆单元法、等参数曲线有限元法、悬链线索单元法。

1. 等效模量法

即将每根拉索模拟为一个二节点的析架杆单元，单元刚度采用斜拉索的等效弹性模量，以反映拉索自重引起的垂度效应。这种途径也是目前大多数斜拉桥分析中采用最为普遍的方法。采用等效弹性模量考虑斜拉索的非线性计算工作是个逐次迭代的过程，要求对斜拉索的应力和相应的等效弹性模量进行若干次运算直至获得收敛解。

由 Ernst 式可知，随着拉索应力的提高，析架单元的等效弹性模量与拉索材料弹性模量更加接近，表明索的垂度效应将有所降低。对于中小跨径的斜拉桥，该法具有足够的计算精度。但该法不能计入斜拉索在大位移情况下的刚化效应，对于苏通大桥以及未来建设的更柔的超大跨度斜拉桥方案，由于外侧索的水平投影长度较长，施工阶段索的初次张拉力较小，采用等效模量法可能对会引起较大的误差，尤其是对成桥累计位移计算的影响。国内很多程序在利用等效模量法模拟斜拉索实际张拉过程时，一般在初次张拉时用一对集中力代替，在索力张拉到位后才激活真实的拉索单元。其中值得注意的是，何时考虑拉索自重对计算误差影响程度不同。在初次张拉时立即计入拉索的重量，较为精确。反之，若在拉索激活后（索力张拉完毕）才考虑拉索自重，误差较大。因此，本文建议在初次张拉时即计入拉索自重。此外，对特大跨度斜拉桥，施工过程主梁和索塔的位移较大时，采用集中力模拟斜拉索张拉将不能真实反映拉索在张拉前后的角度变化以及大位移引起的刚化效应，索力对结构的作用始终被认为是保向力，当初张力较小时，该误差也不可忽视。为精确地模拟超大跨度斜拉桥的索力张拉过程，宜在索力初次张拉

阶段将斜拉索（建议采用悬链线索单元或多段杆单元法，如下所述）直接引入结构系统总刚，以提高理论计算的精度。

2．多段杆单元法

即将每根拉索分割成多个不传递弯矩和扭矩的直杆单元，来模拟拉索在荷载作用下的曲线构形。理论上，当单元数量足够多时，用多段杆单元所模拟的斜拉索的力学性态就趋于其真实的力学性态。这种方法规避了刚度矩阵推导的烦琐过程，但由于增添了额外的自由度和方程数目，计算时间也相应增加。该法还可用来分析辅助索对缆索索形等的影响，对动力分析的适应性较强。

3．等参数曲线有限元法

随着索结构在建筑工程的普遍应用，关于等参数曲线有限元方法的研究取得了充分的发展，并在斜拉索的非线性分析中也逐步得到了应用。其共同点是通过引入多项式或拉格朗日插值函数，利用能量原理和单元节点位移协调条件进行求解。该法考虑了索的曲线形状，索力也不再假定沿着索的弦向作用，比用一、两个单元模拟的直杆法和等效模量法精度要高。但程序实现比较复杂，有时须通过数值积分进行求解。

4．悬链线索单元法

悬链线索单元在悬索桥计算分析中应用较为成熟，而斜拉桥计算分析中应用较少。该法实际上是将悬链线的解析表达式通过数值计算方法与有限元法相结合，在给定索起始点位置、索端力、无应力索长、有应力索长、索端角度，索单位长度自重等其中某几个已知量的情况下，根据柔性迭代过程求解出另外的未知量，同时确定出索单元的切线刚度矩阵。

该法能够较精确地反映缆索的垂度效应，可通过给定无应力索长来简化处理拉索的张拉过程，并具有自由度较少，非线性叠代求解速度较快，计算精度高等优点，值得在特大跨度斜拉桥施工推广。

第十六章　大跨径桥梁抗风

第一节　桥梁抗风研究现状与设计方法

一、国内外桥梁抗风研究现状

1．桥梁抗风基础理论的建立

风灾是自然灾害中发生最频繁的一种，风对桥梁造成的病害也是多方面的。桥面振动有可能导致交通中断或使行人丧失安全感，导致桥梁构件过早疲劳破坏，严重的还会造成桥毁人亡的惨剧。然而在早期的桥梁设计中人们并没有重视到风致振动的严重性，直到1940年美国华盛顿州建成才四个月的Tacoma桥在不到20m/s的风速下发生强烈的风致振动最终导致风毁后人们才开始重视风致振动的影响，也从此开始了桥梁风工程的研究。

1941年，Sears发表了关于关于薄翼颤振及其在竖向正弦脉动风中行为的重要论文，定义了Sears气动导纳的频域函数，为抖振分析奠定了基础。1966年，日本学者Sakata在国际桥梁会议上第一次发表了基于实测气动导数的桥梁颤振研究论文。随后日本东京大学的Ito和Tanaka报告了用实测气动导数分析桥梁断面稳定性的论文。

Davenport在1962年提出了用准定常抖振力表达式辅以Sears气动导纳函数的修正来近似地估计桥梁的抖振响应，Scanlan在1977年对Davenport的抖振分析方法进行了重要修正。Scanlan认为在抖振分析中必须同时考虑平均风引起的自激力的作用，因为气动阻尼的参与将对抖振响应的结果产生不可忽视的影响。这一基于随机抖振理论的频域方法仍是目前桥梁风致振动分析普遍采用的基本方法。

1971年，Scanlan和Tomko发表了题为“机翼和桥面颤振导数”的重要论文，文中对比了几种典型桥梁断面和机翼气动导数的本质差别，为建立不同于机翼颤振理论奠定了基础，同时，也为Tacoma桥的风毁找到了正确的科学解释——一种由负阻尼驱动的分离流扭转颤振。Scanlan指出：Tacoma桥的扭转振动和涡脱频率完全无关，但他没有把实际存在的涡脱和气动阻尼从正变为负的现象联系起来加以考察。次年，Scanlan通过傅里叶变换，在桥梁断面气动导数和相应的特征空气力函数之间建立了联系，相当于机翼的Wagner函数和 Theodorson 函数的关系。到 20 世纪 70 年代末，理论分析的结果已经得到节段模型风洞试验的有力验证，此时桥梁颤振理论已经有了坚实的基础。

二、现代桥梁抗风理论的发展

1. 由二维颤振理论向三维颤振理论发展

20 世纪 80 年代后期斜拉桥的跨度突破了 400m，抗风问题成了设计时需要重点考虑的因素。在应用适合悬索桥的二维颤振理论进行斜拉桥的气动稳定性分析时产生了一些争论：由于斜拉桥扭转变形和侧向弯曲变形的强烈祸合，存在以侧向弯曲为主带有少量扭转的振型和以扭转为主带有少量侧向弯曲的振型，如何选择一个主要的振型是一个难以定夺的问题。为了解决这一难题，必须建立三维颤振理论，在求解中自动从全部模态中选择与颤振形态有关的扭转为主振型。

随着桥梁跨度的不断增大，其侧向变形逐渐变成不可忽视的因素。在颤振分析中逐渐开始考虑与侧向位移有关的气动导数，使之增加到 18 个，并且颤振和抖振分析也从独立的分开处理趋向统一的考虑。于是，在抖振分析中同时考虑自激力（气动阻尼和气动刚度）的作用，颤振分析中也应当考虑紊流风中脉动成分的影响，再加上各种藕合效应也十分重要，从而形成了完整的基于有限元法的三维颤振理论。

2. 紊流风的处理

20 世纪 80 年代初美籍华人学者林幼堑（YK.Lin 用随机稳定性理论研究了紊流风场对颤振稳定性的影响，提出了紊流可能降低稳定性的论点，引起了风工程界的重视。Scanlan 系统的研究了紊流风场中的气动导数，和传统的在均匀风场中测得的值相比，确有明显的差别。但他认为颤振检验仍可以均匀风场中的试验值为准，理论分析所用的气动导数也可以在均匀流场中测定，大部分全桥气弹模型在两种风场中的对比试验也证实了这一点。YK.Lin 的研究也证明只有当紊流强度超过 20% 以上时，紊流使稳定性下降的趋势才变得明显，由于大跨径桥梁的桥面常高出水面 50}70m，而且在较高的颤振风速时紊流强度也相对较小，因此，在抗风设计中把紊流作为提高稳定性的有利因素是符合实际情况的。

3. 风振控制

结构风振控制研究也是 20 世纪 80 年代的热点。在一些低阻尼的大跨度斜拉桥的钢桥塔和主梁中安装了被动阻尼器以抑制桥梁在施工过程中的风振或者在成桥运营阶段中的各类振动，取得了一定的效果。20 世纪末，结构主动控制减振技术的研究很引人注目，不过目前的普遍看法是土木工程结构主动控制的可靠性难以保证，难以达到实用程度，需要进一步的研究。

4. 风雨激振

大跨度斜拉桥的拉索风雨激振是 20 世纪 90 年代发现的新问题，风、雨的共同作用使拉索表面出现一个下泄的水道，造成圆形表面的异化，从而激起类似于结冰电缆驰振的强烈的风雨振动，它是目前已知的拉索振动形式中最强烈的一种。由于这种拉索振动的机理十分复杂，至今仍无明确的空气动力学解释。目前世界各国都在通过风洞试验观察这种现象以探索其致振机理，同时寻找抑制这种振动的有效方法。

5. 由线性风振理论向考虑非线性效应发展

20 世纪 90 年代，一些特大跨度的桥梁相继开始兴建。在进行这些特大跨度桥梁的抗风研究和风洞试验中，风工程学者们逐渐发现现有的线性风振理论已不能适应这些在风载作用下会发生较大侧向弯曲和扭转变形的柔性结构，应当跟踪变形后的结构状态来研究其风致振动，以消除线性理论带来的误差。为了考虑非线性效应，提出了抖振的时域分析方法。关键是将风速谱转换成脉动风的时域信号，以便形成抖振力的时程，同时原来以气动导数表达的自激力也要转换成时间历程，最后通过不断修改系统的刚度和阻尼以及风荷载矩阵进行逐步的时程分析求得颤振和抖振的解。

6. 由确定性设计向概率性设计发展

Davenport 教授在 1991 年的第八届国际风工程会议上提出了用概率方法进行抗风设计的框架，以便和结构设计规范正在向基于可靠度的概率性设计过渡的进程相适应。迄今为止的抗风设计仍是确定性的模式，虽然在基本风速的确定中包含着一些概率性的因素，但气动参数和结构阻尼以及由此计算的颤振风速和风荷载都作为确定值，同时用一个综合的安全系数考虑各种参数的不确定性。随着桥梁跨度的不断增大，需要对一些具有交通枢纽作用的超大跨境桥梁按生命线工程进行防灾危险性分析，并对其安全作出概率性评价。为此，必须深入研究各种风特性参数和结构气动参数的不确定性以获得统计值，以最终使结构的抗风设计过渡到概率方法，改变目前偏保守的估计和模糊的安全评价。

7. CFD 技术的发展

20 世纪 90 年代初，从航空领域引入土木工程的计算流体力学（CFD）技术已经取得了初步的进展。1993 年单一麦的 Walthe：第一次用流体力学方法算出了平板的气动导数，并进而算得二维颤振临界风速，迈出了“数值风洞”的重要一步。随后，又以丹麦大海带桥为工程背景，解决了流线型桥面颤振的数值模拟。此后世界各国纷纷仿效，并在算法上进行改进。目前，在初步设计阶段，对大跨度桥梁的断面进行气动选型已成功地应用了“数值风洞”的方法。然而，对于“数值风洞”在土木工程领域的应用前景仍有不气动力学在建立数学模型方面还存在理论上的困难；另一方面，风洞试验技术的进步使试验周期和费用相对于“数值风洞”仍有竞争力，并且数值分析所需的结构气动参数有些还要依赖风洞试验的测定，因此，21 世纪的最初 20 年将可能还是以风洞试验为主，辅以数值模拟的时期。

回顾桥梁风工程多年来的发展历程和所取得的成果，可以说在 20 世纪 60 年代奠基的桥梁颤振和抖振理论，经过不断的补充和完善，这些基于准定常假设、线性和频域的分析方法以及通过节段模型风洞试验识别气动参数和全模型试验进行检验的方法可以基本满足一般大跨度桥梁的抗风设计要求。少数超大跨度的桥梁则需要考虑采用跟踪变形的非线性时域分析。然而，科学无止境，桥梁风工程的发展也永远没有止境，目前需要对现行的理论和方法继续进行精细化的改进和发展，甚至需要探索新的理论和新的抗风设计方法，以迎接更大跨度桥梁的挑战。

三、桥梁抗风设计理念及设计方法

（一）桥梁结构风致破坏的主要形式

1. 风对桥梁的作用

风对桥梁的作用包括风荷载的静力作用和风引起的桥梁振动两个方面，其受风的自然特性、结构的动力特性以及风与结构的相互作用三方面的制约。从工程抗风角度，可以将自然风分解成不随时间变化的平均风和随时间变化的脉动风两部分的叠加，分别考虑它们对桥梁结构的作用。忽略平均风和脉动风所引起的风致振动之间的相互作用不会带来明显的分析误差，但可使分析简单可行。目前，在抖振分析中，已经考虑平均风所引起的气动阻尼的作用。

在平均风作用下，假定结构保持静止不动，或者虽有轻微振动，但不影响空气的作用力，即忽略气流绕过桥梁时所产生的特征紊流以及漩涡脱落等非定常（随时间变化的）效应，只考虑定常的空气作用力，称为风的静力作用。

桥梁作为一个振动体系在近地紊流风作用下的空气弹性动力响应可以分为两大类：一类是在风的作用下，由于结构振动对空气力的反馈作用，产生一种自激振动机制；另一类是在脉动风作用下的一种有限振幅的随机强迫振动，称为抖振。涡激共振虽带有自激的性质，但也是限幅的，因而具有双重性。

表 15-1　风对桥梁的作用分类

<table>
<tr><th>分类</th><th colspan="4">现象</th><th>作用机制</th></tr>
<tr><td rowspan="3">静力作用</td><td colspan="4">静（阵）风载引起的内力和变形</td><td>平均风的静风压产生的阻力、升力和扭转力矩作用</td></tr>
<tr><td colspan="3" rowspan="2">静力不稳定</td><td>扭转发散</td><td>静（扭转）力矩作用</td></tr>
<tr><td>横向屈曲</td><td>静阻力作用</td></tr>
<tr><td rowspan="5">动力作用</td><td colspan="2">抖振</td><td colspan="2" rowspan="2"></td><td>斋流风作用</td></tr>
<tr><td rowspan="4">自激振动</td><td>涡振</td><td>旋涡脱落引起的涡激力作用</td></tr>
<tr><td>驰振</td><td rowspan="2">单自由度</td><td rowspan="3">发散振动</td><td rowspan="2">自激力的气动负阻尼效应-阻尼振动</td></tr>
<tr><td>扭转颤振</td></tr>
<tr><td>固定振动</td><td>二自由度</td><td>自激力的气动刚度驱动</td></tr>
</table>

2. 风致振动破坏形式

桥梁结构风振问题可以按结构振动形式分为五类，即颤振、驰振、抖振、涡振和拉索风振。桥梁结构要求具有安全性、使用性、耐久性和稳定性，而在这四种不同功能要求的桥梁风振可靠性分析中，并不需要在每一种可靠性分析中考虑全部四种风振形式，对于主梁主要是颤振，而对拉索则是驰振；与安全可靠性相关的风振形式对于主梁主要是抖振，而对桥塔则是涡振；与疲劳可靠性相关的风振形式，对于主梁仍然是抖振，而对桥塔则为涡振；与主梁舒适可靠性相关的风振形式主要是抖振。

（1）颤振（Flutter）

桥梁颤振是一种发散性的自激振动，主要是由于振动结构能够在流动的空气中不断吸收能量，而能量又大于结构阻尼在振动中所耗散的能力。

桥梁颤振是一种空气动力失稳现象，当桥梁结构的刚度相对较大时在空气力作用下几乎不发生振动，这时空气力作用只相当于静力作用；而当桥梁结构刚度相对较小时，振动得到激发，这时空气力不仅具有静力作用而且具有动力作用。风的动力作用激发了桥梁结构的振动，振动的结构又反过来影响空气的流场、改变空气力，形成风与结构的相互作用机制。当空气力受结构振动影响较小时，空气力的动力作用可以看作为一种强迫振动荷载；而当空气力受结构振动影响较大时，同振动结构形成一个具有相互作用反馈机制的动力系统的空气力主要表现为一种自激力。当桥梁结构同产生自激气动力的绕流气流所形成的振动系统的阻尼在不断的相互反馈作用中由正值趋向于负值时，振动系统所吸收的量超越了自身的耗能能力而造成系统运动发散，这种空气动力失稳现象就是桥梁颤振。

（2）驰振（Galloping）f4s}

驰振是振动的桥梁从气流中不断吸取能量，使非扁平截面的细长钝体结构的振幅逐步增大的发散性弯曲自激振动。驰振和颤振相似，都是发生在横风向的不稳定的发散振动现象，但和颤振不同的是，驰振只限于单自由度的弯曲振动体系，一般发生在具有棱角的方形或接近方形的矩形截面的结构中。对于宽高比<1的矩形截面，其升力曲线具有负斜率，按照准定常的理论将弯曲振动速度换算为相对攻角，可发现空气升力具有负阻尼的作用，并由此造成弯曲振动的发散。

对于高耸的矩形截面钢塔柱，例如斜拉桥的塔架在施工的自立阶段要考虑这种驰振现象。由于钢结构的阻尼比小，密度也比较小，有可能在较低的临界风速下发生危险性的驰振，应当引起设计人员注意。

（3）抖振（Buffeting）

抖振是指结构在自然风脉动作用下的随机强迫振动。抖振虽然不会像颤振那样引起灾难性的失稳破坏，但是过大的抖振响应在桥梁施工期间可能危及施工人员和机械的安全，在成桥运营阶段则会带来结构刚度问题影响行人和车辆的舒适性以及引起交变应力缩短构件的疲劳寿命。根据引起抖振的脉动风来源不同一般可将抖振现象分为结构物自身尾流引起的抖振、其他结构物特征紊流引起的抖振和自然风中的脉动成分引起的抖振。在这三者之中，大气中脉动风引起的抖振响应占主要地位，因而通常所说的桥梁抖振分析理论主要是针对大气紊流引起的抖振。

（4）涡激共振（VortexResonance）

当气流流经钝体桥梁结构断面时，周期性交替脱落的涡旋将引起另一种桥梁自激振动—涡激共振，它是一种带有自激性质的风致限幅振动。尽管涡激振动不像颤振、驰振一样是发散的毁灭性振动，但由于是低风速下常容易发生的振动，且振幅之大足以影响行车安全，甚至可能造成结构刚度破坏、并严重影响结构使用性能，因而在施工或者成桥阶段避免涡激共振或限制其振幅在可接受的范围之内具有十分重要的意义。

（5）风雨振（Rain-windinducedvibration）

风雨振是在风雨共同作用下发生的拉索的一种大幅低频振动，它是目前已知的拉索振动形式中最强烈的一种，由于风雨振是一种固、液、气三态藕合的复杂现象，其形成机理仍没有定论。

综合多座大桥的观测结果，实际拉索发生风雨振的特点为：①大、中、小雨状态下皆可能发生拉索的风雨激振，发生大幅振动的风速一般为 8 ~ 18m/s；②长索发生风雨激振的可能性较大；③风雨激振一般发生在 PE 护套包裹的具有光滑表面的拉索；④风雨振时振动频率一般小于 3Hz；⑤风雨振与风向、风攻角有关，背风索面（索向风的来流方向倾倒）容易发生激振；⑥振动以拉索面内振动为主，但也伴随有面外振动，振动轨迹呈椭圆形；⑦风雨振与桥址处地形有关，风的紊流度越低，越容易发生风雨振；⑧上雨线的形成，是发生拉索风雨振的必要条件。

（二）桥梁结构抗风设计原则

桥梁设计的基本目的是要保证结构的安全、可靠，保证结构应具有的强度、刚度、稳定性要求及其与之相关的诸如舒适性等要求，抗风设计也不例外，桥梁抗风设计应遵守如下原则：

（1）在桥梁设计的使用年限内，在桥位所在区域可能出现的最大风速下，结构不应发生毁坏性的自激发散振动。

（2）在设计风荷载并与其他作用的组合下，机构应具有规定的强度和刚度，并不应发生静力失稳。

（3）结构非破坏性风致振动的振幅应满足行车安全、结构疲劳和行车舒适度的要求。

（4）结构的抗风能力可通过气动措施、结构措施和机械措施予以提高。

（5）由于自然风会引起风致振动，在桥梁抗风设计中首先要求发生危险性颤振或驰振的临界风速与桥梁的设计风速相比具有足够的安全度，以确保结构在各个阶段的抗风稳定性；同时要求把涡激共振和抖振的最大振幅限制在可接受的范围内，以免造成结构疲劳、人感不适以及行车不安全等问题。

若桥梁的最初设计方案不能满足抗风的要求，应通过修改设计或采取气动措施、结构措施或者机械措施等控制方法提高结构的抗风稳定性或减少风致振动的振幅。

在桥梁设计的不同阶段，可以根据不同的情况采用不同精度的抗风设计方法和风洞试验手段。对于一般的大桥，初步设计阶段的抗风分析可采用近似的公式对各方案的静风载内力和气动稳定性进行估算，待方案确定后再通过节段模型的风洞试验测定各种参数，进行抗风验算和各类风振分析。对于重要的桥梁，宜在初步设计阶段通过风洞试验进行气动选型，为确定主梁断面提供依据。在技术设计阶段对选定的断面方案进行详细的抗风验算和风振分析，并应通过必要的全桥气动弹性模型试验对分析结果予以确认。

在进行公路桥梁抗风设计时，需掌握以下几个重要的因素，才能更好地分析和把握全局：

1）风特性参数。应通过调查和收集气象资料掌握桥址处的风特性，并采用正确的方法确定合理的参数供抗风设计使用。特别要注意桥址处特殊的地形、地貌和风向条件，以便对常规的取值进行必要的修正。

2）桥梁的动力特性。桥梁的动力特性分析是风振分析的基础，需采用合理的力学模型，并注意边界支撑条件的正确处理。对计算结果要通过与相似桥梁的比较（最好有实测资料）检验其合理性和可靠性，其中特别是对于主梁前二阶对称和反对称的竖向弯曲、侧向弯曲和扭转振型要作出正确的判断。

3）颤振临界风速。颤振临界风速是桥梁发生发散性颤振的起始风速。当外界风速低于临界风速时，振动是衰减的。为防止出现这种造成桥梁风毁的危险性振动现象，必须保证桥梁的颤振临界风速高于桥址处可能出现的设计基准风速并具有一定的安全度。

4）抖振响应。抖振是紊流风作用下的随机强迫振动。抖振响应的正确预测主要取决于桥梁的动力特性、主梁断面的气动特性和紊流风特性。

（三）桥梁结构抗风设计理念及设计方法的变化

1. 风工程的研究方法

桥梁风工程的研究方法主要有三种：理论分析、风洞试验与现场观测以及数值模拟。

（1）理论分析

理论分析方法就是运用空气动力学原理，建立各类风荷载的数学模型，然后应用结构动力学方法，求解各类风致振动和稳定问题。理论分析方法在建立风工程的基本理论方面起着决定性的作用。在桥梁风工程学科发展史上，Thedorsen的理想平板颤振自激力理论解，R.H.Scanlan的桥梁断面颤振理论，Davenport的抖振准定常理论，都发挥了且仍发挥着重要的作用。桥梁风工程的进一步发展，将有待于基本理论框架的新突破。

（2）风洞试验

风洞试验是空气动力学研究的一个十分重要且不可替代的手段。进行桥梁风工程研究所要求的风洞是边界层风洞。这种风洞的特点是最高风速一般不超过100m/s，试验段应尽可能长以模拟大气边界层内自然风场的紊流特性。无论是节段模型风洞试验还是全桥模型风洞试验，都要求满足各种相似比的要求。只有满足了必要的相似比要求的风洞试验，才能提供可靠的实桥空气动力性能预测。通过精心设计的各种风洞试验，可以预测实桥的空气静力稳定性、动力稳定性以及是否有影响正常使用的风致振动现象发生等，风洞试验还可以优选出提高桥梁气动性能的断面及方法。

（3）现场观测及数值模拟

在实桥上观测和测量桥梁风致振动的特征和主要参数，也是一种很好的研究手段，尤其是在桥梁发生风致震害时进行观测，研究价值更大。尤其是旧塔科马（OldTacomaNarrowsBridge）风毁过程的实况摄影，更是起到了促成桥梁风工程学科诞生的重要作用。数值模拟是应用计算流体力学方法，模拟气流经过桥梁结构时结构周围的流场分布情况。随着计算机的普及与应用能力的提高，数值模拟技术发展很快，很多学者都开发了可用于桥梁结构空气动力参数研究的计算流体力学方法。目前，应用数值模拟方法，还可较好的计算某些断面的三分力系数、颤振导数等。总之这是一个很有发展前途的领域，被形象地称为数值风洞技术。

2．桥梁风振的概率性评价与可靠度分析

桥梁风振的可靠性是指在随机风荷载的动力作用下，桥梁结构在规定的时间内，在规定的条件下，完成预定功能的可能性。其目的就是要建立基于风荷载随机动力作用的桥梁结构动力可靠性分析理论及其桥梁结构抗风概率性评价方法，从结构动力可靠性的角度，保证在规定条件下的桥梁结构抗风性能达到一定的概率水平。在理论上，保证桥梁风振失效概率小于等于允许失效概率；在方法上，采用近似概率法或水准 II 方法，计算各种风振失效状态下结构系统或构件截面的失效概率或可靠指标，并依此评价或判断桥梁风振的可靠性。

桥梁结构风振可靠性研究是近年来发展起来的随机振动理论的一个分支结构动力可靠性理论在桥梁风振领域中的应用和发展。但是到目前为止，还未形成一种较为完善的桥梁风振可靠性分析理论，也未建立起一种较为完整的桥梁风振可靠性设计方法，还需要进一步的研究和完善。

（1）风振可靠性系统及分析方法

1）风振可靠性系统

风荷载的统计描述主要包括平均风荷载统计描述和脉动风荷载统计描述。平均风荷载统计描述一般采用随机变量模型，当平均风速统计的足够多时，其分布就呈现一定的规律性，这个规律就是风速分布概率模型；脉动风荷载统计描述一般采用随机过程模拟，用统计方法描述的脉动风荷载通常是用功率谱密度来表示的。

根据桥梁结构风振可靠性功能所必须满足的要求，采用不同的失效状态：主梁风振稳定可靠性采用振动发散失效模式，荷载效应为设计基准期内的设计基准风速，结构抗力为结构系统颤振临界风速，功能函数取用结构抗力与荷载效应的差值；主梁风振安全可靠性采用首次超越失效模式，荷载效应为设计基准期内的截面应力或节点位移，结构抗力为结构或材料的设计强度或设计刚度，功能函数采用超越时间理论或超越极值理论。

计算达到或超越失效极限状态的概率是可靠性分析的最终目的。对于振动发散失效模式，在求得颤振临界风速的均值和方差后，运用一次二阶矩方法，首先计算可靠指标，然后根据可靠指标与失效概率的函数；对于首次超越失效模式，在求得抖振响应的方差后，运用首次超越时间方法和首次超越极值方法，分别计算确定性界限和随机性界限的可靠概率。

2）风振可靠性计算

根据桥梁风振可靠性系统，桥梁风振的概率性评价与可靠性分析中要进行的计算主要是针对主梁颤振的风振稳定失效概率、针对主梁抖振的风振安全失效概率和针对主梁涡振的风振刚度失效概率。

风振稳定失效可靠性分析采用一次二阶矩方法，失效极限状态取用结构抗力与荷载效应的差值，其中结构抗力定义为桥梁结构颤振失稳的临界风速，而荷载效应则定义为设计基准风速；风振安全失效模式采用首次超越概率，并分别采用基于首次超越时间方法或基于首次超越极值方法来计算风振强度或刚度失效概率；风振刚度失效主要是针对涡激共振的，当桥梁结构涡振振幅大于允许值时，即认为到达了涡振刚度破坏极限。评价涡振刚度失效的概率性可以用评价涡振锁定风速的概率性来代替。

（2）颤振稳定性失效概率性评价

桥梁结构风振稳定失效可靠性理论是桥梁系统风振可靠性理论的一个重要组成部分，主梁风振稳定失效可靠性主要指主梁颤振稳定失效可靠性。桥梁颤振稳定性一般是用颤振临界风速来衡量的，在经验系数设计法中，桥梁颤振稳定是指颤振临界风速与设计基准期内的最大检验风速之比大于某个安全系数 K；在概率统计设计法中，桥梁颤振稳定要求在设计基准期内，桥梁结构发生颤振失效的概率小于允许概率。

桥梁结构抵抗颤振失稳的能力是用颤振临界风速来表示的，因此桥梁颤振检验包括两个方面，即结构抗力—临界风速的确定以及极限状态—颤振失稳的检验。目前，桥梁颤振临界风速的确定主要采用两种方法，即直接试验法和试验加理论法，而颤振失稳的检验与结构设计方法有关，主要有经验系数法和概率统计法之分。

（3）抖振安全失效可靠性分析

桥梁结构风振安全失效可靠性理论是桥梁系统风振可靠性理论的又一重要内容，主梁风振安全失效可靠性主要是指主梁抖振强度或刚度失效可靠性。桥梁抖振安全性一般是用抖振的峰值响应来衡量的，当采用修正反应谱方法计算峰值响应时，桥梁结构可以抽象成单自由度体系或多自由度体系。在结构动力可靠性分析那个，桥梁抖振安全失效采用首次超越失效模式，包括基于超越时间或超越极值的两种可靠性方法。

在单自由度线性体系和多自由度线性体系桥梁抖振响应的修正反应谱分析的基础上，采用超越时间理论的 Poisson 过程法或 Markov 过程法以及基于超越极值理论的 Rayleigh 分布法或 Gauss 分布法，可以将桥梁抖振安全失效可靠性分析过程，归纳为五个步骤：失效界限计算、抖振响应计算、视频率计算、谱宽参数计算和可靠概率计算。桥梁抖振安全失效主要包括强度失效和刚度失效，抖振强度失效一般是用截面正应力来衡量的，而抖振刚度失效一般是用节点线位移来衡量的。

（4）涡振刚度失效可靠性分析

由于桥梁结构在涡振发生时表现出风速锁定现象，相应于最大涡振振幅的风速区间称为涡振锁定风速，而评价涡振刚度失效的概率性可以用评价涡振锁定风速的概率性来代替。

3. 桥梁结构风致振动控制

桥梁抗风设计包括静力抗风和动力抗风两部分，对于大跨度柔性桥梁应特别重视动力抗风设计。动力抗风设计的目的在于：提高结构的临界风速，使之大于一定的安全系数乘以设计风速，即不会发生危险性的发散型风致振动（颤振或驰振），或要求发生这种危险性风振（即空气动力失稳）的概率性在可靠性允许的范围内；减小各种限幅风致振动（涡激共振、抖振及派生的拉索参数共振）的振幅使之小于可接受值，或在可靠性允许的范围内。

减振措施可以分为以下三大类：

1）结构措施。增加结构的总体刚度，改变结构的动力特性，提高桥梁的静、动力稳定性。

2）气动措施。引起桥梁振动的风荷载的性质与桥梁结构的外形有非常密切的关系。

在不改变桥梁结构与使用性能的前提下，适当改变桥梁的外形布置或者附加一些导流装置，往往可以减轻桥梁的风致振动。

3）机械措施。当空气动力学措施达不到减振要求或不便采用时，可以考虑机械减振措施。机械措施按其是否输入外部能源可分为被动控制、半主动控制、主动控制和混合控制。

由于各种风致振动的机理不同，一种措施并不能兼顾各个方面。有时，某种措施能抑制一种风致振动，而对另一种风致振动的效果不大，甚至可能引起相反的效果。因此，要结合周围的风环境，结构截面的基本形状，以及美观要求进行综合考虑，通过风洞试验的验证来选择适当的抗风措施。从原理上讲，桥梁的抗风减振措施可分为改善结构总体动力特性和改善结构断面的气动性能两类，设计者在进行桥梁抗风设计时应该注意以下问题：

（1）改善结构动力特性的抗风措施方面：

1）提高结构的刚度可以加大固有频率，从而达到提高临界风速和减小振幅的目的。

然而对于柔性的大跨度桥梁结构，增加主梁的刚度来满足抗风要求有时是不经济的，有时也会带来恶化气动外形的后果。

2）增加结构的质量可以减少一些风致振动的振幅，但同时也使固有频率降低，带来不利的因素。

3）对于多数带非流线形截面的大跨度桥梁，其颤振形态是以扭转为主的。提高截面的抗扭刚度，在斜拉桥采用布置成斜索面的A型桥塔，在悬案桥中采用斜吊杆，或者将塔梁固结以约束扭转变形都能有效的提高扭转频率，从而提高其抗风稳定性。

4）从多振型祸合颤振的机理中可以发现另一个提高临界风速的途径。在悬索桥的跨中采用约束装置以改变反对称的振型如图15-1，或用辅助斜缆形成斜拉桥和悬索桥的组合体系如图15-2都能破坏原来弯扭两个相似振型的藕合条件，造成多振型的藕合从而提高抗风稳定性。

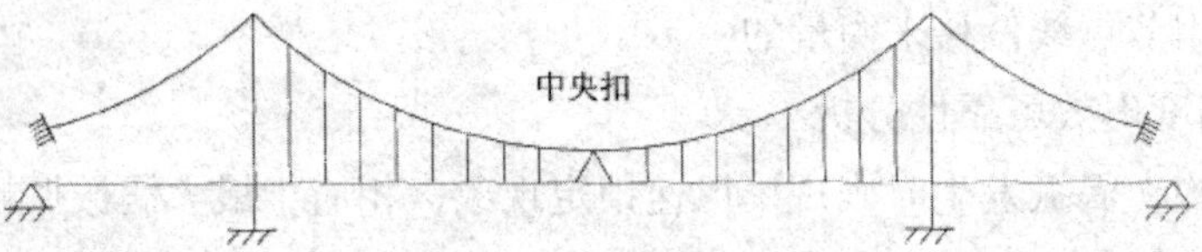

图 15-1 悬索桥中央扣

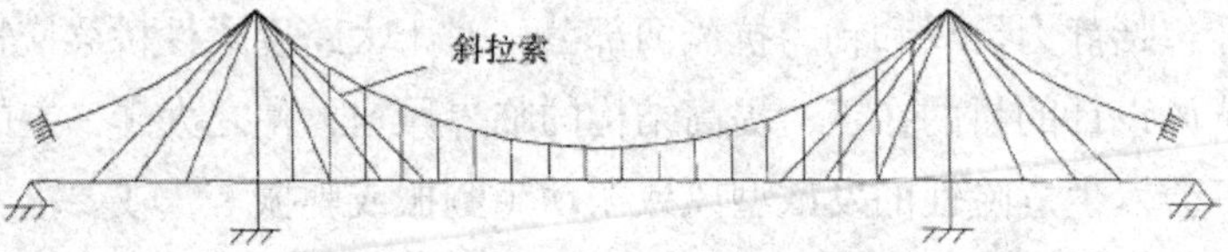

图 15-2 辅助斜缆

（2）改善截面气动性能的抗风减振措施

造成结构风致振动的空气作用力都是空气绕过桥梁截面时发生相互作用而产生的。改变截面的气动外形必将引起空气力的增大或减小。然而，由于钝体空气动力学在理论上还不成熟，目前只能通过风洞试验的手段来识别各种空气作用力。虽然有些机制还不能从理论上很好地加以说明，但是在大量的试验中人们总结出一些有效的措施：

1）通过各种截面的颤振导数测试发现截面的宽高比 Blh 是衡量截面流线形的重要标志。对于同样形状的截面宽高比愈大，稳定性愈好。一般要求桥梁截面的宽高比 Blh>7。

2）带悬臂的截面与钝头的截面相比有较好的气动性能，而且悬臂愈长，稳定性愈好。

3）截面的端头外形十分重要，添加风嘴或裙板将改善气流绕过时的流态，减少涡脱，使截面趋向流线形。

4）采用桥面局部开槽的透风的措施是十分有效的。对于超大跨度的桥梁由于频率很低，就必须采用这种措施才能保证足够的气动稳定性。

5）一些附加的抑流板，导流板和扰流板是减小抖振反应的有效措施。

第二节 桥梁抗风控制及设计

一、桥梁杭风设计流程

1. 结构设计阶段

风荷载的内容包括桥址风速资料的收集、风观测、确定设计风速、设计风荷载、桥位处风的紊流强度、强风的竖向倾斜角等特性参数。我国桥梁规范规定，以桥梁所在地区的平坦开阔地而以上 l0m 高度处、l0min 平均、100 年重现期的年最大风速作为桥梁抗风设计的参考风速，称作基本风速，并据此绘成全国基本风压公布图。在此基础上考虑桥位处的地形地貌特征、桥梁的高度、桥跨长度和自然风的特征（风玫瑰团）等因素，确定桥梁的设计风荷载和自激振动检验风速。有关结构设计的内容包括提出抗风设计对结构设计的各项要求，作为确定桥梁结构体系、各构件的材料、形状和尺寸等的参考。其中，最重要的是结构体系的抗风性能考虑和结构断面形状的气动选型。对于一般的大桥，初步设计阶段的抗风分析可采用近似的公式对方案的静风载内力和气动稳定性进行估算，待方案确定后并通过节段模型的风洞试验测定各种参数、进行抗风验算和各类风振分析。

2. 结构抗风性能检验阶段

结构抗风性能检验包括静力抗风性能和动力抗风性能检验两部分。静力抗风检验包括根据规范或通过风洞试验确定结构断面的静力气动力系数，算出作用在桥梁各个部分的静力风荷载，从而计算出静力风荷载作用下的结构内力、变形，检验结构的静力稳定性（扭转发散和横向屈曲）。动力抗风检验包括桥梁建成后运营状态和施工架设过程的颤振特性、涡激共振特性、抖振特性检验。采用风洞试验或半试验半理论的方法给出桥梁的颤振临界风速、额振形态，涡激共振的发振风速和振幅估计，抖振振幅及其产生的惯性力附加内力。其中最重要的是要求桥梁的颤振临界风速必须高于桥位处桥梁设计使用期限内可能出现的最大风速，并具有一定的安全度。当检验结果表明桥梁设计方案不能满足抗风要求时，则需要修改设计成采取其它振动控制及减振措施。对于重要桥梁，宜在初步设计阶段通过风洞试验进行气动选型，为确定主梁断而提供依据。在技术没计阶段并对选定的断面方案进行详细的抗风验算和风振分析，还应通过全桥模型的风洞试验对分析结果予以确认。

二、桥梁风致振动控制

1. 振动控制的目的及意义

随着近代桥梁区向着大跨度和高强轻质的方向发展，结构的刚度和阻尼正在不断下降。因此在风、地震和行车荷载作用下的摆动也在加大。作为这种总趋势的必然结果，直接影响到桥梁结构的正常使用，使得结构刚度、舒适度和行车安全的要求越来越难以满足，甚至会威胁到结构的安全或者无法进行设计。作为桥梁抗风研究的一个新兴分支，就是针对经过风洞试验或者抗风验算不能满足抗风要求的设计方案，提出有效的抗风措施或修改设计，使其满足抗风要求。由于风致振动现象有多种型式，因此在振动控制上也应该采取不同的对象。通过对桥梁采取振动控制的目的包括以下三个方面：

（1）对于颤振或驰振等自激型发散振动、应该绝对避免其发生，或者使其临界风速提高到高于桥梁在设计使用期内桥位处可能出现的最大风速；

（2）对于涡激共振，有时是很难避免的，就应该设法提高祸根发振风速，并使其量减小；

（3）对于抖振（阵风响应），则应该尽可能地减小其振幅。

显然对于桥梁振动控制是对桥梁的动力响应和动力不稳定性（自激振动）等振动现象

加以控制，使其在规定的范围内工作，其规定范围即控制条件（控制目标值），可以是结构关键部位的位移、速度、加速度，也可以是关键部位的内力、裂缝宽度等，从而能够保证桥梁结构的正常使用功能（结构不破坏、行车安全和人感舒适）。

2. 控制振动的措施

通过结合工程实践，笔者总结出对控制桥梁风教振动的措施可分为两大类：改善结构的空气动力学特性的气动力学措施；改善结构的振动特性的结构力学措施。气动力学措施就是改善结构受风力作用的状态，选择气动力稳定性良好的桥梁断面形状，提高颤振临界风速。由于断面形状对风的作用的变化非常敏感，采用这种方法常可收到事半功倍的效果。但是有时虽然使颤振临界风速提高了，却可能在低风速下发生较大振幅的涡激共振。因此在选择气动力性能良好的断面形状时，有时往往还要附加某种气动阻尼，达到抑制或减弱涡激共振的目的。由于采取这种措施的成本低、施工方便，又不影响原有的结构设计，故常受到桥梁设计师们的欢迎。还有一种改善气动力性能的方法，就是在桥面上下开孔（格栅）、使其上下“透风”，减小桥而上下的压力差。加劲梁为衍架的悬索桥和斜拉桥的公路桥而上往往开格栅。为了改善桥梁结构的振动特性，可采用增加质量、提高刚度和增加阻尼三种途径。重量太轻的桥梁容易产生大振幅的风致振动（涡振和抖振），如1966年建成的塞文桥和1973年建成的博斯普鲁斯一桥，经常发生低风速下的“咯吱咯吱”的振动，而1988年建成的博斯普鲁斯二桥（与一桥跨度接近的孪生姐妹桥）由于考虑了这种限定性振动引起的疲劳而将箱梁的单位用钢量增加了33%。当时增加质量会使恒载增大，使结构的自扳频率降低而容易引起振动，所以这种措施需综合考虑慎重采用。提高刚度的方法很多，如采用箱形主梁斜拉桥用A型和倒Y型塔的斜索而等，均可提高结构的整体抗扭刚度。增加阳尼一般都采取机械装置来增加气动阻尼和结构阻尼。

从振动控制方法上可分为被动控制、主动控制、半主动控制和混合控制（又称“杂交控制”）。半主动控制、混合控制和主动控制均需要外部能源，构造和工作原理比较复杂，而且维护管理费用较高。气动力的主动控制型，如可动风嘴、射流边分层控制、导流板辅助翼和折翼控制等必须与气象观测预报相配合，目前尚处在室内研究阶段。结构力学的主动控制型也很少采用，应用于工程实际仅为日本明石海峡大桥主塔独立状态的施工阶段的主动控制和日本一座斜技桥在双伸臂施工阶段抑制抖振的AMD两个例子。被动型附加阻尼的机械装置因其构造简单、维修容易而被广泛应用。这类装置基本由弹性元件、质量元件、阻尼元件三部分组成。常用的阻尼器有冲击阻尼器（ID）、链式阻尼器（CID）、摆式冲击阻尼器（PID）、油阻尼器（OD）、粘性剪切阻尼器（VSD），质量调谐阻尼器（（TMD）、液体调谐阻尼器（TLD），液住调谐阻尼器（TLCD）和多重调谐型阻尼器（MT-MD，MTLD）等。应用时都要针对具体的结构和振动控制的目标值进行专门设计。

第三节　大跨度桥梁施工抗风及精细化管理

一、大跨度桥梁施工抗风设计

风是大气的运动，也是许多灾难发生的原因，许多建筑工程安全事故的都是因为风造成的，尤其是桥梁工程安全事故更是如此。桥梁结构是承受荷载的一项综合体，其与风的相互作用是一个复杂的过程中，桥梁与风相互过程中受结构外形、风大小、结构振动等各项因素的制约。风的作用会对大跨径桥梁工程的最终质量造成直接影响。由此可见，在大跨径桥梁建设过程中，做好施工抗风设计的研究设计是必要的。

1. 风的作用

（1）风的静态作用

风的静态作用指的是风作于结构时，匀速部分在在结构物上的作用，从而形成的经验效应，依据实际作用方面的差别，可以分为横向、纵向风力和风的具体扭知。横向风力对桥梁工程会造成较大危害，其也是抗风设计的一项重要内容。纵向风力作用结构上，结构风荷载作用的变化并不明显。在分析桥梁结构静态荷载时，通常可以将风荷载转变为静态风荷载，将其作用在桥梁结构构件上，完成对桥梁工程情况的实际分析。

（2）风的动态作用

动态风作用主要分为以下两种类型：

1）自动振动。桥梁结构在风作用下，结构会发生振动，该振动的发生，将会对周围的空气造成一定程度影响，使空气也发生振动，而结构自身发生的振动又在空气振动中获取能量，从而结构将会出现持续振动，例如，常见的颤振、涡激共振等，这对会对桥梁工程结构的稳定性造成不良影响。

2）强迫振动。桥梁结构在有脉冲性、非持续风作用下，最终形成具有一定振幅的随机强迫振动。同时，在该过程中，振动具有较强的不确定性，此时受这种脉冲作用影响，形成随机振动。

2. 大跨度桥梁自身动力特性

（1）选定边界条件

结构力学分析是否正确，在一定程度上取决于力学模型是否正确，主要包括的内容有，支撑条件是否能够真实反映结构的具体情况，同时在该过程中可以合理的对过程进行简化和抽象化，并且保证结构的质量和刚度能够符合要求。

（2）桥梁主要断面中的惯性矩

对桥梁抗风设计最重要的是主梁最低阶对称和反对称的竖向弯曲、侧向弯曲和扭转模态。斜拉桥中，主梁侧弯和扭转通常祸合较为强烈，在该过程中，凹避免将侧弯为柱稍带扭知的振型看作扭知，以免对结构分析造成不良影响。

（3）桥梁自振频率

桥梁工程在施工或成桥状态，因为受力区域和受力体系都有所不同，这也就会导致自振频率会出现较大区别。通过分析动力特性，获取到自振频率，确保分析结果的可靠性。从而为快速对结构的抗风性能进行判断，为结构设计提供相应的数据支持。

3. 桥梁抗风设计的具体工作

桥梁抗非设计主要工作主要几种在以下几个方面：

车辆荷载位置有所变差导致。因此，用路面设计软件 KENPAVE 程序测量能够较为准确地表示计算路面结构应力，可以应用于公路沥青路面大修技术体系中。

（1）异步连续摊铺的施工

1）施上准备上作

做好技术力量、施工机械、施工材料的准备，人员（持证上岗的专业技术人员）、设备（拌和、运输、摊铺、碾压）、材料（混合料）到位，做好现场清理工作，下承层的平整度、压实度检测无误，放出路中线及两条边线的位置，控制施工放样质量。

2）混合料拌和与运输

采用厂拌法，施工前调试好设备，设计科学的配合比，级配设计准确无误，混合料含水量略高于正常含水量 1.5% 左右，进行级配、含水量、水泥剂量的检查取样，确保混合料拌和质量符合要求。运输时选用自卸汽车，在车厢位置加盖振布，避免水分蒸发。每接一次水泥级配碎石混合料运输车辆位移一次，确保各处均匀装料，降低离析概率。

3）混合料摊铺和碾压

由于本工程路面比较宽，选择 3 台并机摊铺的方式进行，从而有效解决纵缝问题。摊铺开对路拱是否合适进行检测，对不符合的情况进行了调整，直到满足要求。为控制好基层的纵坡和横坡的标高，最底层选择双边挂基准线工艺，用导向滑靴或平板滑靴对上面层的摊铺平整度进行控制，前后两台摊铺机间隔保持在 l0m 左右，上下层摊铺机前后间隔保持在 100-150m 左右，以满足下层初凝时间，水稳层摊铺前将下承层洒水湿润，确保上下两层之间的结合。摊铺时，速度应保持均匀，连续摊铺，避免随意中断，设置专人指挥车辆，避免在成型结构紧急掉头或刹车，以免破坏下层表面。碾压过程中按由低向高、由内向外的顺序进行，压路机起步、停机保持缓慢，先起步后开振，轨迹重叠 1/2 轮宽。碾压机连续碾压，避免随意中断和掉头、急刹车。

4）养生

当混合料碾压成型后立即进行上一层结构的铺筑时，通常状态下可不进行养生，如果表层水分不多则适量洒水养生。如碾压成型后需要中断，不能连续施工时，应及时调配洒水车进行养生，养生期间禁比其他车辆通行。

二、特大桥梁风振精细化研究

同济大学从 20 世纪 70 年末开始桥梁抗风研究，通过 80 年代的学习与追赶，为 1991 年建成的我国第一座跨度超过 400m 的大桥——上海南浦大桥抗风做出了重大贡献；经过 90 年代的提高和跟踪，有力支撑了以我国第一座跨度超过 1000m 的特大桥——江阴长江大桥等桥梁的建设；进入 21 世纪后，面对特大桥梁建设的国家需求和桥梁抗风研究的学科使命，开展了创新和超越研究工作。经过 30 多年的全面跟踪和近 10 年的重点突破，形成了精细化的桥梁风振理论，其中包括：桥梁颤振的三维全模态精确分析方法和二维三白由度全祸合分析方法、桥梁抖振的任意斜交风分析方法和正确性的足尺实桥现场实测验证、桥梁颤振和抖振的随机性可靠度评价法。

1. 三维颤振全模态精确分析

桥梁颤振是一种发散性的白激振动，传统的三维桥梁颤振频域分析方法基于结构模态叠加原理，需要人为选择几阶对颤振贡献较大的模态进行分析，所以称为多模态颤振分析法，该方法从 20 世纪 70 年代末提出一直沿用到 20 世纪 90 年代末。该方法主要缺陷有：在进行分析计算之前，需要人为指定多少阶模态和哪些模态参与了颤振。仅仅选择几个模态的组合往往只能是颤振模态的某种近似表达式，不可能是精确解；从理论上讲，选择的模态越多、叠加结果就越逼近精确解，但是多模态永远不可能是精确解。

2. 二维三自由度全祸合颤振分析

基于传统的桥梁颤振理论，桥梁颤振性能随施工阶段的演化规律只能采用气弹模型风洞试验方法进行研究，桥梁颤振机理及形态研究主要采用二维两自由度计算模型和二维节段模型风洞试验方法，桥梁颤振控制一般需要改变主梁断面的形式以便使得断面更具有流线型。

同济大学从虎门大桥和江阴长江大桥开始研究悬索桥施工阶段的颤振性能，20 世纪末发现的瑞典 Hoga Kusten 悬索桥施工阶段颤振性能演化规律被大量引用。该项研究首次系统涉及了全部 3 种悬索桥梁段施工方法，即从跨中开始的对称拼装（Sequence A）和非对称拼装（Sequence B）以及从桥塔开始的对称拼装（Sequence C）。采用三维桥梁颤振分析方法得到了各个阶段的结构固有频率和颤振临界风速，揭示了悬索桥固有频率和颤振性能随不同施工方法和梁段拼装率的演化规律，发现了从跨中开始的对称施工会在 15% 拼装率时出现临界风速的低谷，而从桥塔开始的对称拼装方法具有最好的颤振稳定性。

通过引入不同自由度运动间的激励——反馈机制，建立了精确的二维三自由度全祸合颤振分步计算方法，提出了定量描述祸合颤振中各自由度参与颤振形态分析法，用于定量分析桥梁断面扭转、竖弯和侧弯 3 个自由度在颤振发生过程中的振动形态（自由度运动祸合效应）。在国际上率先将典型主梁断面归纳为 5 个大类 13 种形式，并较为全面和系统地研究了颤振驱动机理和颤振形态特征，揭示了气动负阻尼是桥梁颤振唯一驱动机理，发现了颤振形态主要取决于弯曲与扭转自由度的参与程度。

3. 斜风作用下抖振的频域分析

桥梁抖振是指结构在自然风脉动成分作用下的随机性强迫振动，是一种限幅振动。桥梁抖振理论和方法主要是指确定抖振响应和评价抖振刚度或强度失效的理论和方法。传统的确定桥梁抖振响应最有效的方法，是基于正交风作用计算模型的三维桥梁抖振计算方法和有效性验证的基于缩尺模型的三维全桥模型风洞试验方法。从理论上讲，作用于桥梁结构上的风荷载与桥梁轴线是任意斜交的，传统的正交风作用模型只是一种简化；采用全桥模型风洞试验方法进行有效性验证也只是一种过渡，理论方法的正确性验证必须采用实桥现场实测结果。

4. 桥梁风振可靠性评价

传统的桥梁颤振和抖振评价方法完全采用确定性安全系数方法，对颤振的评价主要依据综合安全系数 K 的大小，对抖振的评价主要比较陡振响应的数值与结构强度或刚度允许值的大小，不适合于随机性较大的桥梁抗风评价。在国际上首次提出了缆索承重桥梁风振可靠性评价体系——桥梁颤振失稳和桥梁抖振失效可靠性评价方法。

在桥梁颤振失稳可靠性理论中，颤振极限状态方程可以表示为临界风速抗力减去设计风速效应，提出了设计风速概率模型和临界风速概率模型：

设计风速概率模型：

$$U\delta = GsUb \qquad (16\text{-}1)$$

临界风速概率模型：

$$Ucr = CwUf \qquad (16\text{-}2)$$

式（16-1）和式（16-2）中，GS 表示阵风系数，服从正态分布；Ub 表示年最大风速，服从极值 I 型分布，Cw 表示风速换算系数，服从均值为 1 的正态分布；Uf 表示基本颤振临界风速，服从对数正态分布。建立了基于一次或二次二阶矩可靠度理论的桥梁颤振失稳概率计算方法，成功应用于 14 座大跨桥梁中，表中脸可靠指标，乃是相应的失效概率。

根据近年来建成的大跨度悬索桥的经验，无论采用流线型钢箱梁还是透风性较好的钢析梁，由颤振稳定性控制的悬索桥跨径上限约为 1500m，超过甚至接近这一上限时，设计者必须采取措施改善加劲梁的抗风稳定性，其中有效的措施包括在加劲梁上设置竖向或水平稳定板和中间开槽以及被动和主动控制措施等。初步研究表明，宽开槽断面或带竖向和水平稳定板的窄开槽断面能保证主跨 5000m 的悬索桥满足世界上大多数地区的抗风稳定性需求。实践证明：空间索面和流线型钢箱梁的千米级大跨度斜拉桥仍具有足够高的颤振临界风速，其主要抗风问题是长拉索的风雨振动；从抗风稳定性角度来看，随着拉索风雨振动控制措施的不断完善，斜拉桥主跨跨径还有一定的增长空间。在 10 座最大跨径拱桥中，只有一座出现了涡激振动的抗风性能问题，这一事实说明，拱桥跨径的增大还没有受到结构抗风性能的影响，但也许会受其他因素的制约，如静力稳定性、水平推力、施工技术等。

结　语

中国桥梁历史悠久，精湛的桥梁建造技术和艺术在古代就已闻名于世，它是中华民族绚丽多姿的文化瑰宝不可分割的重要组成部分。近二十多年来，随着综合国力的显著提高和交通事业的飞速发展，我国桥梁建设者获得了充分展示聪明才智的难得机遇，在神州大地上陆续新建了成千上万座桥梁，跨越江河湖泊、深沟峡谷、海峡岛屿。特别是在大跨度悬索桥、斜拉桥、拱桥和梁桥等方面，多座桥梁已跃居世界桥梁跨度前列，有的已居领先地位。可以毫不夸张地说，我国目前已堪称世界桥梁大国。

我国是受台风袭击比较严重的国家，改革开放以来，随着大跨度桥梁建设的突飞猛进，尽管取得了一些令世人瞩目的成就，但是桥梁的风害仍时有出现。因此，桥梁的风害问题必须引起桥梁工程师的足够重视。